Eduard Schewardnadse

Als der Eiserne Vorhang zerriss

Begegnungen und Erinnerungen

Eduard Schewardnadse

Als der Eiserne Vorhang zerriss

Begegnungen und Erinnerungen

Mit einem Geleitwort von Hans-Dietrich Genscher

Aus dem Georgischen von
Nino Sologashvili und Alexander Kartozia

Peter W. Metzler Verlag

Die Deutsche Nationalbibliothek verzeichnet das Werk in der Deutschen Nationalbibliografie
http://dnb.ddb.de
Schewardnadse, Eduard:
Als der Eiserne Vorhang zerriss – Begegnungen und Erinnerungen
Mit einem Geleitwort von Hans-Dietrich Genscher
1. Auflage – Duisburg: Metzler, Peter W., 2007
ISBN 978-3-936283-10-5

www.metzler-verlag.de

Aktualisierte, neu konzipierte und ergänzte Ausgabe von
Schewardnadse, Eduard: „Pikri Tsarsulsa da Momawalze – Memuarebi", Tiflis 2006

Redaktion und Lektorat: Nino Sologashvili und Peter Alter
Übersetzung aus dem Georgischen von Nino Sologashvili und Alexander Kartozia
Korrektorat: Ilse Nissen, Hans J Nissen, Christian Dreller
Gestaltung und Satz: P. S. Petry & Schwamb. Die Verlagsagentur, Freiburg
Umschlagfotos: Sergo Edisherashvili
Druck und Bindung: Freiburger Graphische Betriebe
Printed in Germany 2007
Mit freundlicher Unterstützung von Michael Christian Metzler, Kassel

ISBN 978-3-936283-10-5

Geleitwort von Hans-Dietrich Genscher

In das Geschichtsbuch des 20. Jahrhunderts hat sich Eduard Schewardnadse mit großen Lettern eingetragen. Zusammen mit Michail Gorbatschow gehört er zu den herausragenden Persönlichkeiten, die für neues Denken in der früheren Sowjetunion stehen. Sie haben nicht nur ihr Land, sondern die ganze Welt verändert – zum Besseren.

Der Lebensweg von Eduard Schewardnadse führt durch alle Stufen der Kommunistischen Partei der Sowjetunion. An der Spitze angelangt, war er dabei, als mit einer Revolution von oben die Diktatur eben dieser Partei gebrochen und damit der Weg geöffnet wurde für eine bessere Zukunft der Völker der Sowjetunion.

Eduard Schewardnadse ist Georgier, er hat das niemals vergessen und das erklärt auch, warum er in den 90er Jahren dem Ruf seiner Heimat folgte und aus Moskau nach Georgien zurückkehrte. Er wusste, dass er eine fast unlösbare Aufgabe übernahm und doch nahm er die Verantwortung an. Er wusste auch, nur er konnte in jener Lage seinem Volk das Schicksal eines blutigen Bürgerkrieges ersparen. Eduard Schewardnadse ist ein georgischer Patriot.

Als Außenminister der Sowjetunion seit 1985 hat er nicht nur sich selbst, sondern der neuen Führung in Moskau Schritt für Schritt das Vertrauen der Welt erworben. Seine offene und aufrichtige Art zu sprechen, beeindruckte jeden, dem er begegnete. Er hat die Fähigkeit, sich in die Lage seines Gesprächspartners zu versetzen, auch dessen Probleme zu erkennen und gemeinsam eine Lösung zu suchen.

Wie Gorbatschow war auch er auf sehr viel Misstrauen gestoßen. Und wie Gorbatschow sah er sich in der Sowjetunion zunehmender Kritik und zunehmendem Widerstand ausgesetzt. Der Parteitag im

Frühsommer 1990 war für ihn wie ein Spießrutenlauf. Die Erinnerung daran schmerzt ihn gewiss noch immer.

***

Mit seinem Buch „Als der Eiserne Vorhang zerriss", lässt uns Eduard Schewardnadse teilnehmen an seinem schweren Weg – in Moskau genauso wie in Georgien. Überdeutlich wird, welchen Widerständen sich die neue Führung in Moskau, im eigenen Lande, ausgesetzt sah. Wir erkennen, wie viel Mut, wie viel Kraft und wie viel Einsicht der neuen Führung abverlangt wurden. Manches vorschnelle Urteil wird sicher korrigiert werden – so hoffe ich jedenfalls. Wir erleben beim Lesen noch einmal die Machtkämpfe im Kreml.

Wir erleben, wie Schewardnadse sich selbst ein Bild macht von den entscheidenden Persönlichkeiten der damaligen westlichen Welt. Wir erleben seine Befriedigung über seine Erfolge, und wir erleben seine Enttäuschungen. Aber wir bekommen auch einen Eindruck von der Klarheit und Festigkeit, mit der ein Mensch, aufgewachsen in der Sowjetunion, fest verankert in der Partei, nach neuen Ufern strebt. Er ist nicht auf der Suche nach mehr Macht, sondern nach mehr Menschlichkeit und nach mehr Gerechtigkeit.

„Begegnungen und Erinnerungen" ist der Untertitel seines Buches, es ist weit mehr geworden. Wer über die Geschichte jener Jahre schreiben will, den entscheidenden 80er und 90er Jahren des vergangenen Jahrhunderts, der wird an dem Buch von Eduard Schewardnadse nicht vorbeigehen können. Der Leser erfährt viel Neues, und er erkennt manches Bekanntes in einem neuen Licht.

Eduard Schewardnadses Buch ist sein politisches Testament. In dem Nachwort schreibt er: „Ich möchte, dass meine Leser wissen, was und wie es damals war." „Ohne das historische Gedächtnis gibt es ja weder eine Gegenwart noch eine Zukunft." „Menschenliebe", so schreibt er, „beginnt immer mit der Liebe eines einzelnen konkreten Menschen."

Als ich das las, stand vor meinen Augen der Artikel 1 unseres Grundgesetzes: „Die Würde des Menschen ist unantastbar." Vor meinen Augen stand aber auch jener Tag, im Jahre 1990 in Brest, als wir auf dem Friedhof, an dem Denkmal für die gefallenen sowjetischen Soldaten, gemeinsam den Namen seines Bruders lasen, der hier am zweiten Tag des hitlerschen Überfalls auf die Sowjetunion sein Leben verlor.

Die Kraft für seinen schweren Weg fand Eduard Schewardnadse in seiner Familie – das galt damals für ihn und das wird immer so bleiben, so wie Eduard Schewardnadse für mich immer ein verlässlicher Freund bleiben wird.

Bonn, im August 2007

Hans-Dietrich Genscher

Vorwort

Die „Begegnungen und Erinnerungen" wurden in der Zeit nach meinem Rücktritt als Staatspräsident Georgiens (November 2003) verfasst. Diesen Aufzeichnungen geht ein langes politisches Leben voraus, zumeist erfolgreich, manchmal aber auch erfolglos, ein Leben des Aufstiegs wie des Abstiegs, begleitet von Enttäuschungen und politischen Rücktritten.

Meine Gedanken möchte ich mit allen meinen Zeitgenossen teilen, um daran zu erinnern, was in der Vergangenheit und wie es geschehen ist. Ich möchte einen Überblick darüber geben, welche Beziehungen wir mit unseren Nachbarn, vor allem mit Russland pflegten, und ich will den Beitrag aufzeigen, den ich als Georgier für die Entwicklung weltpolitischer Prozesse im vergangenen Vierteljahrhundert geleistet habe. Sie veränderten die Welt grundlegend: die neue „moralische Außenpolitik", das Ende des Kalten Krieges, der Rückzug der sowjetischen Armee aus Afghanistan, die Wiedervereinigung Deutschlands, der Zusammenbruch der Sowjetunion, die Unabhängigkeit der mittel- und osteuropäischen Staaten, der Aufbau eines unabhängigen und demokratischen Georgiens.

Ich werde über die Probleme der Welt, über die Staaten und Persönlichkeiten berichten, die ich getroffen habe und mit denen mich das Schicksal zusammengeführt hat.

Schon in meiner Jugend, als ich mit einigen Schriftstellern bekannt war, ist mir eine für sie charakteristische Vorliebe aufgefallen: Sie verwandelten in ihren Werken nicht nur die Welt, sondern auch ihre eigene Person und zeigten sie in einer anderen Perspektive. Während des Schreibens von Erinnerungen geschieht das Gleiche. Der Autor zeichnet sich selbst, mit Absicht oder unabsichtlich, immer positiver, als er in Wirklichkeit war oder ist. Mit dem festen Wunsch, dieser Neigung nicht nachzugeben, ist das Buch geschrieben worden. Gegenüber der erlebten Zeit wie auch gegenüber meiner Person wollte ich objektiv sein.

Mein Leben, jedenfalls das, welches das Interesse der Leserinnen und Leser wecken könnte, habe ich hier niedergeschrieben: Sie können über mich urteilen, schonungslos, ohne Kompromisse.

***

Meine „Begegnungen und Erinnerungen" basieren auf dem Material, das ich und meine Mitarbeiter Teimuraz Stepanow-Mamaladse und Sergej Tarassenko seinerzeit gesammelt haben. Ein Großteil der Dokumente stammt aus dem Archiv des Außenministeriums der Sowjetunion und wurde mir vom ehemaligen russischen Außenminister Igor Iwanow zugänglich gemacht. Ihm gilt mein Dank.

Besonders möchte ich Koba Imedaschwili danken, der mich in schwieriger Zeit unterstützt hat. Gerade seine Unterstützung hat es mir ermöglicht, die unterschiedlichen Dokumente, meine handschriftlichen Aufzeichnungen und die Audiodokumentation zusammenzustellen. Sehr verbunden bin ich Zizo Tschichladse und Marina Dawitaschwili, die seit vielen Jahren mein Archiv betreuen.

Für die Betreuung dieses Buches gilt mein herzlicher Dank meinem Verleger Peter W. Metzler, dem wissenschaftlichen Berater Prof. Dr. Peter Alter, der Übersetzerin Nino Sologashvili für die redaktionelle Begleitung und dem Übersetzer Prof. Dr. Alexander Kartozia.

Schließlich möchte ich meiner Familie und besonders meiner verstorbenen Ehefrau Nanuli danken, die auch jetzt bei mir ist, in jedem Wort und in jeder Zeile dieses Buches.

Tiflis, im Juli 2007

Eduard Schewardnadse

In Erinnerung an meine Ehefrau
Nanuli Zagareischwili-Schewardnadse

Der letzte Rücktritt: November 2003

„Wo gehen Sie jetzt hin, Herr Präsident?"
„Nach Hause ..."

Über einen sehr langen Zeitraum, von 1972 bis 2003, stand ich an der Spitze der Politik in Georgien, mit Ausnahme der sieben Jahre, die ich als Außenminister der Sowjetunion in Moskau verbrachte. Im Laufe dieser Jahre musste ich mehrmals meine politischen Anschauungen überdenken. Dementsprechend vermehrten sich die Vorbehalte gegenüber meiner Person als Politiker. Gleichwohl habe ich immer versucht, und es gelang mir wohl auch, eine gemeinsame Sprache mit meinen Mitbürgern zu finden. Leider kann ich das nicht über meine letzte Regierungszeit sagen, in der ich eine Entfremdung zwischen mir und einem Teil der georgischen Gesellschaft bemerkte. Es zeigten und verschärften sich die Gegensätze zu Politikern, die sich gerade durch meine Unterstützung in der Regierung etabliert hatten.

Als ich 1992 in die Heimat zurückkehrte, war Georgien politisch isoliert. Zu dieser Zeit erkannte einzig die Ukraine die Unabhängigkeit des Staates an. Das Land war im Chaos versunken, die Wirtschaft lag am Boden. Es tobte ein Bürgerkrieg zwischen den sogenannten „Bruderschaften". Es gab Plünderungen, und es herrschte Willkür. Mehr oder weniger gut gelang es mir, Georgien aus dieser schwierigen Lage herauszuführen. Seitdem ist jedoch viel Zeit vergangen, und für die Menschen in meiner Heimat sind diese Ereignisse weniger interessant geworden. Verwunderlich ist das nicht, denn das Gedächtnis neigt zum Vergessen.

Im Laufe der Jahre entstand in der Gesellschaft Georgiens eine widersprüchliche Meinung über mich. Ein nicht zu unterschätzender Teil der

Bevölkerung begleitete die Veränderung meiner politischen Anschauungen mit Misstrauen und vertraute mir nicht wirklich. Auch ich habe die Menschen offensichtlich nicht mehr verstanden, insbesondere nicht die junge Generation, der meine Verdienste gegenüber Georgien und der Welt im Grunde nichts bedeuteten.

Den Ereignissen im November 2003 gingen auf Seiten der Opposition gut geplante Aktionen voraus. Gleichzeitig erwies sich der Staatsapparat in Georgien als zu schwach. Zudem waren einige hochrangige Staatsbeamte, denen ich vertraute, bereit, mit der Opposition zu verhandeln, um ihre Macht zu erhalten.

Schließlich spielte sich hier das „jugoslawische Szenario" ab, allerdings mit spezifischen georgischen Elementen und regionaler Regie und Inspiration. Ich denke jedoch, dass die Vorgänge nicht auf meinen Rücktritt vom Amt des Staatspräsidenten zielten, zumindest nicht zu deren Beginn. Sie ähnelten eher einem Machtkampf, in dem es um die Machtpositionen in der Post-Schewardnadse-Ära ging, denn mir blieben nur noch sechzehn Monate im Präsidentenamt.

Die Vorbereitungen der Opposition waren gründlich. Man sollte dabei auch einige russische und amerikanische Organisationen nicht vergessen, die sehr aktiv an diesen Prozessen beteiligt waren. Viele Reaktionäre in Russland begrüßten meinen politischen Misserfolg, denn Eduard Schewardnadse gehörte für sie zu der „infamen", die Sowjetunion vernichtenden Gruppe, und zu den vielen anderen „Unglücken", die über die „Großmacht" hereingebrochen waren.

Was die Amerikaner betrifft: Ich wusste, dass die Haltung der amerikanischen Administration mir gegenüber auch in dieser Zeit äußerst positiv war. Sie wussten, dass der von mir von Anfang an gewählte fortschrittliche politische Kurs unverändert geblieben wäre. Allerdings waren nach meinen Informationen am Vorgehen der Opposition einige amerikanische Nichtregierungsorganisationen beteiligt, die ziemlich offen in Georgien agierten. Insbesondere ist hier die Stiftung von George Soros zu nennen, der die Kampagnen gegen mich maßgeblich finanzierte.

Ich unterhielt lange Zeit gute Beziehungen zu George Soros. Gemeinsam haben wir in Georgien das „Soros-Bildungsprogramm" gegründet, das über ein Jahrzehnt lang viele georgische Wissenschaftler und Lehrer vor dem Hunger rettete und Kinder vor einem Leben auf der Straße bewahrte, denn mit den Stipendien konnten sie sogar die Familien unterhalten. Aufgrund meiner Empfehlung finanzierte Soros den Antikorruptionsrat, der gerade erst mit seiner Arbeit begonnen hatte, und die zahlreichen von der Stiftung „Offene Gesellschaft – Georgien" organisierten wissenschaftlichen und kulturellen Programme.

Das Vorgehen der Opposition vor dem November-Umsturz 2003, die Demonstrationen und Straßenkundgebungen bewegten sich in Georgien in demokratischen Bahnen. Dies hatte für mich eine prinzipielle Bedeutung.

Als ich 1992 in die verwahrloste Heimat zurückkehrte, hatte ich mir zwei Ziele vorgenommen: die Grundlagen für eine Marktwirtschaft zu legen und eine funktionierende Demokratie zu verwirklichen; denn das Land wurde von einem Militärrat regiert. Zu dieser Zeit galt in Georgien, wie im gesamten postsowjetischen Raum, die westliche Demokratie als „fremde Frucht", mit der man keinerlei Erfahrung hatte. Von dieser Bewertung würde ich jedoch die postsowjetische Dissidentenbewegung ausnehmen, die in Georgien aus verständlichen Gründen von Anfang an einen nationalistischen Charakter trug. Wir mussten das Leben in unabhängigen und demokratischen Verhältnissen erst lernen: Legitimität der Regierung, demokratische Wahlen, Meinungsfreiheit, Entfaltung unabhängiger Medien und, gewissermaßen das wichtigste Ziel, die Schaffung eines Freiraums für die Zivilgesellschaft. Gegen Ende der 1990er Jahre hatten wir das teilweise erreicht. Im Hinblick auf die Anzahl der Nichtregierungsorganisationen lag Georgien an der Spitze der postsowjetischen Staaten.

Andererseits konnte der Demokratisierungsprozess in Georgien nicht vollendet werden, denn es entstanden keine staatlichen Institutionen und Strukturen, die eine stabile Entwicklung des Landes gewährleisteten. Im Ergebnis hatten wir einen zerbrechlichen Staat mit einer starken und dynamischen Zivilgesellschaft. Meine Politik, die auf die Liberalisierung der Gesellschaft abzielte, reichte für grundlegende Reformen der staatlichen Strukturen nicht aus.

Als Beweis dafür sehe ich die Ereignisse vom Herbst 2001. Damals wollten die zuständigen staatlichen Organe die Finanzen eines unabhängigen Fernsehsenders überprüfen. Die Visite wurde so unvorbereitet und so unprofessionell durchgeführt, dass sie in der georgischen Hauptstadt Tiflis eine Massendemonstration hervorrief. Die Angelegenheit eskalierte zu einer Staatskrise, in deren Verlauf die Regierung geschlossen zurücktrat. Nur so konnte eine komplizierte Situation im konstitutionellen und demokratischen Rahmen entschärft werden.

Heute sind viele Menschen der Meinung, dass die Proteste in jenen Tagen die Ereignisse im November 2003 vorwegnahmen, auch deshalb, weil einige hochrangige Persönlichkeiten die Vorgänge unterstützten. Ich bin jedoch anderer Meinung. Für mich bedeuteten sie eine praktische Lektion in Demokratie. Nichts anderes würde ich zu den Protesten gegen die Zusammensetzung der Wahlkommission im Juni 2003 sagen. Um eine politische Krise zu vermeiden, wurde damals ein Besuch meines Freundes James Baker, des ehemaligen Außenministers der USA, in Tiflis arrangiert sowie die Annahme der neuen Empfehlungen zum Wahlgesetz beschlossen.

Wenn ich heute zurückblicke und über die Umstände nachdenke, die den Regierungsumsturz in Georgien im November 2003 ermöglichten, erinnere ich mich an den Sekretär des Sicherheitsrates, Nugsar Sadschaia, einen ausgezeichneten Sachkenner, meinen Verbündeten und Freund, der mit Erfolg die Sicherheitsstrukturen koordinierte. Obwohl diese Strukturen noch keineswegs vollständig realisiert waren, war die Arbeit von Nugsar sehr effektiv. Im Frühjahr 2002 nahm er sich jedoch das Leben. Ich bin davon überzeugt, dass man ihn dazu gezwungen hat. In diese Angelegenheit waren meiner Meinung nach ernst zu nehmende Kräfte involviert. Ich schließe dabei auch auswärtige Beteiligte nicht aus. Aus der Rückschau wird für mich deutlich, dass ich nach dem Tod von Nugsar Sadschaia kontinuierlich die Kontrolle über meinen vertrauten Kreis verlor.

In meiner Umgebung verstärkte sich eine methodisch betriebene Desinformation, die ihren Höhepunkt im November 2003 erreichte.

Am 2. November fanden in Georgien die Parlamentswahlen statt. Der Tag verlief scheinbar ruhig. Wie sich jedoch später herausstellte, manipulierten beide Seiten, der Regierungsblock wie auch die Opposition, hemmungslos ihre Wähler. Auch wenn die Bevölkerung für die Wahlen insgesamt erfolgreich mobilisiert werden konnte, so sind an die Mitarbeiter des Projekts zur Erstellung der elektronischen Wählerlisten doch viele Fragen zu stellen. Die Fragen sind heute noch unbeantwortet. Bekanntlich waren die inkorrekten Listen der Hauptgrund für die Krise. Wer aber brachte die Listen gezielt durcheinander? Das fragt sich niemand. Offensichtlich brachte es jemandem Vorteile, wenn ein Wähler seinen Namen nicht in der Wählerliste fand. Wie nicht anders zu erwarten, musste das Unruhe auslösen.

Am nächsten Tag wurden zunächst die Ergebnisse der Wahltagsbefragung veröffentlicht und dann die offiziellen ersten Ergebnisse. Zwischen ihnen war ein großer Unterschied zu erkennen. Außerdem kam die Nachricht, dass in einer Region Westgeorgiens, nämlich in Adscharien, die Wahlen total gefälscht worden waren. Darauf reagierten die internationalen Beobachter sehr negativ. In ein paar Tagen organisierte die Opposition Straßenkundgebungen. Das Geschehen schien unkontrollierbar zu werden, und ich versuchte mehrmals, die Situation zu entspannen.

Am 10. November 2003 begab ich mich morgens zu den Demonstranten, die sich vor dem Parlament in der georgischen Hauptstadt Tiflis versammelt hatten. Es waren annähernd hundert Menschen, zumeist Jugendliche. Als sie mich sahen, standen sie sofort auf, und statt einer Begrüßung brüllten sie laut: „Tritt zurück! Tritt zurück!" Unter den Demonstranten befand sich auch die Parlamentspräsidentin Nino Burdschanadse. Als ich gegangen war, zeigte sich Micheil Saakaschwili. Einen Dialog mit diesen Menschen zu führen, war für mich zum ersten Mal in meinem Leben nicht möglich. Die Rufe „Tritt zurück!" hörte ich in meinem eigenen Land zum ersten Mal. Die Forderung der Jugendlichen erschreckte mich. Das sollte sie wohl auch. Sie setzte sich in mir fest, und ständig kreisten meine Gedanken um sie. Ich überlegte, dass ich sogar als Außenminister der Sowjetunion vom Amt zurückgetreten war und keine Folgen gefürchtet hatte. Auch in gefährlichen Situationen ging ich zu den Menschen und suchte den Dialog. Die Verhältnisse waren diesmal ganz anders. Der Ruf „Tritt zurück!" hinterließ bei mir ein bedrückendes Gefühl, wie ich es vorher niemals erlebt hatte.

Auf der Militärbasis Muchrowani nahe Tiflis verweigerte im Jahr 2002 ein Bataillon den Gehorsam; die Lage war sehr gespannt. Ich habe mich jedoch vor der Situation nicht versteckt und mich direkt dorthin begeben. Ich wusste, dass dort eine Aktion gegen mich vorbereitet wurde. Neben den Offizieren empfingen mich auch einfache Soldaten. Es waren ungefähr 150 Mann. Wir setzten uns im Dienstzimmer des Bataillonskommandeurs zusammen. Nach anderthalbstündigem Gespräch entschärfte sich die Situation. Das Militär kehrte wieder zu den Einheiten zurück.

Damit möchte ich erklären, dass ich immer dorthin gegangen bin, wenn sich im Land eine gefährliche Konstellation entwickelte, nicht, um die Gefahr zu suchen, sondern um Gefahren zu vermeiden. Offensichtlich war es mir bis dahin auch gelungen, Konflikte zu entschärfen. Am 10. November stieß ich bei den Demonstranten hingegen auf etwas anderes. In den Rufen „Tritt zurück!" war außer einer politischen Forderung etwas anderes zu hören: Unversöhnlichkeit, kompromisslose Aggressivität, Unnachgiebigkeit. Später, als ich die Entscheidung für meinen Rücktritt gefällt hatte, stand mir diese Gruppe Jugendlicher vor Augen.

Vorerst reiste ich jedoch zu einem Treffen mit Aslan Abaschidse, Regierungschef der georgischen Autonomen Republik Adscharien. Die in Tiflis entstandene Lage spiegelte nicht nur die Situation im Land, sondern verkomplizierte sie noch, besonders in den Regionen Georgiens, in denen sich russische Militärbasen befanden. Diese historisch problematischen Regionen mussten besonders vorsichtig behandelt werden. In den Beziehungen zu Abchasien, Adscharien, Südossetien und Dschawacheti habe ich das im Allgemeinen immer versucht. Häufig wurde mir meine Vorsicht zum Vorwurf gemacht. Ich denke jedoch, dass ich Recht behalten habe.

Auch dieses Mal, als die Anführer und Aktivisten der oppositionellen Nationalen Bewegung nach Batumi, der Hauptstadt Adschariens, gefahren waren und es dort zu Schlägereien kam, hielt ich es für dringend nötig hinzufahren, um die Lage zu deeskalieren. Vor Ort habe ich mich mit Aslan Abaschidse beraten und danach mit ihm noch mehrmals telefoniert. Ich war überzeugt, dass Aslan Abaschidse trotz weitgehend unabhängiger Politik niemals die Einheit des Landes gefährden würde. Schließlich war er das Enkelkind von Memed Abaschidse, einer georgischen Persönlichkeit, die bei der Rückführung Adschariens nach Georgien eine maßgebliche Rolle gespielt hatte. Es war aber auch offensichtlich, dass fremde Agenten in Adscharien alles unternommen hätten, um diese Region von Georgien abzuspalten und die separatistischen Bewegungen zu stärken. Mit einem Wort: Wir standen vor der konkreten Gefahr einer Zersplitterung Georgiens. Es war notwendig, der Opposition diese Sachlage deutlich vor Augen zu führen. Die Gefahr habe ich nicht allein erkannt, auch in der Presse wurde darüber geschrieben. Ich bat Aslan, den Anführern der Opposition den Sachverhalt zu erklären. Um die territoriale Einheit des Landes zu wahren, war dies alles unbedingt zu berücksichtigen.

Damals und auch heute noch sind viele der Meinung, dass es ein Fehler war, mit der Opposition keinen Dialog zu führen und die Allianz mit Aslan Abaschidse zu demonstrieren. Äußerlich schien dies so, und ich weiß, dass die Episode von vielen Tiflisern übel aufgenommen wurde. In Wirklichkeit war der Sachverhalt ganz anders. Aslan Abaschidse forderte von mir nachdrücklich, die Wahlergebnisse in Adscharien zu legitimieren, was seiner Partei („Wiedergeburt") eine starke Vertretung im Staatsparlament gesichert hätte. Andernfalls war der Versuch, Adscharien aus der Jurisdiktion Georgiens herauszuführen, zu erwarten. Das konnte ich nicht zulassen! Zusätzlich erschwerte die angespannte Lage im Land die Vorgänge. Auch James Baker erwähnte in einem Interview, dass der Adscharien-Faktor mir während der November-Ereignisse keine Bewegungsfreiheit gelassen hatte.

Der 22. November war der erste Sitzungstag des neu gewählten Parlaments. Die Vorsitzende der Wahlkommission erstattete ihren Bericht über die Rechtmäßigkeit der Wahlen und die Legitimität der Parlamentsversammlung. Nach dem Reglement musste ich die Sitzung eröffnen. Der Termin war für 16.00 Uhr festgelegt. Allerdings konnten wir bis 16.30 Uhr nicht beginnen, denn wir hatten auf einige Parlamentarier gewartet, um das erforderliche Quorum festzustellen. Die Sitzung wurde schließlich eröffnet. Ich begann meinen Redetext vorzulesen. Es war eine kurze Rede, und ich las sehr langsam. Es blieben mir noch einige wenige Zeilen bis zum Ende, als brutale Stimmen zu hören waren – einmal, zweimal ... Die Tür des Sitzungssaals wurde gewaltsam geöffnet. Ich hörte grobe Rufe: „Tritt zurück! Tritt zurück!" Als ich aufblickte, sah ich die Gesichter mir bekannter Personen, die zusammen mit einigen Parlamentariern in einem Kreis mir unbekannter Jugendlicher standen. Dennoch versuchte ich, meine Rede zu beenden. Plötzlich war an der Tür des Sitzungssaals Unruhe zu bemerken. Zunächst schaffte man es, die in den Saal Eingedrungenen wieder hinauszudrängen. Doch wurden sie vermutlich durch ihre Anhänger in den Saal zurückgedrängt und näherten sich wild gebärdend der Tribüne. Die Parlamentarier verschwanden auf einmal aus dem Sitzungssaal. Meine Leibwächter umkreisten mich und brachten mich hinaus. Sie hatten ihre Pflicht getan, was ich nicht von denjenigen behaupten kann, die im Parlament für Ordnung sorgen mussten. Später habe ich erfahren, dass die Demonstranten, ohne dass jemand sie zu hindern suchte, in das Gebäude eingedrungen waren.

Die Leibwächter brachten mich in den Hof des Parlaments. Wir setzten uns in den Wagen und fuhren durch das linke Tor vor das Parlamentsgebäude, wo ich mich mit meinen aus Tiflis, Adscharien und Kachetien versammelten Unterstützern traf. Ich wandte mich an die Bürger und wertete das Geschehene als Versuch, die Regierung zu stürzen. Danach fuhr ich zu meiner Residenz. Abends, nach der Beratung mit Sicherheitskräften, rief ich verfassungsgemäß den Ausnahmezustand aus. Eine entsprechende Anordnung wurde durch Fernseh- und Radiosender übermittelt und am nächsten Tag auch in der Presse veröffentlicht.

Während des formalen Prozedere und auch danach hatte ich grausame Bilder vor Augen: Demonstranten und Militär (ich war gleichzeitig der

Oberbefehlshaber) treffen aufeinander, es kommt auch in anderen Regionen des Landes zu blutigen Zusammenstößen. Für mich war es gleich, auf welcher Seite die Menschen sterben würden, denn auf der einen wie der anderen Seite standen Bürger Georgiens. Dasselbe sagten mir meine Frau und mein Sohn Paata, der mich besorgt aus Paris anrief. Er arbeitet dort bei der UNESCO. Ich beruhigte sie und teilte ihnen mit, dass ich meine Entscheidung bereits getroffen hatte und kein Ausnahmezustand herrschen würde. In einem Land, das die blutigen Jahre 1921, 1924, 1937, 1956, 1989 und den Bürgerkrieg erlebt hatte, wäre ein Blutvergießen durch die eigene nationale Regierung das größte Unglück. Ich bin sogar davon überzeugt, dass selbst die Anführer der Opposition wussten, dass ich ein Blutvergießen nicht erlaubt hätte – deshalb verhielten sie sich so mutig beim Eindringen in das Parlament und in die Staatskanzlei. Ebenso schließe ich nicht aus, dass ein Blutvergießen einigen eher genutzt hätte, um meine Person völlig zu diskreditieren.

Als die Staatskanzlei gestürmt wurde, passierte übrigens etwas Merkwürdiges: Die Demonstranten brachten aus dem Gebäude einen Holzsessel heraus, zerstörten und verbrannten ihn. Ein Journalist rühmte sich sogar in einer Live-Sendung, einen Teil meines Amtssessels erhalten zu haben. Ich muss ihn leider enttäuschen. Meinen Sessel aus Metall und Plastik hatte keiner aus meinem Büro entfernt. An besagtem Tag verbrannten die Demonstranten den Sessel eines diensthabenden Mitarbeiters. Diese Richtigstellung gilt denjenigen, die den Sessel als ein Machtsymbol ansahen.

Am 23. November, spät abends, kamen Micheil Saakaschwili und Surab Schwania zu mir in die Krzanissi-Regierungsresidenz. Um die Residenz versammelten sich ungefähr 1.000 Demonstranten. Mischa und Surab sprachen meinen Rücktritt an, allerdings noch nicht entschieden und nicht kategorisch. Meine Antwort war einfach: „Macht euch keine Sorgen. Ich habe die Entscheidung über meinen Rücktritt bereits gefasst und werde sie auch nicht mehr ändern. Es ist besser, dass ihr über den morgigen Tag nachdenkt. Ein Land zu regieren ist eine Kunst, und ich möchte, dass ihr dabei keinen Rückschlag erleidet ... Wenn ihr mich konsultieren möchtet, stehe ich dafür zur Verfügung." – „Ja, natürlich", antworteten beide.[1] Dann fragte ich sie: „Haben wir das Gespräch damit beendet?" Ich bemerkte, dass es für sie unerwartet war. Vielleicht dachten sie, dass ich anfangen würde, eine Reihe von Zugeständnissen und Kompromissen zu fordern.

Ich war sehr müde, aber innerlich ruhig. Die Auseinandersetzung wurde ohne Opfer und unblutig beendet. Ich hatte Mischa und Surab angeboten, zuerst mit den Journalisten zu sprechen. Dies lehnten sie ab. Ich bemerkte, dass beide emotional belastet waren. Dann verabschiedete ich mich und ging zu den vielen Journalisten, die sich in der unteren Etage versammelt hatten. Sie umringten mich und fragten, wie das Treffen ausgegangen sei. Ich antwortete, dass ich zurückgetreten und meine Entscheidung endgültig sei.

Dann wurde ich befragt: „Wo gehen Sie jetzt hin, Herr Präsident?"

„Nach Hause …"

„Und dann?"

„Das wird das Leben zeigen …"

Ich hatte zur Presse immer eine besondere Beziehung. Das waren alles bekannte Gesichter. Ich fragte zurück: „Merken Sie, wie Sie sich in diesen Jahren verändert haben?"

Man antwortete mir: „Ja. Sie haben sich auch verändert, Herr Präsident."

Ich bedankte mich und ging wirklich nach Hause.

Als ich zurückgetreten war und begann, diese Erinnerungen zu schreiben, erhielt ich vom Präsidenten der USA, George W. Bush jun., diesen Brief:

---

[1] Leider verlief die Entwicklung in der Zeit nach der Revolution anders. Man fing an, die liberalen Werte zu ignorieren, massive „Tele-Festnahmen" und Entlassungen folgten, eine präzedenzlose Druckausübung auf die Justiz und die Wirtschaft wurde registriert.

THE WHITE HOUSE

WASHINGTON

December 1, 2003

His Excellency
Eduard Shevardnadze
President of Georgia
Tbilisi

Dear Mr. President:

Thank you for your great accomplishments in the cause of freedom. You won the admiration of millions of Americans, and others throughout the world, for your leadership in helping end the Cold War, spreading freedom across the former Soviet Bloc, guiding Georgia from the darkness of civil war toward democracy and a market economy, and establishing a close friendship with the United States. I am grateful for your support on Iraq and your leadership on counterterrorism in the Pankisi Gorge.

The dignity with which you tendered your resignation on November 23, and your offer to share your experience and wisdom with Georgia's next generation of leaders, whom you helped cultivate, marks another great achievement. Your decision to resign rather than use force on the streets of Tbilisi was a crowning moment in an outstanding career.

I know that you, like the United States, will do everything possible to strengthen Georgia's independence, democracy, and prosperity.

Sincerely,

George W. Bush

Mein Leben in Krzanissi

Nach meiner Rückkehr nach Georgien im Jahr 1992 und meiner Ernennung zum Vorsitzenden des Staatsrates wurden wir, meine Frau Nanuli und ich, in einem Gästehaus in der sogenannten Regierungsresidenz in Krzanissi in Tiflis untergebracht.

Das Haus, in dem ich heute lebe, liegt in der Nähe der Regierungsresidenz. Es wurde uns später übergeben, als ich bereits zum Präsidenten Georgiens gewählt worden war. In den 1930er Jahren gehörte es dem damaligen Führer der Kommunistischen Partei (KP) Georgiens, Kandid Tscharkwiani. Das Gebäude war sehr alt und wurde durch das Erdbeben im Jahr 2002 teilweise zerstört, was seine gründliche Restauration erforderte. Die Renovierung wurde durch die Unterstützung der Regierung und amerikanischer Freunde möglich. Natürlich haben auch meine Frau und ich dazu beigetragen. In Moskau, als Außenminister, bezog ich ein für damalige Zeiten hohes Gehalt. Auch die Honorare, die ich in der Zeit danach für öffentliche Auftritte im Ausland erhielt, und erneute Auflagen meines ersten Buches sowie viele Interviews brachten Einnahmen, die uns die Möglichkeit gaben, eine beachtliche Summe für den Wiederaufbau des Hauses aufzubringen. Die drei auf mich verübten Attentate bewegten meine amerikanischen Freunde dazu, uns beim Bau des Wohnhauses und bei der Berücksichtigung grundlegender Sicherheitsstandards zu helfen. Sicherheitstechnik wurde auch von Freunden aus Deutschland geliefert.

Nach meinem Rücktritt als Staatspräsident am 23. November 2003 blieb mir das Haus mit Zustimmung der georgischen Regierung erhalten, sodass ich über gute Arbeitsmöglichkeiten verfüge. Die Regierung entschied darüber hinaus, mir meinen persönlichen Sicherheitsdienst weiterhin zu belassen, ohne den mein Leben in Georgien zweifelsfrei gefährdet wäre.

Auch nach meinem Rücktritt besuchen mich immer wieder Repräsentanten verschiedener Staaten, ebenso Vertreter internationaler Organisationen und der diplomatischen Dienste sowie viele Journalisten. Sie kennen meine Einstellung zu ihnen, und sie haben mich nicht vergessen.

Mein Wohnhaus ist von einem wunderschönen Garten umgeben. Das hat für mich eine besondere Bedeutung. Ich habe meine Kindheit in Mamati verbracht, einem Dorf im westgeorgischen Gurien, und deshalb hat die ländliche Atmosphäre für mich einen großen Erholungswert. Hier in Krzanissi besuchen mich auch meine Kinder und Enkelkinder.

Meine Ehefrau Nanuli und ich haben zwei Kinder, ein Mädchen und einen Jungen. Als die Kinder klein waren, stand mir die Arbeit bis zum Halse, und so wurden die Erziehung, Schule und Bildung der Kinder zur Hauptaufgabe meiner Frau. Nanuli arbeitete zuerst als Lehrerin, dann als Journalistin. In der Sowjetunion war sie für die Frauenzeitschrift „Georgiens Frau" tätig. Später, seit der Unabhängigkeit Georgiens, leitete sie als Präsidentin die Vereinigung „Georgiens Frauen für Frieden und Leben" und war bis zu ihrem Lebensende Redakteurin der Zeitung „Frieden überall". Zudem war sie Ehrenpräsidentin der Gesellschaft „Weißes Tuch".

Unser Leben war wie ein Roman mit Freude und Schmerz, Glück und Unglück. Unsere Begegnung würde ich keinem Zufall zuschreiben. Uns hat etwas Großes verbunden, was unserer Beziehung Festigkeit verlieh.

Als meine zukünftige Frau und ich uns kennenlernten, war es schwer, sich einen Menschen vorzustellen, der noch mehr gelitten hatte als sie. Nachdem man ihren Vater 1937 festgenommen und erschossen hatte, verlor die ganze Familie ihr Haus.[1] Später haben wir jedoch gemeinsam viel Gutes erlebt. Unsere Begabungen und Fähigkeiten halfen uns, unseren

---

[1] Die Tragödie von 1937 und ihre damit verbundenen Erfahrungen hat Nanuli Zagareischwili-Schewardnadse in ihrer später, in den 1990er Jahren herausgegebenen Erzählung „Mama, ich bringe dir Mimosen" erzählt.

Weg zu finden, einen Weg der Dornen, voller Schwierigkeiten und Gegensätze, den wir mit gegenseitiger Liebe und Unterstützung gegangen sind. Fast hatten wir uns für ein glückliches Leben im Alter vorbereitet. Ich hatte angefangen, meine Erinnerungen zu schreiben, und sie begann einen Roman über unser Leben.

Plötzlich jedoch ging alles verloren. Ich war gerade bei einer Konferenz in Deutschland, als sie mich nach über fünfzig gemeinsamen Lebensjahren am 20. Oktober 2004 für immer verlassen hat.

Mit unseren Kindern und Enkelkindern hatten wir viel Glück. Unsere Tochter Manana absolvierte das Tifliser Konservatorium. Sie war beim Fernsehen Georgiens tätig und förderte die Dreharbeiten vieler Filme. Zurzeit übt sie Werbe- und Verlagstätigkeiten aus. Unser Schwiegersohn Gia Dschochtaberidse ist Doktor der Technischen Wissenschaften und Gründer einer georgisch-amerikanischen Telekommunikationsfirma. Die Enkeltochter Tamar Mosaschwili-Schewardnadse ist promovierte Juristin.

Unser Sohn Paata, Doktor der Philologie, absolvierte die Fakultät für orientalische Sprachwissenschaften an der Staatlichen Universität Tiflis und arbeitet heute für die UNESCO. Er ist verheiratet und hat vier Kinder. Seine Ehefrau Nino Achwlediani-Schewardnadse ist neben der Kindererziehung als Übersetzerin für die englische Sprache tätig.

Mein Enkel Lascha studiert an einer führenden Londoner Universität. Die Enkelin Sophie arbeitet in Moskau als Moderatorin der englischsprachigen Programme bei einem bekannten Fernseh- und Radiosender. Meine anderen Enkelkinder besuchen noch die Schule.

In Krzanissi habe ich zwei Hunde: Bombora und Batura. Bereits seit meiner Kindheit mochte ich Hunde, da mein Vater leidenschaftlicher Jäger war und wir in der Familie immer Hunde hielten. Sie gehören für mich zur Familie. Die Rasse dieser Hunde ist georgischer Herkunft. Es wird erzählt, dass Russen im 19. Jahrhundert mehr als 3.000 Welpen von georgischen Hirtenhunden im Kaukasus gekauft hätten. Die Hirtenhunde sind sehr kräftig und mutig und kämpfen auch mit Wölfen. Ein Zweikampf endet meist mit dem Sieg für den Hirtenhund. Meine Hunde schlafen die ganze Nacht nicht und bellen unaufhörlich, auch bei Kleinigkeiten. An dieses Gebell habe ich mich so sehr gewöhnt, dass ich es schon fast wie Musik genieße.

Nach volkstümlicher georgischer Tradition wird der, der als Erster in der Neujahrsnacht das Haus der Familie betritt, „Mekwle" (Wegweiser) genannt. Von ihm soll es abhängen, wie das neue Jahr für die Familie wird. Es gab in der Tat Neujahrsnächte, in denen der „Mekwle" für meine Frau und mich unsere Hunde waren und sie enttäuschten unsere Hoffnungen für das neue Jahr nie.

Begegnungen in Georgien und Israel

Unterstützung der Alija nach Israel

Während meiner Tätigkeit als Innenminister (1965–1972) im sowjetischen Georgien und später als Erster Sekretär der Kommunistischen Partei Georgiens (1972–1985) bin ich auf ein für die damalige Zeit schwieriges Problem gestoßen: die Auswanderung der Juden nach Israel. Die sowjetische Führung unternahm alles, um den Juden die Alija nach Israel zu erschweren, und sie tat das, obwohl deren Anwesenheit in Russland traditionell nicht gern gesehen wurde.

Bei diesem Vorhaben machte die sowjetische Führung genau das, was seinerzeit das Vereinigte Königreich unternahm, als es die an den Ufern Palästinas angekommenen Schiffe mit Juden zurückwies und ihnen nicht erlaubte, das Land zu betreten. Golda Meir beschreibt diese grausame Haltung in ihrer Autobiographie „Mein Leben“ (1975).

Damals unterstützte ich die Auswanderung von siebzehn Juden in ihre Heimat. Das war der Beginn der Auswanderungsbewegung aus der Sowjetunion nach Israel.

Jahre später wird Israels Premierminister Ehud Barak darauf hinweisen: „Wir werden nicht vergessen, dass Sie eine zentrale Rolle dabei gespielt haben, die Türen der Sowjetunion zu öffnen, um den Juden die Möglichkeit der Auswanderung nach Israel zu geben.“[1] Dasselbe sagte der amerikanische Außenminister George Shultz: „Ganz besonders Eduard Schewardnadse hat die Auswanderung der sowjetischen Juden in ihre

[1] Abon Ziziaschwili: Juden und Georgien. Tiflis 2000, S. 308.

historische Heimat unterstützt."[2] Nach meiner Ernennung zum Außenminister der Sowjetunion wurde, nach einem Treffen mit Schimon Peres in Moskau, auf unsere Initiative hin ein Konsulat Israels eröffnet, was den Auswanderungsprozess entscheidend förderte.

Mich schmerzte es, dass Juden Georgien verließen. Schließlich lebten sie hier seit 2600 Jahren, und es konnte ihnen nichts Schlechtes zugeschrieben werden. Als zuverlässige Bürger waren sie gegenüber Georgien loyal. Weinend verließen sie Georgien, wo ihre Freunde, ihre Häuser und die Gräber ihrer Vorfahren zurückblieben. Aber nichts kann die Sehnsucht aufhalten ... Auch jetzt, nach so vielen Jahren, sind die jüdischen Grabstätten in Georgien sehr gepflegt, die Häuser unangetastet. Die Bevölkerung bewahrt „die jüdischen Brüder" in guter Erinnerung. Ich denke, das sagt sehr viel über den Charakter unseres Volkes aus.

Da stellt sich die Frage: Was bedingte in unserem Land den einzigartigen Charakter des Zusammenlebens? Es ist doch so, dass die Juden in anderen Ländern viel Leid ertragen mussten, nur deshalb, weil sie Juden waren.

Die Geschichte der Juden in Georgien aber kennt keinen Antisemitismus und keine Pogrome. Ich denke, dass unsere Mentalität und der Konsens über grundlegende Prinzipien in den menschlichen Beziehungen dieses einzigartige historische Beispiel ermöglichte.

Den Staat Israel konnte ich erst im Juni 1995 offiziell besuchen. Premierminister war damals Itzhak Rabin und Außenminister Schimon Peres, den ich mehrmals zuvor getroffen hatte. Es fanden herzliche Begegnungen statt. Das war die Zeit, als die israelische Regierung die Entscheidung traf, den Palästinensern Zugeständnisse zu machen. Im Gegenzug erhielt die Regierung Friedensgarantien für ihren eigenen Staat. Itzhak Rabin erklärte mir bei unserem Treffen, dass diese Entscheidung für Israel schmerzhaft war, aber es wäre sinnlos, weiterhin Krieg zu führen. Während des Besuchs hatte ich mehrere Treffen mit Bürgern Israels, unter anderem

[2] Ebd.

mit Bürgern georgischer und russischer Herkunft. Die Treffen überzeugten mich davon, dass Rabins Sorge wegen des Vertrags die Vorahnung einer zum Opfer bestimmten Persönlichkeit war.

Besonders beeindruckend war mein Besuch in Aschkelon, wo zahlreiche georgische Juden lebten. Es verlief wie ein Wiedersehen von Verwandten. Das Applaudieren, die Begrüßungen und die Zurufe wollten nicht enden. Schließlich trugen die Aschkeloner mich auf Händen.

Kurze Zeit nach meinem ersten Besuch bestätigte es sich, dass Itzhak Rabins Sorge nicht ohne Grund gewesen war. Am 4. November 1995 wurde er niederträchtig ermordet. Natürlich war ich verpflichtet, sofort alle anderen Aufgaben zu verschieben und an der Trauerzeremonie teilzunehmen. Leider ist es so, dass in der Geschichte gerade die Menschen ermordet werden, die mutige Persönlichkeiten sind. Zu diesen Menschen gehörte Itzhak Rabin.

Bereits im Februar 1999 besuchten Israels Premierminister Benjamin Netanjahu und Außenminister Ariel Scharon das unabhängige Georgien. Scharons Eltern hatten in Tiflis gelebt und dort geheiratet. Der Vater hatte an der Staatlichen Universität in Tiflis studiert. Seine Großmutter ist auf dem jüdischen Friedhof in Tiflis begraben. Er besuchte ihr Grab und sah, wie gut es gepflegt wird.

In Israel und im heutigen Gaza-Streifen waren im 5. Jahrhundert der georgische Philosoph Petre Iberi, der Vater der Areopagita, und der georgische Geistliche Joanne Lasi tätig. In Jerusalem gab und gibt es bis heute zwei georgische Klöster: das Kreuz-Kloster, in dem der georgische Dichter der östlichen Renaissance, Schota Rustaweli, als Mönch tätig war und wo sich sein Fresko befindet, sowie das Kloster der Lasen, das ein italienischer Archäologe entdeckte.

Meine Einstellung zu Juden ist nicht nur durch persönliche Sympathie bestimmt, sondern auch durch das Miteinander in der Geschichte Georgiens und durch meine nationale Mentalität und Erziehung. Im Jahr 1998 feierten wir gemeinsam das 26. Jahrhundertjubiläum eines freundschaftlichen Zusammenlebens.

Indira Gandhi in Tiflis

Die Gastfreundschaft der Georgier wird häufig gerühmt. Ich erinnere mich in diesem Zusammenhang an die Begegnungen mit Indira Gandhi. Sie war mehrere Male zu Gast in Moskau und besuchte zwei Mal Tiflis. Beim ersten Besuch wurde sie von Beratern und Beamten begleitetet. Sie übernachtete in Tiflis, aber wir fanden keine Zeit für ein Gespräch. Sie kam nachts an und reiste frühmorgens ab.

Ihr zweiter Besuch in den 1970er Jahren war länger und beeindruckend. Diesmal kam sie mit ihrer Familie, zwei Söhnen und deren Frauen. Den Abend verbrachten wir zusammen. Auf der georgischen Seite waren beim Empfang auch der Vorsitzende des Obersten Rats des Präsidiums, Pawle Gilaschwili, und der Regierungschef Surab Pataridse anwesend. Es war ein freundschaftliches Treffen. Über Sachfragen haben wir sehr wenig gesprochen; unsere Gäste sollten unsere georgische Küche kennenlernen. Wir saßen bis spät abends zusammen, und uns gelang ein wirklich unvergesslicher Abend. Am zweiten Tag haben wir die Familie gemeinsam verabschiedet. Der Sohn Sanjay starb 1980 bei einem Flugzeugunfall.

Vom 21. bis 31. März 1982 wurde ich als Erster Sekretär der georgischen KP nach Indien gesandt, um an dem dort stattfindenden Parteitag der KP Indiens teilzunehmen. Der Parteitag dauerte einige Tage. Nach seinem Ende wollte ich sofort nach Georgien zurückfliegen. Offenbar wurde die Premierministerin über meine Anwesenheit informiert. Sie bat mich, noch einige Tage in Delhi zu bleiben, um die Hauptstadt Indiens besser kennenzulernen und uns vor dem Abflug zu treffen. Natürlich sagte ich zu.

An meinem Abflugtag war der Empfang durch die Premierministerin für morgens um 10 Uhr angesetzt. Um 9.30 Uhr erreichte die sowjetische Botschaft ein Anruf, das Treffen auf 11 Uhr zu verschieben. Später, als ich mit einem Fahrzeug zur Residenz der Premierministerin unterwegs war, erfuhr ich, dass die Ehefrau des verstorbenen Sohnes an diesem Morgen unter großer Aufregung die Familie verlassen hatte und aus Delhi abgereist war. Der Eklat geschah auf der Straße unter den Augen vieler Menschen und hatte eine entsprechende Resonanz hervorgerufen. Dieser Umstand war auch der Grund für die Terminverschiebung. Die Situation hat mich betroffen gemacht, sodass ich eine Verschiebung des Treffens vorschlug. Aber darauf antwortete Indira Gandhi mit einem kategorischen Nein.

Die Premierministerin empfing uns auf den Stufen des Eingangs ihrer Residenz, begrüßte uns herzlich und bat uns ins Gästezimmer. Unser Gespräch dauerte fast eine Stunde. Frau Gandhi hat mich im Gespräch sehr beeindruckt; ihre Gefasstheit, ihr Aussehen und ihre wunderschöne Kleidung bleiben mir unvergesslich. Ihr konnte man nichts von den vorangegangenen Unannehmlichkeiten ansehen. Wir führten ein offenes Gespräch. Sie erinnerte sich an den Aufenthalt in Tiflis, und wir erörterten auch wichtige Fragen der Weltpolitik. Dann verabschiedete sie mich und teilte mir mit, dass sie im nächsten Jahr erneut Moskau besuchen wolle.

Indira Gandhi war eine gebildete, vielseitig begabte Persönlichkeit, sie wirkte sehr sympathisch. Ich war betroffen, als ich hörte, dass zwei Mitglieder ihrer Leibwache sie am 31. Oktober 1984 ermordet hatten. Ich hätte mir nie vorstellen können, dass in Indien jemand wie sie, die Tochter Jawaharlal Nehrus, einem Mordanschlag zum Opfer fallen könnte.

Von der „Reue" zur Taufe

Im Rückblick erscheint mir eine Geschichte besonders wichtig, die meine letzten Jahre im kommunistischen Georgien geprägt hat. Damit meine ich den Film „Monanieba" („Reue") von Tengis Abuladse, einem georgischen Filmregisseur. Gerade in Georgien wurde es möglich, dass ein Filmemacher über das autoritäre sowjetische Regime ein Urteil fällte und die ersten Schritte der Reue einleitete. Diese Schritte begleitete ich von Anfang an und bereute gegenüber Gott und dem Volk, indem ich die Verfilmung unterstützte. Der Film ging später um die Welt und erhielt mehrere Auszeichnungen.

Alles fing 1981 an: Eines Tages rief mich Tengis Abuladse in Tiflis an und sagte mir, dass er mich sehen möchte. Wir verabredeten uns für den Abend. Für ihn stand meine Tür immer offen.

Tengis kam zur vereinbarten Zeit und legte mir einen Stapel bedruckten Papiers auf den Tisch: „Das ist ein Drehbuch für meinen neuen Film. Ich wünsche mir sehr, dass Sie es lesen. Es wird ein problematischer Film werden." Das war das Drehbuch zu „Monanieba".

Ich sagte zu, allerdings mit Vorbehalt: „Heute Nacht werde ich es wohl nicht lesen können. Morgen früh fliegen meine Frau und ich nach Moskau, und ich werde das Drehbuch erst am Abend in Moskau lesen."

In der Tat, als ich in Moskau meine Angelegenheiten erledigt hatte, kehrte ich am Abend nach Hause zurück und begann, das Drehbuch zu lesen. Ich las es, las es und dabei verschlug es mir den Atem. Ich stellte mir die Szenen auf der Leinwand vor und welchen Eindruck sie auf den normalen Bürger machen würden, mit welchen Emotionen wir zu rechnen hätten. Meine Frau Nanuli bemerkte, dass ich kaum noch frei atmen konnte und fragte mich, worüber ich mich so aufregte. Ich reichte ihr das Drehbuch. Sie las es und fühlte genau wie ich, denn sie hatte ja Ähnliches selbst erlebt. Sie brach in Schluchzen aus.

Als ich wieder nach Tiflis zurückkehrte, meldete sich Tengis nach ein paar Tagen bei mir. Ich hatte ihn nicht selbst angerufen, da ich noch darüber nachdachte, welche Zukunft dieser Film haben würde, ob er überhaupt realisiert werden könnte. Ich wollte Tengis auch nicht enttäuschen, weil ich ihm ja die Wahrheit sagen musste.

Wir vereinbarten ein Treffen für den nächsten Tag. Ich überflog das Drehbuch noch einmal. Einige Passagen kannte ich schon auswendig. Beim Treffen sprach ich zwei große Probleme an: „Erstens wird das Moskauer Filmkomitee dieses Drehbuch nicht genehmigen, das heißt, es stellt sich die Finanzierungsfrage. Zweitens: Gehen wir davon aus, dass wir sie überzeugen und du den Film drehst, dann wird der Film einige Jahre nicht gezeigt werden, er muss im Regal liegen bleiben. Du bist dazu verdammt und musst dich mit diesem Gedanken abfinden. Aber wenn du den Film nicht drehst, wirst du an Georgien und an dem georgischen Volk, und nicht nur an ihm, schuldig sein.“

Er war bedrückt. „Gibt es einen Ausweg, was soll ich tun?“, fragte er. Ich antwortete: „Wir sollten uns morgen oder übermorgen noch einmal treffen. Ich weiß, welche Auswege möglich sind. Das Wichtigste ist zunächst, dass wir den Film drehen. Dann sehen wir weiter.“

Der Direktor des Filmstudios in Tiflis, Reso Tschcheidse, sah nur einen Ausweg aus der Situation, wenn die Dreharbeiten für „Monanieba“ als Fernsehfilm beginnen würden. Der Vorsitzende des Teleradiokomitees in Georgien, Nugsar Popchadse, unterstützte die Angelegenheit und beteiligte sich aktiv an den Gesprächen, aber die Entscheidung musste in Moskau getroffen werden.

Der Vorsitzende des Teleradiokomitees der Union in Moskau, Sergej Lapin, unterhielt zu mir eine sehr gute Beziehung. Er war zumeist mit allen unseren Überlegungen einverstanden und finanzierte auch großzügig das georgische Kino. Wenn ich mich richtig erinnere, bat ich ihn um 600.000 Rubel, um die Dreharbeiten zu beginnen. Er bewilligte uns die Geldsumme und fragte nicht nach dem Drehbuch.

Ich bat Tengis zu mir und teilte ihm mit: „Es gibt nur diesen einen Ausweg. Wenn es für dich nicht beleidigend ist, drehen wir den Film als Fernsehfilm, und dann werde ich versuchen, mit den Zuständigen in

Moskau über die Frage zu sprechen, welche Bedeutung der Film haben kann." Er sagte zu. „Ich verstehe alles. Eigentlich hatte ich eine Absage erwartet." Ich wiederholte: „Tengis, du musst dich mit dem Gedanken abfinden, dass dieser Film etwa vier Jahre nicht zu sehen sein wird."

Für den Fernsehfilm wurde mit den Dreharbeiten begonnen. Die Finanzmittel waren im Budget des Teleradiokomitees eingeplant, der Film wurde jedoch auf dem Gelände des Kinostudios gedreht. Genau das war die richtige Entscheidung.

In Moskau verband mich mit dem Kulturabteilungsleiter des Zentralkomitees, Wassili Schauro, eine enge Beziehung. Auch für Georgien tat er viel Gutes. Als ich mich in Moskau aufhielt, traf ich ihn und sprach das einzigartige Drehbuch an: „Wenn Sie möchten, schicke ich Ihnen das Drehbuch zu, aber wir haben es noch nicht ins Russische übersetzt. Sie können mir glauben, es wäre sehr schade, diesen Film als Fernsehfilm zu drehen. Bis jetzt haben wir nur erreicht, dass der Film aus den Mitteln des Teleradiokomitees finanziert wird. Sie müssen uns dabei helfen, eine Erlaubnis für die Verfilmung vom Kinokomitee zu erhalten, ohne dass das Drehbuch vorher gelesen wird. Der Film muss finanziert werden."

„Worum handelt es sich in diesem Drehbuch?", fragte er. „Wenn der Film fertig ist, werden Sie überzeugt sein, dass Sie etwas für die zukünftige Generation getan haben", antwortete ich.

In meiner Anwesenheit rief er den Leiter des Kinokomitees, Filip Jermasch, an: „Bei mir ist Eduard Schewardnadse. Sie wissen, wie ich ihm vertraue. In Tiflis haben sie begonnen, einen Film als Fernsehfilm zu drehen. Meiner Meinung nach ist es besser, diesen Film als Kinofilm zu machen." Danach wurde unser Film fest in die Planung des Kinostudios aufgenommen. Die Dreharbeiten zum Kinofilm begannen. Ich versprach Tengis, bei der Probevorführung dabei zu sein.

Endlich wurde ich vom Direktor des Kinostudios, Reso Tschcheidse, und von Tengis zu der Probevorführung eingeladen. In die Dreharbeiten hatte ich mich grundsätzlich nicht eingemischt. Umso aufgeregter war ich und nahm die Einladung gerne an. Ich sah den Film und war sehr beeindruckt. Der Mensch gewöhnt sich mit der Zeit an etwas Fremdes und Außergewöhnliches, der erste Eindruck bleibt jedoch unauslöschlich. Nach einigen kleinen unwichtigen Anmerkungen der Kinoregisseure zum Film bemerkte ich, dass alle nun auf mich schauten: Ist der Film für Sie annehmbar? Werden Sie die Verantwortung für den Film übernehmen? Das fragten sie mich alle mit ihren Augen. Ich habe nicht erzählt, dass ich schon seit Jahren wusste, dass Tengis den Film drehte. Auch er hatte das geheim gehalten.

Kurz, die Dreharbeiten wurden beendet, und der Film war 1985 fertig. Gerade zu dieser Zeit wurde ich als Außenminister nach Moskau berufen.

In Tiflis hatte man sich, wie es scheint, beeilt und ohne Wissen der damaligen georgischen Führung den Film in einigen Gesellschaftskreisen vorgeführt. Es brach ein wahres Durcheinander aus. Die Reaktion auf den Film war sicher sehr hart. Einige Personen mussten ihre Posten räumen, es kam auch zu Parteiausschlüssen. Das Ergebnis war, dass „Monanieba“ zwei oder drei Jahre im Regal liegen blieb.

Als ich 1985 nach Moskau wechselte, konnte ich natürlich nicht sofort Michail Gorbatschow darauf ansprechen, dass wir in Georgien einen solchen Film hatten. Ich dachte mir, dass irgendwann die Zeit reif sein würde, um über das Thema zu sprechen.

Die „Perestroika“ hatte schon begonnen. Der Demokratisierungsprozess sollte sich weiter vertiefen, und dann konnte die Frage leichter entschieden werden. Es konnte auch offener geredet werden, nicht zuletzt deshalb, weil der Film eines der Argumente für die Unterstützung jener Prozesse werden musste, die sich zu dieser Zeit in der Sowjetunion entwickelten.

Dann erzählte der damalige Erste Sekretär des Zentralkomitees der KP in Georgien, Dschumber Patiaschwili, Gorbatschow von dem Film „Monanieba“: „Seit zwei oder drei Jahren liegt er im Regal. Wie die Fachleute sagen, ist es ein sehr guter Film.“ Er bat Gorbatschow, ihm dabei zu helfen, den Film auf die Leinwand zu bringen. „Ich werde ihn mir ansehen“, soll er geantwortet haben. Zusammen mit seiner Ehefrau Raissa hat er den Film tatsächlich in der gleichen Nacht gesehen.

Am folgenden Tag rief mich Gorbatschow an:

„Warum weiß ich nichts davon, dass ein solcher Film in Georgien existiert?“ (Michail Gorbatschow war übrigens ein ausgezeichneter Kenner georgischer Filme.)

„Ich habe auf einen passenden Moment gewartet. Ich glaube, die Zeit ist jetzt gekommen, wo wir daran denken müssen, den Film freizugeben. Die Menschen müssen ihn sehen. Der Film muss vervielfältigt werden“, antwortete ich. Gorbatschow empfahl mir, diesen Sachverhalt mit Jegor Ligatschow zu besprechen.

Ich ging zu Ligatschow.

„Ich bin in einer ungewöhnlichen Angelegenheit gekommen. Ich bin zwar Außenminister und habe keine Zeit für Filme, aber ich muss Ihnen mitteilen, dass diese Angelegenheit mit meiner Unterstützung begonnen wurde und es sich nach meiner Überzeugung um große Kunst handelt. Ideologisch werden jedoch viele mit uns streiten, denn was hier gezeigt wird, lässt den Kommunismus und Sozialismus nicht gut erscheinen.“

„Was möchten Sie?“, fragte er mich. „Möchten Sie, dass ich den Film sehe?“ Ich bejahte. Er versprach, sich den Film mit seiner Frau anzusehen. Ich hatte den Eindruck, dass er schon alles wusste.

Der Film beeindruckte sie sehr, obwohl Ligatschow feste ideologische Ansichten hatte. Später erfuhr ich, dass auch die Familie seiner Ehefrau durch Repressalien betroffen war; 1937 wurde ihr Vater verhaftet und erschossen. Als sie den Film sah, hätte sie geweint. Am folgenden Tag rief mich Ligatschow an und sagte, wenn Gorbatschow nichts dagegen hätte, könnten wir den Film freigeben. Diese Meinung teilte auch der große Filmfürsprecher Alexander Jakowlew, einer der Anführer der Perestroika.

Ich rief Gorbatschow an, und der Film wurde für die Vervielfältigung nach Moskau gebracht. Die Vorführungen begannen.

In der Presse kam es zu widersprüchlichen Reaktionen. Die Generation, die auf der Seite der Perestroika stand, die den Weg zur Demokratisierung eingeschlagen hatte und das Land neu aufbauen wollte, begrüßte den Film natürlich. In der Presse waren aber auch solche Stimmen zu vernehmen, die ihn als „einen ideologisch gefährlichen Film" bewerteten.

Gorbatschow sagte, dass wir diese Angelegenheit unbedingt verfolgen und geeignete Maßnahmen treffen müssten. Wir suchten einige befreundete Journalisten auf, und sie bereiteten besonders positive Besprechungen über „Monanieba" vor.

Danach setzte ich mich dafür ein, dass es der Film bis zum Cannes-Festival schaffte. Gegenüber dem Vorsitzenden des Kinokomitees Jermasch erklärte ich, dass es ein Fehler wäre, wenn der Film nicht in Cannes vorgestellt würde. Im Kinokomitee war man derselben Meinung. Sie hatten auch nichts Besseres anzubieten; was hätten sie schon mitnehmen können? Zudem kam dem Film auch ideologisch eine wichtige Bedeutung zu. Er spiegelte die in der Sowjetunion ablaufenden Prozesse und bestätigte gleichzeitig, dass die Kinokunst frei war. Die Tatsache, dass der Film in der Sowjetunion gedreht worden war, kam der Perestroika, unserer Politik, sehr zugute.

Den Mitgliedern des Politbüros wurde der Film vorgeführt, und es wurde einstimmig beschlossen, dass „Monanieba" für das Cannes-Festival vorgeschlagen werden sollte.

Dann kamen der Erfolg, die weltweite Anerkennung des Films und das Entsetzen über die Fehler in der Sowjetunion. Ich bin davon überzeugt, dass ohne „Monanieba", ohne diese Reue, das Weiterleben für mich wie auch für unsere Gesellschaft sich schwieriger gestaltet hätte.

Später wollte Tengis, bereits im freien Georgien, eine neue Idee, „Monanieba 2", verwirklichen. Bis zu diesem Zeitpunkt war es für mich unvorstellbar, dass jemand auf die Idee kommen könnte, einen weiteren solchen Film zu drehen. Die Realität des „unabhängigen" Georgiens hatte sich für einen Künstler nicht weniger erschütternd herausgestellt als das „Grauen des Totalitarismus". Den Film konnte er jedoch nicht mehr drehen. Er verstarb am 6. März 1994.

***

Tengis Abuladses Film „Monanieba“, der die sowjetische Gesellschaft tief beeinflusste, endet mit einer sehr prinzipiellen Frage: „Was nützt der Weg, der nicht zum Haus Gottes führt?“

Auf den ersten Blick scheint dies ein bloßer Hinweis zu sein, aber vielleicht musste in der atheistischen Gesellschaft diese Frage so direkt gestellt werden. Gottlose Menschen mussten nicht nur über den Weg nachdenken, der sie in die Sackgasse führte, sondern auch über den Allmächtigen, den sie am Anfang des Weges verneinten.

Ich war ein Teil dieser Gesellschaft: ein Atheist. Ein Atheist war auch mein Vater. Meine Mutter hingegen war eine gläubige Frau, die im Verborgenen betete.

Ich sage nicht, dass ich wegen des Films und dieser Frage, sondern eher aus vielen anderen Gründen während meines Aufenthalts in Moskau ernsthaft darüber nachzudenken begann, wozu wir auf die Welt kommen und wohin wir gehen, was unsere Schritte bestimmt und wer, außer den Menschen, unser Leben bewertet. Dies war eine unbewusste Suche nach Wegen zu Gott und auch der erste Schritt auf diesem Weg.

Als ich im März 1992 nach Georgien zurückkehrte, ging ich zunächst zu Seiner Heiligkeit Ilia II., dem Katholikos-Patriarchen von Georgien. Ich kannte ihn seit langem und schätzte ihn sehr. Die Gespräche mit dem Patriarchen gaben mir Zuversicht. Ich ließ mich sogar taufen. Mein Taufpate wurde Ilia II. Ich erhielt den Taufnamen Giorgi, ein Name, der für die Georgier besonders viel bedeutet. Seine Heiligkeit Ilia II. schenkte mir eine Ikone vom Heiligen Nikolaus, die ich immer bei mir trug. Nach dem dritten Attentat, als ich nach Hause gebracht wurde, fragte meine Frau Nanuli, die ein gläubiger Mensch war, mich nach meiner Ikone. Wir fanden sie nicht. Sie schickte meine Sicherheitsleute, um die Ikone zu suchen. Sie fanden sie am Ort des Attentats in den Büschen. Ich trage sie auch heute wieder bei mir als Beschützerin.

Ich kann von mir nicht behaupten, dass ich sehr gläubig geworden bin, aber meine Seele hat Sehnsucht nach Gott; ich glaube, und das erfüllt mich mit Zufriedenheit und Zuversicht.

Durch die Initiative von Ilia II. und mir wurde 1995 der Bau der großen Sameba-Kathedrale (Dreifaltigkeits-Kathedrale) in Tiflis begonnen, die den Aufbau der georgischen Staatlichkeit symbolisieren soll. Um diesen großen Bau zu initiieren, wurde vom Patriarchen und mir ein Organisationskomitee gegründet. Der verantwortliche Sekretär und gleichzeitige Leiter der „Sameba-Stiftung“ wurde Dombaumeister Irakli Andriadse. Die Baupläne für das Kathedralen-Projekt stammten von Artschil Mindiaschwili, einem exzellenten Architekten.

Ich bin stolz, dass ich meinen eigenen Beitrag für den Bau der Kirche einbringen konnte, die mit dem Segen des Katholikos-Patriarchen und durch viele Spenden der georgischen Bevölkerung errichtet wurde.

Den Ort in der Tifliser Altstadt suchten wir gemeinsam aus. Die Kirche ist von jedem Blickwinkel der Stadt aus gut zu sehen. Eine Metro-Station liegt ebenfalls in der Nähe.

Zu Beginn der Bauarbeiten genehmigte ich 1,5 Millionen Lari aus dem Präsidentenfonds. Obwohl viele Menschen spendeten, reichte das Geld nicht aus. Abgesehen von den Baukosten für die Kirche mussten Häuser geräumt und die dort lebenden Menschen mit Wohnungen entschädigt werden.

Ich wandte mich an georgische Geschäftsleute. Um mit ihnen in Kontakt zu treten, bat ich den damals in Georgien wenig bekannten, aber russlandweit erfolgreich tätigen georgischen Finanzier Bidsina Iwanischwili um Hilfe. Wir hatten eine gute Beziehung zueinander, und deshalb erlaubte ich mir, ihn anzusprechen. Ich konnte mir damals allerdings nicht vorstellen, dass er die Hauptlast der Finanzierung selbst übernehmen würde.

Er rief mich zwei Tage nach unserem Gespräch an, besuchte mich und erklärte: „Ich werde den Bau der Kirche finanzieren. Die Kosten werden allerdings viel höher sein, als Sie es sich vorstellen können.“ In der Tat, der Bau hat mehrere zehn Millionen Lari verschlungen.

Diese Angelegenheit ist nicht sofort bekannt geworden, denn Bidsina Iwanischwili führte die Tradition jener georgischen Mäzene (Saradschischwili, Brüder Subalaschwili, Choschtaria, Lagidse) fort, die im

Verborgenen die georgische Kultur und deren führende Persönlichkeiten unterstützten. Wie Iwanischwili wollten viele andere Bürger ihren Namen nicht öffentlich nennen. Ihren Beitrag haben, je nach ihren Möglichkeiten, auch die Bevölkerung, Kinder und Soldaten geleistet. Der Bau von Sameba ist zum wirklichen Volksanliegen geworden. Es waren so viele Unterstützer, dass ihre Namen einige Bücher füllen würden. Als am 3. März 1996 das Fundament der Kathedrale aus Beton gegossen wurde, legten die Gläubigen aus den verschiedenen Regionen Georgiens, die für diesen Tag nach Tiflis gekommen waren, kleine Steine mit ihren Initialen in das Fundament.

Die Kirche wurde neun Jahre lang gebaut. Sie bedeutet für mich etwas ganz Besonderes. Ich erinnere mich gut daran, dass ich nach Errichtung der Kuppel wie ein junger Mann voller Freude die schmale Treppe ganz nach oben gegangen bin.

Sameba ist wunderschön geworden und nimmt europäische Proportionen an. Sie ist 101 Meter (mit Kreuz) hoch, 125 Meter lang (mit Vestibül und „Jugendzentrum") und 64 Meter breit; die Gesamtfläche beträgt etwa 10.000 Quadratmeter. Im Gotteshaus sind neun Kapellen und zwölf Altäre untergebracht. Das vergoldete Kreuz auf der Kuppel der Kathedrale ist 7,5 Meter hoch. Für die Kirche wurden neun Glocken, darunter die 8.200 Kilo schwere Mutterglocke, in Deutschland gegossen.

Am 23. November 2004 wurde die Sameba-Kathedrale feierlich eingeweiht. Unter den versammelten Gläubigen stand auch ich und betete für meine Familie, meine Kinder und meine Enkelkinder, für mein Georgien. Meine Ehefrau Nanuli hatte diesen Tag sehnlichst erwartet, aber sie konnte ihn leider nicht mehr erleben.

Die neue „moralische Außenpolitik“ in der Sowjetunion

Als ich am 2. Juli 1985 zum Außenminister der Sowjetunion ernannt wurde, entließ mich nach sowjetischer Gesetzgebung das Plenum des Zentralkomitees (ZK) der KP Georgiens vom Amt des Ersten Sekretärs des ZK Georgiens.

Die Ernennung war für mich eine absolute Überraschung und kam auch für Georgien und die gesamte Sowjetunion unerwartet. Führende Politiker in der Welt wie auch Pressevertreter verbargen nicht ihre Verwunderung: „Wer ist Eduard Schewardnadse?", fragten sie. „Ein Mann, der zuvor keinerlei Erfahrung, nicht einmal Berührungspunkte zur Außenpolitik und Diplomatie hatte. Wie konnte er auf den führenden Posten einer Supermacht gelangen?" Denn der Außenminister der Sowjetunion musste mit Politikern und Journalisten Gespräche führen, international agieren und wichtige Entscheidungen zu strittigen Fragen der Weltpolitik treffen.

Als der Generalsekretär der KP der Union, Michail Gorbatschow, mich anrief und mir mitteilte, dass ich als Außenminister nach Moskau gehen sollte, war ich so fassungslos, dass ich nicht wusste, was ich ihm antworten sollte. Ich sagte dann jedoch ab. Meine Entscheidung begründete ich bei der Sitzung des Politbüros so: Ich hätte ja keinerlei Erfahrung, zudem hätte dieses Amt traditionell stets ein Russe bekleidet. In meinen Entscheidungen würde ich als Nicht-Russe nicht frei sein können. Später warf man mir oft genau deshalb bei dieser oder jener Entscheidung vor, dass ich angeblich Russlands Interessen geschadet hätte. Wer allerdings auch nur ansatzweise den Mechanismus der Entscheidungsfindung in der Sowjetunion kennt, weiß sehr wohl, dass ich ohne die Zustimmung der ersten Person im Staate nichts entscheiden konnte.

Meine Argumente nützten nichts, und das Politbüro bestätigte mich einstimmig im Amt des Außenministers, ungeachtet dessen, dass „ein

Teil der russischen Gesellschaft aufgebracht bemerkte, ob nicht zu viele ‚Ausländer' die innere Politik Russlands seit Nesselrode bestimmten."[1]

Meiner Ernennung für das neue Amt, die etwa vier Monate nach Gorbatschows Ernennung als Generalsekretär erfolgte, ging eine sehr bedeutende Sterbeserie in der Geschichte der Sowjetunion voraus. Das war fast ein symbolisches Zeichen für das Ende der Sowjetunion und der kommunistischen Ideologie. Seit 1982 waren innerhalb von drei Jahren nacheinander drei Staatschefs gestorben: Leonid Breschnew (1982), Jurij Andropow (1984) und Konstantin Tschernenko (1985). Die drei Führer waren durch tragische Anzeichen der Schwäche, Krankheit und Erschöpfung gekennzeichnet.

Wenn Andropow auch versucht hat, das Rad der Geschichte anzuhalten, gelang ihm dies keineswegs. Nicht nur deshalb, weil es ihm nicht mehr möglich war – nein, es war schlichtweg eine andere Zeit angebrochen. Um das Land zu retten, wenn es überhaupt noch gerettet werde konnte, waren ein anderes Denken, andere Menschen und ein anderer politischer Wille nötig. Andropow wollte viel bewirken: in erster Linie die Einbeziehung der jungen Menschen in Wirtschaft und Politik. Ein Beweis dafür ist, dass nach seinem letzten Willen Michail Gorbatschow ihn ersetzen sollte. Trotz seines Alters spürte Andropow die Notwendigkeit der Umgestaltung. Wie sie vollzogen werden sollte, war allerdings eine andere Frage.

Jedenfalls unterstützte nach dem Tod Andropows im Februar 1984 die greise Parteielite Konstantin Tschernenko, der nach allgemeiner Meinung leichter zu lenken wäre. Tschernenko traf jedoch ein Jahr nach seiner Ernennung unabhängig die Entscheidung, die Beziehungen zu den USA deutlich zu verbessern. Es ist auch sein Verdienst, dass die Sowjetunion zu den Kernwaffenverhandlungen in Genf zurückkehrte. Die sowjetische Delegation hatte die Verhandlungen auf Anweisung Andropows 1983 abgebrochen.

---

[1] Leonid Mletschin: Die Außenminister. Moskau 2001, S. 443.

Die Entscheidung Tschernenkos stimmte übrigens mit der starrköpfigen Position des damaligen Außenministers der Sowjetunion, Andrej Gromyko, nicht überein. Man kann sagen, dass der neue außenpolitische Kurs der Gorbatschow-Ära in seinen Anfängen in der neuen und unabhängigen Politik Tschernenkos zu finden ist. Mit dem Blick eines einfachen Tschinownik (Beamter) begriff er, dass der Kurs der alten Außenpolitik nicht mehr fortgesetzt werden konnte.

Konstantin Tschernenko verstarb am 10. März 1985. Bereits vor seinem Lebensende führte der Apparat seine Verpflichtungen aus. Der schwer kranke Mann wurde gezwungen, an Veranstaltungen teilzunehmen und Ansprachen zu halten, sich an Wahlen zu beteiligen usw. Das ging über alles Menschliche hinaus. Das Volk war es müde, alte und schwer kranke Führungspersönlichkeiten zu sehen. Als Michail Gorbatschow, ein 54-jähriger energischer Politiker europäischen Stils, zum Generalsekretär der Partei gewählt wurde, atmete das Land auf. [2]

Michail Gorbatschow war eine außergewöhnliche Persönlichkeit, ein neuer Typus sowjetischer Politiker, redegewandt, gebildet und mit gutem Geschmack. Er spürte die Anforderungen der Zeit. Was wertvoll war, übernahm er von der älteren Generation. Gemeinsam mit seiner Generation der Politiker schuf er eine völlig neue Konzeption für die Umgestaltung der sowjetischen Gesellschaft und des sowjetischen Staates. Sie berücksichtigte die grundlegenden Veränderungen in der Innen- und Außenpolitik. Zum ersten Mal in der Geschichte der Sowjetunion zielten die Veränderungen auf eine Revision der kommunistischen Ideologie. Damals fragten sich viele: „Was bedeuten ‚Perestroika' und ‚Glasnost', das ist doch ein Nein zum Sozialismus?" Das war in der Tat so, aber das konnte man damals nicht laut aussprechen.

[2] Nach der Wahl Tschernenkos wurde der Konflikt zwischen der sogenannten „Moskauer Gruppe" und der Gruppe der „Reformer" stärker. Die Moskauer „Konservativen" wurden vom Ersten Sekretär des Moskauer Stadtkomitees, Wiktor Grischin, geführt. Auf der anderen Seite standen Gorbatschow und seine Unterstützer, zu denen ich offen gezählt wurde.

Als im März 1985 Gorbatschow vom Plenum des ZK der KP zum Generalsekretär nominiert wurde, sagte Andrej Gromyko über ihn: „Genossen, dieser Mensch hat ein gutes Lächeln und eine eiserne Hand." Gorbatschow konnte mit Menschen umgehen, er arbeitete gut und schätzte guten Humor. Damals wurde eine Episode aus Leningrad bekannt: Als Gorbatschow dort zu Besuch war, versammelte sich um ihn eine Menschenmenge. Eine Frau sagte zu ihm: „Seien Sie volksnah, und wir werden Sie nicht enttäuschen." Er antwortete lächelnd: „Wie kann ich denn noch näher sein?"

Ich habe bereits erwähnt, wie mich die Entscheidung Gorbatschows, ausgerechnet mich zum Außenminister zu ernennen, überraschte. Ich sollte als Gromykos Nachfolger das Außenministerium führen. Gromyko aber, bekannt als „Mister Njet" („Herr Nein"), hatte eine ganze Epoche der sowjetischen Außenpolitik, die jetzt zu Ende ging, geprägt.

Wie bekannt, war Gromyko vor mir fast dreißig Jahre lang Außenminister. Er begründete in der Tat das sowjetische diplomatische Korps. In diesem Korps gab es natürlich viele fähige Kandidaten. Aber Gorbatschow wählte mich aus, obwohl ich mich weigerte, das Amt anzutreten.

Das Hauptmotiv Gorbatschows war, dass unter den neuen Bedingungen und Umständen nicht der Beruf der ausschlaggebende Faktor sein sollte, sondern allein die politische Sicht, die Regulierung der laufenden Prozesse und die persönliche Beziehung Gorbatschows zum neuen Minister. Diese Überlegungen sind zu berücksichtigen. Aber wie ich es verstand, hatte Gorbatschow es bei der Wahl des Ministerkandidaten sehr eilig.

Wahrscheinlich wird sich der Leser dafür interessieren, warum Gorbatschow über mich eine so hohe Meinung hatte. Erstens kannten wir uns seit vielen Jahren. Er kam fast jedes Jahr nach Georgien. Ich habe mich natürlich darum bemüht, dass er Georgien, seine Bevölkerung und unser Aktiv[3] gut kennenlernte. Zweitens war Georgien damals als ein experimentierfreudiges Land bekannt geworden, es näherte sich den Me-

[3] Arbeitsgruppe in einer Partei mit besonderen Aufgaben.

chanismen einer Marktwirtschaft an. Die Bevölkerung lebte nicht schlecht, und die Zahlungen in das Budget der Union waren solide und erfolgten pünktlich.

Gorbatschow und seine Ehefrau Raissa kannten die georgische Kunst, vor allem den Film, ausgezeichnet. Wenn er in Bitschwinta in Abchasien den Urlaub verbrachte, versuchte ich, ihm fast alle neuen georgischen Filme zu zeigen.

Wir waren in Georgien viel unterwegs. Wir hatten fast jede Region besucht, und er hatte persönlich, und nicht nur auf schriftlichem Wege, die Möglichkeit zu sehen, was die georgische Kunst, Wissenschaft und Wirtschaft in diesen Jahren erreicht hatten.

Wie ich ausgeführt habe, war der Ausgangspunkt für Gorbatschows Überlegungen, dass er nicht so sehr einen Diplomaten benötigte, sondern mehr einen Politiker, der weiß, wie das Leben ist, der die Ideen und Gedanken seines Vorgesetzten kennt und ein wirklicher Mitstreiter wird.

Ich denke, diese Faktoren haben die ungewöhnliche Entscheidung des Generalsekretärs bestimmt.

Die sich mir stellenden Probleme waren nicht nur auf meine außenpolitische Unerfahrenheit zurückzuführen. Das Problem war darin zu sehen, dass mit dem Ende des Zweiten Weltkrieges unser Planet sich nicht „geordnet“ hatte. Es waren viele Probleme geblieben, ohne deren Lösung es unmöglich war, unter friedlichen und schöpferischen Bedingungen zu leben. Zwar hatte die Welt dem Faschismus ein Ende gesetzt und einen wichtigen Schritt dahin getan, zwischen Staaten und Völkern neue Beziehungen zu begründen, aber die Konfrontation zwischen West und Ost war nicht überwunden. Die Welt befand sich im Kalten Krieg. Die Beziehungen zwischen den USA und der Sowjetunion verschlechterten sich. Die Deutsche Frage war ungelöst. Im Zentrum Europas standen 500.000 sowjetische Soldaten, die entgegengesetzten Interessen zweier Staatenlager formten zwei sich gegenüberstehende Militärblöcke. Zählte man noch dazu die in Afghanistan stationierte sowjetische Armee, Probleme in Kambodscha, Auseinandersetzungen zwischen Vietnam und

China, die Konfrontation Chinas mit der Sowjetunion, die Kernwaffenfrage, die kosmische strategische Initiative (Strategic Defense Initiative – SDI) von Ronald Reagan... Kurzum, es waren genügend brennende Probleme vorhanden, und das zu einer Zeit, als die Sowjetunion Kurs auf jenes neue Leben nahm, das als „Perestroika“ und Demokratisierung bekannt wurde. Die inneren Demokratisierungsprozesse erforderten eine prinzipielle Erneuerung der Außenpolitik.

Gorbatschows und meine Treffen mit den im sowjetischen Kernwaffenbereich tätigen Wissenschaftlern bestätigten, dass Ronald Reagans strategische Initiative SDI keinesfalls realitätsfremd war. Wenn die Wirtschaft die Belastung tragen könnte, wäre die Produktion kosmischer Waffen möglich gewesen.

Man benötigte eine andere Sicht, um die alten und neuen Probleme zu lösen, und die Durchführung realer Maßnahmen, um die Spannungen und Konfrontationen nicht nur in einzelnen Regionen, sondern in der ganzen Welt zu entschärfen. Was die Lösung der globalen Probleme anging, stimmten zum Glück meine und Gorbatschows Meinungen überein.

Eine Priorität unter diesen Problemen hatte selbstverständlich auch die Frage der Wiedervereinigung Deutschlands. Die Hauptaufgabe war jedoch die Entschärfung der Spannungen in der Beziehung zwischen der Sowjetunion und den USA. Unser Ziel erreichten wir mit Unterstützung von Ronald Reagan, George Shultz, George Bush sen. und James Baker.

Ich bin glücklich, dass ich einen Beitrag zur Beendigung des Kalten Krieges leisten konnte. Diese Entwicklung ist nur aufgrund der Übereinstimmung zwischen Gorbatschow und mir möglich gewesen. Zudem muss ich die aktive Politik unserer internationalen Partner, besonders die der deutschen Regierung, hervorheben, ohne die wahrscheinlich der „Kalte Krieg“ in einen „Heißen Krieg“ übergegangen wäre.

Am Sinn meiner Ernennung habe ich damals ehrlich gezweifelt, da ich keine entsprechende Erfahrung und kein Wissen über Außenpolitik vorweisen konnte. Dennoch war ich ein treuer Mitstreiter Gorbatschows. Mich charakterisierten vielleicht die Eigenschaften, die einen Diplomaten unbedingt auszeichnen müssen: das Vertrauen der Partner zu gewinnen und Überzeugungsgabe. Letztere konnte ich bis dahin in meiner Republik als Gastgeber beim Empfang hochrangiger Gäste immer wieder beweisen.

Überdies hatte meine Übernahme des Ministeriums nur dann einen Sinn, wenn ich dort neue Leitgedanken und den Mitarbeitern eine neue Motivation vermitteln würde.

Meine Mitarbeiter und Mitstreiter

Bei meiner Ankunft im Ministerium und auch später, als ich die Reformprozesse und grundlegende Veränderungen einleitete, um die neuen internationalen und diplomatischen Prinzipien zu formulieren, machten die Mitarbeiter des Ministeriums überzeugt mit. Was später erreicht wurde, ermöglichte vor allem deren Intelligenz, Begabung, Energie und Beharrlichkeit. Ich bin jedem einzelnen dafür sehr dankbar. Man kann mit Sicherheit sagen, dass in dieser Zeit das Außenministerium einer der wichtigsten Wegbereiter der Perestroika im Lande war. Die mehreren Tausend Mitarbeiterstellen des Außenministeriums waren mit hochrangigen Fachleuten besetzt. Es ist zwar richtig, dass ich deren Vorschläge allein auf der internationalen Bühne vertrat, aber die Politik war das Ergebnis einer klugen und überlegten Zusammenarbeit.

Gern möchte ich über jeden Mitarbeiter und jede Mitarbeiterin des Ministeriums schreiben, aber das ist praktisch unmöglich. Deshalb werde ich mich auf meine Helfer Teimuraz Stepanow und Sergej Tarassenko beschränken.

Teimuraz Stepanow-Mamaladse stammte aus Tiflis. Wir pflegten eine enge und erfolgreiche Zusammenarbeit. In Georgien kannte man ihn als einen Staatsfunktionär und hochbegabten Journalisten.

Sergej Tarassenko arbeitete für die Ministerialverwaltung. Im Bereich USA war er ein hervorragender Mitarbeiter und galt als eine sehr gebildete

Persönlichkeit. Die Stellvertreter des Ministers, die den Bereich Amerika koordinierten, „überließen“ ihn mir geradezu ungern, aber den Willen des Ministers konnten sie nicht übergehen.

Sie waren nicht nur meine Mitarbeiter, sondern gaben mir rechtzeitig Ratschläge, arbeiteten an den Dokumenten und waren aufrichtige Freunde. Besonders wichtig ist, dass sie die Aufzeichnung meiner Gespräche, die Eindrücke in Bezug auf einzelne Treffen, sogar einige meiner Telefonate selbstständig dokumentierten (natürlich mit meinem Einverständnis).

Leider verstarb Teimuraz Stepanow unerwartet im August 1999 in Moskau. Gemäß seinem letzten Willen wurde er in Tiflis begraben. Seine Aufzeichnungen über diplomatische Treffen und Beobachtungen fanden wir allerdings nicht. Einige wichtige Begebenheiten konnte ich anhand der Erzählungen von Alexander Bessmertnych rekonstruieren. Alexander Bessmertnych arbeitete in meiner Amtszeit als Minister im Ministerapparat. Er zeichnete sich durch Klugheit und Menschlichkeit aus. Später wurde er mein Nachfolger.

Was Sergej Tarassenko anbetrifft, so verließ er Tiflis früher als Teimuraz, aber seine „Aufzeichnungen“, ein ganzes Buch, überließ er meinem Sekretariat. Ich gebe zu, dass es ohne diese „Aufzeichnungen“ schwierig gewesen wäre, meine Erfahrungen und Begegnungen rückblickend zu schildern. Sergej Tarassenko war ein idealer Mitarbeiter, ein wirklicher Verbündeter und hoch qualifizierter Diplomat.

Ein Großteil der Mitarbeiter des Ministeriums unterstützte die Politik der Perestroika und auch meinen Arbeitsstil. Ohne diese Unterstützung konnten die wichtigen globalen Probleme nicht gelöst werden, die maßgeblich die Welt im 20. Jahrhundert veränderten und für das 21. Jahrhundert ein geeignetes Klima schufen.

Nach meiner Ernennung reiste ich im Juli 1985 nach Helsinki. Ich musste an der Versammlung zur zehnjährigen Unterzeichnung der „Schlussakte von Helsinki“, des Abschlussdokuments der Konferenz über Sicherheit und Zusammenarbeit in Europa (KSZE) teilnehmen. Genau dort fand mein erster Auftritt als Außenminister der Sowjetunion statt.

Meine Rede beinhaltete die entscheidende Bestimmung, wonach die Sowjetunion ab dem 6. August 1985 einseitig jegliche Kernexplosionsversuche einstellte.

Wie sah mich die Außenwelt? Wie wirkte ich als neuer Außenminister? Hier möchte ich die Worte des damaligen Vizekanzlers und Außenministers der Bundesrepublik Deutschland, Hans-Dietrich Genscher, zitieren: „Das war eine ganz neue Offenheit, und ich empfand sie, als wir am Jahrestag, dem zehnten Jahrestag der Unterzeichnung der Schlussakte von Helsinki, uns zum ersten Mal trafen. Eduard Schewardnadse war wenige Tage vorher Außenminister geworden. Er trat mir gegenüber und sagte: ‚Sie werden verstehen, ich bin gerade Außenminister geworden. Ich kann Ihnen hier nicht ein fertiges Konzept vortragen, aber ich möchte von Ihnen hören, wie Sie die Lage der Welt sehen und auch unsere Beziehungen.' Da empfand ich zweierlei: Einmal, du wirst in Zukunft einen Kollegen haben, der das ernst nimmt, was du sagst, und der auf die Meinung auch der anderen in der Welt Wert legt und nicht nur auf die eigene. Das war das Menschliche. Und das Politische hieß: Es kommt eine neue Außenpolitik, denn die alte hätte er ja vortragen können.

Ihm ging es darum, Vertrauen zu gewinnen, für sich und für sein Land, und das gelang ihm. Dieses Vertrauen hat es dann später auch erlaubt, schwierige Lagen zu bestehen."[1]

Meinerseits sage ich noch hierzu, dass wir durch die Bewältigung dieser schwierigen Umstände und großen Probleme später Freunde geworden sind.

In Helsinki hörte ich damals zum ersten Mal eine Rede des amerikanischen Außenministers George Shultz. Seine grundlegenden Themen waren die „Tragödie des geteilten Europa" und die „Menschenrechtsverletzungen in den sozialistischen Ländern".

---

[1] Hans-Dietrich Genscher: Eduard Schewardnadse – Baumeister eines menschlichen Europas der Zukunft. Jena 2003, S. 43.

Wir vertraten verschiedene politische Blöcke, und die Vorstellung, dass wir bald zusammen an der Vereinigung Europas arbeiten und Partner und Freunde würden, war damals unrealistisch.

Begegnungen mit der amerikanischen Führung

Im September 1985 nahm ich in New York an der 40. Generalversammlung der Organisation der Vereinten Nationen (UN) teil. Ich traf dort Außenminister aus vielen Staaten der Welt. Das wichtigste Treffen fand am 27. September mit dem Präsidenten der USA, Ronald Reagan, statt. Zu meinen Ehren wurde ein Frühstück gegeben, bei dem auf amerikanischer Seite der Vize-Präsident und spätere Präsident, George Bush sen., und der Außenminister George Shultz teilnahmen.

Damals und auch danach verliefen die Treffen mit Reagan immer nach dem gleichen Szenario: Wenn er seinen „Spickzettel“ zu Ende verlesen hatte, antwortete ich ihm, dann übernahm Shultz das Wort. Danach gingen wir zum Lunch, wo wir alle Reagan, einem ausgezeichneten Witzeerzähler, zuhörten. Er konnte erstaunlich viele vortragen. Anatolij Dobrinin, unser Botschafter in den USA (1962–1986), sagte mir, ich sollte auch einen Witz erzählen. In Anwesenheit Reagans einen Witz zu erzählen, war mir irgendwie unangenehm, aber Dobrinin bestand darauf: „Sie werden bestimmt etwas wissen, was er nicht kennt.“ Da erinnerte ich mich an den politischen Witz, in dem Margaret Thatcher mit Gott streitet:

Der Herrgott hat Reagan, Gorbatschow und Thatcher zu sich eingeladen, um sich Bericht erstatten zu lassen.

Er fragte Reagan: „Wie gehen die Geschäfte?“

„Gut. Ich habe fünf bis sechs Millionen Arbeitsplätze geschaffen“, antwortet Reagan.

Dann wird Gorbatschow befragt: „Und wie läuft es bei dir?“

Gorbatschow: „Die Perestroika entwickelt sich gut, und die Demokratie entfaltet sich.“

Zuletzt wendet er sich an Thatcher: „Nun, wie geht es dir, mein Kind?"

„Gut. Aber das ist nicht die Hauptsache: Erstens bin ich nicht dein Kind, und zweitens sitzt du auf meinem Platz!"

Das war nichts Großartiges, aber es scheint, dass Reagan den Witz nicht kannte. Er hat darüber viel gelacht. Fast zehn Mal musste ich ihn wiederholen.

Margaret Thatcher, diese außergewöhnliche Politikerin des 20. Jahrhunderts, ist eine starke Persönlichkeit, eine Liebhaberin des ungenierten Streits und der scharfen Aussagen. Reagan hatte in meinem Witz die Charaktereigenschaften Thatchers erkannt und ihr unnachgiebiges Streben nach einer Führungsrolle. Die beiden weltpolitischen Persönlichkeiten, Reagan und Thatcher, sind stets respektvoll miteinander umgegangen.

Zwischen mir und Reagan entwickelten sich bei dem erwähnten Treffen erste menschliche Beziehungen. Dieser amerikanische Präsident war eine beeindruckende Persönlichkeit, ein guter Gesprächspartner und scharfsinniger Beobachter, zugleich einer der schärfsten Gegner der Sowjetunion. Er nannte sie das „Imperium des Bösen".

Reagan wurde von den Amerikanern wie auch von der weltpolitischen Elite geschätzt. Mit Blick auf diese Wertschätzung stammt die wichtigste Aussage von Margaret Thatcher. Sie stellt sie ihrem Buch „Statecraft" (London 2003) voran: „Dieses Buch ist Ronald Reagan gewidmet, dem die Welt besonders verpflichtet ist."

Mein erstes Auftreten bei den Vereinten Nationen vollzog sich im gewohnten Stil der sowjetischen Außenpolitik. Als Shultz in seiner Rede sagte: „Der Rückzug der sowjetischen Armee aus Afghanistan, den die Organisation der Vereinten Nationen ständig fordert, würde das Problem Afghanistan lösen", stimmte ich dem von Herzen zu, weil Gorbatschow und ich von Anfang an gegen den Truppeneinmarsch gewesen waren. Uns hatte jedoch keiner gefragt. Die Entscheidung über den Truppeneinmarsch in Afghanistan trafen damals zwei andere: Leonid Breschnew und Dmitri Ustinow, der damalige Verteidigungsminister der Sowjetunion.

Die eigenmächtige Entscheidung über die Invasion der sowjetischen Armee in Afghanistan wie auch die blutigen Umstürze in dem Land, die diesem „Abenteuer“ vorausgingen, waren die größten Fehler. Die Invasion fügte Afghanistan einen großen politischen, wirtschaftlichen und militärischen Schaden zu, aber ebenso der Sowjetunion. Je schneller die Fehler wieder gutgemacht werden konnten, desto besser wäre es, um Tausende Menschen, vor allem Frauen und Kinder, vor Tod oder Verstümmelung zu retten, ganz zu schweigen von den wirtschaftlichen Verlusten, die auf der Sowjetunion lasteten.

Ohne Übertreibung kann ich sagen: Ich habe das entscheidende Wort gesagt, um die sowjetische Armee aus Afghanistan zurückzuziehen. Ich bin stolz darauf und sage dies ohne falsche Bescheidenheit.

Die Ausführungen von Shultz waren für mich demnach keinesfalls überraschend. Gerade auf dieser Grundlage mussten wir und die Amerikaner unsere gemeinsame Position formulieren. Das forderte auch die Generalversammlung der UN. Am Beispiel Afghanistans könnten wir der Welt beweisen, dass sich die Sowjetunion tatsächlich veränderte. Aber wir waren noch nicht bereit, mit den USA auf gleicher Ebene zu verhandeln, mit dem Westen zu sprechen, ohne dabei ein „Feindbild“ zu malen, unter Berücksichtigung gemeinsamer Interessen einen pragmatischen und ehrlichen Dialog zu führen. Dafür musste die Zeit noch reifen, mussten die Veränderungen in der Innenpolitik im Zeichen der Perestroika greifen.

Das war ein schmerzlicher und schwieriger Prozess, aber er ermöglichte unwiderruflich die Demokratisierung der Gesellschaft, die Schwächung der Rolle der KP und die Etablierung persönlicher Freiheitswerte. Es musste eine neue Sicht auf den Westen formuliert werden; mit dem Westen, den wir bisher nur als Klassenfeind wahrgenommen hatten und mit dem eine Zusammenarbeit nur bedingt möglich war.

Die Amerikaner wussten das alles natürlich bestens. Aber sie waren überrascht, als ich im Oktober 1985 beim Empfang von George Shultz im sowjetischen Büro bei den Vereinten Nationen die strenge Etikette

„verletzte". Ich erinnere mich gut daran: Ich ging vom Flur aus die Treppe hinunter, und als Shultz gemeinsam mit anderen Mitgliedern der amerikanischen Delegation in meine Richtung kam, bin ich entgegen der Gewohnheit auf das Trottoir hinunter auf ihn zugegangen. Dann betraten wir das Gebäude, und ich entschuldigte mich in Gegenwart der Fotografen beim Außenminister dafür, dass ich bei seinem Auftreten in der Generalversammlung der Vereinten Nationen am Montag nicht dabei sein konnte. Eigentlich sollte mein Verhalten als positive Geste wahrgenommen werden, aber keiner erwartete das vom Außenminister der Sowjetunion. Ich wollte jedoch demonstrieren, dass die Sowjetunion die Notwendigkeit einer Verbesserung ihres Ansehens in der Weltöffentlichkeit erkannt hatte. Das Treffen zwischen Shultz und mir dauerte über vier Stunden. Dann verließen wir das Gebäude, um uns den Journalisten zu stellen.

„Wir konnten über keine Sachfrage eine Vereinbarung treffen, aber wir haben mit großer Aufmerksamkeit unsere gegenseitigen Positionen dargelegt", sagte Shultz und fügte hinzu: „Die sowjetische Seite brachte heute keine neuen Vorschläge ein. Jetzt wird noch ein Treffen mit Schewardnadse erwartet, am Freitag im Weißen Haus, diesmal mit Präsident Reagan." Er sagte auch, dass das Treffen nützlich, die Atmosphäre aufrichtig und unser Gespräch sehr offen war.

Ich war mit seiner Erklärung einverstanden: „Das Treffen war interessant, ehrlich und nützlich. Wie allgemein bekannt, ist die Ehrlichkeit eine unbedingte Voraussetzung, um die Wahrheit zu erfahren. Unser heutiger Dialog ist daher nicht der letzte. Wir haben ein Treffen mit Präsident Reagan geplant, dann werden wir den Dialog mit Herrn Shultz fortsetzen. Im November findet dann das Treffen auf höchster Ebene statt. Wie Sie sehen, haben wir viel zu tun; wir werden uns mehrmals treffen."

Dieses sachliche, offene und menschliche Treffen beeinflusste meines Erachtens maßgeblich den Charakter, Tonfall und Stil unserer späteren Beziehung. Obwohl unsere Beziehungen und die zwischen unseren Ländern nicht immer harmonisch waren, spürte ich seitdem stets die Aufrichtigkeit von George Shultz.

Am gleichen Tag, nach unserem Gespräch, hielt ich in der Generalversammlung der Vereinten Nationen eine Rede. George Shultz saß im Saal und hörte mir aufmerksam zu. Im Jahr zuvor hatte er nach dem Auftritt Gromykos diesem empört geantwortet. Jetzt, bei meiner Rede, die sehr kritisch war, lächelte er; es schien, dass das Eis wirklich zu schmelzen begann.

Die Beziehung zwischen mir und George Shultz wurde etwas Besonderes. Ohne zu übertreiben kann man sagen, dass unsere Freundschaft eine sehr wichtige, manchmal auch entscheidende Rolle bei der Zusammenarbeit und Annäherung zwischen den beiden Staaten spielte.

Wir beide haben die Anweisungen der Staatschefs unserer Länder ausgeführt und waren zwangsläufig in unseren Entscheidungen eingeschränkt. Aber wir pflegten miteinander eine vertrauensvolle Beziehung, die stets durch die Wahrung unserer Landesinteressen bestimmt war. Zudem machte diese Freundschaft die Beziehungen zwischen den beiden Staaten prognostizierbar. Sie beeinflussten die in der Welt ablaufenden Prozesse positiv. Für die sowjetische Diplomatie war dies eine vollkommen neue Erfahrung.

Vor einiger Zeit, nach meinem letzten Rücktritt 2003, als der ehemalige russische Außenminister Igor Iwanow hörte, dass ich an diesem Buch arbeitete, schickte er mir aus Moskau die Archivmaterialien über meine damalige Tätigkeit. Dort ist auch meine Erklärung zu finden, mit der ich beim Außenministertreffen aufgetreten bin. Das Leitmotiv der Rede war gerade die Ehrlichkeit in den Beziehungen zwischen den Staaten. Diese Auffassung erweiterte die Rede Gorbatschows in der Sitzung der Generalversammlung der Vereinten Nationen am 7. Dezember 1988, die inhaltlich sehr bedeutsam war, da sie hinsichtlich der zwischenstaatlichen Beziehungen völlig neue Prinzipien formulierte. Dies gab mir die Möglichkeit, grundlegende Ansichten über die Außenpolitik zum Ausdruck zu bringen. Das Wichtigste war die Etablierung der

Prinzipien der Wahrheit, Offenheit und Aufrichtigkeit. „Man muss ehrlich sein." Das war meine Hauptforderung gegenüber meinen Mitarbeitern. Das Postulat, dass wir unsere Partner nicht täuschen, sondern mit ihnen ehrlich umgehen, war in der sowjetischen außenpolitischen Praxis neu. Ich erteilte dem bisherigen Vorgehen der sowjetischen Diplomatie eine Absage, denn sie zeichnete sich durch die Missachtung eigener Vereinbarungen aus und setzte Diplomatie mit Täuschung gleich. Prinzipiell neu war ebenso, dass ich in der Außenpolitik auf die These vom Klassenkampf verzichtete. Das alles hat unserem Land viel Gutes gebracht.

Ich erinnere mich, dass zu dieser Zeit in der Zeitung „Moskowskie Nowosti" (1988) ein Interview mit mir veröffentlicht wurde, das wegen seines „radikal" progressiven Charakters eine Resonanz in der Sowjetunion wie auch im Ausland hervorrief. Einen besonders guten Eindruck hinterließ es im Westen. Gleichwohl empfanden es nicht alle Menschen in der Sowjetunion positiv, über Menschenrechte und Transparenz in internationalen Fragen zu sprechen. Der Kontrast zwischen meiner Position und der Mentalität der sowjetischen Nomenklatura entpuppte sich als zu groß. Nach diesem Interview begann eine offene Konfrontation zwischen mir und dem konservativen Teil des Politbüros.

Die britische Zeitung „The Times" schrieb: „Im Ton und Inhalt ist das in der ‚Moskowskie Nowosti' veröffentlichte Interview Schewardnadses im Vergleich zu Interviews mit anderen hochrangigen Persönlichkeiten der Sowjetunion während der letzten drei Jahre am ehrlichsten ... Dieses Interview unterscheidet Schewardnadse eindeutig von anderen Mitgliedern der sowjetischen Regierung, einschließlich Medwedew und Ligatschow, die nach unserer Meinung hinsichtlich der angesprochenen Themen noch zurückhaltender sind."

Dieses Thema kommentierte auch die BBC am 22. Dezember 1988: „Schewardnadses Interview beinhaltet zum Vorgehen der Sowjetunion die ehrlichsten Aussagen, die je von einem Mitglied des Politbüros auf der internationalen Bühne geäußert worden sind.

Da er die Einhaltung der Prinzipien der Menschenrechte und die Transparenz in den Beziehungen zwischen den Staaten angesprochen hat, ging Schewardnadse noch einen Schritt weiter, als Gorbatschow es in seiner Rede vor der Generalversammlung der Vereinten Nationen am 7. Dezember 1988 tat.

Die Aussagen von Schewardnadse bestätigen, dass er dem Flügel des Politbüros angehört, der eine echte Transparenz einfordert. Es kann jedoch gut möglich sein, dass er nach dessen Meinung zu schnell ist und zu weit geht."

Ich möchte hier klarstellen: Ich war nie zu schnell, und wenn jemand das so wahrgenommen hat, war doch für mich alles durchdacht und bis zum Ende ausgewogen.

Ich möchte auf die Beziehung zwischen Shultz und mir zurückkommen. Genau diese moralische und gleichzeitig pragmatische Haltung bestimmte meine Verhandlungen mit George über fundamentale Fragen wie die der Abrüstung, der regionalen Konflikte, Menschenrechte und der bilateralen Beziehungen.

Nach meinem zweiten Treffen mit Shultz begann auf meinen Vorschlag hin jedes Gespräch mit der Thematik der Menschenrechte. Als Shultz durch James Baker abgelöst wurde, kam noch eine weitere Thematik hinzu, die transnationalen Probleme: Naturkatastrophen, Drogen, internationaler Terrorismus usw. Die Themenliste beinhaltete weitaus mehr als nur die bilateralen Beziehungen zwischen der Sowjetunion und den USA. Sie schloss die ganze Welt ein.

Aber all dies waren keine entscheidenden Argumente für die USA und Europa, um an unsere ehrlichen Absichten vorbehaltlos zu glauben. Das Wichtigste war trotzdem, dass die Sowjetunion auf die Doktrin verzichten musste, nach der die Außenbeziehungen von der Unversöhnlichkeit der Klassen bestimmt werden. Mit der marxistischen Doktrin sollte unser letztendliches und wichtigstes Ziel erreicht werden: die Vernichtung der kapitalistischen Welt, unseres Klassenfeindes. Genau darauf mussten wir verzichten und, als ich in dem Interview der „Moskowskie Nowosti" genau das ansprach und sagte, dass wir in den internationalen Beziehungen die Prinzipien des Klassenkampfes und der Unversöhnlichkeit der Klassen aufgeben, bemerkte Shultz dies gleich. Er schickte meinen Text sofort den europäischen Kollegen. Wenn ich mich recht erinnere, gab der damalige US-Botschafter in der Sowjetunion, Jack Matlock, offen seine Freude zum Ausdruck, es endlich erlebt zu haben, was er als amerikanischer Diplomat in der UdSSR immer vermisst hatte.

Dagegen erklärte der zweite Sekretär des ZK, Jegor Ligatschow, in Smolensk, dass ich gegen die marxistischen Prinzipien verstieße. Damals reagierte Gorbatschow nicht darauf, weil er den neuen Kurs befürwortete, was er weltweit öffentlich in seiner Rede vor der Generalversammlung der Vereinten Nationen bestätigte.

Zu dieser Zeit begann eine prinzipielle Änderung der sowjetischen Außenpolitik, und das Vertrauen uns gegenüber wuchs. Nach seiner Rede bei den Vereinten Nationen im Dezember 1988 sagte Gorbatschow dem neu gewählten amerikanischen Präsidenten George W. Bush sen. in Camp David: „Die Sowjetunion beabsichtigt nicht, die USA zu ihren Gegnern zu zählen." Bush antwortete darauf: „Sie können sich darauf verlassen, dass die Vereinigten Staaten von Amerika niemals die Sicherheit der Sowjetunion bedrohen werden." Das Bekenntnis der Supermächte zu den gegenseitigen Sicherheitsgarantien war auch eine Sicherheitsgarantie für die Welt.

Unter den vielen Treffen mit George Shultz und anderen Außenministern möchte ich eine Zusammenkunft im November 1986 bei der KSZE-Folgekonferenz (Konferenz über Sicherheit und Zusammenarbeit in Europa) in Wien hervorheben, die die größte politische Versammlung seit dem Wiener Kongress von 1814/15 war. Das Ziel der Versammlung war die Fortentwicklung jener Prozesse, die die Abschwächung der Spannungen in Europa förderten und deren Grundlagen erst 1975 in Helsinki gelegt und später in Belgrad und Madrid weitergeführt wurden. Außer den Delegationen der europäischen Staaten nahmen an dem Treffen die Delegationen der USA und Kanadas teil. Ich leitete die sowjetische Delegation.

Die Hauptthemen der Konferenz waren Abrüstung, Menschenrechte, Verkehrswesen und Probleme des Umweltschutzes.

In Wien richteten sich besondere Erwartungen auf das Treffen der sowjetischen und amerikanischen Delegationsleiter. Es sollte nach Gorbatschows und Reagans Treffen in Reykjavik, so Reagan, die dort errungenen positiven Ergebnisse „verfestigen und fortentwickeln“. Der allgemeine Charakter der Wiener Versammlung hing eigentlich gerade von diesem Treffen ab.

Bevor ich George Shultz traf, hatte ich Geoffrey Howe, den Außenminister Großbritanniens, Jean-Bernard Raimond, den Außenminister Frankreichs, und Hans-Dietrich Genscher, den Außenminister der Bundesrepublik Deutschland, getroffen.

Hans-Dietrich Genscher überreichte mir die schriftliche Erklärung der deutschen Regierung zu Helmut Kohls unglücklichem Vergleich von Gorbatschow mit Joseph Goebbels. Die Erklärung und ein angemessenes Auftreten Kohls im Deutschen Bundestag waren eine eindeutige Entschuldigung. Damit war dieses Missverständnis beseitigt.

Anschließend fand das Treffen mit George Shultz statt. Es dauerte über fünf Stunden, davon waren drei vertraulichen Gesprächen vorbehalten. Wir sprachen über Menschenrechte, humanitäre Regionalprobleme, SDI, Verkehrswesen, Kernwaffenkontrolle usw. Es war ein offenes und tiefgehendes Gespräch: Wir konnten uns jedoch in manchen wichtigen Fragen nicht einigen. Dafür vereinbarten wir, dass wir und unsere Experten die Gespräche über strategische Waffenbegrenzung, kosmische Verteidigung und einige andere Sachfragen fortsetzen würden.

Gipfeltreffen zwischen Reagan und Gorbatschow

Mit einem oder zwei Treffen können zwischen zwei Staaten keine Probleme gelöst werden, wie auch nicht zwischen Einzelpersonen. Das Wichtigste war etwas anderes: Wir hatten bewiesen, dass wir gemeinsam die strittigen Probleme lösen wollten und uns gegenseitig vertrauten. Dieser Aspekt nahm in den Verhandlungen den größten Platz ein. Die Aufnahme der Beziehungen, Wege zu suchen, die zueinander führen, und das aufeinander Hören bedeuten schon in den menschlichen Beziehungen sehr viel, noch mehr aber in der Diplomatie.

Um das zu illustrieren, möchte ich an die Treffen zwischen Gorbatschow und Reagan erinnern, die zunächst in Genf und dann in Reykjavik stattfanden.

Bei dem Zusammentreffen zwischen Gorbatschow und Reagan in Genf am 19. und 20. November 1985 waren nur die Dolmetscher anwesend. Shultz und ich warteten draußen und tauschten uns über verschiedene Themen aus. Im Vordergrund stand hier das Treffen und erst dann das, was bei ihm vereinbart wurde.

Gorbatschow wollte nicht so gern nach Genf fahren. Er sagte, dass sie etwa eine halbe Stunde miteinander sprechen würden. In Wirklichkeit aber dauerte das Treffen fast drei Stunden. Dann kamen Reagan und Gorbatschow heraus. Beide waren aufgebracht. Gorbatschow sagte zu mir: „Wir fahren zur Datscha."

Im Auto schwieg er. Wir kamen an der Villa an. Raissa kam uns entgegen. „Wie ist das Treffen verlaufen?", fragte sie. Gorbatschow aber sagte zu mir: „Das Flugzeug soll vorbereitet werden. Wir fliegen ab. Mit dieser amerikanischen Regierung kann man keine Gespräche führen."

Ich sagte ihm gelassen, dass das Wichtigste doch das Treffen sei und es sich nicht lohne, die Verhandlungen abzubrechen. Raissa sagte ihm dasselbe.

„Nein, nein, mit diesem Menschen kann man keine Vereinbarungen treffen", beharrte Gorbatschow.

Wir redeten ihm eine Stunde zu, das Treffen nicht abzubrechen. In der Tat kehrten wir an den Verhandlungstisch zurück. Wir sprachen über allgemeine Themen. Es war das erste Gipfeltreffen, das fast abgebrochen wurde und gerade noch gerettet werden konnte. Andere Treffen lagen vor uns. Das Genfer Treffen, das nicht besonders erfolgreich verlief, war trotzdem notwendig, um den langen und schwierigen Weg einzuschlagen, der die Welt veränderte und sicherer machte.

Gorbatschow bat mich im September 1986: „Fliege nach Washington, vielleicht kannst du mit Reagan sprechen. Frage ihn, ob die Zeit für unser nächstes Treffen gekommen ist."

Ich reiste nach Washington. George Shultz wartete auf mich. Er wusste nicht, warum ich angereist war. Ich erzählte ihm von Gorbatschows Vorschlag. Er griff sofort zum Telefonhörer und rief Reagan an: „Bei mir ist Herr Schewardnadse. Gorbatschow hat ihn geschickt, um zu fragen, ob die Zeit für ein zweites gemeinsames Treffen gekommen ist." Reagan antwortete ihm, Shultz blieb stumm. Ich merkte, dass die Sache nicht gut lief.

Am nächsten Tag, am 19. September 1986, lud mich Shultz zu Reagan ein. Wir gingen zusammen hin. Früher begegnete mir Reagan immer freundlich und mit einem Lächeln. Er war mir gegenüber wohlwollend. In seinen Erinnerungen schrieb er: „Der sympathische Außenminister der Sowjetunion."

Dieses Mal begrüßte er mich etwas kühl: „Welche Fragen sollen wir besprechen?"

„Gorbatschow meint, dass die Zeit für ein neues Treffen gekommen ist."

„Darüber muss ich noch nachdenken."

„Aber ich muss doch auch wissen, welche Antwort ich ihm übermitteln soll", erwiderte ich ein wenig beleidigt.

Er antwortete mir: „Ich bin einverstanden, aber wo sollen wir uns treffen? In Washington will er vielleicht nicht, in Moskau ich nicht, … was wäre mit Reykjavik? Liegt praktisch auf halbem Weg."

Reykjavik, die Hauptstadt Islands, war wirklich ein Kompromiss. Wenn wir aus Moskau nach Amerika flogen, landete hier das Flugzeug, um zu tanken.

Als ich nach Moskau zurückkehrte, teilte ich Gorbatschow alles mit. „Ich glaube, Reykjavik liegt auf halbem Weg“, überlegte er. Gorbatschow sagte zu.

Das Treffen fand vom 10. bis 12. Oktober 1986 in Reykjavik statt. Gorbatschow und Reagan saßen wieder allein zusammen. Shultz und ich blieben draußen. Shultz bemerkte einmal, dass es umso besser wäre, je länger sie allein wären; sie würden sich aneinander gewöhnen.

Dann kamen sie heraus, gingen die Treppe hinunter direkt zu den Wagen. Reagan wirkte zornig, Gorbatschow eher gelassen. Beim Abschied sagte Reagan zu ihm: „Sie haben mich nicht zu Wort kommen lassen, und deshalb konnte auch keine Vereinbarung getroffen werden.“

Gorbatschow antwortete darauf: „Sollen wir zurückkehren?“ Reagan lehnte ab und fuhr weg. Gorbatschow stand ruhig da und wirkte überhaupt nicht aufgeregt.

Wir setzten uns in den Wagen. Ich glaube, Alexander Jakowlew war auch dabei. Wir waren uns darüber einig, dass selbst die Tatsache eines Treffens positiv eingeschätzt werden konnte.

Man brachte uns zu dem Gebäude, in dem Gorbatschows Pressekonferenz stattfinden sollte. Dort waren viele Menschen versammelt. Parallel dazu gab Reagan auf der amerikanischen Militärbasis eine Pressekonferenz. Wir wussten natürlich nicht, was er sagte. Auch er wusste nicht, was Gorbatschow sagen würde.

Gorbatschow erklärte: „Die Kollegen werden mir beipflichten – das Treffen hat stattgefunden. Es war ein gelungenes Treffen. Ich würde sogar sagen, es war ein intellektueller Durchbruch in den Beziehungen zwischen der Sowjetunion und den USA.“ Diese Aussage ist in die Geschichte eingegangen.

Das Treffen in Reykjavik war der Beginn künftiger Verhandlungen. Der amerikanische Präsident hatte sich davon überzeugt, dass es möglich war, mit uns Verhandlungen zu führen.

Die Beziehung zu Ronald Reagan war nicht leicht. Ich werde die Worte des damaligen Vize-Präsidenten George Bush sen. nie vergessen, die ich von ihm vor dem ersten Treffen mit Reagan in Washington hörte: „Wenn Sie etwas erreichen wollen, müssen Sie mit Reagan eine gemeinsame Sprache finden. Er ist wirklich ein Rechter, noch rechter sind dann nur noch die Schurken."

Afghanistan – Fass ohne Boden

Die neue Innen- und Außenpolitik der Sowjetunion erforderte grundlegende und prinzipielle Veränderungen. Das Wichtigste, was dringend entschieden und beendet werden musste, war der Krieg in Afghanistan, der großen Ärger im Inland und Ausland verursachte.

Ich war gerade neu im Amt des Außenministers, als im Dezember 1985 der Generalsekretär der afghanischen KP, Babrak Karmal, der Sicherheitschef Mohammad Nadschibullah und noch vier oder fünf weitere Amtsträger nach Moskau kamen. Beim Treffen mit ihnen waren Michail Gorbatschow, Andrej Gromyko und ich anwesend. Die Mitglieder der afghanischen Delegation erstatteten wie gewohnt Bericht: wie die Lage ist, was sich verbessert hat, was sich verschlechterte. Sie zeichneten ein düsteres Bild. Gorbatschow und ich hatten uns dafür ausgesprochen, dass wir früher oder später die Afghanistan-Frage entscheiden mussten: Die Armee müsse abgezogen werden, denn wir hatten dort nichts zu suchen. Wir mussten die Probleme in unserem eigenen Land lösen. Zudem war Afghanistan ein bodenloses Fass, das die menschlichen und finanziellen Ressourcen der Sowjetunion verschlang. Unser Land konnte die schwere Last politisch, humanitär und militärisch nicht mehr tragen.

Über all dies hatten wir schon vor längerer Zeit in Bitschwinta, in Abchasien, während eines Urlaubs gesprochen; damals war Gorbatschow noch kein Generalsekretär. Im Amt des Generalsekretärs wurde er sehr vorsichtig. Als ich ihn zweimal daran erinnerte, stimmte er zu und sagte der afghanischen Delegation: „Unsere Armee wird sich zurückziehen. Wir stellen Ihnen so viel Waffen zur Verfügung, wie Sie wollen; wir werden Ihnen alles geben, damit Sie selbst kämpfen können." Die Gäste hatten das nicht erwartet. Sie würden es sich überlegen, allerdings würde es schwierig werden, meinten sie.

Gorbatschow wiederholte mit Nachdruck: „Unsere Armee muss aus Afghanistan abgezogen werden. Die Waffen werden wir Ihnen überlassen. Wir werden Ihnen zusätzlich so viele geben, wie Sie wünschen. Rüsten Sie Ihre Armee auf und stationieren Sie sie an Stelle unserer Armee."

Es waren zwei bis drei Jahre vergangen, aber es bewegte sich nichts. Es war der XXVII. Parteitag geplant. Ich bat Gorbatschow, den Vorschlag zum Abzug der Armee aus Afghanistan in seinen Bericht für den Parteitag aufzunehmen. Er nahm ihn auf. Später aber wurden unter den Mitgliedern des Politbüros unzufriedene Stimmen laut. Wahrscheinlich waren nicht alle damit einverstanden, aber keiner traute sich, offen zu widersprechen. Dieses Gerede verursachte bei mir Zweifel, ob er vielleicht nicht doch seine Aussage zurücknehmen würde.

Vor dem Parteitag am 25. Februar 1986, um Mitternacht, verteilte man an uns die letzte Variante des Berichts. Es gab eine Regel, wonach wir ihn als Mitglieder des Politbüros lesen mussten.

Ich las ihn. Aber wo war die Afghanistan-Frage? Sie fehlte. Es war fast 1 Uhr nachts, als ich Gorbatschow zu Hause anrief. Es war natürlich nicht leicht, ihn anzurufen. Aber er ging immer ans Telefon, wenn ich es versuchte.

Ich sagte zu ihm: „Ich habe die letzte Fassung des Berichts erhalten. Afghanistan kommt dort nicht vor." – „Sollen wir vielleicht ein wenig abwarten?", fragte er mich.

Darauf hin teilte ich ihm mit, dass ich die Frage in meiner Rede aufgreifen würde. Die Zeit dafür sei gekommen. Die Bevölkerung würde mich bestimmt unterstützen. Er aber werde in einem schlechten Licht erscheinen. Ich wiederholte, dass ich es ernst meinte. „In Ordnung“, sagte er. „Morgen werde ich die Formulierung wieder einfügen.“

Am nächsten Morgen, als er zur Arbeit fuhr, rief er mich an. Ich war bereits im Büro und bereitete mich darauf vor, zum Parteitag zu gehen. In einem versöhnlichen, vertraulichen und ein wenig ironischen Ton sagte er zu mir: „Dein Auftrag wurde erfüllt.“

Ich möchte, dass man mich richtig versteht, und deshalb muss ich den Sachverhalt hier genauer erklären.

Es ist zwar richtig, dass viele Initiativen aus dem Außenministerium kamen, aber da gab es auch das Politbüro, und der Generalsekretär war Michail Gorbatschow. Alle wichtigen Entscheidungen waren vorher mit ihm und dem Politbüro abgesprochen, nicht in Details, aber in der grundsätzlichen Ausrichtung.

Was Afghanistan betraf, so waren mir die Probleme des Landes sehr gut bekannt. Ich war mindestens zehn Mal in Afghanistan. Wie üblich begleitete mich dabei der stellvertretende Sicherheitsminister Wladimir Krjutschkow.

Im Bericht Gorbatschows stand die prinzipielle Aussage: „Wir wünschen uns, dass in naher Zukunft unsere in Afghanistan stationierte Armee in die Heimat zurückkehrt.“ Dies bedeutete die Erhaltung von Tausenden von Menschenleben.

Vom 5. bis 7. Januar 1988 reiste ich mit dem ZK-Sekretär Anatolij Dobrinin nach Afghanistan. Da die Afghanistan-Frage angesprochen wurde, mussten wir schnell und energisch handeln. In Kabul empfingen mich der Staatschef Afghanistans, Nadschibullah, der Vorsitzende des Ministerrates, Kishtmand, und andere hochrangige Minister.

Das, was sie berichteten, deutete auf eine sehr schwierige Lage hin. Sagten sie aber auch alles?

Bei der Begrüßung teilte mir Nadschibullah mit: „Unter den internationalen Kämpfern sind auch Ihre Landsleute, 1649 Kaukasier, darunter 314 Georgier.“ Ich habe mir nichts anmerken lassen. Ich wusste, dass ich nicht nur für die sowjetischen Soldaten, die getötet wurden oder selbst töteten, gekommen war oder zur Rettung der Afghanen, sondern auch zur Rettung der Kaukasier und Georgier, die in diesem Land nichts zu suchen hatten. Ich dachte, wenn ich auch nur einen Menschen retten kann, wird das gut sein.

Später, in Moskau, warb ich um die Unterstützung der Mitglieder des Politbüros und verschwieg nichts: „Afghanistan ist kriegsmüde. Die Mehrheit der Afghanen unterstützt uns nicht, wir gaben ihnen nichts. Im Land ist alles vernichtet und zerstört. Die Menschen hungern, die Armee ist nicht zu gebrauchen, sie ist kampfunfähig. Es gibt viele ‚tote Seelen', Gelder der Soldaten und der Offiziere werden einkassiert, es gibt viele Deserteure ... Afghanistan ist ein Fass ohne Boden, in dem viel Geld verschwindet. Selbst ich weiß nicht mehr, wie viel. Wenn wir den Zahlen der Japaner und Amerikaner vertrauen, dann sind es im Jahr etwa zwei Milliarden Dollar. Außerdem sterben dort nicht nur unsere Leute, sondern es werden auch unsere Autorität und unsere Würde verletzt. Kurz, Afghanistan ist ein Sumpf, in dem wir immer mehr versinken und aus dem wir uns möglichst schnell befreien müssen und zwar so, dass wir unsere Freunde und das Land nicht allein lassen. Der Abzug der Armee aus Afghanistan ist zuallererst zur Sicherheit der Sowjetunion und zur Lösung ihrer außen- und innenpolitischen Probleme notwendig."

Am schwierigsten war das Treffen mit den „afghanischen" Soldaten in Afghanistan. Im überfüllten Saal sprach ich als Einziger. Sie empfingen mich mit beunruhigendem Schweigen, es wurden keine Fragen gestellt, keine Reden gehalten. Es schien, dass ein Teil der Generalität aus Afghanistan nicht abziehen wollte. Warum nicht? Die Menschen starben doch! Waffenhandel und Drogenverkauf wurden dort in großem Maßstab betrieben. Es war schwierig zu sagen, aber ich konnte es doch nicht verschweigen! Ich muss erwähnen, dass im Saal zumeist landestreue und ehrliche Offiziere, die viel Unglück erlebt hatten, saßen; aber auch sie schwiegen. Sie wollten mit diesem Schmutz nichts zu tun haben. Als ich ihnen mitteilte, dass sie in die Heimat zurückkehren würden, wo sie von ihren Familien erwartet würden, herrschte im Saal Totenstille.

In mancher Hinsicht konnte ich die Stille nachvollziehen. Niemand wusste, was ihn in der Heimat erwartete: Vermutlich der übliche Wohnungsmangel, Armut und die verletzte Autorität einer besiegten Armee. Ich verstand sie, aber damit das Leben und das Land sich richtig entwickelten, musste dieser Krieg beendet werden.

Das Treffen beunruhigte mich sehr und festigte meine Meinung, dass in der Armee nicht alles in Ordnung war. Später, als Vorsitzender der Afghanistan-Kommission des Politbüros, das im Dezember 1985 einberufen worden war, traf ich die Soldaten häufiger. Ich erklärte ihnen, dass die prinzipielle Entscheidung über den Abzug der Armee schon getroffen worden sei und wir jetzt alles darauf setzen müssten, ihn zügig und ohne Opfer durchzuführen.

Einige Zeit später trafen Gorbatschow und ich in Taschkent (Usbekistan) Nadschibullah und andere Vertreter seines Landes. Interessant war, dass parallel zu unserem Treffen in Taschkent der afghanische Außenminister in Genf verkündete: „Ich weiß nichts vom Abzug der Armee. Ich bin kategorisch dagegen. Damit wird Afghanistan nicht einverstanden sein." Das war ein Missverständnis. Nadschibullah rief den Außenminister an und erklärte ihm, dass die Frage schon entschieden sei. Das möchte ich deshalb besonders unterstreichen, um zu verdeutlichen, wie schwierig es war, politisch und auch psychologisch, die Armee abzuziehen.

Wie bekannt, sind die Wege in Afghanistan sehr schwer passierbar. So waren Sabotageakte und Überfälle nicht ausgeschlossen. Da aber die Afghanen den Abzug der Armee begrüßten, gab es keinerlei Zwischenfälle. Kein einziger sowjetischer Soldat starb dabei. Die Waffen haben wir natürlich unseren Verbündeten überlassen.

Aus Afghanistan kehrten viele Soldaten in einem Zinksarg nach Hause zurück, andere waren verstümmelt. Auch auf der anderen Seite starben zahlreiche Menschen oder wurden unglücklich. Zur Bilanz gehört, dass einige sowjetische Generäle und Offiziere Millionäre wurden: Sie wärmten ihre Hände am Waffen- und Drogenhandel. In einem öffentlichen

Auftritt habe ich darauf hingewiesen, dass mich solche Informationen erreichten.

Jedenfalls wurde die Armee friedlich abgezogen. Später wurde ich damit beauftragt, die Hilfeleistungen für Afghanistan zu koordinieren. Hier mussten viele Probleme gelöst werden, angefangen von der Zustellung der Waffen bis hin zu humanitären Transporten. Was hat eigentlich der Außenminister mit Transporten zu tun? Aber was konnte ich denn schon machen – ich habe mich der Entscheidung des Politbüros gebeugt, nur mit dem Vorbehalt, dass sie mir alles gaben, was ich angefordert hatte. Ich rief die afghanische Führung an und sagte ihr, dass sie mir möglichst bald mitteilen sollte, was und wie viel sie brauchte. Wir ließen ihr zwei Lieferungen zukommen. Dann trat ich jedoch vom Amt des Außenministers zurück, und die sowjetische Regierung vernachlässigte Afghanistan. Sie hat es im Stich gelassen, andernfalls hätte Nadschibullah seinen Einfluss mit Sicherheit behalten können.

Mohammad Nadschibullah, der damalige Staatschef Afghanistans, war mit mir gut bekannt. Er war eine interessante Persönlichkeit, etwa 40 Jahre alt, gebildet, mutig, ein guter Redner und Familienvater. Seine Frau stammte aus der königlichen Durrani-Dynastie, der auch der exilierte König Sahir Schah angehörte.

König Sahir Schah regierte seit 1933 in Afghanistan und wurde 1973 von seinem Verwandten Mohammed Daud abgesetzt. Er ging ins Exil nach Italien. Das Land versank im Chaos. Afghanistan hat sich bis heute nicht stabilisiert.

Damals fragte ich Nadschibullah, ob es nicht Zeit wäre, den König zurückzuholen, natürlich unter der Bedingung, dass er ihn nicht antaste.

„Er wird nicht zurückkehren", antwortete er.

Trotzdem reiste ich nach Italien, um mit Sahir Schah zu verhandeln. Er empfing mich herzlich in seiner Villa und sagte mir, dass er meine Haltung zu Afghanistan kenne. Ich bot ihm an, in die Heimat zurückzukehren und das Land zu führen. Er lehnte dies kategorisch ab: „Die Situation ist dafür nicht geeignet. Es würde zu Unruhen kommen. Besser als ich kennt keiner die Afghanen. Man wird Ihnen anrechnen, dass Sie etwas entschieden haben. Dann wird man sagen, dass Sie nichts getan haben, und Sie werden dafür verantwortlich gemacht, wie ich auch. Und somit rate ich Ihnen davon ab. Und ich werde es auch nicht tun.“

Als jedoch die Amerikaner in Afghanistan einmarschiert waren, kehrte König Sahir Schah 2002 als Bürger Afghanistans zurück. Es scheint so, dass die Sowjetunion damals in seinen Augen das Vertrauen verloren hatte. Das Vertrauen haben wir in der Tat bei vielen Menschen verloren.

Am 15. Februar 1989 wurde gemäß des Genfer Abkommens der Abzug der sowjetischen Armee aus Afghanistan beendet.

Das sowjetische Abenteuer endete in einem Desaster, und das Unglück der Afghanen nahm kein Ende. Der große Bürgerkrieg, der dort durch die Invasion der sowjetischen Armee verursacht wurde, ist praktisch bis heute nicht beendet. Das wusste ich auch damals nur zu gut. Ich wusste, dass nach dem Abzug der sowjetischen Armee im Land völlige Anarchie herrschen würde: Mit unseren Verbündeten würde man abrechnen. Nadschibullah und seine Frau fanden ein tragisches Ende; sie wurden aufgehängt. Auch diese Schuld soll auf denjenigen lasten, die die sowjetische Armee in Afghanistan einmarschieren ließen und die Bevölkerung dort ins Chaos stürzten.

Wenn man versucht, anderen den eigenen Lebensstil aufzuzwingen, hat dies immer nicht wiedergutzumachende Folgen. Wenn zwischen den Weltanschauungen der Völker, Kulturen und Religionen keine Übereinstimmung herrscht und zudem kein Wunsch besteht, ihre Besonderheiten kennenzulernen, sind die Ergebnisse immer verheerend.

Den Abzug der Armee aus Afghanistan haben die Welt und die Mütter der sowjetischen und afghanischen Kämpfer mir zugutegehalten. Viele erhoben jedoch gegen diesen Einsatz für die Humanität den Vorwurf des Landesverrats. Nach deren Meinung war ich allein der „Schuldige“ und nicht Gorbatschow oder das Politbüro. Genauso, wie sich der Abzug der sowjetischen Armee aus Europa und die Wiedervereinigung Deutschlands, ebenso vieles andere, als meine „Schuld“ entpuppten. Ich sah mich gezwungen, ihnen in der einflussreichen „Literaturnaja Gazeta“ eine direkte Antwort zu geben: „Unser Land ist groß, aber wodurch? Durch das Territorium? Bevölkerungszahl? Waffen? Nationales Unglück? Wegen der Desorganisation des alltäglichen Lebens? Soll man darauf stolz sein, dass wir die höchste Kindersterblichkeit haben? Was sind wir, und was wollen wir sein: eine Nation, vor der man sich fürchtet, oder eine Nation, die man respektiert?“

Die Adressaten dieses Briefs waren vor allem die Lehrer, die für mich am meisten zu respektierenden Menschen. Sie nehmen einen entscheidenden Einfluss auf die künftigen Generationen.

Begegnungen und Entscheidungen auf der internationalen Bühne

Ein Kompliment von Richard Nixon

Nie zuvor war ich Richard Nixon begegnet. Einmal aber, nach einer Sitzung der Generalversammlung der Vereinten Nationen in New York, ruhte ich mich im Hotel aus. Zu meiner Überraschung informierte mich ein Mitarbeiter, dass uns das Sekretariat des ehemaligen US-Präsidenten Richard Nixon kontaktiert hatte. Es stellte sich heraus, dass der Ex-Präsident im Krankenhaus war, sich derzeit besser fühlte und sich gern mit mir treffen würde. Natürlich habe ich zugesagt, und Nixon kam direkt aus dem Krankenhaus zu mir ins Hotel.

Wir begannen, über die Beziehung zwischen den USA und der Sowjetunion zu sprechen und sprachen auch globale Fragen an. Dann sagte er zu mir: „Ich beobachte Sie schon seit langem. Ich erinnere mich an fast jede Pressekonferenz von Ihnen. Ich möchte Ihnen sagen, dass Sie für einen Politiker einige sehr wichtige Eigenschaften besitzen. Erstens sehen Sie auf dem Bildschirm gut aus; Sie wirken sympathisch, und das bedeutet für den Großteil der Gesellschaft sehr viel." (Vielleicht meinte er die Frauen.) Ich lächelte. „Zweitens sprechen Sie direkt und ernst, ohne jegliche Nebensächlichkeiten. Ihnen ist der Humor nicht fremd, was den Zuschauer ebenfalls fasziniert. Kurz, Sie haben jede Eigenschaft, um in der gegenwärtigen Weltpolitik eine entscheidende Rolle zu spielen."

Ich muss ehrlich gestehen, dass dies alles für mich sehr überraschend war. Vor mir saß einer der größten Politiker, der den Erfolg des politischen Aufstiegs ebenso kannte wie die Bitterkeit des Misserfolgs. Ich denke, dass sein Besuch eine Unterstützung bedeutete, gleichzeitig aber auch eine Warnung: Der Weg eines Politikers kann nicht immer ein Weg des Aufstiegs sein.

Was konnte ich darauf antworten, außer mich zu bedanken? „Ihre Visite in der Sowjetunion 1972 habe ich mit großem Interesse verfolgt. Ich übertreibe nicht, wenn ich sage, dass Sie einer der Hauptinitiatoren dafür waren, dass das Eis in den Beziehungen zwischen den beiden Supermächten zu schmelzen begann."

Ich merkte, dass er sich geschmeichelt fühlte. Unser Treffen dauerte etwas über eine Stunde.

Was meine Pressekonferenzen und öffentlichen Auftritte angeht, erinnere ich mich noch an etwas anderes. Bei unserem ersten Zusammentreffen sagte Präsident Bill Clinton zu mir: „Wenn ich die Möglichkeit erhielt, verfolgte ich Ihre Pressekonferenzen mit großem Interesse. Ich erinnere mich an den Tag, als Sie Ihren Rücktritt vom Amt des Außenministers erklärten. Da stand ich vor dem Bildschirm auf und habe Ihnen applaudiert."

Die Einschätzungen des Republikaners Nixon und des Demokraten Clinton stimmten überein: das Argumentieren, das Außerachtlassen der Nebensächlichkeiten und eine mit Humor gemischte Ernsthaftigkeit.

Nicht nur Frauen mögen Komplimente ...

Besuch beim Ayatollah Khomeini

Ich kannte bereits viele Länder und Regionen der Welt: Amerika, Skandinavien, Japan, Afrika, Australien. Es gibt bemerkenswerte Unterschiede zwischen ihnen, sogar die Begrüßungsgesten unterscheiden sich. Der Ausdruck und die Wahrnehmung der Unterschiede kann manchmal ein Grund für Missverständnisse werden.

In diesem Zusammenhang erinnere ich mich an meine Visite im Iran bei Ayatollah Khomeini im Jahre 1989.

In dieser Zeit pflegten wir mit dem Iran, wie man es nennen kann, eine wechselhafte Beziehung. Der Iran war bereits seit sieben Jahren mit einem Freund der Sowjetunion, dem Irak, im Krieg verstrickt. Zeitgleich war unsere Armee in Afghanistan stationiert, und es ergab sich, dass in den sieben Jahren seit dem Sturz von Resa Pahlewi keine hochrangige Person aus der Sowjetunion dem Iran eine offizielle Visite abgestattet hatte. Kurz, in diesen Jahren hatten wir keine bedeutenden Beziehungen zueinander. Es wurde entschieden, im Rahmen meiner Reise in den Nahen Osten, nach dem Besuch Syriens und des Irak, in den Iran zu fahren, um die Beziehungen zwischen unseren beiden Staaten zu regeln.

Den Wunsch, die Beziehungen zu normalisieren, zeigte auch die iranische Seite. Ein Zeichen dafür war ein sechs bis sieben Seiten langer Brief von Imam Khomeini an Michail Gorbatschow, den der persönliche Vertreter des Imam, Ayatollah Dschawad-Amoli, am 4. Januar 1989 nach Moskau brachte. Khomeini hatte keine staatlichen Ämter inne, aber er war der religiöse Führer des Iran und damit praktisch die erste Person im Staat.

Khomeinis Brief machte Gorbatschow sehr nachdenklich. Was er ihm antworten sollte, wusste er zunächst nicht. Ich wusste es auch nicht.

In seinem Brief schätzte Khomeini den Mut Gorbatschows in seiner Haltung zur Realität positiv ein und bemerkte dazu, dass die Misserfolge des Kommunismus nun offensichtlich seien. Das war jedoch für den Führer des Iran nicht das Wesentliche.

Khomeinis Brief hatte einen tiefen philosophischen Charakter. Wie der Imam selbst hervorhob: „Ich wollte Gorbatschow einen Eindruck von der höchsten und ewigen Welt, die nach dem Sterben existiert, verschaffen. Darin liegt der grundlegende Sinn meines Briefes."

Der atheistische KP-Führer der Sowjetunion konnte natürlich mit dem höchsten religiösen Führer des Iran kein theologisches Gespräch führen. Wir entschieden, dass sich Gorbatschows Brief auf die Beziehungen zwischen den beiden Staaten, die Perspektiven einer künftigen Entwicklung und auf die Probleme der Region beschränken sollte.

Am 25. Februar 1989 war ich bereits mit dem Antwortschreiben Gorbatschows an Imam Khomeini im Iran.

Meine Visite bedeutete sehr viel für den Iran. Die iranische Presse setzte bereits vor meiner Ankunft große Hoffnungen auf den Besuch.

Außer mit Khomeini hatte ich Treffen mit anderen offiziellen Vertretern der iranischen Führung geplant: mit Irans Präsident Chamenei, Premierminister Musawi, Parlamentspräsident Rafsanjani und Außenminister Velayati.

Nach Meinung iranischer politischer Kreise war der Besuch des sowjetischen Außenministers insofern bedeutungsvoll, als ich Gorbatschows Antwortschreiben dem Imam Khomeini brachte. Für die Iraner hatte der Antwortbrief im Hinblick auf die künftigen Entwicklungen in der Region große Bedeutung.

Die Visite war auch deshalb wichtig, weil der Westen, und besonders die USA, die Islamische Republik Iran scharf angegriffen und ihre Beziehungen zum Iran in den letzten zehn Jahren auf das Nötigste begrenzt hatten. Der Schlüssel zum Erfolg der Iran-Visite war Gorbatschows Brief.

Nach meiner Ankunft teilte mir Außenminister Velayati mit, dass Imam Khomeini bereit sei, mich zu empfangen. Ich erhoffte von dem Besuch ebenfalls viel und fuhr mit dieser Erwartung nach Khomeinis heiliger Stadt Qom.

Khomeini war erkrankt und empfing auf Anweisung der Ärzte keine Gäste. Dass er mich empfing, war eine Ausnahme und natürlich eine Geste des Respekts für das Land, dessen Außenminister ich war. Vielleicht aber waren es auch andere ungenannte, historisch immer vorhandene Gründe, nämlich die Interessen Persiens an Georgien. Zumindest hatte ich diesen Gedanken.

Es schneite. Khomeini lebte auf einem Hügel. Beim Eingang musste ich, wie in der Moschee, die Schuhe ausziehen. Wir sind mit Socken hineingegangen, und das ließ bereits ein merkwürdiges Gefühl entstehen: Man ist nach dem diplomatischen Protokoll angezogen, hat jedoch keine Schuhe an. Zudem musste man dabei nicht wie im Gebetsraum allein sein, sondern verhandeln und den Gesprächspartner überzeugen.

Von Anfang an wurde ich darauf aufmerksam gemacht, dass ich der einzige Ausländer sei, den der Imam seit der Revolution im Iran empfing. Seine Zeit sei sehr begrenzt, und wir müssten die vorgesehenen fünfzehn bis zwanzig Minuten einhalten.

Wir setzten uns hin und warteten still. Ich schaute mir das Zimmer an – Khomeini führte ein besonders asketisches Leben. Das Wichtigste war anscheinend, den Sinn des Lebens zu finden. Den Imam durfte nichts ablenken. Alles war sehr schlicht; auf dem Boden lag ein weißgrauer Teppich. Im Zimmer befand sich nur das Nötigste. Mit mir und dem Dolmetscher hielten sich im Zimmer die Gastgeber auf. Sie warteten in ehrfurchtsvollem Schweigen auf das Eintreten des Imam.

Meine Gedanken waren wieder bei der Geschichte. Wie viele Georgier hatten schon so an der Empfangstür des persischen Schahs gesessen. Zwar vertrat ich diesmal einen anderen Staat, aber trotzdem … Ich hatte ein seltsames Gefühl der Erwartung. Auch daran habe ich mich erinnert, dass der georgische Führer der Sowjetunion (Stalin) Ende 1943 mit seinen Kollegen aus den USA und Großbritannien in Teheran zusammensaß und die jeweiligen Einflussbereiche in der Welt festlegte. Damals hing Irans Schicksal großenteils gerade von diesem Georgier ab.

Im Iran schneit es nicht häufig, aber wenn das dort geschieht, kommt auch sehr starker Frost. Wir hatten ja nur Socken an, deshalb froren wir sehr. Wir hatten schon etwa fünfzehn Minuten gewartet. Später erfuhr ich, dass es eine Regel gab, wonach Treffen mit der iranischen Führung immer mit zehn bis fünfzehn Minuten Verspätung begannen.

Nach einigen Minuten gab man mir endlich ein Zeichen, dass es so weit wäre. Zunächst kam Khomeinis Sohn herein. Er machte mich ebenfalls höflich darauf aufmerksam, dass er käme. Ein kleiner älterer Herr trat ins Zimmer, ein sympathischer, weißbärtiger Mann, nach dortiger Tradition mit einer schwarzen Kopfbedeckung und grauem Mantel bekleidet. Er nahm neben unseren Sesseln am Rand des Sofas Platz.

Ich wurde vorgestellt. Obwohl um uns keine Medien zu bemerken waren, stellte es sich später heraus, dass jede Geste von mir, jedes Wort, selbst ein flüchtiger Blick oder ein Flüstern registriert wurde.

Velayati machte mich darauf aufmerksam, dass die einzige Chance für ein erfolgreiches Treffen darin läge, in fünfzehn bis zwanzig Minuten zu berichten, was Gorbatschow dem Imam in seinem Brief übermittelte.

Ich begrüßte Khomeini und sagte, dass als Antwort auf sein Schreiben Gorbatschow ihm einen Brief zukommen ließ, und trug dessen Inhalt vor. Er hörte mir fünfzehn Minuten zu, dabei nickte er manchmal mit dem Kopf. Dann versank er anscheinend in Gedanken und antwortete schließlich: „Ich bin enttäuscht. Mir ist bekannt, dass Gorbatschow eine intelligente Persönlichkeit ist. Es war kein Zufall, dass ich ihm einen Brief übermitteln ließ, in dem die Existenz des Menschen nicht in der irdischen, sondern in der himmlischen Welt bedacht wird. Ich interessiere mich nicht dafür, was auf Erden geschieht. Ich schaue dorthin, in den Himmel, und darauf erhielt ich bis jetzt keine Antwort. Was die Normalisierung der Beziehungen betrifft, werde ich diese unterstützen."

Das war es schon. Er stand auf, verabschiedete sich und verließ das Zimmer.

Meine Stimmung wurde ein wenig schlechter. Ich kam heraus und wollte die Schuhe anziehen. Aber wie sollte ich sie anziehen? Die Schuhe waren steif gefroren. Ich hatte das Gefühl, dass die Visite nicht das gewünschte Ergebnis brachte. Ich beriet mich mit meinen Begleitern, ob wir die geplanten Treffen mit Rafsanjani und Chamenei und ein offizielles Abendessen absagen sollten. Meine einzige Sorge: Ich wollte nicht, dass das Selbstwertgefühl des Außenministers verletzt wurde.

Velayati verstand sofort alles und teilte mir mit, dass er anrufen würde.

Für den Iran war es sicherlich ungünstig, die Sowjetunion zu verärgern. Nach dem Besuch bei Khomeini kontaktierte der iranische Botschafter in der Sowjetunion, Cheiran Nobar, meine Mitarbeiter und bat sie, mit mir die Einschätzung des Treffens mit Imam Khomeini abzustimmen.

„Die iranische Seite beabsichtigt, das Gespräch, das sie als freundlich bezeichnet, positiv zu bewerten. Die iranische Seite hebt die positiven Momente des Gesprächs hervor. Es wird der Wunsch der iranischen und sowjetischen Führung nach besseren gegenseitigen Beziehungen betont. Als der Außenminister dem Imam den Inhalt des Briefes von Gorbatschow übermittelte, unterstützte der Imam die geäußerten Überlegungen. In der Nachricht, die die iranische Seite vorbereitet, werden diese Aussagen vom

Imam vollständig wiedergegeben. Leider konnte das Gespräch auf Anordnung der Ärzte nicht länger dauern. Es dauerte bereits länger, als die Mediziner erlaubt hatten."

Ich stimmte der Position des Iran zu einer solchen Einschätzung des Treffens zu. Und in der Tat, es war keine halbe Stunde vergangen, als am Telefon Velayatis Stimme zu hören war: „Der Imam ist sehr zufrieden. Wenn Sie den Dolmetscher bei sich haben, schalten Sie das Fernsehen ein!"

Ich schaltete ein, und was sah ich – überall Jubel: „Dies ist ein historisches Treffen, und damit beginnt ein neuer Abschnitt in den Beziehungen zur Sowjetunion! Es fand ein einstündiges Gespräch statt, einen Präzedenzfall wie diesen hatte es bisher nicht gegeben! Der Imam hat den Außenminister herzlich begrüßt und herzlich verabschiedet... Der Imam legte großen Wert auf Gorbatschows Brief!" Und dann ging es weiter durch Fernsehen, Radio, Zeitungen... Als ob gerade jetzt die Tür des Westens für sie geöffnet worden wäre.

Ich blieb zwei Tage. Beim Abendessen wiederholte Velayati: Der Imam sei mit dem Treffen sehr zufrieden, es sei ein besonderes Treffen gewesen. Natürlich konnte Velayati eine solche Aussage nicht ohne Absprache mit dem Imam machen. „Aber er sagte doch nur ein paar Worte. Ich habe den Eindruck, dass wir kein gutes Gespräch hatten." – „Sie haben es nicht bemerkt: Er nickte Ihnen dreimal mit dem Kopf zu. Wissen Sie, was das für uns bedeutet? Es ist die allergrößte Ehre und Aufmerksamkeit", antwortete mir Velayati.

Jedes Zeichen, jede Geste, jeder Code einer Kultur muss entsprechend gelesen und verstanden werden. Mit ihren Ergebnissen stellte sich die Visite wirklich als historisch heraus. Im Iran erinnert man sich bis heute an diesen Besuch. Als ich nach Georgien zurückgekehrt war, und Rafsanjani Tiflis besuchte, sagte er zu mir: „Sie waren der einzige Ausländer, den Khomeini empfangen hat."

Khomeini durchbrach mit seinem Brief die Isolation, in die er den Iran manövriert hatte. Es ist paradox, aber genau damals wurden die neuen georgisch-iranischen Beziehungen, nämlich ebenbürtige Beziehungen, begründet. Später, nach Jahren, bestimmte der Besuch bei Khomeini noch die Beziehungen zwischen mir als Staatsoberhaupt Georgiens und Rafsanjani, Chatami und anderen Führungspersönlichkeiten des Iran. Obwohl unsere Interessen nicht immer übereinstimmten, auch nicht in den Fragen zu den Erdölleitungen, entstand zwischen Georgien und dem Iran eine tragfähige Beziehung.

... und bei Saddam Hussein

Bevor ich 1989 in den Iran reiste, traf ich in der Stadt Basra Saddam Hussein, denn im Irak waren an die zwölftausend sowjetische Bürger tätig.

Der irakische Staatschef Saddam Hussein hatte in der Stadt eine Residenz. Nach meiner Vermutung war Basra besser geeignet, um mit dem Iran Krieg zu führen, da die Stadt fast an der Grenze lag. Es war eine unauffällige Residenz, ohne jeglichen Prunk, aber natürlich mit den entsprechenden Schutzvorrichtungen. Mit Saddam sprach ich fast bis zum Morgengrauen, und er bemühte sich, mir besondere Ehren zu erweisen. Natürlich sprach ich die Sinnlosigkeit des Iran-Irak-Kriegs an. Ich machte ihm deutlich, dass der Krieg nach unserer Meinung ein totaler Unsinn war und er sich früher oder später auch auf die Haltung der Sowjetunion gegenüber dem Irak auswirken würde.

Mein Gastgeber hinterließ bei mir den Eindruck eines ziemlich starrsinnigen Mannes. Aber wie konnte ich mir damals vorstellen, welche Pläne Saddam noch im Hinblick auf Kuwait im Sinn hatte.

Die erste beunruhigende Nachricht erhielt ich vom amerikanischen Außenminister James Baker in Irkutsk am 2. August 1990. Baker reiste von dort aus in die Mongolei. Bereits am 3. August kehrte er nach Moskau zurück. Am Flughafen Wnukowo 2 bereiteten Baker und ich das gemeinsame Projekt einer sowjetisch-amerikanischen Erklärung vor. Baker erklärte vor der Presse, dass der Irak Kuwait überfallen hatte und die

Großmächte den Sicherheitsrat anrufen würden. Er sei dem sowjetischen Außenminister dankbar, dass er ihn dabei unterstütze. Das war damals sehr schwierig für mich, denn ich musste viele Widerstände überwinden.

Doch es gab keinen anderen Weg: Statt einer kollektiven Absprache musste ich allein eine Entscheidung treffen. Die Verantwortung dafür habe ich auf mich genommen. Die Entwicklung zeigte, dass ich recht hatte.

Ich schickte Mitarbeiter in den Irak und forderte Saddam Hussein auf, unsere Bürger sofort zu evakuieren. Würde er das nicht tun, würden wir uns in den Konflikt einschalten, und die Amerikaner würden in Bagdad einmarschieren. Tatsächlich wurden daraufhin unsere Bürger sehr schnell und ohne Verluste evakuiert.

Neben der öffentlich gezeigten Position der Sowjetunion gab es natürlich auch den Versuch, Saddam zu „beruhigen" und mit ihm eine gemeinsame Sprache zu finden, weil er damals als Freund der Sowjetunion galt. Deshalb ist Ewgeni Primakow, der mit Saddam eine enge Beziehung pflegte, zu Vermittlungsbesuchen zunächst nach Bagdad und später nach Washington gereist. Ich war gegen die Reise und habe das auch gegenüber Gorbatschow geäußert: „Es kann nicht sein, dass unser Staat eine doppelte Außenpolitik führt."

Die Visiten Primakows blieben ohne Ergebnis. Er konnte Saddam zu keinen „Zugeständnissen" bewegen. Präsident Bush schnitt Saddams Fürsprecher das Wort ab: „Saddam hat Sünden begangen wie Hitler; mit ihm zu sprechen und ihm Zugeständnisse zu machen, ist unmöglich!"

Später, als die militärische Operation mit dem Codenamen „Wüstensturm" begann, rief mich Baker an. Es schien so, als ob ihn die Meinung des Partners interessierte und er sie berücksichtigen wollte:

„Bis Bagdad sind es hundert Kilometer. Was meinst du, sollen wir einmarschieren?"

„Wenn ich es entscheiden müsste, würde ich es nicht."

„Warum nicht?"

„Bagdad ist für die Region und die Muslime eine besondere Stadt mit ihrer Geschichte, ihrer Kultur, ihrer Tradition. Ein Einmarsch würde zudem viele Opfer fordern. Das wird auf euch Schatten werfen und wird eure Rechtmäßigkeit in Zweifel ziehen."

Später rief er mich an und bestätigte, dass sich der Präsident gegen einen Einmarsch in Bagdad entschieden hatte.

Damals hob Präsident George Bush sen. hervor: „Es ist eine Zeit für neue partnerschaftliche Beziehungen zwischen den Staaten angebrochen. Heute stehen wir vor einem einzigartigen und entscheidenden Moment. Die Krise am Persischen Golf gab uns ungeachtet der mit ihr verbundenen Gefahren die seltene Gelegenheit für den Übergang zu einer historischen Partnerschaft."

Später schrieb Baker in seinen Memoiren: „Der ‚Kalte Krieg' ist zu Ende gegangen, als ich und Schewardnadse uns am Flughafen Wnukowo 2 getroffen haben und er uns unterstützte. Mit unserer gemeinsamen Erklärung wurde der letzte Nagel im Sarg des ‚Kalten Krieges' eingeschlagen."[1] So war es tatsächlich.

***

Nach den Ereignissen des 11. September 2001 marschierten die Amerikaner im März 2003 in Bagdad ein, was die Hinrichtung Saddam Husseins zur Folge hatte. Ich möchte betonen, dass Hinrichtungen sogar im kleinen Georgien bereits seit langem abgeschafft sind.

Das Hauptargument für den Einmarsch der USA in den Irak war Saddam Husseins angeblicher Versuch, Atomwaffen zu produzieren. Das amerikanische Vorgehen wurde auch damit begründet, dass Saddam am eigenen Volk grausame Verbrechen begangen hatte. Das Argument, Saddam baue Atomwaffen, war glaubhaft. Zudem bestätigten hochrangige

---

[1] James A. Baker: Work hard, study … and keep out of politics! Adventures and lessons from an unexpected public life. New York 2006, S. 294.

CIA-Agenten, die ich auch persönlich kannte, die Realität einer Bedrohung. Durch all dies waren meine offizielle Position gegenüber dem Irak und die symbolische Unterstützung mit zwanzig Mann an der von den Amerikanern durchgeführten Aktion begründet. Nach dem Einmarsch der Amerikaner in den Irak stellte sich die Information über eine irakische Atomwaffenproduktion als falsch heraus. Unbestritten blieben jedoch die von Saddam Hussein verübten massiven Pogrome an der eigenen Bevölkerung und die Vernichtung der Opposition.

Der Anfang vom Ende des „Kalten Krieges“

Seit 1988 formierte sich nach einer Reihe von Erfolgen und Misserfolgen die grundlegende Richtung der Außenpolitik der Sowjetunion. Sie spiegelte sich in dem vom Außenministerium vorbereiteten Projekt wider und war in den Reden von Michail Gorbatschow zu finden. Andererseits musste alles mit dem Politbüro abgesprochen sein, was äußerst kompliziert war und mühsamen Kämpfen gleichkam.

Vom 25. bis 27. Juli 1988 fand in Moskau eine interne Konferenz des sowjetischen Außenministeriums statt. Auf dieser Konferenz hielt ich eine grundlegende Rede und das Schlusswort. Wie ich weiß, stieß mein Auftreten in der Sowjetunion und im Ausland auf lebhaftes Interesse. Die Rede erklärte die neue sowjetische Außenpolitik. Meine Mitstreiter und ich bewerteten darin ausführlich die frühere Außenpolitik der Sowjetunion. Unvoreingenommen wurde auf die Fehler hingewiesen, die unser Land in die Isolation geführt hatten. In Zukunft mussten solche Fehler ausgeschlossen werden: das Desaster in Afghanistan, der Konflikt mit China, die Fehleinschätzung des europäischen Zusammenschlusses, das teure Wettrüsten, der Abbruch der Genfer Verhandlungen in den Jahren 1983 und 1984, die Entscheidung über die SS-20-Raketen, die sowjetische Verteidigungsdoktrin und die Klassenfrage in den Außenbeziehungen.

All dies wurde von den westlichen Experten umgehend bemerkt und fand Eingang in das grundlegende Werk Henry Kissingers „Diplomacy".[1] Ich möchte betonen, dass die Gestaltung der neuen sowjetischen Außenpolitik vor allem durch die Veränderungen in der sowjetischen Innenpolitik vorgegeben war, ebenfalls durch die Transformation der sowjetischen Gesellschaft, für die jene konfrontative Außenpolitik prinzipiell nicht mehr annehmbar war, die über Jahre hinweg vom Kreml praktiziert worden war.

In meiner Rede betonte ich, dass die Jahrtausendwende vom 20. zum 21. Jahrhundert eine Epoche der Demokratisierung, Demilitarisierung und des Humanismus einleitete, in der sich die Sicherheit der Staaten von den politisch-militärischen Entscheidungen in den Bereich der politischen Beziehungen verlagerte. Es entwickelten sich in ihr vielfältige und gleichberechtigte Beziehungen zwischen Staaten und Völkern für ihre materielle und immaterielle gegenseitige Bereicherung, für die Verstärkung einer internationalen Friedensstruktur.

Die drei Jahre der Perestroika (1985–1988) waren in der Außenpolitik die Jahre mutiger Entscheidungen von Paris und Genf, von Wladiwostok und Reykjavik, der Erklärung vom 15. Januar und der Delhi-Deklaration. In diesen Jahren hat sich der scheinbar unentwirrbare Knoten der Geschichte aufgelöst. Die Ereignisse in der Außenpolitik entfalteten sich rasant. Unbedacht war jedoch keiner unserer Schritte. Trotzdem hatte ich das Gefühl, dass man noch mehr hätte erreichen können.

Um die intellektuellen Potenziale, die im Moskauer Außenministerium vorhanden waren, voll auszuschöpfen, musste ihnen Raum für freies Denken gegeben werden. Als dies geschah, ging meine Erwartung in Erfüllung. Meine Rede auf der Konferenz war auch die Frucht dieses freien Denkens.

---

[1] Henry Kissinger: Diplomacy. Moskau 1997, S. 730.

Dort betonte ich ebenfalls, dass für bestimmte Dienststellen des Außenministeriums im Verteidigungssystem nichts geheim sein durfte, auch nicht das Militärbudget, das sich in den Händen eines engen Kreises befand.

„Der Verteidigungshaushalt muss öffentlich sein, was dem Interesse der Bevölkerung und dem Frieden dient. Es ist notwendig, eine gesetzliche Prozedur zu schaffen, nach der alle Behörden, die sich mit dem Militär und der Militärindustrie beschäftigen, der Kontrolle einer vom Volk gewählten Vertretung unterstehen. Dies betrifft den Einsatz des Militärs an den Außengrenzen des Staates, die Pläne für den Aufbau der Verteidigung und die Transparenz des Militärbudgets.“

Natürlich gefielen der Militärelite meine Rede und besonders auch die Entscheidungen nicht, die ihr folgten. Hier meine ich nicht nur den Abzug der Armee aus Afghanistan und Deutschland. Vor allem war die Rede ein Nein gegen das Monopol des über Jahrzehnte unkontrolliert zusammengestellten und finanzierten Budgets.

Außerdem gab es Vorfälle wie den, dass die Gegenseite bei den Abrüstungsverhandlungen mehr über unsere Waffen wusste als ich und ich unabsichtlich wie ein Lügner dastand. Wer vertraute mir noch in einer solchen Situation? Ähnliches wiederholte sich beim Atomkraftwerk in Tschernobyl, dessen Katastrophe im April 1986 wir so eifrig und dumm verheimlichten. Die für die sowjetische Bürokratie charakteristische verharmlosende Politik, die sich in erster Linie im „Kokettieren“ mit sich selbst äußerte, bedrohte diesmal den Staat mit Zerstörung. Unter anderem war auch dies ein Grund für den Zusammenbruch der Sowjetunion. Wir haben an den politischen und wirtschaftlichen Schaden nicht gedacht, als wir krampfhaft an den alten Dogmen und Entscheidungen festhielten und sie blind unterstützten.

Noch ein Beispiel führte ich an: „Nachdem die USA 1969 die Produktion chemischer Waffen eingestellt hatten, setzten wir sie trotzdem sechzehn Jahre weiter fort, verbrauchten dafür viel Geld, Menschen und andere Mittel. Jetzt geben wir wieder viel Geld für die Vernichtung des angesammelten Waffenarsenals aus. Über die Jahre hinweg haben wir unter den Augen der Weltöffentlichkeit die Waffen gefertigt, die wir selbst als Barbarei bezeichneten und auf die unser Hauptgegner längst verzichtet hatte. Was für einen großen Schaden haben wir erlitten – politisch, wirtschaftlich, moralisch. Ist das etwa die Sorge um die Sicherheit des Landes?"

Ein weiteres Beispiel – die Auseinandersetzung mit China. Es ist noch zu klären, ob alles unternommen wurde, um den Konflikt zu vermeiden. Mit Blick auf die Wirtschaft muss geklärt werden, welche Einbußen unser Land in der Konfrontation mit dem großen Nachbarland hinnehmen musste.

Ich erinnere mich, dass ich 1989 Deng Xiaoping bei einem Besuch in China fragte, warum 1969 um die Insel Damansk so viele Auseinandersetzungen und Opfer nötig waren. Er antwortete etwas merkwürdig: „Das ist nicht unsere Angelegenheit, darum werden sich andere kümmern. Eines muss ich jedoch feststellen: Wir streiten um große Gebiete, die historischen Territorien Chinas. Es wird die Zeit kommen, in der China sie vielleicht zurückholt." Ich war sprachlos. Später teilte ich bei einem Treffen Wladimir Putin diesen Dialog mit. Er hat mich genau verstanden.

***

Ich möchte zu meiner Rede zurückkehren: „Die wirklichen Patrioten, die Soldaten des Landes, und solche Soldaten gibt es sehr viele, wissen genau, dass man nicht mit der ganzen Welt streiten kann. Man kann nicht gleichzeitig mit den USA, Europa und Japan wettrüsten, wenn die wirtschaftlichen Indikatoren unseres Landes deutlich jeder einzelnen dieser Regionen unterlegen sind. Dieser ungleiche Wettbewerb hat die Sowjetunion geschwächt. Das weiß das Militär sehr gut, aber es weiß auch, dass unsere Offiziere, die mittleren Ränge und die Soldaten äußerst schlecht leben. Ihre Perspektiven und die ihrer Familien sind hoffnungslos, während einige Generäle in Afghanistan, Deutschland und anderswo im Ausland Villen und Millionen besitzen."

Den verbitterten Menschen die Wahrheit zu sagen, fürchteten alle, aber jemand musste sie doch aussprechen! Wir wollten ja die Sowjetunion und die ganze Welt vor der Gewalt der armen und mit Atomwaffen ausgerüsteten hungrigen Armee bewahren!

Es war unbedingt notwendig, die Militärs zu kontrollieren. Natürlich waren diejenigen, die auf Kosten unserer Armee ziemlich viel Geld verdienten, gegen die Veränderung der Umstände. Tragisch ist es, dass der Hass gegen mich als einen Georgier von einigen Militärs und Politikern auf meine Heimat Georgien übertragen worden ist. Nach dem Zusammenbruch der Sowjetunion wurde aus der Jagd auf mich eine Hatz auf mein Land.

Allerdings hat die Feindseligkeit noch einen tieferen Grund. Auch jetzt noch, wo ich kein Präsident mehr bin, bleibt Georgien ein Hassgegenstand der russischen Chauvinisten.

***

1988 war auch deshalb ein bedeutender Meilenstein in der Geschichte der Außenpolitik der Sowjetunion wie auch der Welt, weil in diesem Jahr Michail Gorbatschow in der Sitzung der Generalversammlung der Vereinten Nationen den ehrlichen Wunsch nach Beendigung des Kalten Krieges äußerte. Gorbatschow kündigte an, dass die Sowjetunion den Großteil ihrer Truppen aus Zentraleuropa abziehen werde.

Die Rede mit den darin eingegangenen grundlegenden Vorstellungen war vom Außenministerium vorbereitet worden. Gorbatschows Rede, wie auch meine, und die Tätigkeit des Außenministeriums erfolgten in voller Übereinstimmung.

Wir hatten nun nicht nur mit Worten, sondern auch mit Taten gezeigt, dass wir in den USA und im Westen keine Feinde mehr sahen. Auch wir waren für die USA kein Feind mehr. Das „neue Denken“ in der Zeit atomarer Waffen gab den allgemein menschlichen Werten Vorrang und verzichtete im friedlichen Miteinander auf den Klassenkampf.

Die USA und der Westen glaubten uns. Das war eine der wichtigsten Entwicklungen auf dem Weg zur Beendigung des Kalten Krieges und der

Schaffung gegenseitigen Vertrauens. So war es doch unser Hauptziel, dass sich die Mentalität der sowjetischen Führungselite ändern musste. Sich selbst zu überwinden war der größte Sieg. Indem wir die Universalität der allgemein menschlichen Werte teilten, befreiten wir uns von den „Fesseln" der Tradition. Im Gegensatz dazu, wie man damals und auch heute noch in Russland denkt, waren wir Gewinner. Die Engländer sagen, dass der Sieg einer „vernünftigen Idee" am nützlichsten ist, denn in dem Fall gibt es keine Verlierer, alle sind Gewinner. Den Kalten Krieg in der Sowjetunion besiegte vor allem ein neues Denken. Eine neue Weltordnung, die neue Außenpolitik und die neue Philosophie waren das Ergebnis.

Wie wird sich die „neue Weltordnung" im 21. Jahrhundert entfalten? Eine wichtige Frage, für deren Beantwortung eines unterstrichen werden muss: In den 1980er Jahren, mit dem Nein zum Kalten Krieg als Grundlage der Weltordnung, verzichtete die Sowjetunion auf siebzig Jahre kommunistische Ideologie und Dogmen. Aber kann das heutige Russland den imperialistischen Anschauungen und Dogmen eine Absage erteilen, die sich im Bewusstsein Russlands über die Jahrhunderte hinweg auf der Grundlage der Eroberung von Nachbarvölkern und Territorien der Nachbarstaaten formten?

In erster Linie betrifft dies Europa. Gerade Europa muss die Länder schützen, die sich nach dem Zusammenbruch des kommunistischen Imperiums von Russland lösten. Manche haben ihre Staatlichkeit wiederhergestellt, manche erst erlangt, in der Hoffnung und im Glauben, dass sich im 21. Jahrhundert die traditionellen Aggressionen nicht mehr wiederholen. Anderenfalls wird Europa ständig von einer explosiven Gefahr bedroht sein.

Gerade deshalb wurden in den 1990er Jahren in Georgien und Aserbaidschan jene politischen und wirtschaftlichen Schritte unternommen, die diese Länder für die Welt, die USA und Europa bedeutsam machten. Infolgedessen ist Georgien Mitglied der europäischen Strukturen geworden und bemüht sich um die Mitgliedschaft in der NATO. Deshalb baut Georgien mit Hilfe der USA eine den internationalen Standards genügende Armee auf. Natürlich ist dieser Prozess für das imperialistische Denken Russlands unannehmbar und schmerzhaft. Insofern steht hinter den regionalen Separatisten Abchasiens und Südossetiens weiterhin Russland.

Es wird Zeit, dass Russland sich ändert und seine Probleme in Russland selbst zuerst löst. Wir dürfen Tschetschenien nicht vergessen. Es wird Zeit, dass sich Russland bewusst wird, dass ihm als Staat eine große Gefahr aus seinem Inneren droht. Georgien hat damit nichts zu tun.

Gipfelkonferenz auf Malta – Ein verärgerter Gorbatschow

In den Jahren 1988 und 1989 erreichten die amerikanisch-sowjetischen Beziehungen eine Ebene, die die ganze Welt positiv beeinflussten. In diesem Friedensprozess nahm das Treffen von Gorbatschow und Bush auf Malta am 2. und 3. Dezember 1989 eine besondere Stellung ein. Es war das Ergebnis einer folgerichtigen Entwicklung.

Wir erreichten Malta mit unserem Schiff „Maxim Gorki" früher als der amerikanische Präsident und trafen dort die maltesische Führung. George Bush sen. kam mit seinen Begleitern ein wenig später auf einem Kreuzer an.

Das Meer war sehr stürmisch. Ein Boot legte mühsam am Kreuzer an, damit der amerikanische Präsident einsteigen konnte. Zunächst verließ ein Sicherheitsbeamter das Schiff, dann der Präsident. Plötzlich rutschte Bush auf einer Metallstufe aus und verletzte sich am Bein. Trotzdem gelangte er auf unsere „Maxim Gorki". Die Nacht verbrachte er auf dem sowjetischen Schiff, auf dem die Verhandlungen stattfanden. So etwas wäre früher völlig unvorstellbar gewesen. Auf unserem Schiff wurde das bekannte Malta-Abkommen geschlossen. Die beiden Staatsmänner erklärten, dass sich die USA und die Sowjetunion gegenseitig nicht mehr als feindliche Staaten betrachteten und die Epoche der Feindschaft zwischen beiden beendet war.

Dies war der zweite, wesentliche Schritt in der Geschichte der Beziehungen zwischen beiden Staaten: Die Sowjetunion verzichtete auf den

Klassenkampf in den zwischenstaatlichen Beziehungen. Die Erklärung der beiden Supermächte, der Staatsmänner zweier Atommächte, kam in der Tat einer Etablierung des Friedens in der Welt gleich.

Auf Malta geschah auch etwas, was andere gar nicht bemerkten, aber für mich bezeichnend und vielleicht zukunftweisend war.

Bush und Gorbatschow konnten wegen einer Information nicht zu einer Übereinstimmung kommen: Gorbatschow korrigierte sie. Bush nahm die Korrektur nicht an: „Diese Information kommt von Schewardnadse." Gorbatschow schaute mich an. Bush fügte noch hinzu: „Wir vertrauen Schewardnadse."

Es entstand eine höchst unangenehme Situation. Gorbatschow sagte nichts, aber er wurde, wie man so sagt, „schwarz" vor Ärger; ihm war es unangenehm. Bush dachte aber, dass er mir damit einen Gefallen getan hätte.

Zu dieser Zeit spürte ich bereits, dass Gorbatschows Beziehung zu mir nicht mehr so wie früher war. Die Beziehung erkaltete. Er mied mich, weil ihn meine wachsende Autorität und Popularität offenbar beunruhigte. Nach meinem Rücktritt gab er zu, dass er mich zum Vize-Präsidenten ernennen wollte. Genauer gesagt, wollte er mich aus der aktiven Politik entfernen. Was der Vize-Präsident in der Sowjetunion war, wussten alle: im Vergleich zum Außenminister ein funktionsloser Mann.

Schließlich erkannte ich Gorbatschow kaum wieder. Er verhielt sich zu den Angelegenheiten, die er selbst begonnen hatte, und zu seinen alten Verbündeten auf einmal ganz anders. Die reaktionären Kräfte besiegten selbst in ihm die Perestroika, und gerade das oder unter anderem das brachten das Land durch die sich später entwickelnden Ereignisse an den Rand eines reaktionären Umsturzversuches.

Ich habe alles getan, damit die Interessen der Sowjetunion im Ausland von mir in meinem Amt würdevoll vertreten und zuverlässig verteidigt wurden. Das bedeutete neben großer Verantwortung auch eine starke seelische und physische Belastung. Ich erinnere mich beispielsweise an das Jahr 1988: Ich besuchte sechzehn Länder und traf die Staatschefs der wichtigsten Länder. Im selben Jahr empfing ich zu den unterschiedlichsten Zeiten in Moskau etwa fünfundzwanzig Außenminister und ungefähr vierzig Botschafter. Das waren keine einfachen Treffen, denn mit jedem Einzelnen musste ich sprechen und dabei meine Worte sorgsam wählen, um dem eigenen Land Positives zu bringen und den Feind zum Freund zu machen.

Was für ein Außenminister ich war, sollen andere beurteilen. Aber je mehr meine Erfolge auf der internationalen Ebene zunahmen, desto größer wurde zu Hause die Opposition gegen meine Person. Fast musste ich mich allein verteidigen. Auch das führte zu meinem Rücktritt vom Amt des Außenministers. Die Hauptsache war jedoch, dass ich den wachsenden Widerstand gegen den Kurs der Perestroika im Inland bemerkte. Ich wollte, dass dies auch andere erkannten.

Der gesunde Menschenverstand siegt in Wyoming

Um das Jahr 1989 entwickelten sich zwischen dem amerikanischen Außenminister James Baker und mir einzigartige Beziehungen. Wir waren nicht nur Verhandlungspartner, sondern auch Freunde und trafen uns regelmäßig. Die Freundschaft hat sich auf unsere Länder positiv ausgewirkt.

Einmal, im September 1989, als ich in Washington ankam, fragte mich Baker beim Gespräch im State Department: „Warum treffen wir uns eigentlich immer in Washington und New York? Möchtest du, dass ich dich an einen wunderschönen Ort bringe, wo ich meine Villa gebaut habe? Ich weiß, dass euer Land schön ist, aber dies ist in Amerika ein besonderer Ort, und ich möchte ihn dir zeigen." – „Und wo?", fragte ich. „In Wyoming", antwortete er.

Nach vier oder fünf Stunden Flug trafen wir ein. Wir waren dort nicht allein, sondern haben auch andere Gäste angetroffen. Unter freiem Himmel führten wir am nächsten Tag die Verhandlungen. Es war wunderschönes Wetter. Wir befanden uns im Naturschutzgebiet, nahe an einem See. Der Anblick erinnerte mich an ein Feld beim Fluss Alasani im ostgeorgischen Kachetien, von der Stadt Signagi aus betrachtet. In 400 bis 500 Metern Entfernung sah man wilde Tiere. Sie hatten keine Angst vor Menschen.

Es herrschte eine unglaublich gute Stimmung unter uns. Vielleicht trug dies, und natürlich auch andere vorherige Entscheidungen, dazu bei, dass wir einen Konsens fanden. Es wurde Zeit, dass die Beziehungen zwischen unseren Ländern eine andere Ebene erreichten und für die Begründung einer neuen Weltordnung wirklich partnerschaftlich wurden. Dies wurde mit einer entsprechenden Erklärung bestätigt.

Es begann tatsächlich ein völlig neuer Abschnitt in unseren Beziehungen. Zum ersten Mal in der Geschichte vereinbarten zwei Staaten, dass sie keine Feinde mehr waren, sondern Partner und die Verpflichtung übernahmen, auf der ganzen Welt zusammenzuarbeiten. Die Qualität unserer Beziehungen gab der Welt eine bessere Perspektive. Wyoming war der Erfolg jenes gesunden Menschenverstandes, den ich angesprochen habe. Beide Supermächte gewannen, weil sie sich gegenseitig als gleichwertige Partner anerkannten. Jedenfalls wurde die Sowjetunion dadurch nicht geschwächt. Die in den vorangegangenen drei bis vier Jahren durchgeführten Reformen und die neue zivilisierte Außenpolitik stellten zum ersten Mal nach dem Zweiten Weltkrieg die Sowjetunion neben die USA. Dies war für unser Land der bedeutendste Erfolg.

Nach den Verhandlungen gingen wir angeln. Baker schenkte mir Gummistiefel, die ich bis heute aufbewahre. Er hatte einen Fisch gefangen, ich dagegen nichts, aber die politische Ausbeute war wirklich die wichtigste. Wir verbrachten einen wunderbaren Abend mit verschiedenen Geschäftsleuten. Alle waren begeistert – das Treffen in Wyoming würde in die Geschichte eingehen. Ich denke, sie haben recht behalten.

Bei Fidel Castro

Als Außenminister der Sowjetunion bereiste ich auch Kuba und Nicaragua. Während meines Besuchs auf Kuba vom 27. bis 30. Oktober 1985 überzeugte ich mich, dass in Südamerika Fidel Castro, Kubas Führer, sehr geschätzt und unterstützt wurde.

Gegenüber Castro empfand ich ebenfalls eine große Sympathie. Wenn ich nach einer Versammlung der Vereinten Nationen aus New York zurückkehrte, hielt ich mich häufig in Kuba auf. Die Gespräche mit Castro dauerten stundenlang. Er sprach über viele interessante Themen. Ich stattete Kuba auch offizielle Besuche ab, einmal gemeinsam mit Michail Gorbatschow im April 1989.

Obwohl sich Castros und unsere politischen Vorstellungen voneinander unterschieden, versuchten wir, mit ihm gute Beziehungen zu unterhalten.

Im Jahr 1962 besuchte Castro, auf Einladung Nikita Chruschtschows, zum ersten Mal die Sowjetunion. Zu dieser Zeit besaß Castro bereits den Nimbus eines legendären Führers, Chruschtschow hingegen war politisch angeschlagen. Der XX. und der XXII. Parteitag genossen in der Bevölkerung keine besondere Popularität. Hinzu kamen noch massive wirtschaftliche Probleme. Brot und andere lebenswichtige Produkte waren Mangelware. Die politische Krise verschärfte sich. Chruschtschow brauchte die Anerkennung Castros, und ich nehme an, dass die Einladung an ihn damit zusammenhing. Chruschtschow brachte Castro auch nach Georgien, und außer Tiflis besuchten sie Westgeorgien. Später, bei den Gesprächen mit Castro, erinnerten wir uns häufig an die Momente seines Besuches in meiner Heimat.

Bei meiner offiziellen Reise nach Kuba bemühte sich Castro darum, dass wir mit der Bevölkerung zusammentrafen. Wir besuchten viele Sehenswürdigkeiten, und besonders beeindruckte mich dabei die Hauptstadt Havanna. In Kuba wurden damals ein neues Bildungssystem entwickelt und ein neues Familienarzt-Modell begründet sowie medizinische Forschungen durchgeführt.

Die Atmosphäre des Besuches war freundlich, wir diskutierten, stritten, gaben uns dabei aber nicht unversöhnlich. Unsere offiziellen Gespräche waren aufrichtig und sehr sachlich. Castro war über das aktuelle Geschehen sehr gut informiert, worüber ich staunte.

Auf Empfehlung Fidel Castros reiste ich im Oktober 1989 nach Nicaragua und traf dort Daniel Ortega und seine Gefolgsleute. Nicaragua befand sich in der Anfangsphase eines Demokratisierungsprozesses, und die Regierung achtete auf die stabile Entwicklung des Landes in diese Richtung. Wie Kuba, so wurde auch Nicaragua von vielen Staaten, vor allem auch von den Südamerikanern, leidenschaftlich unterstützt.

Während meines Aufenthaltes in Nicaragua liefen bereits die Vorbereitungen zu allgemeinen Wahlen an. Später erfuhr ich, dass Daniel Ortega in den Wahlen keine ausreichende Stimmenzahl erreicht hatte. Zum Präsidenten wurde ein anderer gewählt.

Nach meinem Besuch in Nicaragua wurden die formalen diplomatischen Beziehungen in reale und aktive Beziehungen umgesetzt.

Ich komme noch einmal auf Castro zurück. Er ist eine äußerst gebildete Persönlichkeit, die sich in der Literatur sehr gut auskennt und eine besonders enge Beziehung zu Ernest Hemingway hatte.

Noch heute ist er für die Kubaner ein Held, und in den Ländern Südamerikas genießt er immer noch große Popularität.

„Sowjetische Offensive" in Südostasien und im Pazifik

In den Jahren 1987 und 1988 war die Normalisierung der Beziehungen mit den Staaten Asiens und des Pazifik, von China bis Thailand, einer der Schwerpunkte unserer Außenpolitik. Hier waren wesentliche Grundlagen zerrüttet. Häufig mussten die Beziehungen nahezu bei Null beginnen.

Meine offizielle Reise nach Australien und in die Staaten Südostasiens war auch dadurch bedingt, dass auf dem wirtschaftlichen Entwicklungshintergrund der ASEAN-Staaten (Association of South East Asian Nations) Indochina, besonders aber Vietnam, so hoffnungslos zurückgeblieben waren, dass unsere Hilfe ihnen nichts mehr nützte, der Sowjetunion jedoch sehr viele wirtschaftliche, politische und moralische Nachteile brachte. In die Staaten Südostasiens exportierten wir außer großer militärischer und finanzieller Hilfe unsere Unwirtschaftlichkeit, die politische Reglementierung der Wirtschaft und jene utopischen Vorgaben, durch die diese armen Länder noch mehr verarmten.

Ich hielt es für nötig, die Lage vor Ort kennenzulernen. Wir mussten umgehend Schritte unternehmen und Zukunftspläne aufstellen. Wichtig war es, die politischen Ambitionen Vietnams, die die ganze Region ernsthaft beunruhigten, zu begrenzen. Ich hatte also eine sehr problematische Mission. Ich wusste, dass die größte Schwierigkeit mich in Vietnam erwartete, und darauf habe ich mich und die Gastgeber von Anfang an vorbereitet.

Natürlich erregte die dreizehntägige Visite vom 1. bis 13. März 1988 in der internationalen Öffentlichkeit große Aufmerksamkeit. Bevor ich in Vietnam eintraf, hatte ich Australien, Indonesien und Thailand, später Laos und Kambodscha bereist. Eine solche Reihenfolge war äußerst wichtig, um die damaligen und zukünftigen Verhandlungspartner hervorzuheben. Die Besuche gaben mir eine optimale Möglichkeit zur detaillierten Einschätzung der Lage. Die Angelegenheit, die alle beunruhigte, musste letztendlich in Vietnam entschieden werden. Darauf musste nicht nur ich mich vorbereiten, sondern auch die Vietnamesen. Nach unseren Informationen vertraten sie eine sehr uneinsichtige Position. Die vorläufige Information über meine Haltung gegenüber Vietnam wurde von mir deshalb absichtlich lanciert. Diese oder andere Andeutungen, die auf die Vietnamesen abzielten, erreichten ihr Ziel. Zum Beispiel verwies ich während meines Aufenthalts in Thailand darauf, dass der Abzug der sowjetischen Armee aus Afghanistan ein Vorbild für die Lösung des Problems in Kambodscha sein könnte. Ich begrüßte öffentlich die Politik der Demokratischen Volksrepublik Laos, eine Normalisierung der

Beziehungen zu China und Thailand anzustreben. Das war eine äußerst bedeutsame Erklärung.

Die großen und mächtigen Staaten sehen häufig ihre eigenen Ansichten, Traditionen und Weltanschauungen als universal an und zwingen sie anderen Völkern auf. Derartige Tendenzen waren seinerzeit charakteristisch für die französischen und englischen Kolonialherren, wie auch für Amerikaner und Russen. Andererseits unterscheiden sich die Länder und Völker sehr voneinander. Gott schuf eine solche Vielfalt, dass Vermischung und Nivellierung ein großer Verlust für die Welt wären. Aber auch Engländer, Franzosen, Russen und Amerikaner haben es trotz ihrer großen Bemühungen nicht vermocht, die Kulturen der besetzten Völker durch ihre Kulturen zu ersetzen.

In Laos dauerte mein Aufenthalt nur anderthalb Tage. Mich beeindruckten dort die Ruhe, Ernsthaftigkeit, Zurückhaltung und Herzlichkeit der Menschen. Sie sprachen so leise, dass man sehr aufmerksam zuhören musste, um sie zu verstehen. Für sie ist das Streben nach Reichtum fremd, was sich auch darin äußert, dass sie ihre Grundnahrungsmittel, wie Reis, nur in dem Umfang anbauen, den sie zur Ernährung der Familie brauchen. Auch verwunderte mich, dass der Geburtstag für sie kein Grund zum Feiern ist. Eine besondere Bedeutung hat für sie stattdessen Neujahr, das sie im Frühjahr feiern, wenn die Regenzeit beginnt. Das Fest dauert drei Tage.

Die Mitglieder der KP von Laos, sogar die Parteiführer, sind Anhänger des Buddhismus, was ihre Parteimitgliedschaft keinesfalls beeinträchtigt. Sie sind allerdings keine orthodoxen Anhänger.

In Kambodscha, im „Tuol Sleng“-Museum für die Opfer des Genozidregimes, erschütterten mich die Unterlagen und die Dokumente, die den von Pol Pots Gefolgschaft durchgeführten Genozid gegen die eigene Bevölkerung zeigen. Das Gesehene hatte mich seelisch und körperlich so stark mitgenommen, dass ich erklärte: „Wir müssen Ihnen nicht nur materiell oder wirtschaftlich helfen, sondern auch moralisch und seelisch, damit Sie wieder an Ihre eigenen Kräfte glauben können. Dass Sie daran glauben, dass das eigene Kulturgut weiterlebt und das Volk alle Schwierigkeiten überwinden kann, damit seine Seele auferstehen kann."

Kambodscha ist eines der ältesten Länder in dieser Region. Im ersten Jahrhundert nach Christus existierte hier das Reich der Khmer. Es ist tragisch und empörend, dass in den siebziger Jahren des 20. Jahrhunderts dieses alte Land und dieses wunderbare Volk zum Objekt eines sozialen Experiments wurden, als eine Gruppe von kommunistischen Fanatikern unter der Führung von Pol Pot und Ieng Sary nach einem Umsturz die Regierung übernahm. Ihrem unmenschlichen Experiment sind Millionen Kambodschaner zum Opfer gefallen, fast die Hälfte der Bevölkerung. Wer von der Stadtbevölkerung überlebte, wurde in Dörfer umgesiedelt und die Dorfbevölkerung in die Städte. Man zerstörte die familiären Traditionen und ruinierte die Wirtschaft. Die Gesellschaft Kambodschas existierte nicht mehr. 1979 stürzte die Bevölkerung mit Hilfe Vietnams Pol Pots Diktatur. Die Gestürzten jedoch, die von China unterstützt wurden, legten ihre Waffen nicht nieder, gingen in den Dschungel und entflammten einen Bürgerkrieg.

Ein wichtiges Ziel meiner Reise war, zwischen den zerstrittenen Staaten im Pazifikraum den Beginn eines Dialogs zu unterstützen. Das lief auf die Umgestaltung der Region in eine friedliche, stabile und kooperative Zone hinaus, in der gerade auf dem Territorium Kambodschas die Konfrontation zwischen China und Vietnam beendet wäre. Zudem musste Kambodscha in der Organisation der Vereinten Nationen seinen Sitz zurückerlangen. Die Lösung der „Kambodscha-Frage" beinhaltete vor allem den stufenweisen Abzug der vietnamesischen Armee aus Kambodscha für das Jahr 1990. Dieser letzte Aspekt wurde jedoch erst später deutlich. Bis dahin mussten wir mit den Führungen Chinas und Vietnams zusammenarbeiten.

Die explosive Lage in Kambodscha beunruhigte natürlich die Nachbarstaaten China, Birma, Thailand und Laos. Jeder von ihnen hoffte, dass die Sowjetunion Vietnam von einer bewaffneten Einmischung in Kambodscha abhalten würde.

Mich beeindruckten die Worte des thailändischen Außenministers Siddhi Savetsila. Als er über die Friedensbestrebungen Thailands in der Region sprach, sagte er plötzlich aufgeregt, einfach und eindrucksvoll: „Sie können mir in die Augen schauen, und Sie werden sich überzeugen, dass ich die Wahrheit sage!" Daraufhin dachte ich mir, dass während eines friedlichen Dialogs das stärkste Argument die Wahrheit ist. Das war jene neue und ehrliche Diplomatie, die die Interessen der Völker vertrat und deren Einführung ich seit Beginn der Perestroika umzusetzen versuchte.

Später reiste auf meine Einladung hin Savetsila nach Moskau. Wir setzten dort den Dialog um die Wiederherstellung des Friedens in Kambodscha und in der Region fort. In Moskau sagte ich zu ihm: „Es ist vielversprechend, dass wir trotz unserer Gegensätze angefangen haben, aufeinander zuzugehen. Wir bewegen uns aufeinander nicht nur zu wie zwei Staaten, sondern als miteinander verbundene Teile dieser Welt, deren Rettung wir nur in einem abgestimmten Vorgehen unserer Völker erreichen." Und dies waren nicht nur Worte.

Amerika, die europäischen Staaten, China, Japan, Vietnam, Indien, Iran, Irak und andere – alle verteidigen vor allem ihre nationalen Interessen. Die Sowjetunion wurde auf der diplomatischen Ebene durch mich vertreten. Häufig musste ich in meinen Handlungen und Aussagen sehr grob sein. Aber unzweifelhaft war auch, dass sich die Welt auf dem Weg hin zu einer wirklichen Partnerschaft bewegte. Wenn man es pragmatisch ausdrückt, war der Kalte Krieg nicht mehr profitabel.

Als ich in Hanoi ankam, erklärte ich den Vietnamesen: „ Gewalt und Waffen sind heute nicht mehr die universalen Mittel, um alle Probleme, regionale oder geopolitische, zu lösen." Ich betonte, dass ich vor meiner Ankunft in Hanoi Thailand, Australien, Indonesien, Laos und Kambodscha besucht hatte und alle Regierungen die Friedensideen, die Michail Gorbatschow in seiner Rede am 28. Juli 1986 in Wladiwostok geäußert hatte, mit großem Interesse aufnahmen. Laos und Kambodscha stimmten allen unseren Vorstellungen zu, die auf die Verwirklichung eines Sicherheitskonzepts in der Pazifikregion zielten.

Wie bereits erwähnt, war zunächst die Konfrontation zwischen China und Vietnam in der Region beizulegen. Die beiden Staaten unterstützten in Kambodscha die sich gegenseitig bekämpfenden Kräfte. Also musste ich den Schlüssel für den Frieden hier suchen. Ich denke, ich fand ihn. Jedenfalls wurden für die Verbesserung der Beziehungen zwischen China und Vietnam wichtige Schritte unternommen. Aus diesem Blickwinkel waren die Worte des vietnamesischen Außenministers Nguyen Co Thach bedeutsam, die er während meines Empfangs in seiner Rede äußerte: „Das vietnamesische Volk geht sehr umsichtig mit der Freundschaft zum verbrüderten chinesischen Volk um und ist stets bemüht, diese Freundschaft wieder zu beleben. Unsere Regierung bewies mehrmals ihre Bereitschaft, mit dem chinesischen Volk die Verhandlungen zu jeder Zeit, an jedem Ort und auf jeder Ebene zu beginnen, um alle Probleme zu regeln, die die beiderseitigen Interessen betreffen und in dieser Region und in der ganzen Welt der Festigung des Friedens dienen. Wir sind überzeugt, dass die grundlegenden und dauerhaften Interessen unserer Länder größer sind, als die heute zwischen uns vorübergehend bestehenden Gegensätze."

Die Erklärung bedeutete auch, dass Vietnam seine Ambitionen in Kambodscha zurücknehmen musste, die es sehr wahrscheinlich ohne unsere Unterstützung erst gar nicht entwickelt hätte. In der neuen, veränderten Situation musste Vietnam wissen, dass wir in der Kambodscha-Frage nicht mehr an der Seite Vietnams standen. Wir teilten seine Politik gegenüber Kambodscha nicht mehr und davon ausgehend auch nicht mehr gegenüber China. Hanoi musste sich bewusst werden, dass seine Position für die gesamte Region Sprengstoff barg.

Während der Reise, egal, wo ich mich aufhielt, in Thailand, Australien oder Indonesien, hörte ich überall nur eines: „Der Schlüssel für das Kambodscha-Problem liegt in Ihren Händen."

Mit unseren Erklärungen und späteren Verhandlungen erreichten wir, dass Vietnam einlenkte. Vietnams und Kambodschas Probleme stellten auch für uns ein Sicherheitsrisiko in Asien dar. Zwar hat Vietnams Einmischung in Kambodschas innere Angelegenheiten die Bevölkerung teilweise vor dem Regime Pol Pots und vor einem Genozid gerettet. Die Einmischung Vietnams mit bewaffneten Kräften im Konflikt des Nachbarlandes war rechtlich dennoch unzulässig. Hinter Vietnam wurden wir als „Drahtzieher" vermutet. Das beeinträchtigte unsere Friedensbemühungen in der Welt, wovon zweifelsohne China und die USA erheblich profitierten, indem sie der „Kambodscha-Frage" neben Afghanistan eine globale Bedeutung zuschrieben. Sie verstanden nur zu gut, dass uns außer Afghanistan der zweite Klotz am Bein, Vietnam, schwer zu Boden zog, und die Befreiung von ihm nicht leicht war. Der Konfrontationskurs unseres Freundes Vietnam erhöhte das Risiko einer militärischen und politischen Auseinandersetzung mit China, was unsere Friedensinitiativen entwertete. Mit einem Wort: Diesen Staaten mussten wir nicht helfen, um sich gegenseitig zu vernichten, sondern sie zu Veränderungen ermutigen.

Die Verhandlungen verliefen sehr schwierig und kompliziert. Es bedurfte enormer Anstrengungen, um die Zweifel zu überwinden, die unsere vietnamesischen Freunde gegenüber den thailändischen und indonesischen Vorschlägen in Hinblick auf eine Partnerschaft hegten. In vertieften wirtschaftlichen Beziehungen sahen sie ein „Trojanisches Pferd". Das Eis in den Beziehungen begann jedoch zu schmelzen.

Der Umbruch vollzog sich auch in unserem Denken, als wir uns endlich mit einem „menschlichen" Antlitz an den Asien- und Pazifikraum wandten. Damals zeigte sich deutlich, dass Asien eine große Zukunft hat, dass es eine immer einflussreichere Rolle in der Zukunft der Menschheit spielen würde. Man konnte leicht voraussehen, dass neben Japan bald andere asiatische Staaten agieren würden.

Als ich die Reise antrat, war mir bewusst, dass die Haltungen der südostasiatischen Staaten gegenüber der Sowjetunion unterschiedlich sein würden, obgleich gegenüber der Perestroika überall ein lebhaftes Interesse zu bemerken war. Zugleich musste berücksichtigt werden, dass Australien ein Partner der USA war und Thailand wie Indonesien als antikommunistische Regime unsere Aktivitäten auf der politischen Bühne der Region mit einigem Misstrauen beobachten würden. Neben den USA, Japan und China schufen wir jedoch eine für sie annehmbare politische Balance. Nach der Aufnahme „partnerschaftlicher Beziehungen“ mit den USA wurde in den drei Staaten zweifelsohne ein politisches Streben nach einem Dialog mit Moskau bemerkbar. Der Dialog mit Moskau gab ihnen nicht nur die Möglichkeit, sich an der großen Politik zu beteiligen, sondern auch ihre eigenen Interessen wahrzunehmen.

Natürlich berücksichtigten wir dies alles bei der Erarbeitung eines außenpolitischen Konzepts. Bei der Analyse der regionalen Probleme wurde jedem Land eine bestimmte Rolle zuerkannt.

Wir unterstützten beispielsweise das Rarotonga-Abkommen, womit wir Australiens Ansprüche im Südpazifik als seine Einflusszone anerkannten. Indonesien wollte seine Position in der ASEAN und in der ganzen Region festigen. Die Beziehung zu uns gab dem Land die Möglichkeit einer Balance zwischen dem „chinesischen Syndrom“ und dem „japanischen Komplex“. Was Thailand anbetraf, schützte unsere Initiative es in gewisser Weise vor dem Druck Chinas und Vietnams.

Die drei Staaten hofften, dass durch unsere Aktivitäten die „Kambodscha-Frage“ gelöst werden könnte. Das lag in ihrem Interesse.

Meine Gespräche mit der vietnamesischen Führung gestalteten sich sehr schwierig. Die vietnamesischen Partner lehnten „höflich“ den Vorschlag ab, das Kambodscha-Problem nach dem afghanischen Modell zu lösen. Für Hanoi war auch die Idee einer „Nationalen Versöhnung“ unannehmbar. Die Verhandlungen brachten nicht die gewünschten Ergebnisse. Aus Protest dagegen verletzte ich die übliche Etikette in den sowjetisch-vietnamesischen Beziehungen und sagte den Fernsehauftritt ab. Alle vereinbarten Treffen wurden von mir ebenfalls abgesagt. Ich beriet mich in der Botschaft über die entstandene Situation. Ich denke nicht, dass die Visite ergebnislos war. Wir haben offen über die Rolle gesprochen, die die Sowjetunion in dieser Region einnehmen sollte: Sie musste im Pazifikraum im wirtschaftlichen, politischen und militärischen Sinne zum Gegengewicht der USA werden.

Insgesamt stellte sich meine dreizehntägige Reise durch Asien als sehr wichtig heraus. Sie spielte eine entscheidende Rolle bei der Etablierung der Sowjetunion in dieser Region. Es war eine schwierige Mission. Vielleicht brachte sie keine „glänzenden" Ergebnisse, aber sie leitete die „Sowjetische Offensive" in der Pazifik-Region ein.

Das Verhältnis zu Japan, den Philippinen und Korea

Zwischen dem 18. und 24. Dezember 1988 wurde die „Offensive" mit meinen offiziellen Visiten in den Ländern Japan, Philippinen und der Demokratischen Volksrepublik Korea fortgesetzt.

Im Hinblick auf territoriale Fragen gab es hierbei zwei unüberwindliche Gegensätze: Um die Insel Damansk im Grenzfluss Ussuri brach 1969 zwischen sowjetischen und chinesischen Grenzschutzsoldaten ein blutiger Konflikt aus.

Im Falle Japans waren vier kleine und dünn besiedelte Inseln im Pazifik der Anlass für einen territorialen Konflikt. Die Inseln sind eine Verlängerung der Inselgruppe der Kurilen. Von den Japanern werden sie „Nördliche Territorien" genannt und sind auch in ihren diplomatischen Lexika so aufgenommen. Eigentlich war die Forderung, die vier kleinen Inseln zurückzuerhalten, verständlich. Bei der Aufnahme diplomatischer Beziehungen 1956 erklärte sich die Sowjetunion damit einverstanden, Japan die Inseln Schikotan und Habomai zurückzugeben, wenn ein Friedensvertrag zwischen beiden Staaten geschlossen würde, aber …

1960 lehnte die Sowjetunion eine Rückgabe der Inseln ab. Als der japanische Premierminister Kakuei Tanaka 1973 in Moskau mit Leonid Breschnew zusammentraf, stimmte Breschnew Japans Position zu und nannte die Nördlichen Territorien ein „ungelöstes Problem" in den Beziehungen der beiden Staaten. Aber dies war nur eine mündliche Erklärung, deren Inhalt in der gemeinsamen Deklaration nicht schriftlich festgehalten wurde. Die Rückgabe der Inseln, um mit Japan die Beziehungen zu verbessern, wäre für Moskau ein zu hoher Preis gewesen. Für die militärische Strategie der Sowjetunion im Pazifikraum erwiesen sich die nahe der Insel Hokkaido gelegenen kleinen Inseln Etorofu, Kunaschiri, Schikotan und Habomai als äußerst wichtig. Sie schützen den Zugang zum Ochotskischen Meer, wo sich die Stützpunkte der Sowjetflotte im Pazifik befanden. Aus sowjetischer Sicht bedeutete die Rückgabe der Inseln an Japan, dass dort japanische und amerikanische Schiffe stationiert und im Krisenfall die sowjetischen Schiffe und U-Boote in ihren eigenen Gewässern angegriffen würden.

Neue Technologien verändern jedoch die militärische Strategie. Wenn die sowjetischen und amerikanischen Beziehungen sich weltweit so verbesserten, dass sie ernste Konflikte ausschlossen, dann würde auch die strategische Funktion dieser Inseln bedeutungslos. Aber damals konnte man darüber nur im Stillen nachdenken. Auf der Ebene des Politbüros war alles schon entschieden, und ich konnte nichts ändern.

Die Verbesserung der Beziehungen zu Japan war dennoch wichtig. Zwischen den beiden Staaten stand die Unterzeichnung eines Friedensvertrags noch aus. Die Voraussetzung dafür sollte ein Besuch von Michail Gorbatschow in Japan schaffen. Japan und die Sowjetunion mussten sich auf die Gespräche mental vorbereiten.

Am 18. Dezember 1988 traf ich zu einer offiziellen Visite in Japan ein. Am 19. Dezember besuchte ich den Palast des Kaisers und sprach mein Mitgefühl über die Krankheit des Kaisers Hirohito aus. Später sprach ich mit dem Außenminister Sosuke Uno. Die Gespräche dauerten sechs Stunden. Im Mittelpunkt standen weltpolitische Fragen, die Beziehungen zwischen Japan und der Sowjetunion und das Problem eines Friedensvertrages. Die Schlüsselfrage blieb jedoch die der „Nördlichen Territorien".

Für die Sowjetunion war sie ein Tabuthema. Darüber führte man mit Japan keinen Dialog, weil „die Frage schon entschieden war". Diese hartnäckige Haltung schloss von Anfang an Gespräche über andere Themen mit den Japanern aus.

Im Übrigen war dies mein zweiter Arbeitsbesuch in Japan nach 1986, als ich versuchte, die seit längerem unterbrochenen politischen Verhandlungen zwischen den beiden Staaten wiederzubeleben. Damals und heute verhinderte das Problem der „Nördlichen Territorien" jegliche Gespräche. Meine Meinung teilte ich dem Premierminister Noboru Takeshita mit. Es war notwendig, sowjetisches Entgegenkommen zu zeigen. Letztendlich änderte sich die Welt vor unseren Augen, änderte sich auch die weltpolitische Situation, und dementsprechend verminderten sich auch die Kriegsgefahren. Deshalb sagte ich dem Außenminister am Tag zuvor mit Blick auf die wichtige und schmerzhafte Frage der „Nördlichen Territorien": „Die Sowjetunion ist dafür, dass alle Schwierigkeiten zwischen den beiden Staaten unter Berücksichtigung aller Umstände durch friedliche, positive und objektive Verhandlungen gelöst werden."

Da ich das Problem nicht vermieden hatte und kein kategorisches „Nein" verlauten ließ, wurde dies auf der japanischen Seite positiv gewertet. In den Verhandlungen brachten wir in vielen Sachfragen gegenseitiges Verständnis auf. Unser Vorschlag, die Beziehungen auf den neuen Prinzipien aufzubauen, wurde positiv aufgenommen. Es wurde auch der Vorschlag angenommen, dass wir die Beziehungen zwischen den beiden Staaten nicht allein von der „territorialen Frage" abhängig machen sollten.

Noch ausführlicher habe ich den Vorschlag in einer Rede ausgeführt, die ich im „Japanischen Institut für internationale Konfliktstudien" hielt: „Wir können es, und wir sind verpflichtet, ein neues Kapitel in den Beziehungen zwischen der Sowjetunion und Japan aufzuschlagen. Wenn einige Fragen ungelöst sind, müssen wir darüber sprechen, einen Dialog führen, einen Ausweg suchen, aber es ist unzulässig, alle Fragen von den ungelösten Problemen abhängig zu machen."

Die Japaner haben meine Andeutung richtig verstanden. Ich denke, dass die Aussage von Herrn Takeshita: „Es gibt keine ungelösten Probleme, wenn ein Wille vorhanden ist, sie zu lösen", die Reaktion darauf war.

Als der japanische Außenminister Uno und ich anhand der Dokumente den historischen Aspekt der zwischen den beiden Staaten existierenden

Probleme beredeten und uns an die Vergangenheit erinnerten, an 1855, 1875, 1905 und an die fünfziger Jahre des 20. Jahrhunderts, entschieden wir, in einem Kommuniqué uns auf die gemeinsame Erklärung vom 10. Oktober 1973 zu stützen. Als ich bei einer Frage auf der Pressekonferenz den Versuch bemerkte, das veröffentlichte Kommuniqué zu revidieren, antwortete ich: „Wenn Ihnen unsere gemeinsame Erklärung nicht gefällt, können Sie sich an den japanischen Außenminister Uno wenden."

Hier zitiere ich den entsprechenden Auszug aus dem Kommuniqué: „Beide Seiten haben Verständnis für die historischen und politischen Aspekte aufgebracht, die in den bilateralen Beziehungen mit der Überwindung der existierenden Schwierigkeiten verbunden sind."

Nach dem Abschluss der Verhandlungen blätterte ich morgens die örtlichen Zeitungen durch. Einige schrieben über den Sieg der japanischen Diplomatie – ich dachte aber, über den Sieg unserer Diplomatie. Gesiegt hatte letztendlich eine kluge, die gegenseitigen Interessen berücksichtigende und Balance haltende Realpolitik.

Der Besuch sollte jedoch nur der Anfang eines Prozesses sein, der die beiden großen Staaten zu einem Friedensvertrag führen sollte. Damals wie heute ist die Insel-Frage einer der Störfaktoren in den russisch-japanischen Beziehungen. Bevor das Problem nicht gelöst wird, kann Russland seine Beziehungen zu Japan nicht fundamental verbessern.

***

Der Staat der Philippinen besteht aus über 7.000 Inseln im Pazifik. Die Philippinen sind in Asien das einzige katholische Land mit spanischer, indigener und amerikanischer Kultur. Die Bewohner scherzen, dass sie „dreihundert Jahre in einem katholischen Kloster lebten und die letzten fünfzig Jahre in Hollywood."

Der Staat ist wirklich ein proamerikanisches Land mit amerikanischen Stützpunkten, mit den Sprachen Tagalog und Englisch. Die amerikanische

Kultur, die amerikanische Politik und der amerikanische Lebensstil zeigen sich hier in allem und überall. Die amerikanischen Stützpunkte sind jedoch umstritten, ebenso das dringliche Problem der kommunistischen Aufständischen.

Am 21. Dezember 1988 besuchte ich zwei Tage lang die Philippinen. Mein Besuch war der erste eines Außenministers der Sowjetunion in dieser Republik. Im Mittelpunkt stand ein Treffen mit der Präsidentin Corazón Aquino. Das Ziel, qualitative neue Beziehungen in Asien und den Pazifikstaaten aufzubauen, sollte weiterverfolgt werden. Wir mussten einen ideologiefreien, globalen und demokratischen Dialog beginnen.

Während meiner Visite auf den Philippinen wurden drei ausgesprochen komplexe Fragen angesprochen: die Beziehungen zwischen der Sowjetunion und den Philippinen, das gemeinsame Vorgehen unserer Staaten im Hinblick auf die Sicherheits- und Partnerschaftsinteressen im asiatischen Pazifikraum und gemeinsame Schritte in den internationalen Beziehungen, die das allgemeine Gesprächsklima verbessern sollten.

Einige Tage vor dem Besuch schrieb eine philippinische Zeitung: „Der sowjetische Außenminister Schewardnadse kommt am Sonntag zu einem Arbeitsbesuch, was mit seinem Charme eine neue Etappe in der Moskauer Offensive sein wird." Frau Aquino äußerte sich nach dem Treffen gegenüber den Korrespondenten über mich: „Er ist ein sehr herzlicher und angenehmer Mensch."

Über den Charme kann ich nicht urteilen, aber die Verhandlungen waren wirklich erfolgreich. Ich überreichte Frau Aquino einen Brief von Michail Gorbatschow mit einer Einladung nach Moskau.

Vor den Verhandlungen ließ ich Frau Aquino meine Bewunderung für ihre legendäre Persönlichkeit wissen und fügte hinzu, dass „die Menschen in der Sowjetunion von ihrem Kampf und ihrem Leben, das sich so tragisch gestaltete und jetzt so gut entfalte, begeistert sind."

Während des Gesprächs sagte ich der Präsidentin, dass „die Sowjetunion sich nie in die inneren Angelegenheiten der Philippinen einmischen wird. Die Sowjetunion unterstützte nie und beabsichtigt auch nicht, jetzt und in Zukunft, die Kommunistische Partei der Philippinen und die ‚Neue Volksarmee' zu unterstützen. Dies erkläre ich im Namen der sowjetischen Führung, weil die Grundprinzipien unserer Außenpolitik die gegenseitige Hochachtung, Gleichberechtigung und Anerkennung der Souveränität sind."

Ich führte weiter aus, dass über die Präsenz der amerikanischen Militärbasen auf den Philippinen die philippinische Regierung und das Volk selbst entscheiden müssten. Die Sowjetunion sei jedoch der Meinung, dass es früher oder später nicht mehr notwendig und profitabel sein wird, auf dem Territorium anderer Länder Militärbasen aufrecht zu erhalten.

Ich erfuhr, dass die USA für ihren militärischen Stützpunkt Subic Bay und die Luftwaffenbasis Clarke Field sowie für vier andere militärische Objekte innerhalb von zwei Jahren 962 Millionen Dollar bezahlt hatten.

Meine Gedanken waren plötzlich woanders. Es war nicht der jetzige Dollarkurs, sondern ein viel höherer, und wenn uns die Russen alles berechneten, sollen wir vielleicht auch berechnen, welche Summe Georgien für die Präsenz der russischen Basen auf seinem Territorium als Kompensation zusteht.

In Manila bekräftigte ich noch einmal unsere Absicht, die sowjetische Armee aus Afghanistan abzuziehen, die Entscheidung über die Normalisierung der Beziehungen zu China, den Beginn eines neuen Abschnitts in den Beziehungen zu Japan und den Wunsch, bei der Lösung des Kambodscha-Problems aktiv mitzuwirken. Das tat ich ganz bewusst. Denn wenn die Sowjetunion in diesen Regionen eine ihren Ambitionen entsprechende Rolle spielen wollte, musste sie die genannten Probleme lösen.

Nach dem Besuch erklärte Frau Aquino: „Die Visite Schewardnadses betrachten wir als Zeichen, dass das sowjetische Russland, ein Land Asiens, jetzt seinen Platz unter uns einnimmt. Es kehrt zu seinen historischen Wurzeln in einen Raum zurück, wo wir Zeugen der größten wirtschaftlichen und kulturellen Fortschritte sein werden."

Der Besuch wurde auch von den USA positiv bewertet. Die USA betrachteten die Visite als einen Teil der Veränderungen in der sowjetischen Politik. Das war für die Annäherung der beiden Supermächte ausgesprochen wichtig. Die von mir mehrmals erwähnte „neue Außenpolitik" trug Früchte.

***

Das letzte Land auf meiner Besuchsreise im asiatischen Pazifikraum war die Demokratische Volksrepublik Korea, in der ich mich auf Einladung der Staatsführung vom 22. bis 24. Dezember 1988 aufhielt und den Präsidenten Kim Il Sung traf. Bei dem Treffen war auch der ZK-Sekretär der Arbeiterpartei Koreas, der Sohn Kim Il Sungs, der jetzige Präsident, Kim Jong Il anwesend. Damals stand dieses Land zweifelsfrei unter unserem Einfluss, es war ein zuverlässiger Verbündeter der Sowjetunion.

Unsere Führung hatte eine ausgezeichnete Beziehung zu Kim Il Sung. Mit ihm habe ich mich drei Mal getroffen. Er hat uns mit besonderer Herzlichkeit empfangen, vertraulich und liebevoll sprach er mit mir über Stalin. Er erzählte, wie er von ihm als Jugendlicher zusammen mit dem späteren Generalsekretär der KP Albaniens, Enver Hodscha, zum Proletariatsführer ausgewählt wurde und dass er zu beiden eine nähere Beziehung unterhielt.

Im Gespräch mit Kim Il Sung unterstützte ich seinen Vorschlag zur Vereinigung der beiden Koreas zur Demokratischen Konföderationsrepublik Korea für das Jahr 1995. Ich hielt folgenden Vorschlag für annehmbar und auch durchdacht: Hochrangige Vertreter Nord- und Südkoreas sollten über militärisch-politische Fragen Gespräche führen und die koreanische Halbinsel zur atomfreien Friedenszone erklären. Bei der Verhandlung wurden der Abzug der amerikanischen Truppen aus Südkorea und die Lösung des Kambodscha-Problems angesprochen.

Zu vielen Fragen waren wir einer Meinung. In Wirklichkeit sorgte sich Kim über unsere Kontakte zu Südkorea.

Mein Besuch in Pjöngjang hatte eine besondere Bedeutung für die Sowjetunion. Denn die Teilnahme der Sowjetunion an den Olympischen Spielen in Seoul und die Zusammenarbeit auf der Nichtregierungsebene mit Südkorea, wenn auch nur als Beginn wirtschaftlicher Beziehungen, verärgerten den Führer Nordkoreas.

Die Situation war ohne jegliche Übertreibung äußerst explosiv. Es erschien mir notwendig, dass wir mit den Koreanern ehrlich sprachen, ihnen erklärten, warum wir diese Schritte unternommen hatten und warum all dies nicht nur für uns, sondern auch für sie einen Gewinn bedeutete. Bevor ich in Pjöngjang ankam, flog ich zu Beratungsgesprächen mit den Chinesen nach Peking. Gerade sie empfahlen mir, unbedingt nach Pjöngjang zu reisen.

Als ich in Pjöngjang eintraf, empfing man mich nicht mehr wie früher. Unser Treffen kam eher einem Treffen zwischen Vergangenheit und Zukunft gleich. Die Nordkoreaner waren in ihrem Denken hoffnungslos zurückgeblieben. Wir hatten uns weiterentwickelt, und so hatten wir es nun mit einer unterschiedlichen Wahrnehmung von Menschen und Welt zu tun. Ein Detail vermag diesen Unterschied in aller Deutlichkeit aufzuzeigen.

Während der Visite wurde mir ein Bulletin der zentralen Telegraphenagentur vom 23. Dezember 1988 überreicht. Erst las ich es oberflächlich, dann aber mit Interesse. Ich fühlte mich in das Jahr 1938 zurückversetzt, als ich die hier veröffentlichte Ansprache an Kim Il Sungs Sohn, den künftigen Präsidenten, las.

In der Sowjetunion hatten wir diesen Stil fast überwunden, fast… Aber während des Besuchs in Pjöngjang durfte ich mir dies nicht einmal mit einem Lächeln anmerken lassen. Ich ließ es mir auch nicht anmerken.

In der Sowjetunion hatte sich die Denkweise geändert, auch in den sozialistischen Staaten Osteuropas, aber in Nordkorea blieb sie erhalten.

Deshalb bereitet dieses Land auch heute noch der Welt Kopfschmerzen mit seinen atomaren Ambitionen und seinen Hungersnöten.

Wie ich sagte, war Kim Il Sung verärgert, aber seine Dankbarkeit zeigte er dennoch gegenüber der sowjetischen Führung für die erwiesene Aufmerksamkeit, und die Spannung wurde zumindest äußerlich entschärft.

Unser Verhältnis zum chinesischen Nachbarn

Als ich Anfang Februar 1989 in Peking eintraf, um die Beziehungen zwischen der Sowjetunion und China zu verbessern, wurde ich sehr herzlich empfangen. Mir wurde geraten, unbedingt nach Schanghai zu fahren und Deng Xiaoping zu treffen, den die Chinesen sehr verehrten, obwohl er keine offiziellen Ämter mehr bekleidete.

Ich erinnere mich an meine Begegnung mit Deng Xiaoping am 4. Februar 1989, dem klugen Führer Chinas, weil ihm meiner Meinung nach die Chinesen ihren heutigen Wohlstand verdanken.

Dieser Mensch beeindruckte mich sehr. Über fast jede Angelegenheit sprach er mit mir offen und ehrlich und hatte sich viel Zeit dafür genommen. Wichtig waren die Normalisierung der chinesisch-sowjetischen Beziehungen und die einvernehmliche Festlegung der Staatsgrenzen. Problematisch war die Frage der Zugehörigkeit der Insel Damansk. Ansprüche, keinesfalls unbegründete, hatten beide Seiten. Wir diskutierten lange. Ich hatte meine Argumente und handelte nach entsprechenden Direktiven; ich musste meine Position verteidigen.

Deng Xiaoping wich lange seinem Hauptanliegen aus, schließlich sprach er es doch an: „China gehören noch weitere drei bis vier Millionen Quadratkilometer, und ich bin davon überzeugt, dass sich künftige Generationen um diese Angelegenheit kümmern werden. Wer das Glück haben wird, kann jetzt niemand absehen. Die Chinesen können geduldig warten. Sie aber verweigern uns den Besitz einer kleinen Insel, auf der ein paar Tausend Menschen leben. Ich bitte Sie, Gorbatschow auszurichten, dass in den Beziehungen unserer Länder Risse bleiben, wenn die Frage dieser Insel nicht gelöst wird. Das wünsche ich nicht, und es bringt uns keinen Nutzen."

Die Diskussion machte keinen Sinn, besonders deshalb nicht, weil in einigen Monaten Gorbatschows Besuch anstand und wir diese Frage bei der Gelegenheit besprechen würden.

Deng Xiaoping empfahl mir, das alte und neue Schanghai anzuschauen. Die Besichtigung veranlasste mich, das auf den marktwirtschaftlichen Prinzipien aufgebaute neue Schanghai mit dem alten zu vergleichen. Der Unterschied war sehr groß, wie zwischen Himmel und Erde. Damals überzeugte ich mich, dass Deng mit seinen Mitstreitern die Grundlagen für ein neues China legte.

Vom 15. bis 18. Mai 1989 reiste ich mit Michail Gorbatschow gemeinsam nach China. Unser Besuch fiel mit den Massendemonstrationen der Studenten in Peking auf dem Tiananmen-Platz zusammen. Unsere Residenz lag in der Nähe des Platzes. Die Jugendlichen belagerten das Gebäude und skandierten: „Gorbatschow, Gorbatschow!" Sie forderten, dass Gorbatschow zu ihnen sprach. Das war ausgeschlossen. Wir mussten Peking sofort verlassen.

Heute ist China ein völlig anderer Staat. Davon überzeugte ich mich, als ich als Staatsoberhaupt des unabhängigen Georgiens 1993 dorthin reiste. Ich hatte ein äußerst interessantes Treffen mit Jiang Zemin, dem damaligen chinesischen Führer. Wir waren in Not, aber ich bat ihn dennoch um nichts. Wir unterzeichneten das Abkommen, das die Grundlage für die zukünftigen Beziehungen zwischen dem neuen Georgien und dem großen China schuf. China befand sich selbst in Not, hatte sehr viele Probleme, aber drei Millionen Dollar gab es uns trotzdem als zinsloses Darlehen und finanzierte in Kachetien zwei Hydroelektrostationen. Eine davon, die Chadori-Elektrostation, wurde in diesem Jahr durch unseren neuen Präsidenten eröffnet. Keiner hat sich daran erinnert, wer die Grundlagen für den Bau der Station legte. Damals habe ich allerdings nur Vorwürfe zu hören bekommen: Wozu benötigen wir die Beziehungen zu China? Jetzt aber zeigt China großes Interesse für die Öl- und Gasvorkommen in Aserbaidschan, erforscht eifrig die Bauperspektiven der Automobil- und Eisenbahnmagistralen nach Europa über Georgien. Die „Seidenstraße" bekommt langsam die Konturen, von denen ich vorsichtig, sehr vorsichtig, träumte.

Britische Erfahrungen

Wenn ich heute in die Vergangenheit zurückblicke, entdecke ich, dass verschiedene Länder und Menschen mir durch ein bestimmtes Ereignis oder ein Detail in Erinnerung geblieben sind.

Besonders deutlich erinnere ich mich an meine erste Reise nach Großbritannien vom 13. bis 16. Juli 1986 als sowjetischer Außenminister. Dabei waren viele Details zu beachten: die Empfangszeremonie, die historische Residenz, Einladungen und meine innere Stimmung. Die Situation war gekennzeichnet durch Vorsicht und ein wenig Angst: Wie werde ich, ein unerfahrener Minister, empfangen? Wie werde ich selbst den Besuch in einem der ältesten Länder Europas durchführen, dem Zentrum der Diplomatie und Demokratie? Wie empfängt mich die politische Elite? Die Presse? Es war aufregend, an sehr viel denken zu müssen, besonders deshalb, weil in den letzten zwanzig Jahren unser Außenminister Großbritannien keinen Besuch mehr abgestattet hatte. Zudem hatten im vergangenen Frühjahr und Sommer beide Seiten Diplomaten des jeweils anderen Landes ausgewiesen. Die britisch-sowjetischen Beziehungen waren „eingefroren". Die Lage musste radikal geändert werden.

Meinen dreitägigen Besuch im Sommer 1986 erwartete die britische Regierung mit großem Interesse. Der Wunsch Großbritanniens, die Beziehungen zur Sowjetunion zu verbessern, war eindeutig zu erkennen.

In Moskau hatte ich mir meine Ziele gesetzt. Aber ein Diplomat muss auch wissen, dass in allen Verhandlungen der menschliche Faktor die größte Rolle spielt und die vorher zusammengestellten Pläne sich schnell ändern können.

Mit der Premierministerin Margaret Thatcher traf ich mich in Großbritannien ein Mal; zwei Treffen fanden mit dem Außenminister Sir Geoffrey Howe statt; im Parlament traf ich mich mit Vertretern der Opposition. Darüber hinaus führte ich Gespräche mit Journalisten. Zwischen Geoffrey Howe und mir entwickelte sich eine vertrauensvolle und freundschaftliche Beziehung. Er war ein bemerkenswerter Staatsmann mit einem ausgeprägten politischen Gespür.

Mein Treffen mit Frau Thatcher fand am 14. Juli 1986 um 15 Uhr statt. Sie empfing mich in ihrer Residenz in der Downing Street 10 auf den Stufen des Eingangs, was sehr ungewöhnlich war. Das bemerkten auch die britischen Medien. Sie stellten fest, dass Frau Thatcher ihren Wunsch nach verbesserten Beziehungen zwischen der Sowjetunion und Großbritannien durch eine kleine, aber dennoch bedeutsame Geste zum Ausdruck brachte. Nach meinen Informationen sah das Protokoll eine solche Geste nicht vor: Ich sollte im Gebäude empfangen werden.

Ich denke, diese Geste ergab sich durch den Charakter und das Ergebnis meiner vorangegangenen Verhandlungen mit Sir Geoffrey. Die Verhandlungen überschritten die Grenzen der sowjetisch-britischen Beziehungen und entwickelten sich zu Analysen unterschiedlicher Aspekte der Beziehungen zwischen Ost und West.

Der Abschied war wie der Empfang: Frau Thatcher führte mich nach unten und gab draußen gemeinsam mit mir eine Pressekonferenz. Das Wetter, politisch wie meteorologisch, war ausgezeichnet. Die Premierministerin bewertete die Verhandlungen als erfolgreich. In der Tat veränderten wir nicht nur das politische Klima, sondern unterzeichneten auch drei Verträge. Nach jahrelang unterkühlten Beziehungen bedeutete dies äußerst viel. Das Gespräch mit Frau Thatcher nannte ich sogleich ein „großes Gespräch“.

Der Premierministerin überbrachte ich einen Brief Gorbatschows mit einer offiziellen Einladung nach Moskau, die auch angenommen wurde. Die „Eiserne Lady“ zeigte sich über die Geste Gorbatschows ehrlich erfreut. Sie kannte ihn schon seit 1984, als er noch nicht Generalsekretär war. Damals äußerte sich Frau Thatcher über Gorbatschow: „Mit diesem Mann kann man Gespräche führen.“ Ich lud Geoffrey Howe nach Moskau ein. Er nahm die Einladung gerne an.

Das Treffen mit Margaret Thatcher dauerte über zwei Stunden. Zuvor, wie ich schon bemerkte, führte ich ein dreistündiges Gespräch mit Sir Geoffrey auf seinem offiziellen Landsitz „Chevening“, der sich etwa 40 bis 50 Kilometer von London entfernt in der Grafschaft Kent befindet. Es ist eine prächtige Residenz, die im 17. Jahrhundert erbaut und in den Jahren 1967 bis 1973 hervorragend restauriert wurde. Hier finden sich eine reiche Bibliothek und jene Stimmung und der Geist der Geschichte, die einen Menschen für eine seriöse und nützliche Tätigkeit zum Wohle des Staates anregen. Man spürt dort Großbritannien mit seiner ganzen Majestät, seinen Traditionen und Ambitionen.

Wir unterzeichneten ein Fünfjahres-Programm über wirtschaftliche und industrielle Zusammenarbeit, eine Vereinbarung über die Vermeidung von Zwischenfällen auf See und einen Vertrag über Finanz- und Vermögensansprüche.

Nicht weniger wichtig war die Vermittlerrolle Großbritanniens in den sowjetisch-amerikanischen Beziehungen. Die „Eiserne Lady“ hatte hier wirklich das Sagen. Die vermittelnde Position Thatchers sollte zunächst das Treffen zwischen mir und Shultz, später zwischen Reagan und Gorbatschow forcieren. Ungeachtet dessen, dass die Amerikaner und wir uns treffen wollten, gab es viele störende Faktoren. Um sie zu eliminieren, sollte gerade Frau Thatcher eine entscheidende Rolle spielen.

Beide Seiten warteten auf ein Zeichen. Als Frau Thatcher mir mitteilte, dass wir im Herbst 1986 in Washington bei einem neuen Treffen mit Reagan die „Genfer Geisteshaltung“ fortsetzen sollten, lächelte ich zustimmend. Das war genau das, worauf ich gewartet hatte und was mit unseren Wünschen übereinstimmte. Ebenso war das Lächeln ein Zeichen dafür, dass ein hochrangiges Treffen stattfinden sollte.

Auf der in London am 16. Juli 1986 veranstalteten Konferenz hob ich besonders hervor: „Wir sind uns einig darüber, dass das Treffen des amerikanischen und des sowjetischen Staatschefs zu einem greifbaren Ergebnis führen soll, vor allem in den Bereichen der Sicherheits- und Atomwaffenkontrolle." Darauf erklärte Reagans Vertreter Edward Djerejian in Washington: „Wir sind dazu bereit, bei unserem Treffen jeden Vorschlag anzuhören, darunter auch die sowjetische Meinung zu den Atomversuchen und zu anderen Problemen."

Dies war eine äußerst wichtige Erklärung, denn noch im Jahr 1980 hatten die USA die Verhandlungen verlassen, die gemeinsam mit Großbritannien und der Sowjetunion über das allgemeine Verbot der Atomversuche geführt worden waren.

Während des Treffens in London wurde deutlich, dass ein amerikanisch-sowjetisches Gipfeltreffen für die Briten absolute Priorität besaß. Darin äußerte sich sicherlich ein tiefgehendes politisches Interesse, wodurch London nicht nur eine Verbesserung der sowjetisch-amerikanischen Beziehungen erwartete und damit gegenüber den USA seine Partnerpflichten erfüllte, sondern zugleich seine jahrhundertealten Ambitionen verfolgte: einen entscheidenden Einfluss auf die Geschehnisse in der Welt zu nehmen.

Gerade deshalb machte mich Geoffrey Howe darauf aufmerksam, dass ein sowjetisch-amerikanisches Gipfeltreffen nur dann gerechtfertigt wäre, wenn dort konkrete Entscheidungen getroffen würden. Bei einem Misserfolg würde ein politisches Ereignis wie ein Gipfeltreffen seine Glaubwürdigkeit verlieren. Ich teilte diese Meinung.

In Moskau erklärte ich vor dem Politbüro, dass London zwar nicht stürmisch, aber mit wachsender Aktivität seinen Platz im System der internationalen Beziehungen suche. Ich sagte auch, dass Margaret Thatcher und Geoffrey Howe, ebenso die Oppositionsführer, die Entwicklung unserer Beziehungen zu Frankreich und zur Bundesrepublik Deutschland mit einer Portion Misstrauen beobachteten. In London wies man uns darauf hin, dass Großbritannien ein unbequemer Partner sein könne, aber wenn sich unsere Beziehungen stabil entwickelten, könne man sich bedenkenlos auf das Land verlassen. „Es ist anscheinend notwendig, ernsthaft und aufmerksam den ganzen Komplex unserer Beziehungen mit Großbritannien zu betrachten", bemerkte ich. „Wir verlieren heute sehr viel Zeit damit, dass wir unseren Erklärungen über die Entwicklung der Beziehungen keine konkreten Taten folgen lassen."

Vor dem Politbüro führte ich auch aus: „Wie Sie wissen, waren vor den Verhandlungen mit Großbritannien bei uns die Japaner und Franzosen. In der nächsten Woche kommen Genscher, dann Thatcher und Howe. Wie Sie sehen, arbeiten wir zielstrebig mit den führenden Staaten Europas und der Welt zusammen. Dies alles bedeutet deswegen sehr viel, weil die Amerikaner auf sie Rücksicht nehmen. Und die Beziehungen mit Amerika zu normalisieren, ist besonders notwendig."

Bei einem zweistündigen Treffen mit Frau Thatcher haben wir mehrere Fragen besprochen: Menschenrechte, Rüstungskontrolle, Verbot chemischer Waffen, Mittelstreckenraketen, Afghanistan und Tschernobyl... Die Premierministerin nahm unseren Vorschlag an, gegen den internationalen Terrorismus zusammenzuarbeiten und den sowjetischen und britischen Terrorismusexperten Treffen zu ermöglichen.

Meine Gespräche mit Thatcher und Howe zeigten mir, dass Großbritannien zwar ein treuer Verbündeter der USA war, aber die Briten stimmten ihnen nicht in allen Fragen zu. Großbritannien agierte meistens entsprechend seiner nationalen Interessen. Der Außenminister und auch die Premierministerin gaben mir dies deutlich zu verstehen. Meine Visite in Großbritannien war demnach gerechtfertigt.

Nach den Verhandlungen fragte mich Thatcher, ob ich schon einmal im britischen Parlament gewesen sei. Ich verneinte. „Morgen früh habe ich eine Fragestunde im Unterhaus, und wenn Sie daran teilnehmen, könnte das für Sie sehr interessant werden."

Am nächsten Morgen fuhr ich zum Unterhaus. Zehn Minuten vor der Fragestunde traf Margaret Thatcher ein.

Der Ablauf beeindruckte mich sehr. Es wurden fünfundzwanzig Fragen gestellt. Ein Parlamentarier stand auf und stellte eine Frage. Frau Thatcher beantwortete die Frage in einer Minute. Es ist nicht so wie bei uns, wo eine unendliche Polemik geführt wird. Es gibt präzise Fragen und kurze Antworten. Die Fragestunde war nach ungefähr vierzig Minuten beendet. Diese parlamentarische Tradition besitzt eine hohe politisch-kulturelle Qualität, die für andere wirklich ein Vorbild sein sollte. Hier denke ich nicht nur an Georgien oder Russland. Die Parlamentarier stellen die notwendigen Fragen, genau formuliert, und erhalten konkrete Antworten. Margaret Thatcher ist eine Persönlichkeit, die komplizierte Gedanken in ein paar Sätzen formulieren und die Angelegenheit damit beenden kann. Zum ersten Mal erlebte ich ein solches „Parlamentarier-Premier-Treffen", und es war sehr beeindruckend.

Die Verhandlungen mit Großbritannien in der Sowjetunion fanden nach den Besuchen der Japaner und Franzosen statt. Eine Woche nach den Briten traf der deutsche Außenminister Hans-Dietrich Genscher in Moskau ein. Sein Besuch rundete das Gesamtbild ab: Wir sprachen nicht mehr nur allein mit den USA; das Spektrum und der Handlungsspielraum unserer Außenpolitik wuchsen erheblich. Davon ausgehend vergrößerte sich unser Einfluss in der internationalen Politik. Das bedeutete viel und war bereits eine neue Welt mit einer neuen Weltpolitik. Die Sowjetunion wurde ein realer Akteur in dieser Politik. Das war das, was ich während meines ersten Besuchs in London „sah und lernte".

Nach Großbritannien reiste ich später vom 14. bis 19. Februar 1995 noch einmal als Staatsoberhaupt und Parlamentsvorsitzender Georgiens. Diesmal empfing mich Premierminister John Major. Er riet mir, die Londoner „Vinopolis" (Weinstadt) zu besichtigen. Ich habe sie mir angesehen und wurde angenehm überrascht. Am Eingang der „Stadt" wird Georgien die Heimat des Weins genannt, wo der Mensch zum ersten Mal die Weinreben anbaute, Trauben presste, Wein kelterte und ihn zu einem religiös-kulturellen Symbol erhob. Später bestätigten mir georgische und ausländische Wissenschaftler, dass diese Darstellung in der Tat der Wahrheit entspricht.

Die Wiedervereinigung Deutschlands

Meine erste Begegnung mit Deutschland war schmerzhaft. Unmittelbar zu Beginn des Zweiten Weltkrieges fiel mein älterer Bruder Akaki bei Brest. Es musste sehr viel Zeit vergehen, bis das Feindbild des faschistischen Deutschland in meinem Bewusstsein durch ein „anderes Volk" mit einer großartigen Kultur und einem „anderen Staat" ersetzt wurde.

Die Wiedervereinigung Deutschlands wurde eine meiner größten Lebensaufgaben, die mir die Anerkennung der Welt und in Hans-Dietrich Genscher einen wahren Freund gewann. 1992, nach meiner Rückkehr nach Georgien, tat er alles, damit ich in einem im Chaos versunkenen Land einen Staat gründen konnte; schwach, keineswegs ideal, aber trotzdem ein Staat, der sich seine Verfassung und ein eigenes Parlament, eine Justiz, eine Armee und ein Finanzwesen schuf. Georgien wurde auf den Weg fundamentaler Reformen gebracht.

Es war auch die Unterstützung Deutschlands, die meinem Land 1918 die Unabhängigkeit ermöglichte. In Deutschland machten sich viele meiner Landsleute mit der Wissenschaft vertraut, was später die georgische Kultur und Wissenschaft aufblühen ließ.

Für mich ist Deutschland nicht nur ein Land herausragender Wissenschaftler, Philosophen und Musiker, sondern auch ein Staat der Menschen, die ein zerstörtes Deutschland wiederaufgebaut haben, mit einem unvergleichlichen Fleiß und einem die Freiheit liebenden Geist. Die Besiegten wurden stärker und reicher als die Sieger.

Mein Schicksal verband mich für immer mit diesem Deutschland. Und wenn ein Georgier, Führer der Sowjetunion, Josef Stalin, eine entscheidende Rolle beim Sieg über Deutschland spielte, versuchte ich im

Rahmen meiner Möglichkeiten als Außenminister der Sowjetunion dieses Land wieder zu vereinen.

Als Minister war ich neu im Amt, als ich 1985 in Helsinki Hans-Dietrich Genscher bei einem regulären Treffen begegnete. Damals traf ich auch viele andere Außenminister, und ich hätte nicht gedacht, dass Genschers und meine späteren Treffen uns nicht nur zu aufrichtigen Partnern im Kampf für die europäische Sicherheit und die Wiedervereinigung Deutschlands machten, sondern auch zu echten Freunden.

In der von meinen Mitarbeitern speziell vorbereiteten Charakterisierung Genschers, wie sie für mich über jeden Gesprächspartner angefertigt wurden, stand: „Für die politische Einstellung Genschers sind Patriotismus und Konservatismus charakteristisch. Er unterscheidet sich von anderen durch eine besondere Vorsicht, diplomatisches Geschick, und er kann sich schnell an veränderte Situationen anpassen.

In seinen persönlichen Eigenschaften sind für ihn besonders die Kunst der Verhandlungsführung, seine Tatkraft, ein genaues Zeitempfinden und ein großes Arbeitsvermögen typisch."

Diese Beschreibung bestätigte sich, aber der Aufmerksamkeit meiner psychologischen Mitarbeiter ist die Eigenschaft entgangen, die ihn dazu befähigte, weltweit wichtige Entscheidungen vorzubereiten und zu treffen. Und zusätzlich, was in einer Charakterisierung der Kanzlei nicht protokolliert werden kann, ist er ein treuer und beispielhafter Freund.

Nach diesen vielen Jahren muss ich feststellen, dass die menschlichen Eigenschaften von Hans-Dietrich, sein Verhandlungsgeschick und sein Einsatz ohne Zweifel eine entscheidende Rolle nicht nur bei der Wiedervereinigung Deutschlands, sondern auch in den Prozessen der politischen Integration des gesamten euroatlantischen Raumes spielten. Er erkannte und glaubte vielleicht am ehesten und weitgehendsten an die Aufrichtigkeit und die Perspektive Michail Gorbatschows und meine „neue Außenpolitik". Wie sehr wir uns verstanden, mag eine Äußerung von Hans-Dietrich Genscher selbst illustrieren, der später davon sprach, wie sehr die Solidarität zwischen den Außenministern auch über die Systemgrenzen hinweg zu spüren war.[1]

Das Thema der Wiedervereinigung Deutschlands wurde eigentlich am 21. Juli 1986 beim ersten Treffen von Genscher und Gorbatschow in Moskau angesprochen. Dabei war ich natürlich anwesend, und ich bin der Meinung, dass den Beginn eines neuen Abschnitts in den Beziehungen der Sowjetunion und Deutschlands gerade dieses Treffen ermöglichte. Es ging über die Grenzen der Verhältnisse zwischen den zwei Ländern hinaus, beschränkte sich keinesfalls auf Europa und gab unseren Beziehungen zu den USA einen entscheidenden Impuls.

Wir bemerkten, dass die Regierung der Bundesrepublik, besonders in der letzten Zeit, die Konzeption der „Deutschen Wiedervereinigung" neu zu beleben versuchte. Im März 1986 erklärte Bundeskanzler Helmut Kohl in seiner Rede „Über die Lage der Nation im geteilten Deutschland", dass die Politik der Bundesrepublik sich an der „Verstärkung des Bewusstseinsprozesses der nationalen Vereinigung durch die Deutschen" orientiere.

Die von dem amerikanischen Präsidenten Ronald Reagan geäußerte Meinung: „Europa muss vereinigt werden", wurde bereits als aktuelles Problem empfunden, und von der Sowjetunion erforderte das eine entsprechende Reaktion.

Gerade bei diesem Treffen mit dem Generalsekretär konkretisierte Genscher die von Gorbatschow ungenau wiedergegebene Aussage („Die Hitler kommen und gehen, aber das deutsche Volk bleibt bestehen.") von Stalin: „Die Hitler kommen und gehen, aber das deutsche Volk, der deutsche Staat bleibt." Gorbatschow hatte bewusst „der deutsche Staat" ausgelassen. Genscher aber stellte genau diesen Zusatz „der deutsche Staat" in der Aussage wieder her.

---

[1] Hans-Dietrich Genscher: Erinnerungen. Berlin 1995, S. 494.

Man konnte aus allem erkennen, dass die Frage der Wiedervereinigung Deutschlands zum dringendsten Problem der Weltpolitik wurde, weil es sich um ein aktuelles Erfordernis der Zeit handelte.

Es war ein interessantes und neuartiges Gespräch, welches uns, Genscher und mir, in den einzelnen Treffen am 22. und 23. Juli die Möglichkeit eröffnete, viele Fragen aus ganz anderer Sicht zu bewerten und reale Lösungen für die großen Probleme zu erkennen. Damals wurden die Grundlagen für die langjährigen vertrauensvollen Begegnungen zwischen Genscher und mir gelegt, die einen wichtigen Beitrag bei der Wiedervereinigung Deutschlands und bei der Schaffung eines sicheren Europa leisteten.

Am 22. Juli 1986, anlässlich eines zu Ehren Hans-Dietrich Genschers gegebenen Frühstücks, sagte ich zu ihm: „Wir müssen ernsthaft und sachlich an der Welt und an der Zukunft arbeiten. Wenn wir es schaffen, ein Fundament zu legen, dann wird dies ein erfolgreiches Ergebnis unserer Gespräche sein." Genscher stimmte mir zu.

Bei den Verhandlungen haben wir in der Tat Vereinbarungen über wichtige Fragen getroffen. Wir unterzeichneten einen Vertrag über die wissenschaftlich-technische Zusammenarbeit zwischen der Sowjetunion und der Bundesrepublik, der dreizehn Jahre liegengeblieben war.

Wie gut unsere sowjetische Presse über die Bedeutung der Verhandlungen Genschers mit Gorbatschow und mir berichtet hat, kann ich nicht genau sagen, aber es scheint, dass Genscher unzufrieden war, denn das Gespräch mit mir am 23. Juli begann er, wie mir schien, mit einem versteckten Vorwurf: „Ich habe die ‚Prawda'[2] gelesen. Ich kann nicht behaupten, dass ich jeden Tag die ‚Prawda' lese, aber…"

Ich erriet, dass ihm etwas nicht gefallen hatte. Um über das Thema der „Prawda" nicht mehr weiter sprechen zu müssen, unterbrach ich ihn: „Meinungsverschiedenheiten bestätigen die Ehrlichkeit von Gesprächen."

---

[2] „Wahrheit" – Zeitung der Kommunistischen Partei der Sowjetunion (KPdSU).

Diese Aufrichtigkeit und dieser Stil der Beziehungen waren immer charakteristisch für unsere menschlichen Beziehungen, wie auch für unsere politischen Verhandlungen.

Auf der internationalen diplomatischen Bühne erhielt die Wiedervereinigung Deutschlands ihre realen Konturen im Februar 1990, auf der Konferenz „Offener Himmel“ in Kanadas Hauptstadt Ottawa, deren Initiator unter anderem die Sowjetunion war.

Ich erinnere mich, dass ich im Konferenzsaal saß, als der amerikanische Außenminister James Baker sich neben mich setzte und nach einer kleinen Einführung fragte: „Ist die Zeit vielleicht reif, um über die Wiedervereinigung Deutschlands nachzudenken?“ Zu dieser Zeit existierte die Berliner Mauer nicht mehr. Natürlich war die Frage für mich nun wirklich keine Überraschung, da ich über alles bereits viel nachgedacht, überlegt und erwogen hatte. Der richtige Zeitpunkt war nun gekommen. Die deutsche Bevölkerung diktierte uns bereits selbst die politischen Entscheidungen. Ich stimmte Baker zu und teilte ihm mit, dass es umso besser wäre, je früher wir die Prinzipien formulierten. Ich kann nicht ausschließen, dass Baker diesen Schritt auf Genschers Bitte hin unternahm. Dann habe ich ihn gefragt, wie die Kollegen die Nachricht aufnehmen würden. (Im Sinne hatte ich vor allem England, Frankreich und Polen.)

„Ich denke, gut“, antwortete er. „Genscher ist sowieso einverstanden, die anderen werden sich damit abfinden.“ Eigentlich waren einige anderer Meinung.

England fürchtete die Wiedervereinigung. Auch Frankreich zeigte Vorsicht. Aufgrund der historischen Erinnerungen befürchteten Mitterrand und Thatcher, ohne dies zu verheimlichen, die Entstehung eines großen deutschen Staates im Zentrum Europas. Als wir uns jedoch gemeinsam beraten hatten, kamen alle zu einem Schluss: Für ein stabiles Europa war das wiedervereinigte Deutschland eher ein verlässlicher Garant für den Frieden als das geteilte.

Baker teilte mir mit: „Dann werde ich mit Genscher sprechen.“

Später beriet ich mich über dieses Thema in Einzelgesprächen mit dem Außenminister von Großbritannien, Douglas Hurd, und dem Außenminister von Frankreich, Roland Dumas. Die „großen Vier", die USA, die Sowjetunion, Großbritannien und Frankreich waren die wichtigsten Verhandlungspartner. Wir einigten uns darauf, dass aus Deutschland zwei Delegationen vertreten sein würden, eine aus Westdeutschland, die andere aus Ostdeutschland: Die Formel „Zwei-plus-Vier" war geboren. So begannen die Beratungen über die Frage.

Der amerikanische Außenminister wollte wissen: Wie wird Michail Gorbatschow dies sehen? Er war sich nicht sicher, ob der Generalsekretär zum damaligen Zeitpunkt die Idee der Wiedervereinigung Deutschlands unterstützen würde. Gorbatschow und ich führten bis dahin darüber keine offenen Gespräche. Jedes Mal, wenn er bei den Pressekonferenzen zu der Perspektive einer Wiedervereinigung Deutschlands befragt wurde, wich er der Frage aus. Er äußerte nicht, ob so etwas geschehen könnte, schloss es aber auch nicht kategorisch aus. Ich war überzeugt, dass er nun dieser Frage nicht negativ begegnen würde.

James Baker und ich einigten uns auf Folgendes: Ich musste mit Gorbatschow sprechen, die anderen übernahm Jim. Im Falle einer Zustimmung Michail Gorbatschows sollte eine Arbeitsgruppe einberufen werden, die der „großen Vier".

Ich rief Gorbatschow an, er wurde ein wenig nachdenklich. Dann sagte er: „Die Frage muss früher oder später entschieden werden. Zwar wird es großen Widerstand geben, aber unsere Pflicht ist es, die richtige Zeit und die Ereignisse nicht zu versäumen."

Ich möchte daran erinnern, dass seit dem Herbst 1989 in Deutschland, in Leipzig, Berlin und anderen ostdeutschen Städten, die Demonstrationen bereits begonnen hatten. Ich verstehe es gut, dass Gorbatschow vorsichtig vorging, da sich in Europa eine halbe Million Soldaten einer modern ausgerüsteten sowjetischen Armee befanden. Er bedachte ebenfalls, warum diese Armee in Europas Zentrum stand. Gorbatschow dachte über die Entscheidung Stalins nach, die sowjetische Armee hier als Antwort auf die amerikanischen Atomwaffen zu stationieren. Wenn es notwendig geworden wäre, hätte die Armee von Zentraleuropa aus alles bis zum Atlantik überrannt.

In der modernen Welt, in der die Sicherheit Europas und der Welt nicht mehr die Abschreckung und Demonstration der Gewalt bedeutete, musste die Sowjetunion einen Schritt tun: die Armee aus Deutschland abziehen und damit den Weg zur Wiedervereinigung Deutschlands freigeben. Eine andere Logik gab es nicht mehr.

Die Deutschlandfrage war das Hauptproblem der Sicherheit der Sowjetunion, und deshalb wurde sie für Michail Gorbatschow und mich eine der wichtigsten Fragen der strategischen Außenpolitik. Man kann sich gut vorstellen, wie beunruhigt ich war, als bereits der Anfang der Beziehungen von einer Gefahr erschüttert wurde – von einer Seite, von der ich sie niemals erwartet hätte. Damit meine ich das berühmte „Newsweek"-Interview vom Oktober 1986 mit dem Kanzler der Bundesrepublik Deutschland, Helmut Kohl, der sich später dafür in einem Interview mit der deutschen Zeitung „Die Welt" entschuldigte. Aber es erregte sehr viel Aufsehen, denn im Interview war der Generalsekretär der KP der Sowjetunion in seiner Kompetenz bei öffentlichen Auftritten mit Joseph Goebbels verglichen worden.

Es ist zwar korrekt, dass dort nur über die Kompetenz gesprochen wurde, aber dieser, vorsichtig gesagt, ungünstige Vergleich, spielte eine negative Rolle in den Beziehungen zwischen beiden Ländern. Sofort wurde auch die Visite eines Ministers der Bundesrepublik Deutschland in Moskau abgesagt.

Die Entschuldigung wiederholte Kohl später im Bundestag. Am 4. November 1986 traf ich mich mit Genscher. Wir hatten versucht, das politische Ergebnis dieses journalistischen Missverständnisses zu ignorieren, allerdings handelte es sich nicht nur um einen politischen Lapsus. Wegen des schwierigen historischen Erbes der Beziehungen zu Deutschland waren nicht nur Michail Gorbatschow und ich durch den Vergleich beleidigt worden, sondern auch jene Bürger der Sowjetunion, die im Krieg gegen Deutschland große persönliche Verluste erlitten hatten.

Und trotzdem, Gorbatschow und ich wollten das Missverständnis schnellstmöglich ausräumen, damit es nicht die Neuregelung der Beziehungen zu Deutschland behinderte. Denselben aufrichtigen Wunsch und dasselbe Bedauern habe ich bei Hans-Dietrich Genscher und ebenso in Helmut Kohls Erklärung gespürt. Unabhängig davon, dass ich den Kanzler hoch schätze, war seine Aussage damals nicht zu rechtfertigen und gegen die positive Entwicklung gerichtet.

Beide Seiten suchten einen Ausweg und fanden ihn, sodass diese Episode auf unsere künftigen Beziehungen keinen Einfluss mehr nahm. Vielmehr überzeugte der Vorfall die deutsche Seite, dass wir uns ehrlich eine Verbesserung der Beziehungen mit ihr wünschten und jene Entscheidungen treffen wollten, die nicht nur im Kontext der beiderseitigen Beziehungen, sondern für die Sicherheit ganz Europas und auch im Hinblick auf den Schutz der Menschenrechte wichtig wären.

Dieser aufrichtige Wunsch und die gut überlegten Schritte aufeinander zu schufen die Grundlagen für die Entscheidung der Deutschen Frage. Sie bereiteten nicht nur die sowjetische Führung darauf vor, sondern auch die Bevölkerung in der Sowjetunion, um sie vom „Deutschen Komplex“ zu befreien.

Alles wurde durch den beschleunigten Prozess der Demokratisierung unterstützt, die die sowjetische Gesellschaft freier machte und sie für die Vergebung öffnete. Als am 12. Juni 1989 Michail Gorbatschow mit seiner Ehefrau und ich zu den Verhandlungen in die Bundesrepublik Deutschland flogen, waren wir tatsächlich die Vertreter eines anderen Staates mit anderen Ansichten über Europa und Deutschland. Als ich zu Hans-Dietrich Genscher sagte: „Wahrscheinlich werden wir in der nächsten Zeit ein ausführliches Gespräch über die Zukunft des Kontinents führen. Auch die Berliner Mauer wird fallen, wenn die Zeit dafür reif sein wird“, äußerte ich nicht nur meine persönliche Meinung, sondern auch die Position des Staates, abgesprochen mit der höchsten Führung. Ich hatte jedoch nicht erwartet, dass sich die Ereignisse so blitzschnell entwickelten.

Aufgrund der bereits geschehenen Ereignisse war eine Verzögerung der laufenden Prozesse weder wünschenswert noch machbar. Es ist ungerecht, den Fall der Berliner Mauer mir oder Gorbatschow zuzuschreiben, wenn nicht auch der Wille der deutschen Bevölkerung, die damalige Weltlage und das Politbüro berücksichtigt werden. Prinzipielle Entscheidungen wurden nicht ohne Zustimmung des Politbüros getroffen. Dort hatte man auch bereits gemerkt, dass das Rad der Geschichte nicht aufgehalten werden konnte. Was mich betrifft, ist genau das eingetroffen, was ich bei meiner Berufung ins Ministeramt vermutete: Als Georgier würde mir niemand das verzeihen, was man einem Russen verziehen hätte, obwohl alle wissen, dass alle wichtigen Entscheidungen in der Sowjetunion stets mit dem Generalsekretär und dem Politbüro abgestimmt waren. Aber die russischen Nationalisten bevorzugen es, für die Wiedervereinigung Deutschlands, den Abzug der Truppen aus Afghanistan, die Sicherheit Europas, die Abrüstung und alle Entscheidungen, die ihrer Meinung nach Russland nur Nachteile brachten, mich zu beschuldigen.

Ich übernehme nicht nur einen Teil der Verantwortung, sondern ich bin stolz auf meinen Beitrag. Aber alles für mich zu beanspruchen wäre eine Minimierung des Beitrags, den an den weltweit wichtigen Entscheidungen Michail Gorbatschow und andere sowjetische Führer hatten (zum Beispiel Alexander Jakowlew), die das Fundament für ein neues staatliches Denken legten.

Ich rechnete damit, dass früher oder später die beiden deutschen Staaten in einem Staat vereinigt werden würden, genau wie ich wusste, dass die Sowjetunion auseinanderfallen würde. Ich konnte nur nicht voraussehen, dass alles derartig schnell geschehen würde. Abgesehen davon hatte uns Hans-Dietrich Genscher 1988 mitgeteilt, dass in der DDR der Vereinigungsprozess der geteilten Nation schneller als erwartet fortschreiten würde.

Die Geschichte hat uns jene hervorragende Lektion erteilt, die einzigartig ist. Am 2. und 3. Dezember 1989 trafen sich auf Initiative der USA

George Bush sen. und Michail Gorbatschow auf der Insel Malta. Das Hauptthema des Treffens war die Wiedervereinigung Deutschlands. Wir und die anderen europäischen Alliierten waren gegen eine Beschleunigung der Angelegenheit, aber Bush hatte sich davon überzeugt, dass die Sowjetunion wegen der Wiedervereinigung Deutschlands keinen Krieg beginnen würde.

Am 9. November 1989 wurde die Grenze der Deutschen Demokratischen Republik geöffnet, und die Deutschen vereinigten sich. Das war noch kein juristischer Akt, aber die Menschen sind uns zuvorgekommen und haben den Politikern diktiert, nach dem Mauerfall die notwendigen Schritte zu unternehmen.

Am 12. September 1990 wurde in Moskau der Zwei-plus-Vier-Vertrag unterzeichnet. Am 13. September paraphierten Hans-Dietrich Genscher und ich den „Vertrag über gute Nachbarschaft, Partnerschaft und Zusammenarbeit", der später von Michail Gorbatschow und Helmut Kohl unterzeichnet wurde. Mit diesem Vertrag wurden neue Perspektiven der deutsch-sowjetischen Beziehungen sichtbar.

Das wiedervereinigte Deutschland verzichtete auf die Herstellung von Kern-, chemischen und bakteriologischen Waffen, auf ihre Stationierung und Aufbewahrung und verpflichtete sich, die Forderungen dieses Vertrages nach Verzicht der Verbreitung solcher Waffen einzuhalten. Zudem verringerte Deutschland die Armee auf 370.000 Mann und garantierte die Unverletzlichkeit der Staatsgrenzen.

Mit den „Zwei-plus-Vier"-Verhandlungen in Bonn, Berlin, Paris und Moskau stabilisierte sich die Sicherheit Europas und der Sowjetunion erheblich. Zwanzig Jahre früher hätte man das Problem anders entschieden; in der DDR wären sowjetische Panzer eingesetzt und viel Blut vergossen worden. Diesmal war es nicht so geschehen. Jetzt war es bedeutend, dass die Sowjetunion selbst in die Ereignisse involviert war. In der Deutschen Demokratischen Republik stand immerhin die sowjetische Armee, und solange sie dort war, bestand sehr wohl die Gefahr eines Weltkonflikts. Durch die aktuelle Beteiligung der Sowjetunion am Prozess der deutschen

Wiedervereinigung wurde, meiner Meinung nach, die Menschheit vor dem Dritten Weltkrieg verschont.

Nach Beendigung des schwierigen Verhandlungsprozesses, als entschieden wurde, die Alliierten und vor allem die sowjetische Armee aus Deutschland abzuziehen, besuchte Kanzler Helmut Kohl Teile der sowjetischen Armee. Er wollte sie nicht unzufrieden nach Hause schicken, aber es war unverkennbar, dass die Deutschen Angehörige der westlichen Armeen herzlicher verabschiedeten als die sowjetische Armee. Die Orte der Erinnerung an die sowjetische Armee in Deutschland werden heute noch vorbildlich gepflegt.

Nach dem Abzug der sowjetischen Armee aus Deutschland konnten keine normalen Lebensbedingungen für die Offiziere und Soldaten in der Sowjetunion geschaffen werden. Die von der Bundesrepublik Deutschland für diese Maßnahme zur Verfügung gestellten 15 Milliarden Deutsche Mark (DM) wurden ausgegeben; ebenso die zuvor als Kredit aufgenommenen 5 Milliarden DM. Aber wofür? Ich weiß es wirklich nicht. Es bleiben nur Vermutungen. Leichter, als dieser Frage nachzugehen, ist es offensichtlich, in allem mich zu beschuldigen, die niederen Gefühle zu wecken und auszunutzen, die in einem Teil der russischen Gesellschaft gegenüber den Personen kaukasischer Nationalität, den Georgiern, herrschen. Das geschieht nicht nur heute, es nimmt noch zu.

***

Im Juli 1986 fanden in Moskau die Verhandlungen zwischen der Sowjetunion und der Bundesrepublik statt. Die Sowjetunion vertrat ich, die Bundesrepublik Deutschland der Vizekanzler, Außenminister Hans-Dietrich Genscher. Auf Einladung der sowjetischen Regierung reiste Genscher zu einem offiziellen Besuch nach Moskau. Die Sicherheit Europas war ohne eine Normalisierung der Beziehungen zu Deutschland unvorstellbar. Es war notwendig, offen und ohne etwas zu verschweigen die gegenseitigen Positionen kennenzulernen und alles für die Sicherheit Europas und der Welt zu tun. Ohne partnerschaftliche Beziehungen zu Deutschland war das nicht möglich. Dieses Land spielte nicht nur in Europa eine wichtige Rolle, sondern auch in der Welt im Hinblick auf Wirtschaft und Politik.

Genscher und ich trafen uns am 22. und 23. Juli. Ich kann mich an die Gespräche gut erinnern. Man konnte merken, dass die Deutschen in Gedanken bereits mit der Entwicklung eines gesamtdeutschen Bewusstseins die Wiedervereinigung begonnen hatten.

Zur Zeit des Treffens war die Bundesrepublik, nach den Informationen meiner Mitarbeiter, unter den westlichen Staaten der größte Kreditgeber der DDR. In den Jahren von 1983 bis 1985 vergaben die Banken der Bundesrepublik Deutschland einen Zwei-Milliarden-Kredit an die DDR. Wichtig war auch die industrielle Kooperation. Beeindruckend war das Bemühen der Bevölkerung zusammenzuleben, was sich darin äußerte, dass trotz der Einschränkungen im Jahr 1985 aus der Bundesrepublik und aus Westberlin fünf Millionen Menschen in die DDR reisten, aus der DDR 1,6 Millionen in die Bundesrepublik. Mich überraschte die Zahl der verschickten Briefe: Aus der Bundesrepublik wurden 1985 sechzig Millionen Briefe in die DDR verschickt, aus der DDR in die Bundesrepublik neunzig Millionen. Diese Statistik beeindruckte mich sehr. Überwältigend war auch die Zahl der 30 Millionen Telefonate und 45 Millionen Päckchen und Pakete aus der Bundesrepublik in die DDR, sowie die 9 Millionen aus der DDR in die Bundesrepublik verschickten Päckchen und Pakete.

1985, als ich mich näher mit der Problematik der Bundesrepublik Deutschland und der DDR befasste, dachte ich: „Diese Menschen leben miteinander.“ Ich habe mir jedoch bei den Verhandlungen mit Genscher nichts anmerken lassen. Alles bewegte sich sowieso in die Richtung, dass Deutschland vereinigt werden musste, und für die Sowjetunion wäre es kein Gewinn, wenn sie der Entscheidung dieses historischen Ereignisses ausgewichen wäre. Viel mehr noch, die Sowjetunion selbst musste zur treibenden Kraft für die Lösung des Problems werden.

Im Laufe der Jahre unterzeichneten wir Verträge über die wichtigsten Fragen, aber über die Wiedervereinigung Deutschlands verloren wir vorerst kein Wort, dafür war die Zeit noch nicht reif. Es war erforderlich, dass die Staatschefs der beiden Länder enge Beziehungen zueinander aufbauten, damit die sowjetische Bevölkerung in den Deutschen keine Feinde mehr sah. Ein Zeichen jener menschlichen Veränderung war ein mir von Michail Gorbatschow gegebener Auftrag: In der Sowjetunion kam es zu schweren finanziellen Problemen. Wir waren in Not geraten, sogar die Gehälter konnten wir kaum auszahlen. Wir benötigten dringend einen von der Regierung der Bundesrepublik schnellstmöglich der Sowjetunion zur Verfügung gestellten Kredit in Höhe von fünf Milliarden DM. Meines Wissens fragt man den Feind nicht nach einem Kredit, und man vergibt auch keinen.

Helmut Kohl empfing mich Anfang Mai 1990. Beim Gespräch war unser Botschafter Julij Kwizinski anwesend. Hans-Dietrich Genscher war nicht dabei. Ich übermittelte dem Kanzler den Kreditwunsch. Wir würden eine Unterstützung sehr zu schätzen wissen. Kohl schien betroffen zu sein, weil er das Problem nicht sofort regeln konnte. Unsere Bitte war halboffiziell, und beim Treffen war die Menschlichkeit ein maßgeblicher Aspekt. Aber ich kehrte trotzdem mit einer Hoffnung nach Moskau zurück.

Nach einiger Zeit erhielten wir die Zusage. Es war bereits der Beginn einer neuen Beziehung.

Nun zum Abzug der sowjetischen Armee aus Deutschland:[3] Um über diese problematische Frage zu verhandeln, trafen Kohl, Gorbatschow, Genscher und ich uns am 15. und 16. Juli 1990 in der Sowjetunion, im Gebiet Stawropol, in dem wunderschön in den Bergen gelegenen Bezirks-

[3] Vor einiger Zeit sagte der ehemalige Verteidigungsminister der Russischen Föderation, Sergej Iwanow: „Wie wir aus Deutschland die Armee abgezogen haben und die Offiziere, Soldaten und Waffen unter freiem Himmel gelassen haben, so werden wir die Armee aus Georgien nicht abziehen, so werden wir uns nicht verhalten.“ Ich weiß gut, vielleicht viel besser als Iwanow, wie diese Armee aus Deutschland abgezogen wurde.

zentrum Archys. Mit dabei war ein hoher Stabsgeneral der Sowjetarmee, Sergej Achromejew, ein ausgezeichneter Sachverständiger, sehr gebildet, ein realistisch denkender, aber ein äußerst starrsinniger General. Häufig stritten wir uns untereinander, und am Ende entschieden wir die Frage doch bei Gorbatschow. Wenn ich bei Achromejew eine Frage ansprechen musste, versuchte ich zunächst, beim Generalsekretär zu erfahren, ob er mich unterstützen würde. Als wir uns bei Gorbatschow trafen, nickte Gorbatschow Achromejew zu und sagte: „Achromejew hat recht." Dann sprach er über Verschiedenes, und zum Schluss stellte er fest, dass die Frage ja sowieso entschieden werden müsse und wir deshalb doch Schewardnadse unterstützen müssten. Einen solchen Mann zu den Verhandlungen mitzunehmen, war kein Zufall, denn es musste die Frage des Armeeabzugs besprochen werden. Gerade dieser starrsinnige und unnachgiebige Sachkenner war notwendig, damit sich der Prozess des Abzugs nicht verlängerte oder verkomplizierte, um Auseinandersetzungen zwischen bewaffneten deutschen Armeekräften und sowjetischen Soldaten und jegliche Provokation überhaupt auszuschließen. Die Überführung der Armee in die Sowjetunion sollte reibungslos verlaufen.

Der Generalsekretär und der Kanzler blieben für sich allein, ich sprach mit Genscher. Die wichtigsten Fragen wurden zwischen Gorbatschow und Kohl verhandelt, manchmal riefen sie Achromejew zu sich. Das Treffen dauerte bis zwei oder drei Uhr nachts. Ich kann mich daran erinnern, dass Genscher damals unter Herzbeschwerden litt und ein ganzes Flugzeug voller Apparaturen und Medikamente mitbrachte. Später kamen wir alle wieder zusammen.

Wir forderten für den Abzug der Armee aus Deutschland und für deren Unterbringung in der Heimat 20 Milliarden DM, die Deutschen stimmten 15 Milliarden DM zu, dazu kam noch ein Kredit von 5 Milliarden DM. Das Geld sollte für Einrichtungen für die Soldaten, Offiziere und deren Familien verwendet werden. Wie ich weiß, wurde diesbezüglich nicht viel unternommen. Wo sind die Gelder geblieben? Diese Frage ist nicht nur rhetorisch. Es ist eine Lüge zu behaupten, dass wir, ohne eine

Kompensation zu erhalten, die Armee abgezogen hätten. Schließlich gibt es darüber entsprechende Dokumente. Beim Politbüro wurde die Frage des Abzugs der Armee ebenfalls gestellt, Michail Gorbatschow brachte sie zur Sprache und niemand widersprach ihm. Lediglich einige Politbüromitglieder meinten, ob wir uns nicht zu sehr beeilten, denn bald würden die Demonstrationen in Deutschland wieder aufhören. Aber die Wogen gingen so hoch, dass es unmöglich war, sie zu glätten.

Wegen des Abzugs der Armee aus Afghanistan und aus Deutschland ist ein Teil des russischen Militärs auch heute noch mir gegenüber aggressiv eingestellt. Das ist auch verständlich, denn in den Verhandlungen sahen sie immer nur mich. Gorbatschow nahm bezüglich der Deutschlandfrage nur einmal bei der abschließenden Sitzung der „Sechs" („Zwei-plus-Vier") teil. Aber nicht nur das Sehen ist wichtig, auch das selbstständige Denken.

Die Frage wurde in der sowjetischen Regierung nicht reibungslos gelöst. Als wir ein Treffen in Bonn erfolgreich beendet hatten, wurde vor dem zweiten Treffen in Berlin der Text „Der Prozess aktiver Unterstützung" im Politbüro besprochen. Jegor Ligatschow und andere machten den ursprünglichen Text beim Politbüro zunichte: Wie kann es sein, dass wir Deutschland abtreten? …

Man verlangte von mir, die Rede müsse in strengerem Tonfall gehalten sein. Und das Wort des Politbüros war Gesetz. Es war überflüssig, den Mitgliedern zu erklären und Argumente anzuführen, dass selbst Europa und die NATO sich beim Dialog mit uns änderten und die von uns unternommenen Schritte deren Entgegenkommen bedingten.

Ich stand zwischen zwei Fronten: Hans-Dietrich Genscher hatte ich bereits erzählt, dass ich in Berlin mit einer konstruktiven Rede auftreten würde, mit einer unterstützenden Position, wie sie durch meine Auftritte bereits bekannt war. Auch James Baker wusste, dass meine Rede positiv sein und ich die Wiedervereinigung Deutschlands unterstützen würde. Auf der anderen Seite wurde ich durch den Druck des Politbüros gezwungen, über etwas ganz anderes zu sprechen.

Menschlich ging es mir äußerst schlecht. Baker und auch Genscher durchschauten jedoch die Tatsachen, und es war gut, dass meine Rede den Prozess der Wiedervereinigung nicht mehr verhindern konnte.

Weiterhin durchschauten sie, welchen Widerstand ich in der Regierung wie auch in der Bevölkerung bewältigen musste – und sogar im „Politbüro"! Deshalb war ich Hans-Dietrich Genscher sehr dankbar, als er mir mit großem Taktgefühl andeutete: „Die Interessen unserer Länder stimmen in vielen Fragen überein. Das wirtschaftliche Potenzial für eine künftige Zusammenarbeit ist praktisch unerschöpflich."

Die sowjetische Armee verließ das Territorium der DDR nicht sofort. Der im Jahr 1990 unterzeichnete Vertrag „Zwei-plus-Vier" trat zwar am 15. März 1991 in Kraft, aber die russische Armee verließ Deutschland erst 1994, wie ich damals in einem an die Bundesrepublik gerichteten Brief angekündigt hatte (fünf bis sechs Jahre).

Jahre später gibt Hans-Dietrich Genscher die Ängste und Zweifel unserer außenpolitischen Partner, die im Wesentlichen auch meine Gemütslage widerspiegeln, in seinen Erinnerungen[4] sehr anschaulich wieder. Die alles entscheidende Frage damals war: Wer würde sich auf dem entscheidenden Parteitag in die Schlacht stürzen? Schewardnadse ganz allein? Hatte er noch Gorbatschows Unterstützung? Und wenn ja, würden die beiden sich vielleicht in der Minderheit wiederfinden? Sollte sich am Ende vielleicht doch die Vermutung der amerikanischen Administration bestätigen, die davon ausging, dass Gorbatschow die delikate Frage der deutschen Wiedervereinigung und die damit verknüpften Sicherheitsaspekte seinem Außenminister überließ? Oder konnte man eher von einer zuvor abgesprochenen Rollenaufteilung ausgehen? Wie war mittlerweile eigentlich das Verhältnis zwischen diesen beiden so überaus wichtigen sowjetischen Führungspersönlichkeiten?

---

[4] Hans-Dietrich Genscher: Erinnerungen. Berlin, S. 804 f.

Die Antwort auf all diese Fragen und Zweifel ist mittlerweile bekannt: Die schwere Bürde der Kritik lag ganz allein auf meinen Schultern.

Ich sage und wiederhole noch einmal, dass für das, wofür Gorbatschow der Friedensnobelpreis verliehen wurde, ich gekreuzigt wurde.

Allerdings beschuldigten mich nicht alle. In dem Buch „Die Außenminister" zitiert Leonid Mletschin aus einem Gespräch mit dem hervorragenden Diplomaten Alexander Bessmertnych, der mein Amtsnachfolger wurde: „Schewardnadses Diplomatie war unsere gemeinsame Diplomatie... Er arbeitete Hand in Hand mit dem gesamten Apparat des Ministeriums, und die grundlegenden Ideen, zum Beispiel, dass ‚unsere Sicherheit von der Sicherheit anderer abhängt', verfassten wir zusammen."[5]

Für mich sind die Einschätzungen von Bessmertnych und Mletschin außerordentlich wichtig: Ersterer übernahm mein Ministeramt, und zu dieser Zeit lobte man selten den Vorgänger. Außerdem war er selbst Vertreter einer anerkannten Diplomatenschule und ein angesehener Experte in diesem Bereich.

Was Mletschin betrifft: Er hatte die Möglichkeit gehabt, die Geschichte der sowjetischen Außenpolitik ausführlich zu studieren, alle Minister mit Vorgängern oder Nachfolgern zu vergleichen und objektive Schlüsse zu ziehen.

Der Mensch möchte, dass jemand seine Tätigkeit unvoreingenommen einschätzt, und wenn die Einschätzung positiv ausfällt, ist es angenehm... Ich weiß nicht, ob es eine menschliche Schwäche ist, aber dieses Empfinden kann ich nicht verheimlichen.

***

---

[5] Leonid Mletschin: Die Außenminister. Moskau 2001, S. 475.

Jahre später, im Juni 1993, reiste ich als Vorsitzender des Parlaments und als Staatsoberhaupt Georgiens nach Berlin, um den Immanuel-Kant-Preis entgegenzunehmen. Es handelt sich um eine besonders angesehene Auszeichnung. Nach dieser Verleihung und der dazugehörenden Zeremonie organisierte der Regierende Bürgermeister von Berlin, Eberhard Diepgen, einen Ball, auf dem er in einer Rede feststellte: „Das Schicksal wollte es so, dass ein Georgier, Stalin, Deutschland teilte, der andere Georgier, Schewardnadse, es vereinte." Ich bedankte mich für diese Ansprache und sagte, dass man mit der Einschätzung meines Beitrags übertrieben hätte und fügte scherzhaft hinzu: „Wenn Sie es wissen möchten, es gibt ohne Georgier keine große Politik."

Eine polnische Trias: Walesa, Jaruzelski, Wojtyla

Ohne die Lösung der Probleme zwischen Deutschland und seinen Nachbarn konnte in Europa kein Frieden hergestellt werden, ohne Freiheit für Osteuropa konnte die Welt nicht friedlicher werden. Hierbei stellte Polen das Hauptproblem dar, wo unter der Führung der „Solidarność" durch Lech Walesa die Demokratiebewegung seit dem Sommer 1980 immer stärker wurde. Nach sowjetischer Gewohnheit sah man in Moskau in ihr eine maßgebliche Ursache für Destabilisierung.

In dieser angespannten Lage stand General Wojciech Jaruzelski an der Spitze der Politik in Polen. Meine Einschätzung ist die folgende: Er ist ein polnischer Patriot, eine mutige und kluge Persönlichkeit. „Solidarność" wurde in ganz Polen unterstützt, und insofern war das politische Schicksal Jaruzelskis bereits entschieden. Bei uns gab es jedoch Personen, die Polen nicht aufgeben wollten und den Armeeeinmarsch nicht ausschlossen.

Zwei- oder dreimal war ich in Polen bei Jaruzelski, der uns bat, die Armee in Polen nicht einmarschieren zu lassen. Gegen einen Armeeeinmarsch war außer mir auch Michail Gorbatschow. Ich bin zu Papst Johannes Paul II., der aus Polen stammte, nach Rom gereist. Auch General Jaruzelski traf den Papst. Man musste berücksichtigen, dass Johannes Paul II. einen sehr großen Einfluss auf Polen hatte, nur sein Wort konnte einen Bürgerkrieg verhindern. Das Ergebnis von Jaruzelskis und meiner Reise zum Vatikan war, dass der Papst unseren Vorschlägen zustimmte. Er flog 1987 nach Polen und vermied dadurch die Gefahr einer schicksalhaften Auseinandersetzung. Jaruzelski trat friedlich ab, Polen wurde vom kommunistischen Zwangsregime befreit und ein demokratisches Land.

Andere Länder des sozialistischen Lagers folgten Polen. Die Entwicklungen verliefen dort ebenfalls weitgehend friedlich.

Allein Rumänien erlebte gewaltsame Ausschreitungen. Diktator Nicolae Ceauçescu hatte nicht begriffen, dass eine andere Zeit gekommen war. Er nahm in Kauf, dass sein Volk und seine Familie Blut vergossen. Ceauçescu und seine Ehefrau Elena wurden Ende 1989 erschossen. Das war eine grausame Lehre. Die blutige Revolution war gerade beendet, als ich Gorbatschow erklärte, es wäre wichtig, in Rumänien den Aufbau eines demokratischen Staates zu unterstützen. Einen Besuch des sowjetischen Außenministers hielte ich dort jetzt für notwendig. Er stimmte mir zu. Ich reiste also Anfang 1990 in das unruhige Bukarest. Der neue Chef der rumänischen Führung, Ion Iliescu, empfing mich am Stadtrand von Bukarest, in einem unauffälligen, mit Panzern umstellten Haus. Meine Unterstützungsgeste wurde mit großer Dankbarkeit entgegengenommen, und später, als Präsident Georgiens, habe ich die Sympathie der Rumänen immer gespürt. Ich möchte daran erinnern, dass die rumänisch-georgischen Beziehungen vor Jahrhunderten durch einen Georgier begründet wurden. Antimos Iwerieli war ein herausragender Geistlicher und eine bedeutende Persönlichkeit in Rumänien, der von der rumänischen Kirche heilig gesprochen wurde.

Ich komme auf die außergewöhnliche Persönlichkeit des Papstes zurück. Johannes Paul II. hatte nicht nur bei der friedlichen Lösung des polnischen Problems eine herausragende Rolle gespielt, sondern auch bei den Entscheidungen über andere schwierige Fragen in Europa und der ganzen Welt. Ich kannte ihn gut: Als Außenminister traf ich ihn drei Mal, einmal gemeinsam mit Michail Gorbatschow am 1. Dezember 1989. Wir führten lange und interessante Gespräche.

Ich war verwundert, dass der römische Papst über die damals in der Sowjetunion stattfindenden Entwicklungen hervorragend informiert war. Er kannte auch Details, die man nicht durch die Presse und andere Medien erhalten konnte. Er begrüßte Gorbatschows Initiativen und persönlichen Einsatz. Er betonte, dass viel Mut und Tapferkeit notwendig seien, um ein diktatorisches Regime in eine Demokratie zu verwandeln und eine neue friedliche Ordnung aufzubauen. Er meinte, dass die Perestroika und die Demokratisierung der Sowjetunion Vorgänge seien, die anderen diktatorischen Staaten einen Anstoß geben sollten, den gleichen Entwicklungsweg einzuschlagen.

Es war zweifellos sehr wichtig, dass der Papst seine Informationen über die in der Sowjetunion ablaufenden Prozesse unmittelbar von den Initiatoren und Organisatoren dieser Entwicklungen erhielt.

Ich hatte den Eindruck gewonnen, dass sich der Papst 1989 intensiv und ausführlich auf die Begegnung mit der sowjetischen Führung vorbereitet hatte und vieles, was er von uns erfuhr, für ihn keine besondere Neuigkeit war. Ich erinnere mich, dass ich nach einem Treffen sagte: „Der römische Papst ist Weltbürger Nummer 1!"

Nachdem ich 1992 nach Georgien zurückgekehrt war, wünschte ich mir, dass der Papst meine Heimat besuchen würde. Der Wunsch ging am 8. November 1999 in Erfüllung. Georgiens Katholikos-Patriarch Ilia II. unterstützte mich bei dem Bemühen.

Die Visite von Johannes Paul II. in Tiflis dauerte zwei Tage. Er fühlte sich gesundheitlich angeschlagen, dennoch war unser Dialog lebendig und interessant. Wir sprachen viel über die besonders wichtigen und interessanten Weltthemen, darunter auch über die Geschichte der russisch-polnischen Beziehungen.

Der Papst ist mir wegen seiner beeindruckenden Eigenschaften in Erinnerung geblieben. Welche Eigenschaften hatte er? Er war eine sehr intellektuelle Persönlichkeit und kannte sich umfassend, und nicht nur im Vatikan, aus. Er zeichnete sich durch genaue Kenntnis der alten und neuen Geschichte Georgiens aus. Er interessierte sich auch für die Lage in den Nachbarländern. Mit großer Aufmerksamkeit hörte er meinen Ausführungen über den schwierigen Prozess der Auswanderung von Juden aus Georgien und der Sowjetunion nach Israel zu.

Der Papst setzte sich für ein friedliches Miteinander aller Religionen ein. Als er hörte, dass ich einen breiten Dialog über die Fragen der Beziehungen der Staaten und Religionen angedacht hatte, zeigte er sich zufrieden. Leider waren ein zweiter Besuch und seine Teilnahme an dem geplanten Treffen nicht mehr zu realisieren. Dennoch sprachen wir ausführlich über mein Vorhaben, und Johannes Paul II. gab mir viele freundliche und weise Ratschläge, die zum Erfolg des Dialogs beitrugen. Er verschwieg nicht, dass er darunter litt, nicht in die orthodoxen Länder reisen zu können, unter anderem auch nicht nach Russland.

Wenn wir berücksichtigen, dass es in Russland keinen Papstbesuch gegeben hat und auch in fast keinem anderen orthodoxen Land, dann war für uns Georgier dies ein großartiges und besonderes Ereignis. Georgien bewies damit noch einmal seine jahrhundertelangen Bestrebungen, in der europäischen Zivilisation seinen historischen Platz wiederzugewinnen. Es war, als ob der Traum Sulchan-Saba Orbelianis, des hervorragenden georgischen Gelehrten des 18. Jahrhunderts, in Erfüllung gegangen wäre, Georgien wieder als einen christlichen Teil Europas wahrzunehmen. Es ist bekannt, dass sich die Georgier im Jahr 1054 nicht dem Schisma angeschlossen hatten, dem Bruch zwischen Konstantinopel und Rom, was die Isolierung des Landes vom europäischen Raum zur Folge hatte.

Johannes Paul II. kannte nicht nur die Geschichte Georgiens, sondern auch die Geschichte der Orthodoxie. Er drückte sein Bedauern darüber aus, dass im 18. Jahrhundert die Reise Sulchan-Saba Orbelianis nach Rom erfolglos geblieben war.

Zwei Tage nach dem Tod von Papst Johannes Paul II. (2. April 2005) druckte eine führende französische Zeitschrift unser gemeinsames Foto ab, aufgenommen im Tifliser Flughafen bei der Ankunft des Papstes in Georgien. Das Foto rief meine Erinnerungen wach und berührte mich zutiefst.

Es ist wichtig, dass die von Johannes Paul II. hinterlassenen Traditionen vom neuen Papst Benedikt XVI. würdig weitergeführt werden. Die Tatsache, dass er aus Deutschland stammt und sehr gebildet ist, wird seinen Handlungsspielraum noch erweitern. Ich habe es herzlich begrüßt, dass 2006 in unserem Nachbarland, der Türkei, ein sehr erfolgreicher Besuch von Benedikt XVI. stattgefunden hat.

Innenpolitische Probleme der Sowjetunion

Unruhen in der Sowjetunion

Vor meinem Rücktritt vom Amt des Außenministers der Sowjetunion am 20. Dezember 1990 geschahen einige blutige Ereignisse, die bei vielen Menschen, wie auch bei mir, die Meinung verfestigten, dass neben den demokratischen Prozessen im Land parallel versucht wurde, das sowjetische System mit Gewalt zu erhalten: Die Ereignisse in den 1980er Jahren in Sumgait, Tiflis, Baku und später Vilnius waren dafür eine klare Bestätigung. An all diesen Orten wurde die reguläre sowjetische Armee gegen die zivile Bevölkerung eingesetzt.

Bereits während der Perestroika rief im Jahr 1986 der Wechsel „führender Personen" in der Parteileitung Kasachstans massive Proteste der Studenten hervor. Sie wurden durch einen blutigen Einsatz von Polizei- und Armeeeinheiten beendet. Das Politbüro beschränkte sich auf den üblichen Beschluss, dass die „Unruhestifter" als „Nationalisten" und „Extremisten" einzuordnen waren.

1988 waren es Sumgait in Aserbaidschan und die Konflikteskalation in Nagorni-Karabach; die Perestroika ist wiederholt hilflos in die Sackgasse der Auseinandersetzungen der Nationalitäten geraten.

Im Herbst des gleichen Jahres wurden in verschiedenen Republiken der Sowjetunion „Volksfronten" und andere „nationale Bewegungen" aktiv. Deren Anführer bemerkten die Anzeichen von Schwäche im kommunistischen Zentrum und proklamierten eine „Revolution von oben" als programmatisches Ziel. „Oben" hatte man jedoch Angst, dass diese sich als „nationalistische, antisowjetische Bewegungen" entwickeln würden, und man traf präventive Maßnahmen. In einigen Republiken wurden von der Partei kontrollierte, alternative „nichtformale" Vereinigungen geschaffen. Zudem kündigte Moskau Änderungen in der Verfassung der Sowjetunion an, womit die bereits minimalen Rechte der Republiken weiter eingeschränkt werden sollten. Nach Meinung einiger führender Politiker war dies ein unblutiger Versuch, „den Nationalismus aufzuhalten". Als Antwort darauf begannen neue Protestkundgebungen.

Die seit November 1988 in Tiflis, der Hauptstadt meiner Heimat Georgien, anhaltenden Massendemonstrationen wurden am 9. April 1989 durch den Einsatz der sowjetischen Armee blutig beendet. Neunzehn Tote waren zu beklagen, Tausende wurden durch Giftgas verletzt. Die Tragödie von Tiflis hinterließ auch in meiner Seele eine Spur. Am 9. April wurde die gesamte Nation exemplarisch bestraft. Zwar war ich in Moskau, aber in Tiflis wurde auch ich bestraft.

Nach dem 9. April 1989 verschärfte sich die Lage überall. Die Sowjetunion blieb selbst im Zenit ihrer Stärke und Einigkeit im Hinblick auf die Nationalitäten immer ein mit Gewalt und Hinterlist vereinigter Staat, den nur die kommunistische Ideologie und eine zentrale Wirtschaftsverwaltung einten. Es ist glücklicherweise nicht gelungen, die Hauptnationen zu assimilieren und zu russifizieren. Die kleineren Nationen verschwanden jedoch und verschmolzen mit der russischen Ethnie.

Das Streben nach nationaler Unabhängigkeit war besonders in jenen Republiken zu spüren, die eine langjährige Tradition der Staatlichkeit gehabt hatten und mit Gewalt in die „große und starke Union" eingegliedert worden waren.

Die Perestroika ermöglichte es der Intelligenz und den Anführern nationaler Bewegungen, Dokumente zu veröffentlichen und dem Volk zugänglich zu machen, die die Unrechtmäßigkeit der russischen und kommunistischen Regierungen in ihren Ländern bewiesen. Das gab den Georgiern die Möglichkeit, die Verletzung des „Georgiewski Traktats" von 1783 und des russisch-georgischen Vertrags von 1920 anzuklagen.

Gleichzeitig begannen im Baltikum offene Debatten über den verbrecherischen Charakter des sogenannten „Molotow-Ribbentrop-

Pakts“ von 1939 und dem dazugehörenden geheimen „Zusatzprotokoll“. Die Sowjetunion verheimlichte die Existenz des geheimen Zusatzprotokolls bis zum Jahr 1989. Mit dem deutsch-sowjetischen Nichtangriffspakt und dem geheimen Zusatzprotokoll von 1939 wurden die Einflussbereiche neu aufgeteilt: Deutschland überließ Finnland, Lettland, Estland, Litauen und Bessarabien der Sowjetunion, außerdem einige Gebiete des polnischen Staates. Mit dem Pakt und dem Zusatzprotokoll wurde die Unabhängigkeit der drei baltischen Republiken annulliert. Sie wurden, wie Georgien im Jahr 1921, vom sowjetischen Russland besetzt.

Die Feiern zum 200-jährigen Gedenken an den „Georgiewski Traktat“ im Jahr 1983 begünstigten gewissermaßen in Georgien das Interesse an den rechtlichen Aspekten der Beziehungen zu Russland. Das Jubiläum und die Veröffentlichung des „Traktats“ gaben den Anstoß, über die Verletzung des Vertrags und die nationale Problematik zu sprechen. Das betonte die Unrechtmäßigkeit des Manifests des russischen Zaren von 1801, der mit der Annullierung des „Georgiewski Traktats“, mit der Verletzung jeglicher juristischer Normen, Georgiens Königtum abschaffte und das Land in ein russisches Gouvernement verwandelte. Gleiches geschah im Jahr 1921, als trotz des 1920 unterzeichneten Vertrags zwischen Georgien und Russland die 11. russische Armee das unabhängige Georgien okkupierte.

Nichts kann die Wahrheit aufhalten. Weil über die bis dahin unterdrückten Probleme offene Gespräche geführt wurden, entwickelten sich die nationale Bewegung und die Forderung nach der Unabhängigkeit Georgiens.

Ähnlich entwickelten sich die Ereignisse im Baltikum. Im Klima der Perestroika hielten dabei die nationalen Bewegungen im Baltikum und in Georgien engen Kontakt zueinander.

Die Balten forderten nachdrücklich die Veröffentlichung des „Molotow-Ribbentrop-Pakts“ von 1939 und des dazugehörenden geheimen Zusatzprotokolls. Es war kein Zufall, dass die Sowjetisierung des Baltikums nicht von allen Ländern als legitim anerkannt wurde, zum Beispiel nicht von den USA.

Die Vertreter der baltischen Staaten waren häufig in Moskau und brachten dort ihre Forderungen vor. Anfangs waren sie mit einer konföderativen Umgestaltung der Sowjetunion einverstanden. Damals trafen sie sich mit Michail Gorbatschow, Alexander Jakowlew, mit mir und weiteren Mitgliedern des Politbüros.

Die Reaktion Gorbatschows war beim Treffen mit ihnen aus völlig verständlichen Gründen deutlich gröber als die von Jakowlew und mir. Gorbatschow reiste selbst ins Baltikum. In Estland traf er sich mit dem dortigen Parteiaktiv. Er kehrte zufrieden zurück. Ich erinnere mich, dass er in der Sitzung des Politbüros mit Genugtuung über seine Visite in Estland sprach. Aber das Treffen mit dem Parteiaktiv ist das Eine, und das Andere ist die reale Stimmung in der Bevölkerung.

Die Baltikumfrage wurde im Politbüro häufig angesprochen. Es war klar, dass wir eine zeitgemäße Entscheidung treffen mussten. Mit Gewalt war die Frage nicht zu lösen. Die Welt war inzwischen eine andere, auch die Sowjetunion war nicht mehr dieselbe. Auch wir waren andere Menschen geworden.

Am 8. März 1990, vor der Verkündung der Unabhängigkeit Litauens, bestand wieder die Gefahr, dass die baltische Frage mit Gewalt gelöst würde. Damals sagte ich zum Botschafter der USA, Jack F. Matlock: „Jack, ich werde zurücktreten, wenn ich feststelle, dass die diktatorische Regierung zurückkehren sollte. Ich bleibe nicht Mitglied in einer Regierung, an deren Händen Blut klebt." Der 9. April 1989 in Tiflis hatte allen gezeigt, dass die gewaltsame Lösung von Problemen ein großes Verbrechen ist und einem politischen Selbstmord gleicht.

(1) Das Haus der Familie Schewardnadse in Mamati im westgeorgischen Gurien.

(2) Die Eltern: Sophie Pateischwili und Ambrosi Schewardnadse.

(3) Ambrosi Schewardnadse in Mamati.

(4) Eduard Schewardnadse mit den älteren Brüdern Ewgrapi und Akaki (stehend)

(5) Nanuli Zagareischwili und Eduard Schewardnadse in jungen Jahren.

(6) Eduard Schewardnadse und Nanuli Zagareischwili-Schewardnadse im Mai 1999.

(7) Die Familie Schewardnadse: (oben von links) Nino Achwlediani-Schewardnadse, Gia Dschochtaberidse, Lascha Schewardnadse, Paata Schewardnadse, Manana Schewardnadse; (unten von rechts) Eduard Schewardnadse, Nanuli Schewardnadse, Tamuna Mosaschwili-Schewardnadse, Sophie Schewardnadse. Tiflis, im August 2007

(8) Eduard Schewardnadse am Grab seiner im Oktober 2004 verstorbenen Frau Nanuli. Tiflis, im August 2007

(9) Eduard Schewardnadse mit den georgischen Hirtenhunden Bombora und Batura in Krzanissi im Juni 2007.

(10) Eduard Schewardnadse in der Sameba-Kathedrale.

(11) Eduard Schewardnadse als junger Politiker und Mitglied des Komsomol in Georgien.

(12) Eduard Schewardnadse mit Indira Gandhi auf dem Flughafen in Tiflis.

(13) 60 Jahre sowjetisches Georgien: feierliche Zeremonie im Mai 1981. (Unten von links) Leonid Breschnew, Generalsekretär der KPdSU, Eduard Schewardnadse, Erster Sekretär des ZK Georgiens, und Pawle Gilaschwili, Vorsitzender des Obersten Rats des Präsidiums von Georgien.

(14) Die Architekten der Perestroika: Michail Gorbatschow, Generalsekretär des ZK der KPdSU; Alexander Jakowlew, Sekretär des ZK der KPdSU; Eduard Schewardnadse, Außenminister der Sowjetunion.

(15) Außenminister Eduard Schewardnadse mit dem amerikanischen Präsidenten Ronald Reagan im September 1985.

(16) Häufig wird das Flugzeug zum Besprechungsraum: die engen Mitarbeiter des Außenministers, unter anderem auch Teimuraz Stepanow-Mamaladse und Sergej Tarassenko, im Gespräch.

(17) Treffen mit der britischen Premierministerin Margaret Thatcher.

(18) George W. Bush sen., Eduard Schewardnadse und James Baker:
Das Eis beginnt zu schmelzen.

(19) Wyoming 1989: der amerikanische Außenminister James Baker und Eduard Schewardnadse nach den Verhandlungen.

(20) Zwei Außenminister, die sich verstehen: Hans-Dietrich Genscher und Eduard Schewardnadse. Bonn, im Mai 1990

(21) Der gemeinsame Weg zur deutschen Einheit: das Treffen zwischen Bundeskanzler Helmut Kohl und Generalsekretär Michail Gorbatschow in Archys im Kaukasus am 15. Juli 1990.

(22) Die Unterzeichnung der „Zwei-plus-Vier"-Verträge in Moskau am 12. September 1990: (von links) James Baker, Douglas Hurd, Eduard Schewardnadse, Roland Dumas, Lothar de Maizière, Hans-Dietrich Genscher.

(23) Treffen zwischen Richard Nixon und Eduard Schewardnadse.

(24) Mit Fidel Castro auf Kuba.

(25) 1989: Treffen mit dem afghanischen Staatsoberhaupt Nadschibullah und seiner Familie. Links im Bild Wladimir Krjutschkow, der damalige Vorsitzende des KGB der UdSSR.

(26) Mit Saddam Hussein im Irak.

(27) Ende Februar 1989 zu Gast im Iran bei Ayatollah Khomeini.

(28) Treffen mit Deng Xiaoping anlässlich des Besuchs in der Volksrepublik China im Februar 1989.

(29) Treffen mit dem Führer der nordkoreanischen Volksrepublik Kim Il Sung im Dezember 1988.

(30) Dezember 1988: Treffen mit der philippinischen Präsidentin Corazón Aquino.

(31) 20. Dezember 1990: Aus Protest vor einer drohenden Diktatur erklärt Eduard Schewardnadse seinen Rücktritt vom Amt des Außenministers der Sowjetunion.

(32) Am 7. März 1992 kehrt Eduard Schewardnadse nach Georgien zurück. Er wird von Dschaba Iosseliani (rechts neben E. Schewardnadse) begleitet. Flughafen Tiflis

(33) Das Zentrum von Tiflis nach dem Bürgerkrieg: die zerstörte Innenstadt 1991.

(34) Juli 1992: Eduard Schewardnadse und Tengis Kitowani in der Umgebung von Zchinwali in Südossetien beim Treffen mit der georgischen Bevölkerung: ein Versuch, die Situation zu deeskalieren.

(35) 1992: In Abchasien eskaliert der blutige Konflikt. Eduard Schewardnadse macht sich in Suchumi selbst ein Bild von der Lage.

(36) 3. September 1992: Wladislaw Ardsinba, Boris Jelzin und Eduard Schewardnadse unterzeichnen in Moskau das Abkommen über einen Waffenstillstand.

(37) Eduard Schewardnadse, Vorsitzender des georgischen Parlaments, und der Katholikos-Patriarch Ilia II. bei der ersten Sitzung des georgischen Parlaments am 4. November 1992.

(38) April 1992: der deutsche Außenminister Hans-Dietrich Genscher mit seiner Frau Barbara zu Besuch in Tiflis.

(39) Der amerikanische Außenminister James Baker besucht am 25. Mai 1992 seinen ehemaligen Amtskollegen in Tiflis. In der Regierungsresidenz von Krzanissi überreicht Eduard Schewardnadse Baker einen georgischen Dolch und einen Filzüberwurf.

(40) Eduard Schewardnadse bei seinem zweiten Besuch in Aschkelon in Israel. Treffen mit den Vertretern der georgischen Diaspora am 6. Januar 2000.

(41) Eduard Schewardnadse trifft sich anlässlich seines Besuchs in Israel im Januar 2000 mit dem israelischen Präsidenten Ezer Weizmann.

(42) Am 14. Januar 1998 erhält Eduard Schewardnadse in Israel eine Auszeichnung für die demokratische Entwicklung Georgiens und für die Unterstützung der Aljia. Am Festakt nehmen auch George Shultz und seine Ehefrau teil.

(43) 3. Februar 1997: Eduard Schewardnadse mit dem französischen Präsidenten Jacques Chirac in Paris.

(44) Eduard Schewardnadse und der britische Premierminister John Major 1995 in London.

(45) Zu Besuch in der Bundesrepublik Deutschland im Oktober 1999: Bundespräsident Johannes Rau, Eduard Schewardnadse, Nanuli Zagareischwili-Schewardnadse, Christina Rau.

(46) Der amerikanische Präsident Bill Clinton und seine Ehefrau Hillary Clinton in Washington am 23. September 1999 bei der Verleihung des Averell Harriman Democracy Award des US-amerikanischen National Democratic Institute (NDI) an Präsident Eduard Schewardnadse.

(47) Eduard Schewardnadse zu Besuch in den USA im Oktober 2001:
Treffen im Weißen Haus mit dem amerikanischen Präsidenten George W. Bush jun.

(48) Annäherung zur NATO:
Eduard Schewardnadse und der Nato-Generalsekretär Havier Solana in Brüssel im April 1996.

(49) 27. April 1999 in Straßburg: Georgien wird 41. Mitglied des Europarats.

(50) 9. Mai 1998: Eduard Schewardnadse besucht den aserbaidschanischen Präsidenten Hejdar Alijew an dessen Geburtstag in Baku.

(51) Zu Besuch im Iran 1996: Treffen mit Präsident Rafsanjani.

(52) Eduard Schewardnadse zu Gast bei Yasir Arafat im Januar 2000.

(53) 1999 zu Gast in Japan:
Eduard Schewardnadse und Miziko,
die Ehefrau des japanischen Kaisers.

(54) Nanuli Zagareischwili-Schewardnadse
und der japanische Kaiser Akihito.

(55) Eduard Schewardnadse auf Staatsbesuch in der Volksrepublik
China: Der Staatsführer Jiang Zemin empfängt den Gast im Juni 1993.

(56) Gipfelkonferenz in Istanbul: (von links) Hejdar Alijew, Nursultan Nasarbajew, Bill Clinton, Süleyman Demirel, Eduard Schewardnadse, Saparmurat Nijasow. Das Abkommen über den Abzug der russischen Truppen aus Georgien wird unterzeichnet. Zudem werden die Baku-Tiflis-Ceyhan-Pipeline (BTC) und die Transkaspische Pipeline besiegelt. November 1999

(57) Papstbesuch in Georgien: Präsident Eduard Schewardnadse und der Katholikos-Patriarch Ilia II. empfangen Johannes Paul II. am 8. November 1999 in Tiflis.

(58) Die feierliche Zeremonie der Inauguration am 30. April 2000: Georgiens Präsident Eduard Schewardnadse mit Familie und dem Katholikos-Patriarchen Ilia II.

(59) Nach der Inauguration des Präsidenten.

(60) In Tiflis wird am 29. August 1995 auf Eduard Schewardnadse ein zweites Attentat verübt.

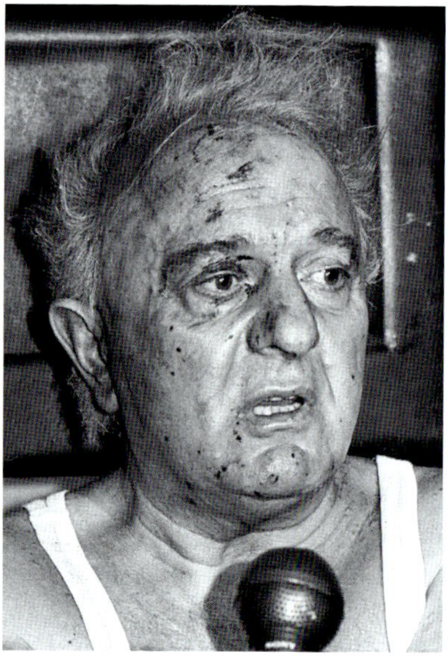

(61) Eduard Schewardnadse wird nach dem Attentat in einem Tifliser Krankenhaus medizinisch versorgt.

(62) In der Nacht vom 9. Februar 1998 wird auf Eduard Schewardnadse das dritte Attentat verübt, dem der Präsident knapp entgeht.

(63) Dieser Mercedes rettet Eduard Schewardnadse das Leben: „Auch meinem Wagen, dem schwarzen gepanzerten Mercedes, sind wir zu Dank verpflichtet, denn wie ein lebendes Wesen hatte er die drei Raketen geschluckt, dem Ansturm der Maschinengewehre und dem im Wageninneren ausgebrochenen Feuer standgehalten, sodass uns nichts passierte.“

(64) Die Sameba-Kathedrale in Tiflis im Mai 2007.

(65) Eduard Schewardnadse und sein Taufpate, der Katholikos-Patriarch Ilia II.

(66) Eduard Schewardnadse zu Besuch in Deutschland 1999.

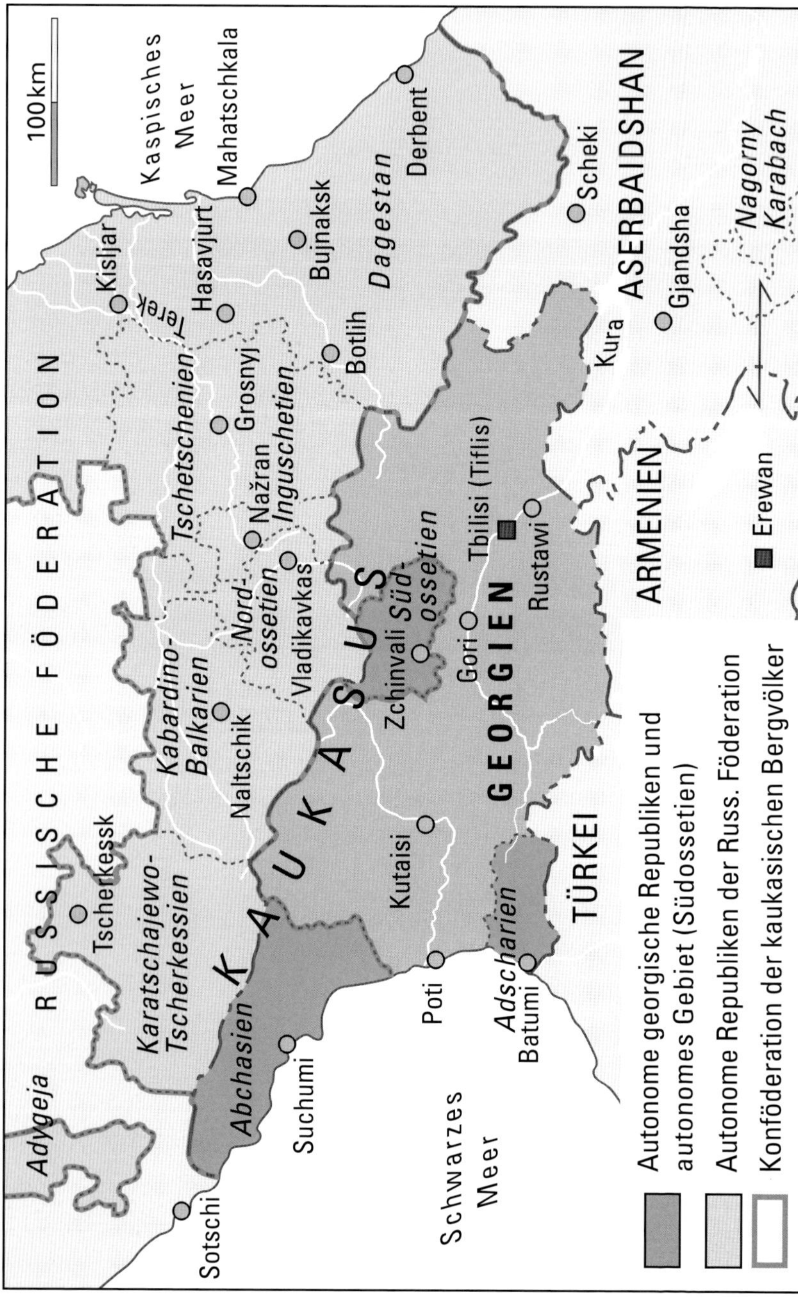

(67) Karte von Georgien 1995

Auf der Suche nach dem verschollenen Pakt

Wenn wir wollten, dass die Perestroika lebte und die Welt uns glaubte, mussten wir den Molotow-Ribbentrop-Pakt samt seinem geheimen Zusatzprotokoll veröffentlichen und bewerten. Es ist unglaublich, aber die Originale des Paktes und des Zusatzprotokolls waren nirgendwo aufzufinden. In der Regel wird ein derart wichtiges Dokument im Archiv des Außenministeriums aufbewahrt, aber wir konnten es nicht finden; es war spurlos verschwunden.

In Übereinstimmung mit Michail Gorbatschow berief ich eine Sonderkommission ein, deren Vorsitz mein Stellvertreter Leonid Ilitschow übernahm. Er sollte die Angelegenheit aufklären. Ilitschow, ein liberaler und gebildeter Mann, war zu Nikita Chruschtschows Zeiten der Sekretär des Zentralkomitees und unter Gromyko und mir stellvertretender Außenminister gewesen. Er studierte die Fragen, die mit dem Pakt und dem Zusatzprotokoll zusammenhingen, aber auch er konnte die Originaldokumente nicht finden. Ohne die Originale waren jedoch Diskussionen und Entscheidungen juristisch unrechtmäßig.

Schließlich begann die Kommission, die Mitarbeiter aufzusuchen, die während der Unterzeichnung des Paktes im Ministerium tätig waren und vielleicht etwas wussten. Und dabei stellte sich etwas Merkwürdiges heraus: Als Wjatscheslaw Molotow 1956 vom Ministeramt freigestellt wurde, fragte er vor seinem Abschied speziell nach dem Pakt und dessen Zusatzprotokoll. Seitdem waren beide Dokumente verschwunden. Wie es scheint, nahm Molotow sie mit.

Schließlich wurde vom Außenministerium ein Bericht verfasst, der die Existenz des Paktes und des Zusatzprotokolls bestätigte. Er erwähnte auch, dass die Originaldokumente nicht mehr aufgefunden wurden und über sie anhand von Abschriften gesprochen werden müsse. Mein Stellvertreter Anatolij Kowaljow zeigte die noch nicht unterschriebene Abschrift des Berichts Alexander Jakowlew, der beim Zentralkomitee der Partei die Auswärtige Behörde koordinierte. Er berief seinerseits eine weitere Kommission ein, aber auch sie konnte die Originale des Paktes und des Zusatzprotokolls nicht finden. Auf Initiative Alexander Jakowlews wurde auf höchster Ebene über den Pakt beraten.

Die Beratungen über die Frage verliefen nicht ohne Widerspruch. Auf der ersten Sitzung stimmte ein großer Teil der Abgeordneten dem Beschluss nicht zu, weil die Originale fehlten. Es folgten mehrere Abstimmungen, es wurde auf die Abgeordneten Druck ausgeübt. Schließlich wurden die Schlussfolgerungen des Berichts von Jakowlew angenommen, der sich auf Ilitschows anfängliches Dokument berief. Dieses schloss die Existenz der Originale des Paktes und des Protokolls nicht aus.

Das Parlament der russischen Sowjetrepublik bestätigte schließlich, dass das Baltikum 1939 Opfer einer Verschwörung zwischen Stalin und Hitler geworden war. Die Balten waren mit dieser Lösung der Frage zufrieden. Doch sie stärkte im Baltikum die nationalen Befreiungsbewegungen. Jetzt beschränkte sich ihre Forderung nicht mehr nur auf die Bildung einer Konföderation. Auf die Tagesordnung wurde die volle Souveränität der baltischen Republiken gesetzt. Das gab auch den anderen Sowjetrepubliken einen starken Impuls im Kampf um die Unabhängigkeit.

Was die Originale des Paktes und des Zusatzprotokolls betrifft, so wurden sie nach einer sorgfältigen Untersuchung in Deutschland gefunden, also in dem Land, in dem jedes historisch wertvolle Blatt Papier verlässlich aufbewahrt wird.

Rivalität zwischen Gorbatschow und Jelzin

Was führte zum Zusammenbruch der Sowjetunion? Ich ahnte, dass der Zerfall unvermeidlich war, doch nahm ich an, dass er erst in zehn bis fünfzehn Jahren eintreten werde. Die konföderative Umgestaltung der Sowjetunion hielten viele realistisch denkende Politiker für den einzigen Ausweg aus der Krise.

Den Zeitpunkt, als die Balten mit einer Konföderation zufrieden gewesen wären, hatten wir versäumt. Die Menschen forderten eine prinzipielle Erneuerung. Auch in der sowjetischen Regierung gab es Kräfte, die diese Forderungen unterstützten: Verzicht auf das Einparteiensystem, mehr Unabhängigkeit für die Republiken etc. Es gab jedoch auch eine starke Gruppe, die die Erhaltung des sowjetischen Systems mit Gewalt einforderte. So näherte sich das Land einem GKTschP[1]-Putsch.

Der Staat war instabil, die Führung desorientiert. Einer der Hauptgründe dafür war der für das Sowjetimperium schicksalhafte Konflikt zwischen Michail Gorbatschow und Boris Jelzin.

Gorbatschow und Jelzin vertraten in persönlicher wie auch in weltanschaulicher Hinsicht gegensätzliche Meinungen. Auf dem Oktoberplenum des Zentralkomitees im Jahr 1987 griff Jelzin Gorbatschow scharf an, in vielen Fragen zu Unrecht. Er kritisierte die Langsamkeit in der Umsetzung von Perestroika und Demokratisierung. Am 11. November 1987 war Jelzin von seinem Posten als Moskauer Parteichef abgesetzt und zum Stellvertreter des Bauministers ernannt worden. Auch ich musste damals Jelzin öffentlich kritisieren. Ich dachte und denke auch heute noch, dass er gegenüber Gorbatschow unfair war.

Ende Mai 1990 wurde Boris Jelzin Vorsitzender des Obersten Sowjets und damit der Präsident der Russischen Föderativen Sowjetrepublik, aber die Rivalität zwischen ihm und Gorbatschow verstärkte sich immer mehr.

---

[1] Staatliches Komitee für den Ausnahmezustand.

Nun war die Existenz der Sowjetunion in Frage gestellt: Sein oder Nichtsein? In dieser Zeit spielten die Präsidenten der drei Republiken Russland, Ukraine und Weißrussland eine entscheidende Rolle.

Boris Jelzin, Leonid Krawtschuk (Präsident der Ukraine) und Stanislaw Schuschkewitsch (Präsident Weißrusslands) war bereits seit langem die Unabhängigkeit und slawische Einheit ans Herz gewachsen. Das war offensichtlich und wurde auch nicht verheimlicht. Das Baltikum beobachtete die Entwicklung erwartungsvoll. Auch die anderen Republiken sahen darin die Entscheidung für die eigene Zukunft mit weniger Opfern und mit der Beibehaltung des eigenen nationalen und wirtschaftlichen Potenzials.

Michail Gorbatschow versuchte unverdrossen, das Imperium in umgestalteter Form zu retten und schlug einen Staatenbund vor. Bei einem öffentlichen Treffen im Juni 1990 hielt er dazu eine Rede. Ich war anwesend.

Was kann man dazu sagen? Vor einiger Zeit wäre das wohl noch sinnvoll gewesen, jetzt war jedoch alles hoffnungslos zu spät. Gorbatschows schriftlichen Vorschlag haben Jelzin, Krawtschuk und Schuschkewitsch, die in einem Jagdhaus nahe Minsk zusammengekommen waren, nicht einmal als ernsthafte Empfehlung behandelt.

Als ich Gorbatschow zuhörte, hatte ich das Gefühl, dass die Rettung des Sowjetimperiums unmöglich war. Wir konnten nur noch den Prozess der Auflösung abschwächen.

Die den Zusammenbruch des Zentralstaats begleitenden nationalen Konflikte hatten jene Kettenreaktion von Separatismus, Opfern, Flüchtlingen, Vertreibung der Bevölkerung aus ihren angestammten Wohngebieten, ethnische Säuberungen und Genozid zur Folge.

Bei der Suche nach Antworten griff die Regierung in Moskau auf die erprobten Mittel harter Gewalt zurück. Das war der Anfang vom Ende.

Wann wurde die Perestroika beendet? Am 20. Januar 1990, so die Antwort des russischen Historikers Michail Gefter (1918–1995). Er meinte damit das Blutbad in Baku in Aserbaidschan, das die Armee unter der friedlich demonstrierenden Bevölkerung anrichtete. Dem Blutbad ging jedoch die Ermordung von Armeniern in Baku voraus. Man kann auch behaupten, dass die Perestroika beim brutalen Vorgehen sowjetischer Truppen am 9. April 1989 in Tiflis und 1991 in Vilnius und Riga hinterrücks „erdolcht" wurde. Natürlich waren dies nur einige Gründe für den Zusammenbruch der Sowjetunion.

Meine Prognose bewahrheitete sich weitgehend: Gemäß historischer Gesetzmäßigkeit musste die Sowjetunion auseinanderfallen, und sie ist auch auseinandergefallen.

Niedergang und Zerfall

Mein erster Rücktritt

An dieser Stelle möchte ich zu den bereits angesprochenen Ängsten und Zweifeln zurückkommen, die die Welt bewegten, als es darum ging, die deutsche Wiedervereiniung vor dem entscheidenden Parteitag zu rechtfertigen. Würde mich Gorbatschow mit dem brisanten Thema der deutschen Frage im Regen stehen lassen? Und wie war es eigentlich um das Verhältnis zwischen dem Generalsekretär der KPdSU und seinem Weggefährten, dem sowjetischen Außenminister, mittlerweile wirklich bestellt?

Die Entfremdung zwischen Gorbatschow und mir fiel auch Außenstehenden auf. Wann begann dieser Prozess zwischen uns Freunden? Eigentlich recht spät. Vielleicht nach dem Treffen auf Malta Anfang Dezember 1989 oder genauer gesagt: als der Eindruck entstand, dass das Ansehen des sowjetischen Außenministers zu sehr gewachsen war und er, trotz der unumgänglichen Absprachen mit Gorbatschow, zu prinzipiellen Fragen, doch eine gewisse Selbstständigkeit und Handlungsfreiheit gewonnen hatte. Allem Anschein nach war ich Gorbatschow unbequem geworden. Bei den meisten Problemen teilte ich die „Ehre" ihrer Lösung mit Gorbatschow. Es gab aber auch Fragen, die ich allein entscheiden konnte. Es bildete sich eine neue Beziehung zwischen mir und führenden Persönlichkeiten der Welt heraus. Das beunruhigte ihn wohl. Und es reizte auch andere: Schließlich war ich kein Russe. Aus diesem Grund hatte ich das Amt nicht übernehmen wollen.

Hatten Gorbatschow und ich die Perestroika zusammen in die Wege geleitet und zu Beginn Erfolg wie Misserfolg miteinander geteilt, so stand ich jetzt allein da. Demnach gab es für meinen Rücktritt Gründe, sowohl persönliche als auch überpersönliche. Emotionales mischte sich mit Pragmatischem, Moralisches mit der Sorge um die Zukunft. Man bedenke: Eine zahlenmäßig nicht unbedeutende Gruppe von Abgeordneten des Obersten Sowjet der UdSSR war hauptsächlich damit beschäftigt, den Außenminister systematisch und zielgerichtet zu diskreditieren, ihn bei der erstbesten Gelegenheit anzuschwärzen, überall und jederzeit, im Obersten Sowjet, im ZK-Plenum, bei Arbeitstreffen, im Radio, im Fernsehen, in den Zeitungen. Zweimal wandte sich die Parteiversammlung des Verteidigungsministeriums an Gorbatschow mit der Bitte, Ermittlungen wegen Hochverrats gegen mich einzuleiten. Und was tat Gorbatschow? Er sagte kein Wort zur Verteidigung seines Außenministers, nicht einmal vor dem Verteidigungsministerium. Schließlich war ich Minister in seinem Kabinett, ganz zu schweigen davon, dass ich unschuldig war.

Alexander Jakowlew schreibt in seinen Memoiren: „Gorbatschow mied es, seine Mitstreiter öffentlich in Schutz zu nehmen. Dabei ließ er sich von nur ihm bekannten Prinzipien leiten."

So kam es eines Tages dazu, dass die Abgeordnete Galina Starowojtowa[1] in einer Rede vor dem Obersten Sowjet das Präsidium und Gorbatschow persönlich schärfstens kritisierte. Wer außer Schewardnadse arbeite denn sonst noch vierundzwanzig Stunden am Tag, und wer außer ihm könne auch wirklich Erfolge vorweisen, fragte sie Gorbatschow. Sie verlangte eine Antwort darauf, wieso er die Verleumdungen gegen den Außenminister so teilnahmslos im Raum stehen lasse. Eigentlich erwartete ich gerade von Gorbatschow Schutz, nicht von anderen, weil ich die Haltung in Schlüsselfragen immer mit ihm abstimmte. Zwar antwortete ich auf jede Beleidigung und jeden Angriff auf meine Person in angemessener Weise, aber irgendwann häufte sich alles so sehr, dass mir klar wurde: Auf die Dauer war dies nicht auszuhalten, ohne die Effizienz des gesamten Ministeriums zu schwächen. Die ständige „Bearbeitung" des Chefs und die ununterbrochenen Versuche, sein Ansehen zu mindern, brachten auch die Mitarbeiter des Außenministeriums in eine Lage, die keineswegs beneidenswert war.

[1] Galina Starowojtowa wurde Ende November 1998 ermordet.

Zugleich waren die Angriffe Ausdruck eines verdeckten Prozesses, der gegen die Perestroika und Gorbatschow selbst gerichtet war. Die, die sich dahinter versteckten, hatten sich zum Ziel gesetzt, das Perestroika-Team auseinanderzubringen, mich und Alexander Jakowlew von Gorbatschow zu trennen und ihn selbst zu isolieren.

Die Lage war kritisch. Ich bekam alarmierende Nachrichten sowohl vom KGB als auch von unseren Botschaften. Auch bei meinen Mitarbeitern hatten sich genügend beunruhigende Informationen angesammelt. Denen zufolge war eine Organisation im Entstehen, die einen Staatsstreich vorbereitete. Dies teilte ich Gorbatschow und anderen mit. Gorbatschow tat so, als würde er mir zuhören, aber…

Ich überlegte: „Ich bin der Außenminister und spreche von der Sicherheit des Staates. Ich führe Argumente an, aber niemand will sie hören. Welchen Sinn hat es dann noch für mich, weiter auf meinem Posten zu bleiben? Man vertraut mir nicht, man beachtet mich nicht, man überwacht mich im Stillen und hört mein Telefon ab."

Ich spürte, dass mir eine reale persönliche Gefahr drohte, wenn „sie" den Sieg davontragen würden. Selbst die Wohnung, in der ich mit meiner Familie lebte, war schon für einen anderen vorgemerkt. Auf meinem Stockwerk wohnte ein weiterer Amtsträger, Sekretär des ZK der KPdSU, Politbüromitglied Lew Sajkow. Auf demselben Stockwerk gab es eine Einzimmerwohnung. Dort zog eines Tages der neue Vize-Präsident und künftige Vorsitzende des GKTschP, Gennadi Janajew, ein. Ich wunderte mich, was er in der Einzimmerwohnung verloren hatte. Mit der Zeit begriff ich: Die politische Stellung meines neuen Nachbarn war vielversprechend, meine dagegen ziemlich düster. Für den Fall des Sieges der GKTschP war meine physische Beseitigung beschlossen. (Es gab eine Sonderliste, auf der mein Name weit oben stand.) Dann würde meine Wohnung leer stehen, um an seine Einzimmerwohnung angeschlossen zu werden. Kurz, ich war zur Zielscheibe geworden. Ich begriff es, und auch „sie" machten keinen Hehl daraus. Wer hätte mich unter diesen Umständen schützen sollen, wenn nicht die erste Person im Staat, mein nächster Freund?

Außer dem persönlichen Aspekt gab es einen anderen, der noch wichtiger war: das Staatsinteresse. Dem Land drohte eine große Gefahr, die Öffentlichkeit aber sah und spürte nichts. Es gab nichts Dringlicheres als die Menschen aufzuwecken … Ich verfügte über detaillierte Informationen über die Vorbereitungsmaßnahmen der Verschwörer. Meiner Warnung folgte leider keine Reaktion. Aus Protest gegen die drohende Diktatur beschloss ich, vom Posten des Außenministers der Sowjetunion zurückzutreten. Meine Rücktrittserklärung bei der Tagung der Volksdeputierten am 20. Dezember 1990 war kurz. Das musste sie auch sein. Die längere Fassung meiner Rede, zu der ich verpflichtet war, wurde von meinen Mitarbeitern auf meine Bitte hin an die Volksdeputierten verteilt. Die Erklärung musste wie ein Blitz einschlagen. Sie musste alarmieren. Ich sagte gleich zu Beginn, dass die Rede die kürzeste meines Lebens sein werde. Der Kern der Rede war folgender Satz: „Eine Diktatur ist im Anmarsch … Niemand weiß, was das für eine Diktatur sein wird, welcher Diktator kommt und welche Ordnung eingeführt wird … Mein Rücktritt soll, wenn Sie so wollen, mein Protest gegen diese drohende Diktatur sein." (Meine Botschaft war: Wir werden angegriffen, die Perestroika wird angegriffen, die Diktatur kommt. Wir aber sitzen „in den Büschen". So kann es nicht weitergehen.) Ich beendete meine Rede und setzte mich auf meinen Platz in der Regierungsreihe. Ich wusste wohl, welche Gefahr nun über mir und meiner Familie schwebte, aber ich musste aussprechen, was ich zu sagen hatte.

Dimitrij Lichatschow – Mitglied der Akademie, ein großer Gelehrter, Vertreter der Leningrader Intelligenz – trat auf: „Ich habe eine tiefe Hochachtung vor Eduard Amwrossjewitsch und bitte ihn im Namen vieler Menschen, zu bleiben und weiterzuarbeiten."

Ich konnte nicht bleiben und bin auch nicht geblieben. Ich war damals zweiundsechzig Jahre alt. Ein ideales Alter für einen Staatspolitiker: Man weiß, was man machen will und wie man es machen muss.

Dann sprach Gorbatschow und sang kein Loblied auf mich, wie nicht anders zu erwarten war. „Ich weiß von keiner Gefahr", sagte er und setzte erstaunt fort: „Wieso weiß ich von keiner Gefahr, wenn eine solche besteht?"

Auch Alexander Jakowlew trat zurück. Gorbatschow blieb fast ganz allein, Jelzin dagegen gewann immer mehr an Macht. Die Gefahr einer Diktatur blieb weiterhin bestehen.

Es konnte nicht sein, dass Gorbatschow nichts wusste. Ich glaube nicht, dass irgendjemand es gewagt hätte, Gorbatschow Informationen zu verheimlichen. Ich verstand nicht, wieso er keine Gefahr sah oder wieso er keine entsprechenden Maßnahmen traf, wenn er eine sah.

Davon, dass er sehr wohl über alles informiert war, zeugt seine Erklärung, die er in der Versammlung des Parteiaktivs Anfang 1991 in Minsk, einige Monate nach meinem Rücktritt, abgab: „Die Gefahr einer Diktatur ist real, und ich appelliere an jeden, der die Perestroika unterstützt, wachsam zu sein." So sprach er. Und was tat er? Er fuhr zur Erholung auf die Krim.

Nach dem Rücktritt: Kampf ums „Weiße Haus"

Während meiner Zeit ohne Amt zwischen Dezember 1990 und November 1991 war ich nie allein. In unserer Moskauer Wohnung in der Plotnikowgasse und im Büro der „Assoziation für auswärtige politische Beziehungen", die ich mit meinen Mitstreitern gegründet hatte, besuchten mich oft Menschen, die ich als Freunde bezeichne. Nicht nur Mitbürger, sondern auch ehemalige Kollegen, Außenminister anderer Staaten, die zu offiziellen Besuchen nach Moskau kamen, waren häufig bei uns zu Gast.

Meine Frau und ich freuten uns über ihre Besuche. Sie bereicherten nicht nur unser Leben, sondern sie ermutigten uns und gaben uns zu verstehen, dass sie in mir weiterhin den freundschaftlichen Gesprächspartner und Kollegen schätzten. Dank der Treffen mit James Baker, Hans-Dietrich Genscher, Roland Dumas und Geoffrey Howe fühlte ich mich weiterhin an der großen Politik beteiligt.

Sehr genau erinnere ich mich an den Besuch des Bürgermeisters von Paris, Jacques Chirac, in der Moskauer Elisarowstraße. Das Treffen und das Gespräch mit ihm überzeugten mich endgültig davon, woran ich auch sonst eigentlich nicht gezweifelt hatte: Er wäre als Präsidentschaftskandidat nicht zu übertreffen. So geschah es auch, er wurde zum Präsidenten Frankreichs gewählt. Als er Präsident war, besuchte ich Chirac in meiner Eigenschaft als Präsident Georgiens in Paris. Bei dieser Gelegenheit wurden die Grundlagen der Beziehungen zwischen unseren beiden Ländern erarbeitet. So wurde u. a. beschlossen, eine französische Botschaft in Georgien zu eröffnen. Die Botschafterin Mireille Mussot erwies sich in der Folgezeit als überaus effizient: Sie war sehr aktiv an der friedlichen Beilegung des Abchasienkonflikts beteiligt. Wir arbeiteten viel bei der Förderung der französischen Sprache zusammen, und nach dem Besuch des zuständigen französischen Ministers wurde ein ausführliches Programm erstellt. Frau Mussot zeichnete sich durch ein tiefes und empfindsames Problembewusstsein zur nationalen Kultur in der Epoche der Globalisierung aus. Sie bat mich offiziell, bei einer der diesbezüglichen Diskussionen in der UNESCO Frankreichs Position zu unterstützen. Wir taten das, weil im Prozess der Globalisierung die georgische Kultur – allerdings in viel größerem Maße – mit denselben Gefahren wie die französische konfrontiert ist.

Aus einer verlässlichen Quelle erfuhr ich, dass nach meinem Rücktritt vom Amt des Präsidenten Georgiens 2003 einer meiner Landsleute in Paris Gerüchte über mich verbreitete. Der französische Präsident unterbrach ihn brüsk und sagte: „Eduard Schewardnadse ist mein Freund, und ich habe nicht die geringste Absicht, mir etwas Negatives über ihn anzuhören." Ich wunderte mich nicht über seine Reaktion.

Ich komme zurück auf die Moskauer Tischgespräche, die sich vorwiegend um eine Frage drehten: Was wird aus der Sowjetunion? Die Beunruhigung meiner Gesprächspartner war durchaus nachvollziehbar: Das Zusammenbrechen der Sowjetunion versprach nichts Gutes, weder für die betroffenen Unionsrepubliken und Einzelregionen noch für die Welt.

Hier muss ich besonders an Henry Kissinger denken. An einem Abend im November 1991 besuchte er mich zusammen mit dem Botschafter der USA in der Sowjetunion, Bob Strauss. Er schaute sich im Zimmer um und bemerkte, dass Andrej Gromyko zwar sehr gastfreundlich gewesen sei, ihn aber immer nur an offiziellen Orten empfangen hätte. „Das waren andere Zeiten. Andrej Andrejewitsch hätte gar nicht anders handeln können“, erwiderte ich meinem Gast. Wir tauschten Erinnerungen aus und näherten uns in unserem Gespräch der Gegenwart. „Einmal fragte ich Gromyko, worin seine Funktionen als Vorsitzender des Präsidiums des Obersten Sowjet der Sowjetunion bestünden“, fuhr Henry Kissinger fort. „Ich war sehr erstaunt, als er mir antwortete, dass eine der Funktionen des Präsidiumsvorsitzenden die sei, die Unstimmigkeiten zwischen den Unionsrepubliken zu schlichten. Welche Unstimmigkeiten hätte es denn zwischen den Unionsrepubliken der Sowjetunion geben können, dachte ich mir damals. Sie alle sind doch mit Stahl umklammert, sodass aus diesem Fass kein einziger Tropfen Unstimmigkeit durchsickern kann. Jetzt stellt sich aber heraus, dass sie so viel Konfliktpotenzial für sich und die Welt angesammelt haben, dass die Fassbänder sich lockern und das Fass auseinanderbricht.“

„Man kann es sich aber auch anders vorstellen: Das Fass bricht auseinander, weil Gorbatschow und Co. die Reifen lockerten, nicht wahr?“, unterbrach ich ihn. „Ja, und meine Kritiker können sagen: Sie, Herr Kissinger, haben sie dabei unterstützt.“ – „Jeder hat das Recht, die Geschehnisse auf seine Weise zu interpretieren. Und das ist auch gut so“, sagte ich.

Kissinger: „Siebzig Jahre lang sahen wir in der Sowjetunion den Feind Nummer eins und versuchten mit allen Mitteln, ihn zu zerstören. Geben Sie zu, wir hatten allerlei Gründe, Angst vor der sowjetischen Gefahr zu haben. Ihre Ideologie und Politik überall in der Welt war eine unverhüllte Deklaration der Gewalt. Jede doktrinäre Erklärung über die friedliche Koexistenz zweier Systeme war nur eine hohle Phrase. In der Praxis gab es davon keine Spur. Und nun, wo die Sowjetunion ganz offensichtlich das Feld räumt, verspüren wir weder Genugtuung noch Freude. Wir stellen nur mit Bedauern fest, dass der Westen auf das, was er so sehr angestrebt und wovon er so sehr geträumt hatte, unvorbereitet ist. Wir sind in die Falle geraten, die wir selbst gestellt haben."

Kissinger erhob sein Glas und hielt den georgischen Estragonschnaps gegen das Licht. George Shultz hatte das Getränk einmal „Grüner Blitz" getauft. Es war, als versuchte Henry Kissinger mit seinem scharfen Blick durch den magischen Kristall hindurch in die Zukunft zu schauen. Dann stellte er das Glas zurück auf den Tisch und fuhr fort, als spräche er mit sich selbst: „In den Vereinigten Staaten gibt es viele einflussreiche Politiker und Wissenschaftler, die nichts als Hass für die Theorie vom Gleichgewicht der Kräfte aufbringen. Jetzt, wo das Gleichgewicht gestört ist, werden sie gezwungen sein, ihre Parteilichkeit zu vergessen und überhaupt auf Parteipolitik zu verzichten – zugunsten der klassischen Diplomatie. Ich sehe, dass es ein schwieriges Jahrzehnt werden wird, eine Zeit der großen Prüfungen für die Welt, für Sie, für uns. Wir sollten das ausführlich besprechen."

Jetzt dachte ich daran, dass er mir einmal in New York wie nebenbei gesagt hatte: „Ich weiß nicht, wo Georgien liegt, aber ich weiß, dass Sie aus Georgien kommen." Er sah, dass ich fest mit meiner Heimat verbunden war. Er spürte den Zusammenhang, die gegenseitige Abhängigkeit. Dasselbe spürten auch meine Freunde James Baker und Hans-Dietrich Genscher. Dafür, für die ständige Unterstützung meines Landes und meiner Person bin ich beiden von Herzen dankbar.

Kissinger hatte meine Gedanken erraten. Ich dachte immer mehr an die Rückkehr in meine Heimat Georgien. Wenn man mich fragte, als was ich zurückkehren könnte, antwortete ich: „Als Privatperson." Aber nicht einmal als solche wurde ich von meiner Heimat zum Kommen aufgefordert. Denjenigen, die mir zuriefen, meine Heimat würde mich nie aufnehmen, antwortete ich insgeheim: „Wenn es notwendig sein wird, werde ich zurückkehren, und nichts wird mich aufhalten können." Ich wusste, dass es nicht anders kommen konnte.

Georgien war ein Teil der Sowjetunion, das brachte ihm kein Glück. Als es aber infolge der Perestroika und der nationalen Befreiungsbewegung seine Unabhängigkeit erreichte, erwuchs für Georgien eine ernsthafte und konkrete Gefahr, gegen die man in der „siegreichen Union der freien Nationen“ gefeit gewesen war: die Gefahr innerer Konflikte und Bürgerkriege.

Ich sagte zu meinen Gästen, die USA sollten Georgien anerkennen. Bob Strauss bemerkte diplomatisch: „Soviel ich weiß, hat Außenminister Baker angedeutet, unter welchen Umständen das möglich wäre.“ Von diesen „Umständen“ war man damals leider weit entfernt.

Um die entstandene Verlegenheit zu überspielen, sagte Kissinger: „Das Schwierige, fast Unmögliche in der Politik ist, die Menschen aus dem Zustand herauszuholen, in dem sie sich gerade befinden, ihnen einen anderen Weg zu zeigen, der hart sein mag, aber sicher ist. Die Versuchung, auf ausgetretenen Pfaden weiterzugehen, ist zu groß, um unbekannte einzuschlagen. Aber Sie und Gorbatschow haben das ja getan. Mit der Befreiung des eigenen Landes von der zweifelhaften Ehre, das ‚Weltmonster‘ zu sein, haben Sie Ihrem Land und der Menschheit einen großen Dienst erwiesen.“

Ich dachte aber, dass in ihrem jetzigen und dem durchaus möglichen zukünftigen Zustand die Sowjetunion oder ihr Nachfolgestaat ein noch schlimmeres Ungeheuer werden könnte. Warum? Was war eigentlich geschehen? Was hatten wir getan? Folgendes: Wir hatten das in der Sowjetunion gültige Wertesystem so umgestaltet, dass es seinen antagonistischen Charakter in Bezug auf allgemeine, menschliche Normen verlor. Wir haben es annehmbar für die Welt gemacht, die uns so gefürchtet hatte. Wir zogen diese Normen jenen „Werten“ vor, die uns die Konfrontation mit der restlichen Welt eingebracht hatten.

Wir hatten nur scheinbar Notwendiges und wenig getan. Aber genau dieses „Wenige“ war der Grund dafür, dass das System sich sträubte und auf seinem Weg alles dem Erdboden gleichmachte. Die Sowjetunion hätte anders werden können, sie wurde es aber nicht. Warum nicht? Weil das Tempo der Umgestaltung zum Schluss zu sehr nachließ.

Ein westlicher Politologe hat behauptet, dass „die Leute um Andropow“ (Gorbatschow, Schewardnadse u. a.) sich zu lange auf die Auflösung der Sowjetunion vorbereiteten und dann, nachdem sie an die Macht gekommen waren, zu langsam handelten. Das habe zu diesem traurigen Ergebnis geführt.

Von „langsamem Handeln“ zu sprechen, ist nicht falsch. Aber der Hauptpunkt war der, dass Gorbatschow die Auflösung der Sowjetunion nicht wollte. Das war auch im Sinne vieler westlicher Politiker. Einige von ihnen fürchteten die Gefahr, die für die Welt von einem auseinanderfallenden Monstrum ausgehen könnte. Ich stelle fest: Bis zum letzten Augenblick versuchten sie, den Zerfall der Sowjetunion zu verhindern. Ich verrate kein Geheimnis, wenn ich sage, dass im Herbst 1991 einige, z. B. James Baker, mich allen Ernstes fragten, ob ich wüsste, wer im Westen die separatistischen Bestrebungen der einzelnen Unionsrepubliken unterstütze.

Wenn Gorbatschow das Tempo drosselte, dann betraf dies vorwiegend den Bereich der nationalstaatlichen Neuordnung der Sowjetunion. Aber ich kann nicht mit Steinen werfen: Im Politbüro war er von seiner Umgebung so eingeengt, dass ihm die Möglichkeit schnellen und entschiedenen Handelns genommen war.

Ich war davon überzeugt, dass die Demokratisierung des sowjetischen Staates, die von Gorbatschow initiiert wurde und an der ich beteiligt war, letztlich die Unionsrepubliken, unter ihnen auch Georgien, zur Selbstständigkeit führen sollte. Das war mein stiller Traum. Gorbatschow und andere betrachteten hingegen Demokratisierung und Perestroika als den einzigen Weg zur Festigung der Sowjetunion. Meine Voraussage war eine andere. Ich war davon überzeugt, dass die Verwirklichung meines Traumes eine lange Zeit benötigte, viel länger, als sie, wie die Realität zeigte, tatsächlich brauchte, und dass uns genug Zeit zum Manövrieren vergönnt bliebe. So dachten auch einige herausragende Weltpolitiker. Aber die Zeit wurde uns nicht gegeben. „Der Mensch denkt, Gott lenkt“, heißt es. Genau so ist es uns wohl ergangen.

Was mich als Außenminister betrifft, waren damals meine Gedanken überwiegend damit beschäftigt, wie im Ausland ein Umfeld zu schaffen wäre, das die Überwindung der inneren Krise der Sowjetunion begünstigen würde. Dafür war zuerst die Überwindung der „Lager-Konfrontation“ notwendig. Wir mussten unsere „Gegner“ davon überzeugen, dass wir in ihnen nicht mehr den Feind sahen, sondern ihre Partner sein wollten. Ich bemühte mich zu beweisen, dass wir ernsthaft daran interessiert waren, ein von geostrategischem Messianismus befreiter Staat zu werden. Denn dieser Wahn war tödlich, sowohl für uns als auch für die gesamte Welt. Die Herrschaft des Rechts, der Vorrang ethischer Normen vor ideologischen Dogmen und die Freiheit der Wahl hatten für mich absolute Priorität. Manchmal fiel es mir selber schwer, in vollem Maße zu begreifen, wie sehr ich mich verändert hatte.

Es stimmt nicht, dass diese Prinzipien nur als „Export-Label“ benutzt wurden. Von dem Tag an, als ich in einem Gespräch mit George Shultz die Wichtigkeit der Menschenrechtslage in der Sowjetunion anerkannte, versuchte ich konsequent und teilweise erfolgreich, diesem entrechteten Thema bei uns sein Recht wieder voll einzuräumen.

Natürlich verstand ich, dass das System, dem die absolute Unterordnung der Menschenrechte unter das Staatsinteresse zugrunde lag, ins Wanken gekommen war. Ich wusste wohl, dass dieses System vor dem Zusammenbruch stand. Aber ich hätte wahnsinnig sein müssen, mir einen lawinenartigen Sturz des Systems herbeizuwünschen. Ein rationaler, klarer Demontage-Plan dagegen wäre genau das Richtige. Es war keine Heuchelei, wenn ich den Rechtsstaat forderte. Es ging mir wirklich um das Recht, und zwar um das Recht jeder einzelnen Unionsrepublik, sich frei zu entscheiden, sowie um das Recht jedes einzelnen Sowjetbürgers, dasselbe auch zu können.

Wie bereits erwähnt, hatte ich mithilfe der Mitarbeiter des Außenministeriums die „Assoziation für auswärtige politische Beziehungen“ gegründet. Kein offizieller Amtsträger unterstützte uns. Privatpersonen halfen dagegen sehr. Ich erinnere mich, wie uns junge Unternehmer im Büro besuchten (unter ihnen Arkadij Wolskij, Leiter der „Unternehmerunion“), wie sie uns finanziell unterstützten und uns gutes Geld für

Interviews zahlten. An jedem Monatsende verteilte mein Assistent, Temur Stepanow-Mamaladse, Gehälter an uns. Das war die Zeit, in der mir Gorbatschow fremd wurde. Er hat damals kein einziges Mal angerufen und nachgefragt, wie es mir gehe, wovon ich lebe oder ob ich etwas brauche. Das kränkte, denn wir waren ja Freunde. Nicht ich war verpflichtet anzurufen. Schließlich war ich es, der in Not war.

Später gründeten Alexander Jakowlew, Anatolij Sobtschak, Gawriil Popow, der „Iswestija"-Chefredakteur Iwan Laptew, ich und einige andere, insgesamt etwa fünfzehn Personen, eine Organisation namens „Für demokratische Reformen". Zusammen mit Alexander Jakowlew wurde ich ihr Vorsitzender. Aus allen Teilen der Sowjetunion erhielten wir eine positive Resonanz. Jelzin sagte mir: „Um der Organisation noch mehr Gewicht zu verschaffen, könntet ihr vielleicht Ruzkoj in den Vorstand aufnehmen. Sein Ansehen könnte euch nützlich sein. Schließlich ist er der Vizepräsident Russlands." Ich sagte nicht nein. Aber später entstanden gewisse Meinungsverschiedenheiten mit Alexander Ruzkoj, und er verließ die Organisation.

Als wir die erste Tagung veranstalteten, war der Saal voll. Etwa sechshundert Menschen waren da. Ich hielt eine Rede, deren Text leider nicht mehr auffindbar ist. Wichtige Dokumente hatte ich nie bei mir zu Hause. Nanuli kannte sie nicht. Ich hielt sie grundsätzlich fern von meinem Beruf. Vieles erfuhr sie erst aus der Presse. Den Entschluss zurückzutreten, verriet ich ihr am letzten Abend vor der öffentlichen Erklärung.

In meinem Vortrag analysierte ich die Situation im Lande. Ich wiederholte einige Male, dass die Gefahr schon nahe sei. Auch Jakowlew sprach.

Einige Tage vor dem Putsch im August 1991 versammelte sich unser Rat. Aus Leningrad hatten wir Anatolij Sobtschak eingeladen. Der Rat verkündete öffentlich: „Wenn nicht heute, so doch morgen wird der Sturm auf das ‚Weiße Haus' beginnen." Es wurde laut im Saal. Jelzin rief an. Er wusste über vieles Bescheid, besser als Gorbatschow. Kurz, unsere

Organisation warnte zeitig und mit klaren Worten. Am Tag nach unserer Erklärung, dem 19. August 1991, sah man Panzer auf den Straßen Moskaus, die sich in Richtung des „Weißen Hauses“ bewegten.

Zu diesem Zeitpunkt war Jelzin schon Präsident der Unionsrepublik Russland und hatte die Situation recht gut im Griff. Gorbatschow befand sich in Foros auf der Krim. Boris Jelzin, Leonid Krawtschuk und Stanislaw Schuschkewitsch hatten bereits signalisiert, den Austritt aus der Sowjetunion anzustreben.

Ich betrat Jelzins Arbeitszimmer. „Wissen Sie, dass der Angriff auf das ‚Weiße Haus‘ vorbereitet wird?“ Er wusste es. Er nahm ein Blatt Papier vom Tisch und las mir vor. Es war der Entwurf des Erlasses zum „Übergang der in Russland stationierten Streitkräfte unter die Befehlsgewalt des Präsidenten von Russland“.

„Soll ich das unterschreiben?“, fragte er. „Sie müssen das sofort unterschreiben. Nachher wird es zu spät sein“, antwortete ich.

Er unterschrieb und wurde Befehlshaber über alle in Moskau und Russland stationierten Streitkräfte. Das war eine große Macht. Faktisch war es dieser Erlass, der alles entschied. Gorbatschow glitt die Macht aus der Hand.

Als die Panzer sich dem „Weißen Haus“ näherten, war ich zu Hause. Bei mir waren Temur Stepanow-Mamaladse, Guram Mgeladse und Nugsar Popchadse. „Wir müssen hin“, sagte ich zu ihnen so leise, dass meine Frau es nicht hören konnte. „Nanuli, wir Herren sind zu einem Essen eingeladen“, sagte ich zu ihr. „Aber ich bleibe nicht lange weg.“ Wir machten uns auf den Weg zum „Weißen Haus“ und brauchten etwa eine halbe Stunde, um es zu Fuß zu erreichen. Die Straßen waren voll.

Wir betraten den Hof des „Weißen Hauses“. In solchen Augenblicken empfinden Menschen bekanntlich besonders tief, wer auf ihrer Seite steht. „Schewardnadse ist bei uns“, rief jemand, der mich wohl bemerkt hatte. Die anderen schlossen sich ihm an und wiederholten den Ruf. Jetzt begrüßten mich alle voller Freude im Chor.

Als Erinnerung an diese Tage prägte sich ein Bild besonders tief in das Gedächtnis der Menschen ein: Jelzin auf einem Panzer. Ich war dort, als er, sich auf die Arme junger Leute stützend, den Panzer bestieg. Es war etwas Symbolisches daran. Das erinnerte an die revolutionäre Vergangenheit Russlands: Lenin auf dem Panzerwagen. Aber das neue Russland war anders. Jelzin war gerade dabei, das andere Russland zu begründen. Jedenfalls waren der Wille und die Hoffnung auf das Neue deutlich spürbar. Jelzin genoss hohes Ansehen, und das bewirkte viel. Eine große Kundgebung fand statt.

Das gesamte GKTschP[1] war unterwegs nach Süden, um Gorbatschow zu holen, der sich in diesem historischen Augenblick, der das Schicksal des Landes bestimmen sollte, auf der Krim erholte. Das GKTschP und fast das vollständige Politbüro hatten sich dorthin begeben, aber Gorbatschow kehrte nicht mit ihnen zurück. Er blieb auf der Krim und flog erst später zusammen mit seiner Familie nach Moskau. In Jelzins Vorzimmer hatte ich gesagt: „Wenn Gorbatschow gewusst haben sollte, dass diese Gefahr zu erwarten war und er trotzdem nach Foros gegangen ist, dann ist auch er ein Verräter." Waren es nicht seine eigenen Worte, die er in Minsk gesprochen hatte, die Gefahr einer Diktatur bestehe wirklich? Inzwischen hatte Jelzin ihm die Butter vom Brot genommen, sodass für Gorbatschow selbst das Betreten des Kreml fast zu einem Problem geworden war.

Das „Weiße Haus" war voll von Menschen; sie kamen aus allen Schichten der Gesellschaft, für die das Schicksal der Demokratie in Russland und überhaupt das Schicksal Russlands alles bedeutete.

Dort wurde ich Zeuge einer Szene, die wie ein Sinnbild des Ganzen mir heute noch klar vor Augen steht: Mstislav Rostropowitsch, eingeschlafen, auf einem Stuhl sitzend, ein Maschinengewehr fest ans Herz gedrückt.

---

[1] Die Putschisten, die dem GKTschP angehörten, waren: „Amtierender Präsident" Gennadi Janajew (Vizepräsident der UdSSR), Ministerpräsident Valentin Pawlow, Verteidigungsminister Dmitrij Jasow, KGB-Chef Wladimir Krjutschkow, Innenminister Boris Pugo.

Auf dem Panzer stehend erklärte Jelzin, die Reaktionäre könnten nicht siegen. Ihre Tage seien gezählt. Ein neues, demokratisches Russland werde geboren. Seine Worte bestimmten im Wesentlichen den Lauf der Dinge. Tausende von Menschen, die Verteidiger des „Weißen Hauses", hörten zu. Unter ihnen erblickte ich auch meine Landsleute. Sie hatten die historische Fahne aus der Zeit des demokratischen Georgien der 1920er Jahre gehisst wie ein Symbol der Einheit der neugeborenen Demokratien. Das war am 21. August 1991 bei der feierlichen Kundgebung anlässlich des Sieges über den Putsch.

Aus der Foroser Gefangenschaft kehrte Gorbatschow gebrochen zurück. Er machte den Eindruck eines Menschen, der die Orientierung verloren hatte. Diejenigen, die ihn aus der Gefangenschaft befreiten, hatten kein Mitleid mit ihm. Es war hart, die öffentliche Verurteilung zu beobachten, die Jelzin und die Abgeordneten des russischen Parlaments nach Gorbatschows Rückkehr von der Krim mit ihm durchführten. Während der Pressekonferenz anlässlich seiner Befreiung aus der Foroser Gefangenschaft fiel auf, wie schlecht es Gorbatschow ging.

Gorbatschow musste einen derart schweren Schlag hinnehmen, wonach man gewöhnlich nicht mehr auf die Beine kommt. Seine Tragik bestand darin, dass er in die Falle geraten war, die er selbst, möglicherweise unwissentlich, aufgestellt hatte. Ob es mich schmerzte? Natürlich. Wir waren viele Jahre Freunde gewesen. Aber den Tatsachen musste man sich stellen.

Nach außen hin war das aber noch nicht das endgültige Aus. Gorbatschow riss sich zusammen, um den Kampf um die „erneuerte Union" fortzusetzen. Ich wusste, dass es vergebliche Mühe war. Dieser Kampf war schon verloren.

Wer zu spät kommt, den bestraft die Geschichte.

Der Zusammenbruch des sowjetischen Imperiums

In einer Dezembernacht 1991 hatten in Beloweshskaja Puschtscha unweit von Minsk die Staatsoberhäupter der drei Unionsrepubliken Russland, Ukraine und Weißrussland den Schlussstrich gezogen: Das sowjetische Imperium hörte auf zu existieren.

Einer der Hauptakteure dieser Zusammenkunft, der damalige Präsident der Ukraine, Leonid Krawtschuk, beschreibt das Treffen wie folgt: „Auf Vorschlag der Ukraine wurde Minsk, die kleinste der drei Hauptstädte, als Treffpunkt gewählt. Die Wahrscheinlichkeit, unsere Zusammenkunft geheim halten zu können, war dort vermutlich größer als anderswo. So kam es dann auch wirklich dazu, was alle Welt erstaunte.

Jelzin hatte den Gorbatschowschen Text zur Gründung der Union mitgebracht. Gorbatschow schlug Folgendes vor: Die Ukraine habe das volle Recht, beliebige Korrekturen vorzunehmen, ganze Textteile zu revidieren und, falls nötig, völlig neu zu schreiben – unter einer einzigen Bedingung, dass sie den Vertrag im Vorhinein unterschreiben würde. Jelzin legte den Text auf den Tisch und überbrachte uns die Frage Gorbatschows, des Präsidenten der UdSSR: ‚Seid ihr bereit, den Text – ob mit Veränderungen oder ohne – zu unterschreiben?‘ Er selber würde erst nach mir unterschreiben, fügte Jelzin hinzu. Das Schicksal des Vertrages hing also von der Ukraine ab. Meine Antwort war nein.

Daraufhin stellte sich die Frage nach einem anderen Dokument, und Fachleute mussten die ganze Nacht damit verbringen, ein solches zu verfassen. Um sechs Uhr morgens setzten wir uns zu sechst an den Tisch: Boris Jelzin und Gennadi Burbulis, Stanislaw Schuschkewitsch und Wjatscheslaw Kebitsch, Witold Fokin und ich. Die letzte Fassung wurde von uns selbst formuliert. Die Aufregung von damals zu beschreiben, ist kaum möglich. Wir lasen das Dokument noch einmal durch und begriffen, dass in diesem Augenblick Geschichte gemacht wurde. Vor dem Abschied begossen wir dieses Ereignis mit einem Glas Sekt.“

Die Leistung Jelzins und seiner Kollegen bestand darin, dass sie als Erste die Unabhängigkeit erklärten und auf diese Weise – ohne großes Aufsehen zu erregen, ohne Streit und Blutvergießen – den Anderen den Weg wiesen. Trotzdem ist es uns dann nicht gelungen, Blutvergießen zu vermeiden.

***

So endete der Zweikampf zwischen Gorbatschow und Jelzin. Jelzin hatte alles versucht, um Gorbatschow jede Funktion zu nehmen. Er hatte lange gekämpft und ergriff nun endlich auch wirklich die Macht.

Durch die Erklärung der Unabhängigkeit Russlands spielte Jelzin eine einzigartige Rolle. Er ermöglichte damit völlig neue Beziehungen Russlands zu den künftigen unabhängigen Staaten. Ein besseres Szenario war kaum denkbar.

Im Zweikampf Gorbatschow gegen Jelzin hatte Jelzin einen deutlichen Vorteil. Er besaß ein großes Kapital: den Sieg über die Putschisten und die Idee, den russischen Nationalstaat wiederzubeleben. Jelzin war ein siegreicher Held. Für das Volk ist dies das Wichtigste, weil es sich unwillkürlich mit seinem Anführer identifiziert.

Gorbatschow hatte sich hoffnungslos „verspätet“. Hätte er es nur drei Monate vorher gewagt, den Begriff „Konföderation“ in die Debatte einzubringen, hätten sich sogar die baltischen Republiken damit zufriedengegeben. Sie erwarteten einen solchen Gang der Dinge. Ich weiß es, weil ihre Vertreter mir vertrauten und sie mich regelmäßig besuchten. Eine Konföderation war das Äußerste, was sie damals verlangten.

Bereits 1988 hatten erste Forderungen der Republiken nach einem neuen Unionsvertrag und nach einer nationalstaatlichen Neuordnung der Union Moskau erreicht. Damals vernahm man zum ersten Mal das Wort „Konföderation“, das die Mehrheit der Politbüromitglieder einer Ohnmacht nahe brachte. Dagegen waren diese Forderungen jetzt, 1991, für Gorbatschow völlig hinnehmbar. Er war mit allem einverstanden, was auch nur ein wenig dazu beitragen könnte, die Sowjetunion zusammenzuhalten. Aber nach dem August-Putsch 1991 war es zu spät.

Nur ein Mensch war imstande, die Idee der erneuerten Union und die Person Gorbatschow zu retten – Boris Jelzin. Es fragte sich nur, ob er das wollte. Jelzin bejahte die Frage. Am 14. November 1991 erklärte Jelzin in Nowoogarjowo bei Moskau vor Millionen von Fernsehzuschauern mit fester und überzeugender Stimme: „Die Union wird fortbestehen!"

Zehn Tage später aber, nachdem Gorbatschow verkündet hatte, dass der neue Unionsvertrag zum Paraphieren fertig sei, erhoben Jelzin und der weißrussische Präsident Schuschkewitsch den Einwand, dass es unmöglich sei, das Vertragsprojekt anzunehmen, solange darüber nicht in den Parlamenten der Republiken abgestimmt worden sei.

Gorbatschow, der allein und blass vor die Kameras trat, begann von der Hoffnung zu sprechen, die ihm die Bereitschaft der Präsidenten gäbe, das Vertragsprojekt an die jeweiligen Parlamente weiterzuleiten. Der ukrainische Präsident Leonid Krawtschuk hatte eine gute Entschuldigung, sich nicht neben Gorbatschow auf dem Bildschirm zu zeigen: Er musste nach Kiew, weil am 1. Dezember das allukrainische Referendum zur Frage nach dem Eintritt in die neue Union stattfinden sollte. Das Ergebnis des Referendums war jedoch nicht schwer vorauszusehen. Die Hoffnung, von der Gorbatschow gesprochen hatte, gab es in Wirklichkeit nicht. Zu dem Zeitpunkt wurde mir die Möglichkeit geboten, die Ereignisse nicht nur als passiver Zuschauer am Bildschirm zu verfolgen.

Am 26. August 1991 wurde in Moskau die außerordentliche Tagung des Obersten Sowjet der UdSSR eröffnet. Einer der Abgeordneten verlangte, diejenigen Menschen in die Regierung zurückzubringen, denen „das Land vertraue". Unter denen, die in diesem Zusammenhang erwähnt wurden, war auch ich. Zwei Tage später besuchten mich meine ehemaligen Mitarbeiter aus dem Außenministerium in meinem „Unterschlupf" – im Büro der „Assoziation für auswärtige politische Beziehungen" –, um mir ihre Bitte zu überbringen, ich möge wieder ins Ministerium zurückkehren. Siebentausend Unterschriften von Angestellten des Ressorts waren der Petition beigefügt. Ich war zutiefst gerührt.

Trotzdem musste ich absagen. Ich erklärte, dass ich gegenüber unseren neu gegründeten Organisationen – „Für demokratische Reformen" und „Assoziation für auswärtige politische Beziehungen" – Verpflichtungen hätte. Außerdem entsprach die Bitte zwar dem Wunsch der Mitarbeiter des Außenministeriums, aber nicht dem des Staatspräsidenten. Nach all dem, was zwischen uns geschehen war, würde es mir schwerfallen, wieder mit ihm zusammenzuarbeiten. Ich war damals nicht der Einzige gewesen, der Gorbatschow vor der nahenden Gefahr gewarnt hatte. Man hatte ihm sogar die Namen derer genannt, die an der Verschwörung beteiligt waren. Er hatte aber auf niemanden hören wollen. In meinen öffentlichen Auftritten war ich daher gnadenlos mit ihm. Ich war und bin der Meinung, sagte ich meinen Besuchern, dass er und kein anderer politisch und moralisch die Hauptverantwortung für den Putsch trage.

Am gleichen Tag rief mich Gorbatschow an. Seit meinem Rücktritt im Dezember 1990 hatten wir praktisch kein Wort miteinander gewechselt. Eine nicht überschreitbare Trennungslinie verlief zwischen uns – ich wollte sie nicht überschreiten, und er war dazu nicht imstande. Für ihn taten die Umstände den Schritt. Aber selbst jetzt, wo die Situation völlig anders war als vor einem Jahr, jetzt, als seine Macht, sein Einfluss, seine Rolle und sein Ansehen nicht mehr die früheren waren, blieb er seinen „Spielregeln" treu. Er hatte das Spiel verloren, und trotzdem tat er so, als hätte sich um ihn herum nichts verändert.

„Die Republiken haben der Gründung des Sicherheitsrates zugestimmt. Wir wollen dich in den Rat aufnehmen, du wirst den außenpolitischen Komplex übernehmen. Ein Treffen ist notwendig, um Einzelheiten zu besprechen."

„Eigentlich sehe ich nicht ganz klar, was das soll. Vielleicht könnten Sie mir ausführlicher erklären, wie Sie sich das vorstellen."

„Gut, ich ruf dich an ..."

Am selben Abend wurde bekannt, dass Boris Pankin zum Außenminister der Sowjetunion ernannt worden war. Dazu machte einer meiner Freunde folgende Bemerkung: „Typisch Gorbatschow. Er denkt nicht an die Sache, sondern daran, wer ihm am bequemsten ist."

In diesen Tagen empfing ich viele ausländische Gäste. Ehemalige Kollegen fragten mich, mit wem sie angesichts der offensichtlichen Desintegration der Union und ihrer Außenpolitik denn sprechen sollten. Ich antwortete, dass jede Republik an der Erhaltung des einheitlichen wirtschaftlichen und militärisch-strategischen Raumes interessiert sei und die unkontrollierte Auflösung schwerste Folgen für die Republiken, aber auch für die ganze Welt nach sich ziehen werde. Meiner Meinung nach war für eine Übergangszeit eine Art Koordinationszentrum zu schaffen, das während der Auflösungsphase der Sowjetunion für Schadensbegrenzung sorgen würde. Dieser Prozess muss konsequent und lenkbar ablaufen, sagte ich, denn andernfalls wird es zu einem unaufhaltsamen Zusammenbruch kommen, der neue innere, regionale und globale Gefahren erzeugen wird.

Ich wusste, welche Gefahren das sein würden. In meiner Rede vor der UNO-Vollversammlung hatte ich kurz vor meinem Rücktritt der Weltgemeinschaft eine Analyse der Situation vorgestellt, die durch den Zusammenbruch des totalitären Regimes in der UdSSR entstanden war. Ich sprach vom gnadenlosen Ansturm der ökonomischen Krise, dem die neuen unabhängigen Staaten in keiner Weise standhalten könnten. „Nach dem Ende des Kalten Krieges werden neue verhängnisvolle Figuren die weltpolitische Bühne betreten", sagte ich. „Es wird Versuche geben, die Demokratiebestrebungen zu unterdrücken; territoriale Konflikte und wirtschaftliche Kriege werden ausbrechen, ein aggressiver Separatismus wird erwachen, es wird zu inneren und zwischenstaatlichen Auseinandersetzungen kommen, Waffen werden spurlos verschwinden, Terrorismus und Geiselnahmen werden um sich greifen, sodass die neu entstandenen breiten Zonen der permanenten Instabilität die vergleichsweise integren Regionen ständig beunruhigen werden." Ohne konkrete Adressaten anzugeben, hatte ich das beschrieben, was uns später in der Wirklichkeit heimsuchen sollte.

Der Totalitarismus war am Ende, trotzdem hatte man in der Sowjetunion den Versuch unternommen, ihn zu retten. Und selbstverständlich hatte man die Mittel eingesetzt, die dem Totalitarismus eigen sind: Verschwörung, Verstoß gegen die Gesetze, Gewalt.

Der August-Putsch 1991 beschleunigte den Distanzierungsprozess in den Republiken vom Zentrum. Aber auch die Schritte, die Russland nach der Liquidierung des Putsches unternommenen hatte, trugen zu dem Prozess bei. Einseitige Annullierung von Allunionsakten, Beschneidung des Allunionseigentums und Ankündigung eventueller Grenzrevisionen sowie mögliche territoriale Ansprüche versetzten die Unionsrepubliken in Unruhe und zwangen sie, ihr Heil außerhalb des sinkenden Schiffes zu suchen.

Keiner der Republiken – auch Russland nicht, wo die Diktatur des Roten Platzes immer mehr durch die Expansion des „Weißen Hauses" ersetzt wurde („Dem Sieger gehört alles!") – hätte das chaotische Auseinanderfallen des riesigen Staates, seine schnelle Auflösung und die Beschleunigung seiner Agonie nützlich sein können. Ich wiederhole: Ein vergleichsweise schmerzloser, gesteuerter Übergang in den neuen Zustand war notwendig, und für diese Aufgabe brauchte man einen Regulierungsmechanismus.

Am 30. August 1991 rief mich Gorbatschow erneut an. Das Gespräch war von Anfang an schwierig. „Komm sofort in den Kreml!" – „Sofort ist nicht möglich", antwortete ich. „So einfach wird es nicht gehen. Wir müssen miteinander reden." – „Tun wir das nicht gerade?"

Was für ein Gespräch hätte in fünf Minuten stattfinden können? Gorbatschow verlangte von mir, sofort in den Sicherheitsrat einzutreten. Ich dagegen forderte, dass zuvor eine Reihe von Punkten geklärt würden. Es war mir äußerst wichtig, Antworten auf einige schwierige Fragen zu bekommen. Warum will er ein ernsthaftes Gespräch über das wirklich Wesentliche vermeiden? Warum hat er es jetzt so eilig, wo er sich doch gerade damals, als rasches Agieren lebensnotwendig war, viel zu viel Zeit gelassen hatte? Das Telefonat endete damit, dass ich ihm sagte, ich würde ihm nicht mehr voll vertrauen. Er explodierte: „Wieso?" „Ich kann es Ihnen erklären, aber nicht jetzt, so auf die Schnelle. Besser ein anderes Mal unter anderen Umständen."

Etwas später kam es doch zu einem Treffen. Daran nahm auch Alexander Jakowlew teil, ein profunder Kopf und ehrenhafter Mensch, mit dem mich vieles verband. Es war ein hartes Gespräch, in dessen Verlauf ich weder mich selbst noch Gorbatschow schonte. Ich sagte ihm alles, was sich in diesen Jahren bei mir angestaut hatte: Wie er selbst sein Lebenswerk zerstört und seine Mitstreiter verraten hätte, wie er sich mit farblosen Schmeichlern umgeben hätte, die ihm zum Schluss die Hände gebunden hätten. Ich erinnerte ihn daran, wie ich ihn zum Kompromiss mit Jelzin aufgefordert und darum gebeten hatte, die veränderte Realität wahrzunehmen und entsprechend zu handeln, wie ich Klarheit im Kampf gegen die Schattenregierung verlangte, die seine Politik zugrundegerichtet und beinahe auch ihn selbst von der Führung entfernt hatte. „Sie waren derjenige, der – egal, ob absichtlich oder unabsichtlich – den Putsch provoziert hat, und ich hatte allen Grund anzunehmen, dass Sie an der Verschwörung mitbeteiligt waren", sagte ich ihm unverblümt. Auch Jakowlew sagte alles, was zu sagen war.

Die Geschichte der Beziehung zwischen Michail Gorbatschow und mir ist bekannt. Wir waren einmal enge Freunde, er hat viele historische Taten vollbracht und menschlich habe ich immer noch großen Respekt vor ihm. Er ist ein Politiker von Weltformat. Aber in solchen Situationen ist es tödlich, sich nur von Gefühlen leiten zu lassen. Unser Gespräch war daher äußerst scharf und ernst, und ich bezweifle keinen Augenblick, dass es notwendig war, dabei offen und ehrlich zueinander und zum eigenen Gewissen zu sein. Wir waren, wie gesagt, zu dritt bei diesem Gespräch: Michail Gorbatschow, Alexander Jakowlew und ich.

Hier noch ein paar Worte über Alexander Jakowlew: Er war außerordentlich gebildet, ehrenhaft und zugleich prinzipientreu. In den schwierigsten

Tagen der Perestroika halfen uns seine Gedanken oft, die richtigen Entscheidungen zu finden. Uns vereinigten die grundsätzlich gleichen Vorstellungen von der Perestroika und ihren Folgen.

Gorbatschow hörte uns beiden zu, ohne uns, wie sonst üblich, ins Wort zu fallen. Am Ende sagte er, dass er bereit sei, alles zu vergessen und seine Fehler einzugestehen. Was er „vergessen" wollte, verstand ich nicht, und zu einem Eingeständnis seiner Fehler kam es nie.

Gorbatschow kommt zu spät

Am 5. November 1991 rief mich Gorbatschow an und schlug mir vor, das Außenministerium – das allerdings reorganisiert werden müsse – zu übernehmen, das ab sofort auch die wirtschaftlichen Beziehungen zum Ausland „betreuen" sollte.

Gorbatschow hatte drei Monate gebraucht, um „alles zu vergessen" und seine Verärgerung zu überwinden. Das war viel zu lang in einer Zeit, als sich alles in einem nie da gewesenen Tempo entwickelte und veränderte. Wie immer war Gorbatschow auch dieses Mal zu spät. Ich hatte im Grunde keine Lust mehr, dem abgefahrenen Zug nachzurennen. Außerdem sah ich, dass der Zug – um im Bilde zu bleiben – einer Katastrophe entgegenraste und ein großes Unglück abzusehen war. Das Einzige, weshalb es sich lohnen würde, den Zug doch noch zu erhaschen, war, durch langsames Bremsen des Zuges die Katastrophe zu vermeiden.

Ich fragte Gorbatschow, ob es überhaupt sinnvoll sei, über sein Angebot zu diskutieren, ohne die Meinung der Regierungen der Republiken – insbesondere von Russland, der Ukraine und Kasachstan – dazu zu kennen. Gorbatschow sagte mir, sie alle seien einverstanden. Ich könne mich davon überzeugen, wenn ich mit ihnen telefonierte. Ich tat es und vergewisserte mich. Sie waren einverstanden.

Am 20. November 1991, um 14 Uhr, betrat ich den Saal des Kollegiums des Außenministeriums, das sich nun Ministerium für auswärtige Beziehungen der Sowjetunion nannte. Äußerlich sah im Saal alles so aus wie zu meiner Zeit, bis auf eine Änderung: Das Gemälde des Künstlers Dimitrij Nalbandjan „Lenin vor dem Kreml" war durch die gemalte Kopie einer bekannten Arbeit des Fotografen Pjotr Otsup ersetzt worden. Darauf ist der bohrende Blick des sichtlich betrübten Lenin abgebildet. Das hatte etwas Symbolisches.

Auch das Auditorium wirkte verändert. Die Gesichter der Mitarbeiter zeigten die Spuren unausgesprochener Erlebnisse. Nach den August-Ereignissen war das Außenministerium zum Sündenbock gemacht worden. Kein Tag war vergangen, an dem nicht wenigstens ein Artikel veröffentlicht wurde, in dem der eine oder andere Diplomat wegen der Unterstützung der Putschisten aufs Schärfste kritisiert worden war. Einige Mitarbeiter des Außenministeriums sollen sich tatsächlich überstürzt mit den Verschwörern solidarisiert haben, aber insgesamt gewann ich den Eindruck, dass es den meisten gelungen war, in diesem Wirrwarr ehrenhaft zu handeln. Nichtsdestotrotz versuchten einzelne Kräfte, die Öffentlichkeit davon zu überzeugen, dass das Außenministerium als politische Institution nicht vertrauenswürdig wäre, dass seine Reputation Schaden genommen hätte und es einer Säuberung bedürfe. Kein besonderes Denkvermögen war erforderlich, um zu erkennen, dass die Kampagne Teil der Strategie war, die auf die Zerstörung der Allunionsstrukturen zielte.

Ich betrachtete meine ehemaligen Mitarbeiter und dachte daran, wie vieles mich mit ihnen verband und wie viel ich ihnen schuldete. Es lohnte sich zurückzukehren, allein um ihren Optimismus und ihr Selbstbewusstsein wiederherzustellen. Ich weiß, dass meine Rückkehr viele „Smolensker" (das Außenministerium befand sich am Smolensker Platz) mit Hoffnung erfüllte. „Wenn Eduard Amwrossjewitsch zugesagt hat, dann ist unsere Sache wohl noch nicht ganz verloren", schrieb in jenen Tagen ein Journalist. Ich hatte nicht den Eindruck, dass dieser Enthusiasmus sich nur auf eine „Zunft" oder „Korporation" beschränkte. Auch dieses Mal – wie damals nach dem Rücktritt im Dezember 1990 – erhielt ich Hunderte von Telegrammen. Sie drückten Unterstützung und gute Wünsche aus. Mir war besonders wertvoll und wichtig, dass die meisten Telegramme aus den Republiken – darunter auch aus Georgien – kamen. Die Ungewissheit und die Unberechenbarkeit der Entwicklung erschreckten die Menschen. Man wartete und hoffte darauf, dass sich jemand für ein Abschwächen der Hochspannung einsetzen würde.

Ich freute mich auch über die unterstützenden Worte, die von meinen ausländischen Freunden kamen. Die ersten, die anriefen, waren James Baker und Hans-Dietrich Genscher. Präsident George Bush sen. begrüßte meine Neuernennung mit folgenden Worten: „Schewardnadse hat viele Freunde in unserem Land. Wir werden in engem Kontakt zusammenarbeiten." Nicht weniger bedeuteten mir die Reaktionen der Politiker aus den Republiken der ehemaligen Sowjetunion. Im Großen und Ganzen waren sie positiv. Außer an der Zustimmung seitens der Führer der Nachfolgestaaten war ich an den Meinungen der Parlamentarier – insbesondere der Volksdeputierten Russlands – interessiert. Auch hier war alles in Ordnung. „Stünde an Stelle Schewardnadses ein viel erfahrener Diplomat, wäre es ein Machiavelli oder ein Churchill oder sonst noch jemand", meinte das Mitglied des auswärtigen Ausschusses des russischen Parlaments, Michail Tolstoi, „niemand hätte ihn gebraucht, wenn er nicht das Wichtigste und das Heiligste, nämlich Vertrauen erworben hätte." – „Die Volksdeputierten verstehen, dass in der Zeit der rechtsstaatlichen Instabilität die politische Rolle von Persönlichkeiten enorm wächst, und dies gilt insbesondere für die internationale Bühne", stimmte ihm der Vorsitzende des Ausschusses, Wladimir Lukin, zu. „Wie viel wert ist allein schon die Tatsache, dass Schewardnadse den Querelen zwischen dem Weißen Haus und dem Kreml fernbleibt! Und niemand wird imstande sein, ihn da hineinzuziehen", erklärte Sergej Juschenkow, Vorsitzender der parlamentarischen Fraktion „Radikale Demokraten".

Alles in allem: Das Mandat, das ich bekommen hatte, war ein überzeugendes und viel verheißendes Entree für das Gebäude am Smolensker Platz.

Es blieb nur noch, sich den Segen und die guten Wünsche Gorbatschows einzuholen, die zum üblichen Vorstellungsritual gehörten, und sich dann an die Arbeit zu machen.

Er kam mit etwas Verspätung und nannte die Dinge gleich bei ihren Namen: „Ich möchte nicht verheimlichen, wie ich zu Schewardnadse stehe ... Die Beziehung wurde einer schweren Prüfung unterzogen, aber trotzdem bleiben wir beide der großen Sache treu, die wir gemeinsam begonnen haben. Allein das ist es, was zählt. Alles andere ist vergänglich ... Wir haben ein kompliziertes, langes und für uns beide schwieriges Gespräch hinter uns. Es hat mir gefallen, wie er zu mir sagte: ‚Unter anderen – ruhigeren – Umständen hätte ich es mir vielleicht anders überlegt, aber jetzt kann ich schlicht und einfach nicht nein sagen.‘ Ich weiß diese Einstellung zu schätzen und fordere alle auf, das Potenzial dieses Mannes zu nutzen, damit wir unseren Staat als den wichtigsten strategischen Garanten für den Frieden aufrechterhalten und kein chaotisches Auseinanderfallen zulassen."

Der strategische Garant für den Frieden war nicht mehr zu halten, aber die Wucht des Zusammenbruchs zu dämpfen – dazu wären wir vielleicht wirklich noch imstande. Das dachte ich, sagte es aber nicht laut, sondern bedankte mich lediglich bei Gorbatschow für das mir erwiesene Vertrauen.

Eine Viertelstunde später betrat ich das vertraute Arbeitszimmer im Hochhaus des Ministeriums, das ich vor elf Monaten verlassen hatte. Die neue Amtsperiode hier stellte ich mir als sehr kurz vor. Zu meinen Nächsten und zu mir selbst sagte ich: „Sei es auch nur für einen Tag: Ich bin verpflichtet zurückzukehren, weil unter den jetzigen Umständen auch nur ein einziger Tag sehr viel bedeutet."

Wenn ich heute das russische und ausländische Pressematerial von damals lese, sehe ich, dass sowohl der Beschluss Gorbatschows als auch meine Zusage, ins Außenministerium zurückzukehren, insgesamt positiv bewertet wurden.

Vergegenwärtigen wir uns noch einmal den Hintergrund der Ereignisse: Die Republiken hatten begonnen, ihre Staatlichkeit praktisch auf der grünen Wiese aufzubauen. Ende 1991 hatte der Rückgang der

Schwer- sowie der Leichtindustrie 40 Prozent und der der Landwirtschaft 25 Prozent erreicht. Die Verluste waren hauptsächlich auf den Abbruch der wirtschaftlichen Kontakte zwischen den Republiken und die Lähmung der gesamten Infrastruktur zurückzuführen. Von den neuen bilateralen ökonomischen Beziehungen, durch die die Republiken die einstige Arbeitsteilung innerhalb der Union zu ersetzen suchten, war keine Rettung zu erwarten. Im Grunde waren sie nichts anderes als Bartergeschäfte, eine Natural- bzw. Tauschwirtschaft.

Jelzins Team hatte praktisch alles unter seine Kontrolle gebracht: von den Gebäuden des ehemaligen Zentralkomitees bis zu den Exporteinnahmen des Landes. Wie der Vorsitzende der Demokratischen Partei Russlands, Nikolaj Trawkin, enttäuscht bemerkte, „handelte die Regierung Russlands nach dem Motto: ‚Nur zu, Jungs, nicht nachlassen!' Die Zahl der Autos, die die siegreiche Elite zu bedienen hatte, erhöhte sich auf einmal drastisch um siebenhundert Dienstwagen." Nikolaj Trawkin stellte fest: „Für die Privatisierung des KPdSU-Vermögens hat man zwei Tage gebraucht, aber für die Rückgabe des Eigentums, das den Arbeitskollektiven zusteht, reichen nicht einmal zwei Monate aus."

Es gab praktisch kein einziges Allunionsministerium, das den neobolschewistischen Enthusiasmus der Sieger nicht an der eigenen Haut zu spüren bekommen hätte: Einige Ministerien wurden abgeschafft, einige der russischen Jurisdiktion überstellt. Etwas Ähnliches hätte auch mit dem Außenministerium passieren können. Mit Bedauern verfolgte ich die Tätigkeit der aus unserem „Nest" geflüchteten „Küken", des jungen Führungspersonals des russischen Außenministeriums. Mit einer mir unverständlichen Leidenschaft versuchte jeder, so viel wie nur möglich für sich „abzuzapfen", ohne dabei auch nur im Geringsten auf die Gefühle seiner ehemaligen Kollegen und Mentoren Rücksicht zu nehmen.

Außer ethischen Kollisionen waren auch rechtliche Probleme entstanden. Die Sowjetunion hatte mehr als fünfzehntausend Abkommen und Verträge unterzeichnet. Nach dem Zerfall der Sowjetunion erwarb Russland als Subjekt des internationalen Rechts deren Rechte und Pflichten, wobei es sich diese Funktion unter Verstoß gegen jegliche Norm aneignete. Es entstand der Eindruck, dass man sich in den Republiken dessen nicht bewusst war, oder nicht wagte, offen dagegen zu protestieren.

Die Schwäche der neuen unabhängigen Staaten offenbarte sich am anschaulichsten im Bereich der Außenpolitik. Ihre Forderungen, das Vermögen der ehemaligen Sowjetunion gerecht aufzuteilen, wurden von den Vertretern der politischen Führung Russlands mit unklaren Versprechen abgetan oder entschieden zurückgewiesen. In den neuen Staaten fehlte es an allem: an Know-how, Kadern, technischer Ausrüstung. Sie hatten keinen Zugriff auf Archive, auf Mittel der Kommunikation und des chiffrierten Informationsaustausches ... Die Stunde Null der Republiken war im Grunde ein Null an Möglichkeiten.

Der erste Punkt des von mir entworfenen Handlungsprogramms war der Plan einer aktiven Unterstützung der Republiken bei ihrem Bestreben, eine jeweils eigene Außenpolitik aufzubauen. Dementsprechend beabsichtigte ich, zuerst die Hauptstädte der Republiken zu besuchen.

Ich urteilte wie folgt: Das sowjetische Imperium ist zusammengebrochen, die Zahl der Supermächte hat sich halbiert, und die Zahl der Entwicklungsländer hat stark zugenommen. Das Sicherheitsbarometer ist schlagartig gefallen. Kein Imperium ist bisher ohne Blutvergießen auseinandergefallen, und auch „unseres" wird, wenn man das historische Erbe berücksichtigt, kaum eine Ausnahme bilden. Die Lösungschancen für regionale Konflikte haben sich vermindert, und eine neue Lage der inneren Konflikte hat sich herausgebildet.

Fast alle Unionsrepubliken hatten irgendwann ihre nationale Eigenstaatlichkeit besessen. Die Idee ihrer Wiederherstellung war mit unterschiedlicher Intensität in jeder Republik wachgehalten worden. Die kolossale Energie, die sich hinter dieser Idee verbarg, würde in der Anfangsphase die Desintegration und Isolation zweifelsfrei weitestmöglich vorantreiben und somit jeden Gedanken an den Erhalt irgendeiner Form von Gemeinschaftlichkeit im Keim ersticken.

Wie war der Zusammenbruch des Monsterbaus zu verlangsamen, um nicht von seinen Betonmauern zerquetscht zu werden? Ein solch zerstörender Zusammenbruch war nirgendwo erwünscht, weder in den Republiken, einschließlich Russland, noch im Westen.

„Das letzte Argument der Zentrale", so nannte ein Journalist meine Rückkehr auf den Außenministerposten. „Der Prozess des Auseinanderfallens ist so weit fortgeschritten, und der wirtschaftliche Kollaps ist so evident, dass der Demokratie nur geholfen werden könnte, wenn es gelänge, den Staat als solchen zu erhalten, wie immer er in der Zukunft auch heißen mag", war bei einem anderen Journalisten zu lesen. Und ein dritter schrieb: „Dem Georgier Schewardnadse fällt es leichter, die Selbstständigkeit aller Republiken anzuerkennen, als dem Internationalisten Gorbatschow."

Und hier ein weiteres Zitat, das die sich abzeichnende Gefahr für die Welt bildhaft charakterisiert: „Hätten sich anstelle der Sowjetunion fünfzehn Schweizen gebildet, so hätte man sogar applaudieren können. Aber wenn fünfzehn Libanons entstehen, bedeutet dies nichts anderes als eine geopolitische Katastrophe", schrieb der Politologe Konstantin Pleschakow. Das entsprach der Wahrheit. Der Streit um das Anteilsrecht an den Atom- sowie den einfachen Waffen, die Wiederbelebung der alten sowie die Erhebung der neuen Territorialansprüche, eine neuartig akzentuierte Geopolitik, all das wirkte wie Vorboten eines Albtraums der Libanonisierung „eines Sechstels der Erde."

Es gab noch keinen neuen „Fahrplan" und auch noch keine neue „Dispatcher-Zentrale", aber die „Züge der Republiken" hatten schon begonnen, in verschiedene Richtungen zu fahren. Einer fuhr nach Bonn, ein anderer erprobte den Weg nach Osten. Damals dachte ich, dass dies nicht geschah, weil die „Minderheiten" es so haben wollten, sondern weil die durch Trägheit gekennzeichneten Mechanismen sich zentrifugal bewegten. Aber sehr bald musste ich mich davon überzeugen, dass hier eine andere Art von „Trägheit" im Spiel war.

„Wie sollen wir jetzt Ihren Staat nennen?“, fragte mich mein iranischer Kollege Velayati am 25. November 1991.

„Wenn ich's wüsste, würde ich's Ihnen verraten“, erwiderte ich.

Es war wirklich nicht zum Lachen. An diesem Tag musste in der letzten Sitzung des Staatsrates das Projekt eines neuen Allunionsvertrags zur Gründung der Gemeinschaft Unabhängiger Staaten (GUS) besprochen werden. Nach meinem Verständnis war von einem konföderativ verfassten Staat mit einem einheitlichen wirtschaftlichen und militär-strategischen Raum die Rede. Ich hatte meine außenpolitische Sicht zu verteidigen, der außer dem Präsidenten Russlands, Boris Jelzin, niemand widersprach.

Die Diskussion zog sich lange hin. Mir schien, es sei mir gelungen, Jelzin davon zu überzeugen, dass wir ohne eine Koordination der Außenpolitik der künftigen Mitgliedsstaaten der Gemeinschaft mit größten Schwierigkeiten zu rechnen hätten.

Drei Tage später landete ein Dokument auf meinem Tisch. Ein Beschluss der Regierung der Russischen Föderation. Der Beschluss gibt den politischen Stil jener Zeit so vollständig wieder, dass es sich lohnt, ihn hier anzuführen.

„Ausgehend von der Notwendigkeit, ein kontinuierliches Funktionieren von Auslandsinstitutionen der ehemaligen Sowjetunion als interrepublikanische Auslandsinstitutionen für den Zeitraum zu gewährleisten, in dem die Liquidation von Allunionsministerien und -behörden sowie die Schaffung von Organen der Wirtschaftsgemeinschaft vollzogen wird. Weiterhin ausgehend von der Unklarheit ihrer Finanzierungsbedingungen aus den Allunionshaushaltsmitteln, beschließe ich:

1. Das auf dem Territorium der RSFSR bestehende Vermögen, das sich in der Nutzung oder im Besitz des Außenministeriums der UdSSR befindet, zur operativen Verwaltung an das Außenministerium der RSFSR zu überführen sowie die Regelung der Frage nach dem gemeinschaftlichen Eigentum von Botschaften, Ständigen Vertretungen und Konsularbehörden der UdSSR im Ausland …“

Trotz der traditionsgemäß etwas dunklen bürokratischen Wortwahl und Phraseologie war das Anliegen des Dokumentes sonnenklar: Russland war im Begriff, legitime Interessen und Rechte anderer Republiken zu ignorieren und vom gesamten diplomatischen Vermögen der ehemaligen Sowjetunion einseitig Besitz zu ergreifen. Der Punkt des Beschlusses, der auf die Notwendigkeit von Beratungen mit den Außenministerien der souveränen Staaten „bezüglich des Interessiertheitsgrades an der Fortsetzung der Tätigkeit von bestimmten Auslandsbehörden sowie zu anderen Fragen, die im Zusammenhang mit diesem Beschluss stehen", hinwies, war hohl und bedeutungslos. Der Nebel bürokratischer Formulierungen hatte auf einmal eine klare und beachtenswerte Tatsache völlig verdeckt: Die Souveränität der Republiken wurde einfach übergangen.

In der Politik, wie übrigens in jedem Bereich menschlichen Tuns, ist die Frage „Wie?" nicht weniger bedeutend als die Frage „Was?". Mittel und Methoden, mit deren Hilfe man ein Ziel zu erreichen sucht, üben einen direkten und unmittelbaren Einfluss auf das Ziel aus. Und es gibt Mittel und Methoden, die, wenn man sie einsetzt, das Ziel vernichten, ja zu Staub und Asche werden lassen.

Der Beschluss betraf auch mich persönlich. Aus dem Beschluss ging hervor, dass ich im falschen Arbeitszimmer saß. Später erzählte man mir, Jelzin habe, als man ihm den besagten Beschluss zum Unterschreiben vorlegte, gefragt, ob der Entwurf mit Schewardnadse abgestimmt worden sei. Er habe die Antwort bekommen: „Jawohl! Schewardnadse ist einverstanden. Er meint, dies sei das einzige Mittel, das Ausrauben unseres Vermögens im Ausland zu stoppen."

Es fällt mir schwer, mich an Berichte zu erinnern, die Nachrichten über die Plünderung unserer Botschaften enthalten hätten. Genauso schwer fällt es mir, mich an mein „Einverständnis" zu erinnern, die nicht existenten Plünderungen mit solchen Mitteln zu bekämpfen. Dafür erinnere ich mich sehr wohl an die offenherzigen Gespräche mit Jelzin und Gorbatschow. Zu Jelzin sagte ich: „Wenn Sie die Beteiligung Gorbatschows an der August-Verschwörung nicht ausschließen, dann machen Sie Gebrauch vom Nachfolgerrechtsprinzip. Durch die Vereinigung mit anderen Republiken und durch die Übernahme der Führung eines neuen Unionsstaates wird Russland die Entstehung jener Lawine unterbinden, die auch für Russland eine große Gefahr darstellt." Jelzins Antwort war: „Das ist nicht möglich!" Zu Gorbatschow sagte ich: „Klären Sie doch, was der Präsident Russlands will. Wenn er die Union in dieser Form erhalten will, dann bin ich dafür, dass Sie abtreten." – „Ich bin bereit, dies zu tun", antwortete Gorbatschow.

Am 4. Dezember 1991 sprach ich erneut mit Jelzin. Dem Gespräch war etwas sehr Wichtiges vorausgegangen: Am 1. Dezember 1991 stimmten 90 Prozent der Wähler im allukrainischen Referendum für die Unabhängigkeit der Ukraine. Zum Präsidenten der Republik Ukraine wurde Leonid Krawtschuk gewählt.

Für Europa bedeutete dies die Geburt eines neuen großen Staates mit einer Bevölkerung von fünfzig Millionen Menschen, mit einem Atompotenzial, mit starker militärischer Ausrüstung und mit einer hoch entwickelten Rüstungsproduktion, die die größten strategischen Raketen herstellte.

Für Russland bedeutete die Unabhängigkeit der Ukraine eine drastische Verlegung seiner Grenzen nach Osten und den Verlust eines großen Teils seines slawischen Kerns sowie die Gefahr eines weiteren Schrumpfens dieses Kerns durch eine jetzt nicht mehr auszuschließende Loslösung Weißrusslands. In den Vordergrund traten nun zahlreiche Probleme, die mit der Armee, mit der Marine und überhaupt mit der militärpolitischen Strategie zusammenhingen und keine Chance mehr für den Aufbau eines Nachfolgestaates der UdSSR zuließen. Für andere Republiken bedeutete die Unabhängigkeit der Ukraine ein gutes Beispiel zum Nachahmen.

Für Gorbatschow bedeutete sie das Ende seines „Nowoogarjowoer Traumes" von der Wiederherstellung des „Erneuerten Allunionszentrums" und das Verlassen der politischen Bühne.

Für Jelzin und sein Team sowie für andere Führer Russlands bedeutete sie, in größter Eile neue Kombinationen zu finden, um die Ansprüche Russlands auf das Nachfolgerecht der Sowjetunion fest zu untermauern.

Und für mich? Was bedeutete sie für mich?

Der Aufstieg Boris Jelzins

Die Differenz von Interessen und Zielen verursachte eine Reihe unterschiedlicher, nicht aufeinander abgestimmter Schritte und Handlungen.

Am 3. Dezember 1991 veröffentlichte Gorbatschow seinen Appell „An die Parlamentarier des Landes". Da er merkte, dass die Angabe der Adressaten recht undeutlich war (An die Parlamentarier welchen Landes wandte er sich?), sprach er die Volksdeputierten der Obersten Sowjets in den unabhängigen Staaten gleich in der ersten Zeile an. Er malte ein Bild der Gefahr, die der Desintegration folgen könnte, „die die historische Existenzlogik des riesigen und noch einheitlichen Staates stört, sich gegen die Regeln der Vernunft richtet und so weit geht, dass sie bereits einen zerstörerischen Charakter angenommen hat."

In diesem Dokument stimmte alles: die Liste der möglichen Folgen der Desintegration, ihre Charakterisierung, die Forderung nach Einhaltung rechtlicher Normen, der Hinweis auf die Interessen der Nachbarstaaten sowie auf die der restlichen Welt, die Bitte, das Anliegen jener Bürger zu berücksichtigen, die weiterhin in der Union leben wollten ... Ja, es stimmte alles, bis auf eins: Gorbatschow sprach zu einem Publikum, das ihm nicht mehr zuhören wollte. Das Bündel seiner allseits bekannten Zauberworte hatte seine Kraft verloren.

Jelzin reagierte anders. Er telefonierte mit Stanislaw Schuschkewitsch und bot ihm ein Gespräch mit sich und Leonid Krawtschuk an. Das russische Parlament tobte. Es wurden Stimmen laut, deren Aufrufe den Wahlprogrammen russischer politischer Bewegungen von 1989 ziemlich ähnlich waren: „Die Grenzen von Sowjetrussland wurden in den 1920er Jahren willkürlich festgelegt und sind in den darauf folgenden Jahrzehnten eigenmächtig verändert worden. Im Falle des Austritts einer der Republiken aus der Sowjetunion wird Russland erreichen, dass seine Souveränität sich über alle jene Länder erstreckt, wo Russen mehrheitlich leben ..."

Die These von der willkürlichen Abgrenzung der Länder war nicht falsch, allein dies war das Los all jener Republiken gewesen, die seinerzeit mit Gewalt in die „siegreiche Union" getrieben worden waren. Auch war es grotesk, von den alten russischen Ländern zu sprechen: Hatte nicht das imperialistische Russland diese Länder erobert und sie den versklavten Völkern schlicht weggenommen? Die Drohung, diese Länder nach Russland heimzuführen, roch nach politischem Abenteurertum.

Im russischen Parlament verlangte man von der Ukraine, die Krim zurückzugeben, jene Krim, die einst als Krim-Khanat bekannt war, die Peter der Große für Russland zu erobern begonnen hatte, die Stalin von ihrer eingesessenen Bevölkerung gesäubert und die Nikita Chruschtschow 1954 der Ukraine geschenkt hatte.

Die Gefahr, derart brennende Fragen in irgendwelchen Arbeitszimmern mit dem Rotstift auf der Karte zu lösen, die Politik des „Zerschneidens und Zunähens" zu wiederholen sowie historische Realitäten, Menschenrechte, nationale und Minderheiteninteressen zu vernachlässigen, wurde akut.

Das Zuständigkeits-, Posten- und Eigentumsgesetz, das mit einer unverständlichen Logik der zwischen Gorbatschow und Jelzin („Zentrale und Russland") bestehenden Konfrontation die Sicherheit der Sowjetunion zerstörte, kehrte jetzt wie ein Bumerang nach Russland zurück. Mir war wichtig, Jelzin nicht nur vor den möglichen Folgen zu warnen, die sich bereits in nächster Zukunft zeigen könnten, sondern mich mit den rein persönlichen, psychologischen Nuancen der katastrophalen Ignorierung elementarer Verhaltensnormen auseinanderzusetzen. Ist eine Sache etwas wert, die auf doppeltem Standard beruht? Was ist von Führern zu erwarten, die die Verfassung, und sei es auch die der Sowjetunion, nicht achten?

Das Jelzin-Dokument, der Beschluss zur Überführung des Eigentums des sowjetischen Außenministeriums unter die Jurisdiktion Russlands, stand mir noch immer vor Augen.

Wie ist das möglich, fragte ich mich. Meine Rückkehr ins Außenministerium wurde nach der Beratung mit Jelzin beschlossen. Er kannte mich und musste wissen, dass ich mich nicht mit der Erfüllung symbolischer Funktionen zufriedengeben würde. Er hatte meine Argumente akzeptiert und mir breite Unterstützung zugesagt. Und nun, knapp eine Woche nach meiner Ernennung, fasste er einen Beschluss, der mir nur eine Möglichkeit ließ: zu gehen und die Tür hinter mir zuzuschlagen. Was sollte das sein? Eine aufgeschobene Rache etwa für den Oktober 1988, als ich gemeinsam mit anderen Politbüromitgliedern gegen die Anti-Gorbatschow-Demarche Jelzins aufgetreten war? Wenn dem so war, dann hatte ich es mit einem für einen derart profilierten Politiker unstatthaften Luxus zu tun. Die Interessen einer Sache, die Interessen eines riesigen Staates persönlichen Ambitionen unterzuordnen bedeutet nicht nur die Sache und den Staat, sondern auch sich selbst zum Untergang zu verurteilen.

Ich war allerdings keine Ausnahme. Die gesamte Politik der Sowjetunion in den letzten Jahren war der Konfrontation zwischen Gorbatschow und Jelzin zum Opfer gefallen. Keiner von beiden hatte es eilig gehabt, dem anderen die Hand zur Versöhnung zu reichen. Als sie es endlich taten, war schon vieles hoffnungslos zu spät.

Schuld daran waren jedoch weder ich noch Gorbatschow noch Jelzin. Das Ergebnis des Referendums in der Ukraine, die Erklärung ihrer Unabhängigkeit hatte eine neue Situation, eine neue geopolitische Wirklichkeit geschaffen. Wir entdeckten auf einmal, dass wir in einer äußerst wechselhaften, äußerst zerbrechlichen Welt lebten, deren Sicherheit von keiner Kraft gewährleistet werden konnte. Kein Land, auch Russland nicht, würde gegen Explosionen am Rand sowie in den Kerngebieten, gegen Zusammenbruch und Zersplitterung gefeit sein. Man würde neue Gefahren zu spüren bekommen: die merkliche Zunahme des Einflusses der angrenzenden Welt, das Erstarken der einst unterdrückten geistigen und ideologischen Prioritäten, die Wiederbelebung der Ansprüche großer Nachbarstaaten.

Der am 23. April 2007 verstorbene Boris Jelzin hätte bestätigen können, dass ich ihm alles das während unseres Gesprächs am 4. Dezember 1991 gesagt habe. Anscheinend fand er meine Prognosen und Warnungen nicht besonders „aufregend". Wie ich merkte, bewegte ihn vielmehr die Idee eines „Slawischen Verbunds". Sein Ziel war, die Vorrangstellung für Russland in der Trias: Russland – Ukraine – Weißrussland zu sichern. Das für die nächsten Tage in Minsk anberaumte Treffen des Jelzin-Schuschkewitsch-Krawtschuk-Trios bestätigte die Vermutung bezüglich des postsowjetischen „panslawischen" Vorhabens. Jelzin war ganz darauf konzentriert, aber er versicherte mir, dass er mich weiterhin unterstütze und auf die Eigentumsfrage des Außenministeriums zurückkommen werde, sobald das Schicksal der Union geklärt sei.

Ich kehrte ins Ministerium zurück und rief Gorbatschow an. Ich hörte, wie er versuchte, sich mit Jelzin verbinden zu lassen und wie die Sekretärin des russischen Präsidenten zu Gorbatschow sagte: „Boris Nikolaijewitsch telefoniert gerade mit Andrej Kosyrew. Er wird Sie zurückrufen, wenn er frei ist."

Jelzin hatte keine Zeit mehr für Gorbatschow. Gorbatschows Zeit war vorbei. Er selbst trug durch politische Untätigkeit zu ihrer Verkürzung bei. Am 3. Dezember 1991 hielt ich mich bei ihm in Nowoogarjowo auf. Wir hörten uns gemeinsam seine Rede im Fernsehen an. Er wollte meine Meinung wissen. Ich habe es nicht über mich gebracht, ihm zu sagen, dass sie eine „Predigt für taube Ohren" gewesen sei.

In jenen Tagen fanden unsere Verhandlungen mit Ungarn statt. Ein neuer Vertrag zwischen der Sowjetunion und Ungarn, einer der ersten von den Verträgen, die die neue Realität in der Beziehung der Sowjetunion zu ihren früheren Satelliten widerspiegelten, wurde zur Unterzeichnung vorbereitet. József Antall und Géza Jeszenszky baten um die Aufnahme einer politischen Einschätzung der Geschehnisse von 1956 in den Vertragstext. Gorbatschow versuchte dies zu vermeiden. Ich schob ihm einen Zettel zu: „Jelzin hat den Einmarsch sowjetischer Militärkräfte 1956 in Ungarn verurteilt."

Gorbatschow hatte viele gute Eigenschaften, aber er beherrschte das „Spiel des Zuvorkommens" nicht. Er ließ die Ereignisse laufen, bis sie sich zu einer Tendenz entwickelten, erst dann beschäftigte er sich mit ihnen. So passierte es auch, dass die Ereignisse ihn von jener Sache entfernten, die sein Werk gewesen war.

Nach dem Dezember 1991, als das „Belowesher Trio" das Abkommen über die Gründung der Gemeinschaft Unabhängiger Staaten (GUS) unterzeichnete und die Sowjetunion abschaffte, war Gorbatschow so allein wie nie zuvor. Sein Telefon schwieg. Dem Verlierer hatten alle den Rücken zugewandt. Während des ganzen Abends, den ich bis Mitternacht mit ihm verbrachte, war nicht zu hören, dass jemand bei ihm angerufen hätte, um ihn zu ermuntern. Ein einziges Mal klingelte das Telefon. Es war Wadim Bakatin, der damalige Innenminister.

Die Auflösung der Sowjetunion

Die ersten Nachrichten aus dem Belowesher Naturschutzgebiet erreichten uns über die westlichen Medien. Reuters berichtete: „Ab dem Moment der Unterzeichnung des Abkommens ist auf den Territorien der unterzeichnenden Länder die Anwendung jeglicher Normen eines dritten Landes, darunter auch jene der ehemaligen Sowjetunion, unerlaubt ..."

Mein Assistent markierte die folgenden Zeilen des Abkommens vom 3. Dezember 1991 rot: „Die Tätigkeit der Organe der ehemaligen Sowjetunion wird eingestellt." „Es wird offiziell verkündet, dass die Sowjetunion als Subjekt des internationalen Rechts und als geopolitische Realität nicht mehr existiert."

Ohne diese Zeilen zu kommentieren, möchte ich hier die Worte des Moskauer Oberbürgermeisters Gawriil Popow, eines ehemals loyalen Verbündeten von Gorbatschow und Jelzin, anführen: „Das, was die Sowjetunion hieß, war immer eine Form der Herrschaftsstellung des russischen Volkes in einem Staat gewesen, in dem einige Millionen Menschen anderer Nationalitäten leben. Diese Form ist veraltet, und sie muss zerstört werden. Russland kann sich nicht vor Millionen Russen verstecken, die außerhalb Russlands leben. Genauso kann es sich nicht vor Dutzenden von Völkern verstecken, die auf seinem Territorium leben. Davon ausgehend sollte man auch die Frage nach der Union beantworten. Ich habe den Eindruck, dass der Hass auf die Zentrale, die Absicht, die alte Zentrale zu zerstören, alle anderen Überlegungen überschattet, obwohl es die alte Zentrale eigentlich gar nicht mehr gibt. Mir ist auch Folgendes unverständlich: Seit wann ist denn Russland eine slawische Republik geworden? Wo sollen dann jene Millionen Menschen anderer Nationalitäten hin, die das Territorium der RSFSR bewohnen? Wenn der Präsident der Union ungeeignet ist und es notwendig erscheint, ihn zu beseitigen, so sollte man doch deswegen nicht die Grundlagen der Verfassung verlassen! Wenn wir wirklich vorhaben, irgendeine Gemeinschaft zu schaffen, dann fragt man sich doch, wie jene drei Republiken es wagen, die Verantwortung für die restliche Mehrheit auf sich zu nehmen. Jeder darf selbstverständlich seinen eigenen Standpunkt haben, aber ich glaube, dass der Prozess in vollem Einklang mit der Verfassung und dem Gesetz verlaufen soll."

Auch ich dachte damals so und denke noch heute so. Sogar diejenigen, die andere Meinungen vertraten und nicht die Rechtswidrigkeit des Geschehenen betonten, hatten dessen Sinn genau erkannt. Nach den Worten eines einflussreichen Moskauer Politologen „endete der Kampf zwischen Jelzins Russland und Gorbatschows Russland faktisch mit einer Vereinbarung über die Liquidierung der Sowjetunion. Mit diesem Akt sind Jelzin und die Regierung Russlands Gorbatschow und die Reste der alten Zentrale losgeworden. Die Ukraine ist die Zentrale, Gorbatschow und Russland losgeworden. Weißrussland wurde, wider Willen, aus dem historischen Staatskern Russlands de jure vertrieben. Ein chirurgischer Eingriff zur Entfernung Gorbatschows und der Zentrale ist zwar längst eine überfällige Notwendigkeit geworden, aber zugleich muss man zugestehen, dass Russland einen sehr hohen Preis für den Kampf Jelzins gegen Gorbatschow und für die Beseitigung Gorbatschows bezahlt hat." Nicht nur Russland, möchte ich hinzufügen, sondern auch andere. Und leider wird dieser Preis mit der Zeit um das Vielfache wachsen.

Am 16. Dezember 1991 kam James Baker nach Moskau. Er traf sich mit Jelzin und Gorbatschow zu Gesprächen. Dann kamen wir beide zusammen. Es war ein Abschiedstreffen, ein offenes Gespräch ohne Protokoll.

Baker sagte zu mir: „Das, was jetzt geschieht, hätte aller Voraussicht nach mit viel schrecklicheren Folgen in jedem Fall geschehen müssen. Sie hatten den Mut, den Prozess zu beginnen, der die Völker dieses Staates unbedingt zu Glück und Gedeihen führt."

Am 18. Dezember flog Jelzin nach Italien und bestätigte zuvor seinen Beschluss, das Eigentum des sowjetischen Außenministeriums in die Jurisdiktion Russlands zu überführen.

Am 19. Dezember 1991 betrat Giorgi Kupadse, Stellvertreter von Andrej Kosyrew, mein – eigentlich nicht mehr mein – Arbeitszimmer, um mich mit dem Entwurf des Präsidentenerlasses bekannt zu machen.

„Ich habe den Auftrag, den Entwurf mit Ihnen abzustimmen." Ich fragte ihn, was man von mir verlangte. „Eine Kommission zur Übergabe des Vermögens zu bilden und uns zu erlauben, unsere Leute in den Fluren unterzubringen." – „Hier, bitte schön", sagte ich ihm. „Die einzige Bitte, die ich habe, betrifft die Mitarbeiter. Seien Sie, bitte, ihnen gegenüber nicht zu hart."

„Wir werden Ihre Ratschläge betreffend der Kader berücksichtigen." – „Ist dies denn notwendig? Sie kennen sie doch genauso gut wie ich."

Ein historischer Zufall: Am 21. Dezember, dem Geburtstag Stalins, beendete die von ihm geschaffene Sowjetunion ihre Existenz – die Sowjetunion, die ein Jahr später, 1992, siebzig Jahre alt geworden wäre. Die Staatsführer der elf Republiken der ehemaligen Sowjetunion unterschrieben das Belowesher Abkommen.

Die Sowjetunion erlebte einige Epochen, die jede einen Namen nach dem Begriff oder Spruch, den der eine oder andere Führer in dem einen oder anderen Zeitabschnitt zum Motto erklärte, erhielt. So ergab sich, bald vom Unglück, bald von Freude gezeichnet, eine historische Periodisierung des Staates:

Kollektivierung, Industrialisierung, Kulturrevolution, Großer Vaterländischer Krieg, Wiederaufbau der durch den Krieg zerstörten Wirtschaft, Personenkult, Flug in den Kosmos, Voluntarismus, Stagnation, Umgestaltung ... Und jedes Mal hing der „Epochenwechsel“ vom Willen einiger weniger Menschen sowie von Dekreten „von oben“ ab. Die aber, für die dies alles geschah, spielten die Rolle einer schweigenden Masse oder eines begeisterten Chors.

Etwas Ähnliches geschah auch jetzt. Ich war mir nicht sicher, ob die auf diese Weise entstandene „Gemeinschaft Unabhängiger Staaten“ wirklich eine Gemeinschaft sein könnte – bei ihrer Geburt hatten sich die gierigen Gene des zusammengebrochenen Imperiums zu deutlich gezeigt.

Welchen Namen die neue Epoche bekommen würde, wusste ich nicht. Nur eins konnte man mit Sicherheit sagen: Wie jede vorangegangene Periode verneinte auch diese mit ihrem Gorbatschow-Jelzin-Streit jene These des wissenschaftlichen Marxismus, nach der die Rolle der Person in der Geschichte zu ignorieren ist und der Person bestenfalls die Funktion zukommt, den Willen der Massen durchzusetzen.

So zerbrach das letzte Imperium des 20. Jahrhunderts, die Sowjetunion, dieses blutige, utopische, gegen den Willen Gottes und die Gesetze der Natur entstandene Reich, der „Völkerkerker“, um den von Lenin für das zaristische Russland geprägten Begriff zu gebrauchen, oder das „Imperium des Bösen“, um es mit Ronald Reagan zu sagen.

Die Tragödie des imperialen Denkens

Das 20. Jahrhundert hat eine seiner historischen Missionen, die Auflösung der Imperien, angefangen beim britischen bis zum sowjetischen, abgeschlossen.

Diese Regelmäßigkeit der Geschichte, dass jedes Imperium früher oder später zusammenbrechen muss, kannten natürlich alle: ausländische Sowjetologen sowie die offiziellen Ideologen des kommunistischen Staates. Ich kannte sie auch, aber ich muss gestehen, dass ich eine derart rasche Entwicklung des Prozesses in der Sowjetunion trotzdem nicht erwartet hatte.

Ich erwähnte bereits, dass im Körper der Sowjetunion nicht zusammengehörende und widersprüchliche Kräfte mit Gewalt zusammengehalten wurden. Am Ende haben sie diesen Körper zerstört. Tiefgehende Unterschiede zwischen den zusammengewürfelten Völkern, Staaten, Kulturen und Religionen, die Ignorierung ökonomischer Gesetze, die Gestaltung eines utopischen, von Doktrinen beherrschten Lebensstils auf einem Sechstel der Erde, der Anspruch auf Weltherrschaft, Nicht-Anerkennung der Menschenrechte sowie der Rolle einer einzelnen Person in der Geschichte, die Unfähigkeit, die Forderungen der Zeit zu verstehen und zu berücksichtigen – all das sammelte sich an und schuf eine explosive Situation. Aufgrund der Unberechenbarkeit möglicher Folgen erfüllte sie sogar jene Politiker im Westen mit Sorge, für die die Sowjetunion das „Imperium des Bösen" darstellte.

Die historische Mission der Gorbatschowschen Perestroika sowie meine eigene politische Rolle bestanden in der Regulierung dieses schwierigen Prozesses und in dessen Anpassung an die Forderungen der Zeit. Aber wir verspäteten uns regelmäßig, und die Verspätungen erwiesen sich als äußerst folgenschwer. Die friedliche Demontage ist uns nur zum Teil gelungen. Dafür gab es subjektive wie auch objektive Gründe.

Der Zusammenbruch des Imperiums zerstörte leider nicht die imperiale Gesinnung Russlands. Der imperiale Geist lebt weiter in den Taten bestimmter Personen und in konkreten Beschlüssen des russischen Staates. Dies hat schwerwiegende Folgen für die Völker der ehemaligen Sowjetunion, die unabhängige Staaten gegründet haben. Schwerwiegende Folgen hat dies auch für mein Land, Georgien.

Die Anfänge der inneren Konflikte in Georgien sind gerade in der Politik jener imperialen Kräfte Russlands zu suchen, die die geostrategische Kontrolle des Kaukasus anstreben. Es hat sich nichts geändert im Vergleich zum Beginn der zwanziger Jahre des 20. Jahrhunderts, als der Separatismus in Abchasien und in Schida-Kartli (Südossetien) zum Anlass für den „Beginn der Bewegung“ (wie Sergo Ordschonikidse und Sergej Kirow zu sagen pflegten) zwecks Etablierung der imperialen Herrschaft diente. Auch jetzt noch, sobald es den Verlust seines starken Einflusses in der Region wittert, setzt Russland seine Agenten ein.

Die zwanziger Jahre haben sich wiederholt. Aber im 21. Jahrhundert ist die Welt eine andere. Imperiale Projekte können ihren Autoren kurzlebige Erfolge bescheren, aber dieselben Projekte werden als großes Unglück auf Russland zurückfallen, wenn es nicht grundsätzlich auf die Politik der Stärke verzichtet.

Der Zusammenbruch der Sowjetunion hat nicht zum Verschwinden imperialer Projekte geführt. Meiner Meinung nach lebt und wirkt im russischen Staat das imperiale Denken weiter, und Russland setzt seine Politik des Diktats immer noch fort. Die Konflikte in Abchasien und im sogenannten Südossetien (wie in Moldawien und Aserbaidschan) waren die Umsetzung dieser Art von Politik. Wir wussten, was uns erwartete, wir hatten einen Präzedenzfall vor Augen. Trotzdem konnten wir das Unglück Hunderttausender nicht abwenden. Wir haben die temporäre Abspaltung georgischer Territorien, die Flucht Tausender und Abertausender von Georgiern aus ihren Heimatgebieten wie auch die Flucht ethnischer Nicht-Georgier in andere Länder, wo sie heute noch in der größten Not leben, nicht vermeiden können. Das sterbende Imperium vergiftet immer noch unser Leben, aber gegen den Gang der Zeit sind wir alle machtlos.

Rückkehr nach Georgien

Am 7. März 1992 flog ich mit einer gewöhnlichen Linienmaschine von Moskau nach Tiflis. Es war der Geburtstag meiner Frau Nanuli, und ich beglückwünschte sie, wie ich es immer getan hatte.

„Heute ist auch dein Geburtstag“, sagte sie. „Heute fängst du alles neu an.“ – „Nein, das ist nur eine Fortsetzung“, erwiderte ich. Sie war damit nicht einverstanden: „Du kehrst in ein anderes Georgien zurück. Auch du bist ein Anderer und wirst anders leben müssen als zuvor.“

Sie hatte recht. Vorher hatte ich wirklich ein anderes Leben – in einer anderen Zeit und in einem anderen Staat. Auch ich war ein Anderer gewesen.

Seit dem 7. Juli 1985, als ich meine Heimat verlassen hatte und nach Moskau gegangen war, war ein ganzes Leben vergangen. In dieser Zeit, die nach gewöhnlichen Maßstäben nur sieben Jahre umfasste, war so enorm viel geschehen, dass es manchmal schien, mehrere Leben würden nicht ausreichen, dies alles zu erleben.

Ich erinnere mich an viele Blumen im Flugzeug und an Jugendliche, wie ich sie nicht kannte. Große, kräftige Burschen, eine neue Generation, die in den Jahren des Epochenwechsels herangewachsen war. Einige von ihnen hatten sogar schon dem Tod in die Augen geschaut, alles und alle, die Nächsten und die Freunde verloren und von der Sorglosigkeit der jungen Jahre Abschied genommen. Weshalb eigentlich?

Ich erinnerte mich an die Worte eines Landsmannes, der vor mehr als siebzig Jahren, 1921, an dem Tag, als unsere Heimat ihre Selbstständigkeit verlor, gesagt hat: „Die demokratische Regierung Georgiens ist ins Ausland geflüchtet, sie hat ihre dreijährige Tätigkeit mit einer Katastrophe beendet. Und dies in einem Land, das ihr vertraut und alles anvertraut hatte. Diese Personen werden in Vergessenheit geraten, und auch ihre Fehler werden von der Asche des Vergessens bedeckt werden. Aber vom Wasser der Unsterblichkeit besprüht wird das alte Georgien auferstehen und nur die Kleingläubigkeit seiner Kinder wird imstande sein, es noch einmal zu töten."

Was war meiner Rückkehr vorausgegangen? Was war davor geschehen, und wohin war ich gerade unterwegs?

Nach dem Verlust der Unabhängigkeit fielen einige Generationen von Georgiern dem Kampf gegen das allmächtige Sowjetsystem zum Opfer. Im Untergrund entstanden und wirkten mehrere Organisationen der nationalen Befreiung. Sie waren zahlenmäßig klein, aber sie nannten sich trotzdem politische Parteien. Ihre politischen Programme enthielten ähnliche Ziele, deren wichtigstes die Selbstständigkeit Georgiens war.

Nur wenige wissen, dass solche Organisationen in der sowjetischen Zeit im Untergrund existierten. Ebenso heimlich wurden sie von den sowjetischen Organen verfolgt. Die Sowjetmacht war nicht daran interessiert, die Existenz einer regimefeindlichen nationalen Opposition einzugestehen. Deshalb blieben die Gerichtsprozesse gegen die Führer jener Organisationen geheim. Erst in den 1970er Jahren, als die Dissidentenbewegung in der Sowjetunion größere Dimensionen angenommen hatte, war es ihnen möglich geworden, den Untergrund zu verlassen.

Mit Unterstützung der Intelligenzia sowie von Schülern und Studenten stellten die Führer der Bewegung Forderungen, die zweifelsfrei berechtigt waren: mehr Unabhängigkeit vom Zentrum, mehr Freiheit bei der Umsetzung von Programmen zur nationalen Entwicklung sowie zur Pflege der nationalen Sprache, Kultur und Geschichte. Die radikalsten dieser Organisationen wollten die volle politische Unabhängigkeit, aber erst nach dem Beginn der Perestroika ist es ihnen möglich geworden, breite Massen in ihre Tätigkeit einzubeziehen. Im Herbst 1988 hatte sich in Georgien endgültig eine nationale Massenbewegung als wichtige antiimperiale Kraft etabliert.

Nach dem April 1989, als das System jenen gemeinschaftlichen Bestrebungen den Kampf ansagte und zur Auflösung einer Massenkundgebung in Tiflis das Militär einsetzte, hatte die Kommunistische Partei faktisch die Macht verloren. Das Blut, das am 9. April 1989 in Tiflis vergossen wurde, verschloss den damaligen Führern von Georgien jeden Zugang zur Macht und nahm ihnen jegliche Führungsbefugnis. Nach den Wahlen am 28. Oktober 1990 errang der radikale nationalistische Parteienblock „Runder Tisch – freies Georgien" mit Swiad Gamsachurdia, einem Menschenrechtler und angesehenen Führer der nationalen Bewegung, die Macht. Er, der Sohn des berühmten georgischen Schriftstellers Konstantine Gamsachurdia, war ein großer Patriot, hervorragender Wissenschaftler und eine hoch gebildete Persönlichkeit. Erfahrung in der Staatsführung hatte er bis dahin jedoch nicht. Das, aber auch einige seiner Charaktereigenschaften, die schwierige Biografie eines Dissidenten sowie eine dubiose Gruppe um ihn herum sollten eine tragische Rolle in seinem Leben spielen, wie auch im Leben unseres Landes.

Zu jener Zeit war die nationale Bewegung schon gespalten. Einige Parteien und Gruppen hatten die Wahlen boykottiert und eine Opposition zur neuen Regierung gebildet. In der Öffentlichkeit wurden Stimmen laut, die die Regierung des Antidemokratismus, der Unterstützung imperialer Kräfte, des „Nationalbolschewismus" und der Kooperation mit dem KGB beschuldigten.

Der Moskauer Putsch vom 19. bis 21. August 1991 fand seinen Widerhall in den September-Ereignissen in Tiflis. In den Tagen der kurzlebigen Herrschaft des GKTSchP im August hatte Gamsachurdia eine undurchsichtige, zwiespältige Position bezogen: Auf Verlangen Moskaus hatte er der Garde den offiziellen Status aberkannt und sie dem Innenministerium unterstellt. Mit dieser Aktion hatte er nicht nur die idealistischen Freiwilligen der Garde für illegal erklärt, sondern sich zugleich eine ernst zu nehmende militärische Kraft zum Gegner gemacht. Ein bedeutender Teil der Nationalgarde unter Führung von Gamsachurdias ehemaligem Mitkämpfer, Gardebefehlshaber Tengis Kitowani, verließ

Tiflis und schlug im ostgeorgischen Rkoni sein Lager auf. Kurz darauf trat der Ministerpräsident Tengis Sigua zurück. Er schloss sich den Gardisten in Rkoni an.

Iwliane Chaindrawa, Journalist einer auf Befehl Gamsachurdias verbotenen Zeitung, „Georgiens Jugend“, beschrieb jene Tage wie folgt: „Beim Präsidenten versagte diesmal sogar das ihn kennzeichnende übersteigerte Gefühl für Gefahr, denn er hatte jene Todesgefahr übersehen, die das Tandem Sigua-Kitowani in sich trug, das sich auf eine mehr oder weniger ausgerüstete Militärmacht stützte … Bald darauf vergrößerte sich die Gegnerschaft Gamsachurdias noch weiter um die Truppen der ‚Merab Kostawa[1]-Gesellschaft‘. Der Block ‚Runder Tisch‘ zeigte tiefe Risse, und es wurde klar, dass der Präsident und seine Umgebung den Realitätssinn endgültig verloren hatten … Das hermetisch abgeschlossene Leben in der Umgebung von Gespenstern zahlreicher Feinde und angeblicher Freunde, der konsequente Kurs der Konfrontation und Kompromisslosigkeit, Beharren auf einer Politik der Stärke und der allmähliche unwiderrufliche Verlust jener Stärke beschleunigten das Ende des Regimes.“

Im September 1991 erreichte die Konfrontation die Straßen. Am 3. September eröffneten Angehörige der Spezialmiliztruppen am „Haus des Kinos“ in Tiflis das Feuer auf die Teilnehmer einer oppositionellen Kundgebung. Es gab Verwundete. Das Regime, das auf der Welle des allgemeinen Zorns gegen die sowjetische Gewalt an die Macht gekommen war, hatte nun selbst zur Gewalt gegriffen. Und dieses Mal war es nicht ein „russischer Okkupant“, der seine Hand gegen die Georgier erhoben hatte, sondern der Präsident selbst, ein Georgier, ein ehemaliger Dissident. Das löste die schärfsten Reaktionen aus.

Am 11. September verabschiedeten siebenundzwanzig politische Organisationen eine Erklärung, in der sie den Rücktritt des Präsidenten forderten. Der Befehlshaber der „ungehorsamen“ Garde, Tengis Kitowani,

---

[1] Dieser hoch angesehene Anführer der nationalen Bewegung war kurz zuvor unter dubiosen Umständen bei einem Autounfall ums Leben gekommen.

gab bekannt, die Garde bliebe nicht länger unbeteiligt, wenn der Präsident versuchen sollte, seine Macht durch Gewalt zu erhalten und wenn sich eine Gewaltaktion wie am 3. September wiederholen würde.

Am 16. September forderten bei einer Kundgebung in Tiflis mehrere Tausend Menschen die Wiederherstellung der Demokratie und den Rücktritt Gamsachurdias. Die Anhänger des Präsidenten organisierten eine Gegenkundgebung. An diesem und den darauf folgenden Tagen verhaftete die Regierung einige Anführer der Opposition. Auf dem Rustaweli-Prospekt errichtete die Opposition Barrikaden.

Am 21. und 22. September 1991 brachen Gamsachurdia-Anhänger in die Büros oppositioneller Parteien ein und verprügelten Dutzende von Oppositionellen. Teile der Nationalgarde marschierten in die Stadt ein und schlugen ihr Lager vor dem Gebäude des georgischen Rundfunks auf. Das Gebäude war von Anfang an von der Opposition besetzt worden. Das Ziel der Garde war der Schutz friedlicher Demonstranten. Die Ideologen des Regimes setzten dagegen die Version eines „Putsches" in Umlauf, der angeblich von Moskau aus organisiert worden sei. Das goss Öl ins Feuer. Die bewaffneten Ausschreitungen gegen die oppositionellen Kräfte provozierten Gegenmaßnahmen, obwohl die Opposition zur Aufnahme von Verhandlungen aufforderte. Und tatsächlich hat es Verhandlungsversuche mit Gamsachurdia gegeben. Einige Male schienen die Verhandlungen sogar erfolgreich abgeschlossen zu sein, doch wurde jede Vereinbarung im letzten Augenblick wieder verletzt.

Auf Ersuchen des Präsidenten zogen bewaffnete Truppen und Bürgergruppen aus verschiedenen Gebieten des Landes, insbesondere aus Westgeorgien, nach Tiflis. Mit der Losung, Agenten Moskaus bekämpfen zu müssen, machte das Regime mobil. Auf dem Rustaweli-Prospekt wurden vor dem Regierungsgebäude Zelte aufgeschlagen – eine vorübergehende Bleibe für die Beschützer Gamsachurdias. Die Regierung verteilte wahllos Gewehre unter den „Kameradschaften", die in den Randgebieten des Landes gebildet worden waren. Die tobenden Menschen trieben sich in Banden in der Stadt herum und griffen jeden an, der ihnen wie ein „Anti-

Swiadist" vorkam. Am 4. und 5. Oktober 1991 wurde erneut auf friedliche Demonstranten geschossen, und wieder gab es Verletzte. Die Schuld dafür schob die Regierung der Opposition zu.

Anfang Dezember hatte sich die Situation auf das Äußerste zugespitzt. Es entbrannte ein Kampf um die Massenmedien und Informationsmittel, um das Volk von der eigenen Version des Geschehenen überzeugen zu können. Alles sah nach einem Zusammenstoß aus.

Eine konstitutionelle Sackgasse erschwerte das Ganze: Die absolute Mehrheit im Parlament hatte für die Verabschiedung eines Gesetzes gesorgt, das die Möglichkeit, eine normale Impeachment-Prozedur zu eröffnen, praktisch nicht zuließ. Es blieb also nichts anderes übrig, als auf den guten Willen des Präsidenten zu hoffen, freiwillig seinen Rücktritt zu erklären. Dies hätte die Krise schmerzlos vermeiden können.

Der gute Wille war nicht in Sicht. Und auch bei den Gegnern des autoritären Regimes war der Vorrat an gutem Willen aufgebraucht. Durch seine Aktionen hatte sich Gamsachurdia selbst eine Opposition geschaffen und für ihre Konsolidierung gesorgt.

Am 22. Dezember 1991 wurde aus dem Regierungsgebäude das Feuer auf Gardisten eröffnet, die sich dem Gebäude genähert hatten, um noch einmal Verhandlungen anzubieten. Die Garde rückte gegen das Regierungsgebäude vor und begann den verbarrikadierten Rustaweli-Prospekt freizuräumen und die zu einer Wagenburg aneinandergereihten Wagen auseinanderzuschieben. Aus dem Keller (genannt „Bunker") des Regierungsgebäudes, wo sich einst die Kantine und die Versorgungsdienststellen befanden, wandte sich Gamsachurdia im Fernsehen an das Volk und bat es um Unterstützung, aber niemand meldete sich.

Der zweiwöchige Krieg auf dem Rustaweli-Prospekt führte zur Zerstörung dieser Hauptader der Stadt, forderte Hunderte von Toten und Verwundeten und endete mit der Flucht des Präsidenten aus Georgien. Vom Ausland aus rief er seine Anhänger zum Widerstand auf.

Swiad Gamsachurdia, der erste Präsident Georgiens. Wer war er? Was hatte er auf dem höchsten Staatsposten erreicht, und warum musste er in die Verbannung gehen? Was war die Ursache für seinen Schwindel erregenden Aufstieg und seinen nicht minder rasanten Fall? Was nährt den grenzenlosen Glauben von Tausenden von Anhängern an ihren vertriebenen Präsidenten?

Auf diese Fragen gibt es viele Antworten. Manche nennen Gamsachurdia den Patriarchen der nationalen Bewegung, andere den „Gesandten des Satans", manche malen das Bild von einem Ritter der Güte und Gerechtigkeit, andere erkennen in ihm das Sinnbild von Feigheit und Tücke.

Ganz gleich, wer in diesem Streit recht hat, eins ist unbestritten: Swiad Gamsachurdia ist ein derart kompliziertes Phänomen, dass es unmöglich ist, einseitig und einfach über ihn zu urteilen. Ich halte es für unzulässig, das Porträt des ersten Präsidenten Georgiens schwarz-weiß zu malen.

Ich will wiederholen, was ich einmal gesagt habe: „Swiad Gamsachurdia ist in erster Linie eine tragische Figur, deren persönliche Tragik mit den großen Tragödien der Weltgeschichte vergleichbar ist."

Swiad wurde in den 1980er Jahren von der Welle der „samtenen" Revolutionen getragen, als in der sozialistischen Welt der Wind der Erneuerung zu wehen begonnen hatte. In Osteuropa genossen antikommunistische Koalitionen, die den Willen der Massen ausdrückten, eine gewaltige Popularität. In dieser Zeit waren das „Bürgerforum" in der Tschechoslowakei, die „Solidarność" in Polen, die „Sajudis" in Litauen und die „Volksfront" in Estland sowie in Lettland an die Macht gekommen. Die „Ritter" des „Runden Tisches", die nach den Wahlen im Oktober 1990 in Georgien an die Macht kamen, schafften die kommunistische Ideologie ab und ersetzten sie durch die „nationale Idee". In ihrem Streben nach Wiederherstellung der nationalen Identität wandten sie sich den Anfängen des nationalen Denkens zu. Aber die Antikommunisten haben es nicht geschafft, einen neuen Führungsstil zu entwickeln; sie sahen sich gezwungen, den alten, der sie geprägt hatte, nachzuahmen. Und so hatte das Wirken der Regierung Gamsachurdias in vielerlei Hinsicht eine „kommunistische" Färbung.

Swiad Gamsachurdia hat die tief in der Psychologie der Massen verwurzelten Komplexe meisterhaft genutzt. Durch den Willen des Wundertäter-Präsidenten bekamen Tausende von „Schurken" die Möglichkeit zur Selbstbestätigung, indem sie eine Rolle in der von ihm neu geschaffenen Aristokratie übernahmen. Swiad konnte einen Verbrecher zum Minister machen, einen Tierarzt zum Juristen, einen Sänger und Trommler zum hohen Staatsbeamten, einen Zahnarzt oder Maler zum Militärgenie. Der Glaube an seine überirdischen Fähigkeiten verfestigte sich unter den „einfachen Menschen" immer mehr. Der Wundertäter-Präsident wurde zum Garanten einer neuen Lebensperspektive. Der „Swiadismus" hatte religiöse Züge angenommen und wurde fast so etwas wie eine religiöse Sekte.

Swiad Gamsachurdia ist auch heute noch ein großes Problem für unsere Gesellschaft. Ein Teil der Gesellschaft versucht daher, das Phänomen Gamsachurdia zu verdrängen, es nicht wahrzunehmen, es klein zu reden oder gar zu leugnen. Dabei ähneln sie dem, der das Feuer im Heu zu verstecken sucht.

Das Gamsachurdia-Phänomen zu erklären sind weder die „Swiadisten" noch die „Anti-Swiadisten" imstande. Nur eine Gesellschaft, die von dieser Krankheit geheilt wäre, könnte vielleicht über die Geschehnisse der Jahre 1990 und 1991 und ihren Protagonisten urteilen, der trotz all seiner tatsächlichen oder angeblichen Fehler und Absonderlichkeiten als erster Präsident in die georgische Geschichte eingegangen ist. Er, der siegreich die Unabhängigkeit seines Landes ausgerufen hatte, wurde von widersprüchlichen Geschehnissen besiegt und beendete sein Leben durch Selbstmord. Der Grund oder die Gründe dieses Selbstmords müssen noch herausgefunden und festgestellt werden.

Ich kannte Swiad Gamsachurdia nicht sehr gut. Wir dürften uns einige Male begegnet sein und manchmal miteinander telefoniert haben. Dafür kannte ich seinen Vater gut. Der große Schriftsteller und Öffentlichkeitsmensch Konstantine Gamsachurdia wurde bereits zu Lebzeiten zum Klassiker der georgischen Literatur. Mit seinen Romanen sind einige

Generationen von Georgiern groß geworden, und ich hoffe, dass noch viele Generationen mit ihnen aufwachsen werden. Er wurde an einer deutschen Universität ausgebildet und gehörte zu den unversöhnlichen Kritikern des Kommunismus. Seinerzeit hat er harte Briefe an Lenin geschrieben, später führte er einen Briefwechsel mit Lawrenti Beria über den Stalin-Preis für Literatur, den ihm seine Gegner verweigert hatten. Er hat auch versucht, über Stalin einen Roman zu schreiben, („Der Führer"), aber den eigentlichen Ruhm und Namen hat ihm seine historisch-patriotische Prosa eingebracht.

Einmal hat er sogar an mich einen Brief geschrieben – als Erwiderung auf einen Neujahrsglückwunsch an ihn. Ich glaube, dieser Brief verdient es, hier angeführt zu werden. In Bezug auf die geschilderten Ereignisse sagt er einiges aus:

„Sehr verehrter und eines jeden Georgiers vorzüglicher Freund Batono[2] *Eduard!*

Herzlichen Dank für den Glückwunsch.

Wir behaupten: Nach Giorgi dem Glänzenden[3] *und Bagrat V.*[4] *gab es in Georgien nie eine derart mutige Regierung.*

Wenn das Schicksal es mir noch erlaubt, werde ich dies noch mit einer Tat in diesem Land beweisen.

Jahrelang haben mir die ZK-Sekretäre mit Verhaftung und Erschießung gedroht: Mamulia, L. Gogoberidse, F. Macharadse, M. Kachiani, A. Mgeladse. Schließlich war, wie ich es später erfahren habe, Stalin über sie erzürnt: ‚Lasst doch diesen Mann mit seinen Windhunden und Falken[5] *in Ruhe', soll er gesagt haben. ‚Einen anderen Schriftsteller wie ihn haben wir nicht.' Einmal, nach der Rückkehr aus Moskau, hat sich A. Mgeladse bei mir entschuldigt. Es gibt seinen Brief in meinem Archiv.*

---

[2] Höfliche Anredeform im Georgischen, entspricht der deutschen Anrede „Herr".

[3] Giorgi der Glänzende, König von Georgien 1314–1346.

[4] Bagrat V., König von Georgien 1360–1393.

[5] Konstantine Gamsachurdia war ein leidenschaftlicher Jäger.

Ergeben neige ich meinen Kopf vor Ihnen und wünsche dem georgischen Volk, Sie lange als Führer unserer viel geplagten Heimat zu erleben. Mein Neujahrswunsch: Helfen Sie Dawid-Garedscha[6] *und den georgischen Manuskripten. Für alle Ewigkeit Ihr treuer*
Konstantine Gamsachurdia, Kolchis-Turm[7]*, 7. 1. 1974.*"

Als in der Regierungszeit Gamsachurdias einer meiner Freunde in Tiflis den Brief veröffentlichte, war Swiad erzürnt. Er befahl den ihm nahestehenden Zeitungen, eine Erklärung zu veröffentlichen, in der er behauptete, sein Vater sei mir gegenüber anfangs wirklich gut gesinnt gewesen, aber später von mir enttäuscht worden, und er hätte mich kritisiert. Ganz ehrlich: Ich kann mich an nichts dergleichen erinnern.

Während seiner Regierungszeit und nach der Flucht aus Georgien veröffentlichte Swiad Gamsachurdia offene Briefe – eine „Anklageschrift" zu meinem „Fall" – und verlangte von mir, zu jedem der aufgeführten Punkte Stellung zu beziehen. Ich habe ihm nicht geantwortet. Sein Versuch, prinzipielle politische Meinungsverschiedenheiten zwischen uns beiden auf die Ebene einer persönlichen Konfrontation überzuleiten, hätte mich dazu veranlassen müssen, Dokumente zu veröffentlichen, die seinem Namen geschadet und die ohnehin angespannte Situation in Georgien noch weiter verkompliziert hätten. Im Dezember 1991 ist es Gamsachurdia gelungen, die KGB-Archive, darunter auch das KGB-Archiv des Literaturmuseums, zu vernichten. Aber das bedeutet nicht, dass alle Spuren und Zeichen der Vergangenheit völlig ausgelöscht sind. Auch jetzt will ich einige wohlbekannte Fakten seiner Biografie nicht ansprechen. Nur zwei Telefonate will ich noch erwähnen, um das Bild – nicht so sehr von Gamsachurdia, als vielmehr von der Zeit, in der wir gelebt haben – etwas abzurunden.

---

[6] Kloster in Ostgeorgien.

[7] So nannte K. Gamsachurdia sein Haus in Tiflis, das im „Kolchis-Stil" nach dem Vorbild eines westgeorgischen (=kolchischen) Hauses gebaut worden ist.

Um das erste Telefonat vom 12. März 1991 verständlich werden zu lassen, hier einige Vorbemerkungen: Ich war schon vom Amt des Außenministers der Sowjetunion zurückgetreten. Aus Georgien erreichten uns beunruhigende Nachrichten. Im Dezember 1990 hatte die Führung des südossetischen autonomen Gebiets beschlossen, eine „Südossetische Demokratische Republik" innerhalb der Sowjetunion zu gründen. Das georgische Parlament reagierte darauf mit einem Beschluss, der auf die Gesetzwidrigkeit des erwähnten Aktes hinwies und seinerseits die Autonomie des Gebiets aufhob. Das war der für damals so typische „Krieg der Gesetze", der die Konflikte eingeleitet oder sie begleitet hat. Sowohl die Gründung einer Republik als auch die Aufhebung der Autonomie waren für meine Begriffe unbedachte Schritte, die eine Eskalation von Militäraktionen und Blutvergießen verursachen konnten. In Moskau wurde die Frage nach der Entsendung sowjetischer Militäreinheiten in die Konfliktzone erwogen. Ich sagte Gorbatschow, dass eine solche Maßnahme zu einem Bürgerkrieg in Georgien führen würde. In jedem Fall, sagte ich ihm, was auch immer beschlossen würde, müsse zuvor mit der georgischen Führung abgestimmt werden.

So kam es auch. Anatolij Lukjanow, seit März 1990 Vorsitzender des Obersten Sowjet der UdSSR, hatte Gamsachurdia angerufen und ihm am Telefon den Entwurf des Erlasses vorgelesen, der die Beschlüsse der in der Stadt Zchinwali residierenden Führung der „Südossetischen Demokratischen Republik" sowie die des georgischen Parlaments aufhob. Der dritte Punkt sah die Entsendung von Einheiten des Innenministeriums der Sowjetunion in die Konfliktzone vor. Gamsachurdia war einverstanden.

Bei unserem Telefonat nun bat er mich, eine Erklärung zu den Ereignissen in der Zchinwali-Region abzugeben. Ich lehnte das ab: „Erstens würde eine solche Erklärung den Leuten große Dienste erweisen, die meinen Rücktritt mit den Ereignissen in Georgien in Zusammenhang bringen. Zweitens hieße dies, Öl ins Feuer zu gießen. Und schließlich, und das ist das Wichtigste, gibt es Folgendes: Sie wollen mir die Verantwortung für einen Beschluss zuschieben, den Sie gefasst haben. Ich halte ihn für falsch: Die Aufhebung der Autonomie wird Georgien teuer zu stehen kommen."

Gamsachurdia begann über den Erlass Gorbatschows zu sprechen und fürchtete, die Entsendung von Truppen in die Konfliktzone könne die Situation dramatisch verschlechtern: „Der Erlass wurde mit Ihnen abgestimmt", erinnerte ich ihn. „Das ist wahr", bestätigte Gamsachurdia. „Aber ich war mit diesem dritten Punkt nicht einverstanden." – „Dann hätten Sie den gesamten Erlass ablehnen müssen. Außerdem hätten Sie die Öffentlichkeit darüber informieren müssen, dass ein solches Dokument mit Ihnen abgesprochen war. Soviel ich weiß, ist das nicht geschehen."

Zum Schluss fragte mich Gamsachurdia, ob ich meine Rücktrittserklärung rückgängig machen und Außenminister der Sowjetunion bleiben könnte. „Von dort aus würden Sie Georgien Nutzen bringen." – „Das ist unmöglich", antwortete ich. „Sie müssen mich verstehen: Ich kann mein Wort nicht zurücknehmen."

Einige Zeit später verlangte der Oberste Sowjet der Sowjetunion von Gorbatschow, einen Erlass über die Einführung des Ausnahmezustandes in Zchinwali zu unterzeichnen. Ich erklärte ihm, was darauf folgen würde, und überredete ihn, nicht zu unterschreiben. Aber der Konflikt weitete sich aus. Tausende von Flüchtlingen verließen die blühende Gegend, die von der Politik in ein Schlachtfeld verwandelt wurde.

Gamsachurdia hatte erneut den Wunsch geäußert, mit mir zu telefonieren. Das war am 6. April 1991, an einem Samstag. Ich war schon lange nicht mehr im Amt und hatte keinen Kontakt mehr zu Gorbatschow. Als ich den Hörer abnahm, hatte ich den Eindruck, dass er durch Gamsachurdias Aufregung glühendheiß war. Soviel konnte ich jedoch dem Geschrei entnehmen: Ich sollte die Annullierung jenes Beschlusses bewerkstelligen, der den Einmarsch der sowjetischen Armee nach Georgien vorsah.

„Batono Swiad!" Es gelang mir kaum, zu Wort zu kommen. „Wieso rufen Sie mich an? Rufen Sie doch Gorbatschow an! Ich bin nur noch Rentner, habe keine Beziehung zu irgendeiner führenden Person dieses Staates mehr und kann gar nichts mehr beeinflussen."

„Dann geben Sie doch eine Erklärung an die Weltöffentlichkeit ab!"

„Um Ihre Politik sauber zu waschen, die ich kategorisch ablehne, und die Verantwortung für Ihre Handlungen zu übernehmen?"

„Sie haben Baker und die anderen Ausländer gegen mich aufgehetzt! Im April 1989 sind Sie nach Tiflis gekommen, um Gorbatschow zu retten! Als man in Lidsawa das Haus von Gamsachurdia angezündet hat, haben Sie keinen Finger krumm gemacht!"

„Lassen Sie mich doch etwas sagen!"

„Sie haben so viel für diesen Staat getan, man hat Sie aber rausgeworfen."

„Und trotzdem wird alles, was ich geschaffen habe, unserem Volk zugute kommen!"

„Wenn Sie nicht den Abzug der Truppen aus Georgien erreichen, werden Sie Georgien und Ihr Volk für immer verlieren! Es wird mir schwerfallen, etwas dagegen zu tun! Bisher habe ich die Menschen zurückgehalten, aber ab jetzt werde ich das nicht mehr tun! Wir werden alle Ihre Nächsten rausschmeißen!"

„Sie sind der Hausherr, Swiad. Aber Sie müssen wissen, dass weder Sie noch sonst jemand mich an der Rückkehr in die Heimat wird hindern können."

***

Als Gamsachurdia in Georgien an die Macht gekommen war, schickte ich ihm ein Glückwunschtelegramm. Es war mir einiges über ihn bekannt, was mich von dieser Geste hätte zurückhalten können. Dennoch tat ich sie, weil der Glückwunsch nicht nur Gamsachurdia galt, sondern auch dem Volk, das zum ersten Mal seit 1921 seinem Willen freien Ausdruck gegeben hatte. „Das Volk muss selbst feststellen, ob es eine richtige Wahl getroffen hat oder nicht", dachte ich damals. Es hatte keinen Sinn zu sagen: „Ihr habt einen Fehler gemacht."

Was auch immer die swiadistische Propaganda gegen mich behauptet haben mag, ich bin nie gegen mein Volk aufgetreten. Ja, ich war nicht immer mit ihm einverstanden, aber der „Agent des Kreml Nummer 1" hat nie die Interessen seines Volkes ignoriert. Gamsachurdia verfasste ein ganzes Register von Anschuldigungen gegen mich. Hätte ich mich darauf eingelassen, so hätte ich ohne große Schwierigkeit die Untragbarkeit all der Lügen beweisen können. Am schlimmsten ist die Tatsache, dass er sie benutzte, um das Bewusstsein der belogenen und verzweifelten Landsleute zu manipulieren.

Am 15. Dezember 1991, als die Konfrontation in Tiflis ihren Höhepunkt erreichte, schickte er mir eine Gruppe von aus Zchinwali geflüchteten Georgiern nach Moskau. Infolge des Konflikts hatten viele von ihnen ihre Verwandten, Häuser, die Gräber ihrer Vorfahren, ihr gesamtes Hab und Gut verloren. Wem hätten sie die Schuld dafür geben sollen, wenn nicht dem, der die Georgier und die Osseten gegeneinander aufgehetzt hatte? Aber nein. Man hatte ihnen suggeriert, dass ich an all dem Schuld sei. Und sie kamen zu mir mit einer langen Liste meiner Sünden, die sie von Gamsachurdia bekommen hatten. Als ich mit ihnen sprach, sprach ich zu meinem ganzen Volk.

Ich wusste, was für ein bitterer Fehler, was für ein unverzeihlicher und verbrecherischer Beschluss es gewesen war, den Krieg in Südossetien zu beginnen. Später, als ich nach Georgien zurückgekehrt war, entschuldigte ich mich dafür bei den Osseten. Ich denke, dass sich auch die Osseten bei den Georgiern entschuldigen sollten – weil sie diesen Krieg provoziert haben. Jeder gestehe seine Fehler.

Während der Verhandlungen, aber auch in Privatgesprächen in Moskau fragten mich meine Partner oft, was ich von Gamsachurdia hielte. Jeder von ihnen kann bestätigen, dass ich auf ihre Fragen immer geantwortet habe, dass ich die Wahl des Volkes respektiere.

Erst nach dem 2. September 1991, als die friedliche Demonstration in Tiflis mit Gewalt aufgelöst und Blut vergossen wurde, als die Oppositionsführer verhaftet wurden, als die Regierung die ächtenden Namenslisten der „Verräter der Nation" veröffentlichte (am 6. September stand mein Name an der Spitze der Liste) und als die Provinz gegen das Zentrum, die Dorfbewohner gegen die Stadtbewohner, die Arbeiter und Bauern gegen die Intelligenzija aufgehetzt worden waren – als, mit einem Wort, klar wurde, dass der georgische Präsident, der ehemalige Freiheitskämpfer, ein national-faschistisches Regime etabliert hatte –, da erlaubte ich mir, in einem Fernsehinterview zu sagen, dass ich das alles befürchtet hätte.

Man könnte mir vorwerfen – und das wird auch getan –, dass ich das alles nicht früher gesagt habe. Manche ziehen daraus die tiefsinnige Schlussfolgerung: Schewardnadse hat geschwiegen, weil er wusste, womit das Ganze enden würde – mehr noch: Er ließ die Ereignisse in eine ihm nützliche Richtung laufen. All das passt genau zu den Gamsachurdia-Aussagen über einen angeblichen Moskauer Anti-Georgien-Stab unter meiner Leitung, über die „Hand Moskaus", die ihn von seinem Präsidentensessel stürzte.

Mein Gott, denke ich manchmal, was hätte es den ehemaligen Präsidenten denn gekostet, die „Daten" zu veröffentlichen, die ihm angeblich vorlagen? Hätte er doch nur eine einzige Tatsache, einen einzigen Beweis vorgebracht, damit ich endlich an meine Beteiligung an dem von ihm provozierten Krach hätte glauben können. Er wusste sehr wohl, dass mich in Moskau viele Menschen besuchten – übrigens nicht nur Freunde –, dass auch aus seiner Umgebung Besucher kamen, mit der Bitte, ihn zu unterstützen, und dass ich ihnen allen antwortete, dass es nur unter einer einzigen Bedingung meine Unterstützung geben könnte: Die Politik Gamsachurdias brauchte nur den Normen einer verantwortungsvollen und zivilisierten Staatsführung zu entsprechen. Leider tat sie das nicht.

Trotzdem gab es eine Unterstützung meinerseits. Ich unterstützte nicht Gamsachurdia, sondern mein Volk. Ich versuchte mit allen Kräften, die Republiken – und unter ihnen auch Georgien – vor zerstörerischen Folgen des Zusammenbruchs der Sowjetunion zu schützen. Aber dafür war ein abgestimmtes Miteinander-Handeln notwendig. Die neue Führung Georgiens hatte diesen Willen nicht. Es war traurig zu sehen, mit welch mystischer Leidenschaft man das Land in die Selbstzerstörung trieb. Unter solchen Umständen hatte es keinen Sinn, vernünftig zu reden. Zuhören würde man einem solchen Redner sowieso nicht, ihn dafür aber mit Sicherheit beschuldigen, zur Eskalation der Konfrontation beigetragen zu haben.

***

„Wenn Gamsachurdia an die Macht kommt, werde ich mich gezwungen sehen, gegen mein Volk aufzutreten", hatte Merab Mamardaschwili, ein Landsmann von mir, ein großer Denker, Wissenschaftler und Philosoph, gesagt. Das hatte er sagen können, keinesfalls aber ein Politiker. Die Wahrheit zu offenbaren ist für den Philosophen nicht nur eine berufliche Verpflichtung, sondern das Wesen seines ganzen Seins. Er ist bereit, für die Wahrheit sogar sein Leben hinzugeben. Das hat er auch tatsächlich getan: Der ohnehin angegriffene Gesundheitszustand Mamardaschwilis konnte die übermenschliche Spannung nicht ertragen, die die Konfrontation mit seinem Volk – genauer gesagt: mit dem radikalsten Teil seines Volkes – in ihm erzeugt hatte. Im November 1990 war er unterwegs von Paris über Moskau nach Tiflis, wo Gamsachurdia und seine Anhänger ihren Sieg feierten. Von einem Herzanfall paralysiert, lag Merab Mamardaschwili in der Wartehalle des Moskauer Flughafens und war weit mehr über die feindlichen Blicke seiner Landsleute erschüttert als über seine Herzschmerzen. Er war der Antipode zum Idol dieser Menschen – ein Mann, der es gewagt hatte, das Volk herauszufordern mit den Worten: „Die Wahrheit steht über der Nation!" Er ist dort, im Flughafen, gestorben, umgeben vom Hass der eigenen Sippe, mit seiner Wahrheit, die keiner mit ihm teilen wollte.

Ich bin kein Philosoph, der bereit ist, für seine Ideen zu sterben. Der Politiker hat für seine Ideen zu leben, um sie umsetzen zu können. Nach meinen Begriffen ist der Politiker verpflichtet, immer wieder – öfter als der uninteressierte Blick es zu registrieren vermag – vom Tod aufzuerstehen, um für die Ideen weiterzuleben, an die er zu glauben gelernt hat. Was ist meine Idee?

Ich werde mich einer Erklärung enthalten. Statt meiner soll mein ferner Freund sprechen: „Früher habe ich Sie bei unseren Gesprächen oft nach Georgien gefragt, nach dem Weg, den zu gehen das Land gewählt hat. Aus Ihren wortkargen Antworten konnte ich einen verdeckten Schmerz herausfühlen. Jetzt ist der Moment gekommen, wo Ihre Verantwortung diesem Land gegenüber um einiges gewachsen ist. Wenn das Land Sie ruft, können Sie nicht nein sagen."

Das sagte Hans-Dietrich Genscher zu mir, der Außenminister der Bundesrepublik Deutschland. Wir führten das Gespräch am 21. Februar 1992 in Wien, in der deutschen Botschaft – zwei Wochen vor meiner Rückkehr nach Georgien.

Genscher war nicht der Einzige, mit dem ich meinen Beschluss besprach. Zu meinen Gesprächspartnern von damals gehörten Boris Jelzin, Nursultan Nasarbajew, Lewon Ter-Petrosjan, James Baker, Yasuhiro Nakasone, Henry Kissinger, Jacques Chirac, Robert S. Strauss und Kollegen aus der „Bewegung für demokratische Reformen". Um die eventuelle Beschuldigung von Seiten der einheimischen „Patrioten" abzuwenden, ich hätte mich nicht für die georgische öffentliche Meinung interessiert, muss ich erwähnen, dass der Beschluss zur Rückkehr in erster Linie durch den starken Druck seitens der georgischen öffentlichen Meinung gereift war. Mich besuchten meine Landsleute (Otar Litanischwili, Ramas Tschchikwadse, Irakli Batiaschwili u. a.), unter ihnen waren auch „Verräter" – ehemalige Verbündete von Gamsachurdia und jene, die mich noch gestern in den Kundgebungen beschimpft hatten. Die Post aus Georgien, die im vorangegangenen Monat etwas spärlich gewesen war und hauptsächlich aus Schimpftiraden bestanden hatte, wurde unerwartet zahlreicher und enthielt nun Petitionen, Aufrufe, Forderungen und Bittschriften.

Ich brauchte die politische und moralische Unterstützung meiner Freunde und habe sie bekommen. Ein unzweideutiges Mandat vom Volk war notwendig – auch das war nun da. Und auch die Umfragen in Georgien brachten für mich beneidenswert günstige Resultate. Trotzdem war ich aufgeregt.

Ein amerikanischer Schriftsteller sagte mir, dass ihm im Zusammenhang mit meiner Rückkehr nach Georgien eine Analogie in den Sinn gekommen sei: Die Rückkehr von Charles de Gaulle an die Macht. Ich dankte ihm für den Vergleich und sagte: „Ja, die französische Geschichte kennt viele Rückkehrer. Zum Beispiel, die Rückkehr Napoleons ...“ – „Die mit St. Helena endete“, ergänzte meinen Satz einer meiner Assistenten, der für seine spitze Zunge bekannt war.

Der Schriftsteller, der mit einem Projekt in die „Assoziation für die Außenpolitik“ gekommen war – er bot uns an, gemeinsam eine Zeitung herauszugeben –, wollte das Gespräch nicht so traurig enden lassen und sagte: „Hätte General Gerard keinen Umweg gemacht, hätte Napoleon Waterloo gewonnen.“ – „Sie meinen wohl, wäre Marschall Grouchy rechtzeitig gekommen ...“, war mein „höflicher“ Assistent wieder zur Stelle. „So oder so, seinem Schicksal kann niemand entkommen. Mein Schicksal ist Georgien, und wenn mich dort das Schicksal Napoleons erwartet, dann wird das ein schwerer Schlag für Ihre Zeitung sein. Hoffen wir es also nicht.“

Meine Wahl war richtig, aber es warteten so viele Fallen und Sackgassen, dass ein anderer an meiner Stelle es nie riskiert hätte, sich auf den Weg zu machen. Kein nüchtern denkender Politiker, der sich von den Gesetzen der Politik – der Kunst der Möglichkeiten – leiten lässt, würde eine derart schwierige Mission übernehmen. Ich wusste, dass die Mission nicht schnell und nicht ohne Komplikationen erfüllt werden konnte. Keiner wusste besser als ich, dass das Risiko diesmal sehr hoch war. Ich konnte alles verlieren, sogar mein Leben. „Warum habe ich diese Wahl getroffen?“, fragte ich mich und beantwortete die Frage so: „Ich gehe zurück, weil ich nicht anders kann.“ Das war nicht die Antwort des Politikers, sondern die eines Menschen, der an seiner Heimat hängt.

Ich kann mich sehr deutlich erinnern: Sergo Gachokidse, der Kapitän, und seine Crew haben das Flugzeug sicher im Griff, die Journalisten sind mit sich selbst beschäftigt, die Stewardessen servieren das Essen – georgisches Brot, Suluguni-Käse, Kräuter, frische Gurken und Tomaten. Da stellt jemand eine Flasche Wein auf den Tisch und fragt mich: „Gestatten Sie, auf Ihre Rückkehr zu trinken?“ – „Warum denn nicht?“

Heute, nach so vielen Jahren und nachdem die Prophezeiung beim Besuch des amerikanischen Schriftstellers mir fast zur Wirklichkeit geworden ist, sage ich: Mein Entschluss von damals war richtig, weil ich wohl auch durch die Rückkehr mein Land vor Zerfall, Hunger und anderem Unglück gerettet habe. Was meine Pflicht war, habe ich mehr oder weniger gut getan. Die neue Generation soll die ihre tun. Ich möchte gern glauben, dass ihr das besser gelingen wird.

***

Das harte Aufsetzen bei der Landung empfand ich so, als hätte mein Land mich physisch berührt. Durch die Glasscheibe sehe ich die vielen Menschen, die zu unserem Flugzeug strömen.

Einige Tage vor meinem Abflug aus Moskau hatte einer meiner künftigen Kollegen im Interview gesagt: „Schewardnadses Besuch wird der einer Privatperson sein.“ Auf die Bitte eines Moskauer Journalisten, die Worte zu kommentieren, sagte ich: „Ich glaube, Georgien braucht keine Privatperson.“ Was es brauchte, konnte man von den Gesichtern der versammelten Menschen ablesen. Man durfte sie nicht enttäuschen. „Werden meine Kraft und Fähigkeit ausreichen, ihre Erwartungen zu erfüllen?“

Einem jungen Mitarbeiter einer von Gamsachurdia verbotenen Zeitung wird hier auf dem Flugplatz ein Titel für seine künftige Publikation einfallen: „Hallo Schewi!“ (So pflegte man im Westen meinen Namen abzukürzen.) Die Publikation wird weniger als zwanzig Zeilen umfassen: „‚Es fällt mir schwer, zu sprechen‘, das waren die ersten Worte Eduard Schewardnadses nach seiner Rückkehr in sein Heimatland. Etwas später jedoch, als die Emotionen nachgelassen hatten und

Schewardnadse das Reden etwas leichter fiel, hat er einen recht seltsamen Satz gesagt: ‚Ich habe den riskantesten Schritt meines Lebens gewagt.' Der schlaue Fuchs Schewi war schon immer ein Genie siegessicherer politischer Schachzüge gewesen. Auf jeden Fall war das damals die gängige Meinung über ihn. Vor sieben Jahren ist der erste Sekretär des ZK der Kommunistischen Partei Georgiens, Genosse Eduard Amwrossjewitsch Schewardnadse, aus Tiflis nach Moskau geflogen. Heute ist ein Herr nach Georgien zurückgekehrt, den man mit ‚Mister Schewardnadse!' anreden möchte. Während seiner politischen Karriere hat er immer hohe Posten bekleidet, aber es gab immer zumindest einen Chef über ihm, sodass er bei aller Freiheit seines Denkens in seinem Handeln immer mehr oder weniger eingeschränkt war. Heute hat er keinen Posten, und es gibt niemanden über ihm. ‚Halten Sie das durch, Mister Schewardnadse?' "

Die Frage war nicht einfach, ich hatte keine Antwort darauf. Aber ich wusste, dass ich mit allen meinen Kräften arbeiten und weder mich noch mein Team schonen würde. Ein Team hatte ich jedoch noch nicht – nur zwei Assistenten, die zusammen mit mir zurückgetreten waren und sich gemeinsam mit mir auf diesen gefährlichen Weg gemacht hatten. Ich hatte weder einen Posten noch irgendeine Zuständigkeit noch eine legale Grundlage zum Handeln. Kurz, ich war mit einer einzigen Aktentasche gekommen, während das eine Mitglied des Militärrats eine bewaffnete Armee unter dem Namen „Mchedrioni" („Reiter") hatte, das andere eine bewaffnete Garde und das dritte einen ganzen Staatsapparat.

Es war notwendig, baldmöglichst Wahlen durchzuführen und den demokratischen Kurs bekanntzugeben, für den wir standen. Ohne dies hätten wir die internationale Isolation nicht durchbrechen und die Anerkennung der Unabhängigkeit des georgischen Staates nicht erreichen können. (Bis dahin waren wir ja nur von der Ukraine anerkannt worden.) Wir mussten das Blutvergießen in der Stadt Zchinwali und den schleichenden Konflikt in Abchasien stoppen. Es war notwendig, die Produktion anzukurbeln und die Wirtschaftsreform zu starten. Dafür brauchte man ein ganzes Paket von Gesetzen, und für deren Verabschiedung ein legitimes gesetzgebendes Organ.

***

Am Flugzeug empfingen mich Tengis Kitowani und Dschaba Iosseliani, Mitglieder des nach dem Sturz Gamsachurdias gebildeten Militärrates. Der eine war Keramikkünstler, der andere Professor an der Theaterhochschule. Der Erstere stand dem Präsidenten nahe und hatte die Nationalgarde geführt; der andere war dagegen ein unversöhnlicher Gegner des Präsidenten und hatte als Erster den repressiven Charakter der Präsidialmacht am eigenen Leibe erfahren.

Das von Iosseliani geschaffene Rettungskorps „Mchedrioni" agierte im Iran und Armenien nach den dortigen Erdbeben. Es trennte auch die aufeinander schießenden Streithähne in der Zchinwali-Region voneinander. Gamsachurdia hatte in ihm eine unmittelbare Gefahr für sich gesehen und sowohl das „Mchedrioni"-Korps als auch seinen Anführer außerhalb des Gesetzes gestellt. Mehr noch: Mit Hilfe der in Tiflis stationierten sowjetischen Armeetruppen hatte er die Basis der „Mchedrioni" auf dem Berg Schawnabada bei Tiflis vernichtet, Iosseliani verhaftet und dessen nächsten Mitkämpfer im KGB-Gefängnis eingekerkert. Dies hatte dem Ansehen Gamsachurdias einen ziemlichen Schaden zugefügt. Während des „Krieges" auf dem Rustaweli-Prospekt hatten Kitowanis Gardisten den Anführer der „Mchedrioni" und seine Leute befreit. Sie schlossen sich sofort den Angriffen gegen das Regierungsgebäude an.

Sowohl Iosseliani als auch Kitowani hatten ein schwieriges Verhältnis zum Gesetz, und außerdem hatten sie beide ein schwieriges Verhältnis zu mir. Beide waren, wie auch das dritte Mitglied des Militärrates, Tengis Sigua, anfangs gegen meine Rückkehr gewesen. Sie standen unter starkem Druck der Intelligenzia und mussten schließlich nachgeben. Sie hatten recht lange für ihre Entscheidung gebraucht. Dschaba Iosseliani hatte sich als Erster entschieden und die anderen mitgezogen. Aber hätten sich nicht die meisten Führer der unterschiedlichen politischen Parteien und parteilose Bürger mit derselben Bitte an mich gewandt und hätte nicht die Gefahr eines Bürgerkrieges bestanden, hätte ich das Angebot nicht angenommen.

„Schewardnadse kann die Umgebung, mit der er zu arbeiten haben wird, nicht voll einschätzen", hatte jemand geschrieben. Viele behaupteten, dass der Rat mich brauchte, um eine gewisse Respektabilität zu gewinnen. Das mochte so sein, aber mir war auch die andere Umgebung wichtig – die Menschen, die zum Flughafen gekommen waren, um mir die Hand zu schütteln und mir ihre Unterstützung zuzusichern.

Ich konnte wirklich nicht reden. Ich fühlte mich so, als hätte ich einen Kloß im Hals. Endlich hatte ich die Aufregung überwunden und irgendetwas gesagt. Ich hatte die Worte nicht gesucht, sie hatten mich von selbst gefunden.

Eine Stunde später betrat ich die Sioni-Kathedrale. „Wie fühlten Sie sich nach der Kirche?", fragten mich später manche ironisch. Was hätte ich antworten sollen? An dem Tag hatte nicht der Politiker die Kirche betreten, sondern der Mensch, der in diesem Land geistliche Unterstützung am nötigsten hatte. Den Beistand habe ich im Gespräch mit Ilia II., dem Katholikos-Patriarchen der georgischen Kirche, gefunden.

Später hat er mit wunderbaren Worten den Ironikern geantwortet: „Ich denke, dass der Posten des Außenministers der Sowjetunion eine wichtige Rolle im Leben von Eduard Schewardnadse gespielt hat. Das war eine sehr hohe und schwere Verantwortung. Die Menschen, die eine so hohe Funktion haben, geraten oft in Situationen, in denen sie fühlen, dass sie keinen anderen Helfer haben außer Gott. Aus Russland ist Batoni Eduard als jemand zurückgekehrt, der seinen Glauben nicht verbirgt. Bei seiner Ankunft ist er als Erstes in die Sioni-Kathedrale gekommen. Dieser Schritt war nicht vereinbart gewesen. Es war sein spontaner Wunsch. Gewaltig und wunderbar sind Gottes Werke. Das Leben von Eduard-Giorgi ist ein klarer Beweis dafür. Ihm wurde eine hohe Mission aufgetragen, und er hat große Gefahren ausgestanden. Der, der ihm dieses schwere und ehrenvolle Kreuz auferlegt hat, wird ihm auch helfen, sein Kreuz zu tragen. Die Hauptsache ist, dass die Beziehung zwischen der Persönlichkeit und Gott nicht abreißt, dass der persönliche Wille dem göttlichen nicht widerstrebt. Nur dann wird das Geleistete bei Gott und den Menschen Wohlgefallen finden."

***

In jenen Tagen besuchte ich den größten Markt in Tiflis, den „Deserteur-Basar". Ich wollte mit eigenen Augen sehen, was die Menschen kauften, womit sie sich ernährten. Was ich dort sah, war bestürzend: Kein einziges georgisches landwirtschaftliches Erzeugnis war auf dem Basar zu finden, weder Kohl noch Kartoffeln, weder Eier noch Fleisch. Alles war Importware aus der Türkei. Die Menschen arbeiteten nicht, das Land war vernachlässigt. „Der Bauer wird sich nur dann dem Land zuwenden, wenn wir es zu seinem Eigentum machen", dachte ich still bei mir. Später haben wir es geschafft. Die Landreform ist erfolgreich durchgeführt worden.

1,2 Millionen Familien – darunter sogar viele Stadtbewohner – haben Grundstücke zum Eigentum bekommen. Das Ergebnis ist, dass heute der georgische Markt mit georgischen landwirtschaftlichen Produkten voll ist. Auch die Industrie hat begonnen, sich zu bewegen. Die Eisenbahn ist wieder in Betrieb gesetzt worden, das Bankensystem, die Grundlage der Marktwirtschaft, hat sich etabliert, neue Unternehmen wurden gegründet und Arbeitsplätze sind geschaffen worden. Das Isotopeninstitut hat sein Potenzial bewahrt und kann seine hochtechnologischen Produkte im Ausland anbieten. Das Flugzeugwerk, die Wein- und Mineralwasserfabriken wurden wiedereröffnet, die Zucker- und Konservenproduktion erneuert.

Die „Coca-Cola"-Produktion wurde in Gang gesetzt, und Zementwerke wurden geöffnet. Das Baugewerbe hat sich enorm belebt. Das Land ist in Bewegung.

Jack Matlock, der ehemalige Botschafter der USA in der UdSSR, schrieb dazu: „Infolge der teilweisen Wiederherstellung des Rechts und durch den Aufbau eines reformorientierten Parlaments begann sich die am Boden liegende Wirtschaft zu erholen. Die Regierung hat es geschafft, das enorme Haushaltsdefizit (ungefähr die Hälfte des Bruttoinlandsprodukts von 1994) zu vermindern, und führte Ende 1995 mit Hilfe des Internationalen Währungsfonds eine neue Geldeinheit, den ‚Lari', ein. Seitdem behält die nationale Währung ihren Wert – die Verkäufer in Tiflis verlangen keine Dollars mehr. Dies hat sowohl zum Handel als auch zu Investitionen bedeutend beigetragen.

Die neue Verfassung Georgiens hat eine Balance zwischen der Präsidialmacht und der Legislative hergestellt, was eine Seltenheit in den ehemaligen sowjetischen Republiken darstellt. In der zweiten Hälfte des Jahres 1997 hat das georgische Parlament damit begonnen, Gesetzesvorlagen für eine Gerichtsreform und zum rechtlichen Schutz von Privateigentum und Handel zu entwerfen. Die Vorsitzenden zweier Parlamentsausschüsse sind Menschen, die nicht von dem sowjetischen Erbe getragen werden, wie es in den Parlamenten ehemaliger Sowjetrepubliken meistens der Fall ist, sondern sind Absolventen der Columbia University.

Einer der beiden, Saakaschwili, teilte uns mit, dass Schewardnadse nie versuche, das Parlament zu regieren oder sich in die Einzelheiten der Regierungstätigkeit einzumischen. ‚Er macht Vorschläge, aber gibt uns die Möglichkeit, selbst zu entscheiden.' Und trotzdem tobt die Korruption, und die Amtsinhaber lassen sich von denen bestechen, die Staatsaufträge und Lizenzen bekommen wollen oder sich von der Zahlung der Steuer befreien möchten. Die Arbeitslosigkeit ist weiterhin hoch. Die Armut – insbesondere unter den Flüchtlingen aus Abchasien – ist sehr krass. Die Produktion erholt sich erst jetzt. Die künftige wirtschaftliche Entwicklung hängt größtenteils von der Ölpipeline zwischen Kaspischem und Schwarzem Meer sowie von anderen Transportmöglichkeiten ab, die die Routen durch Russland ergänzen oder notfalls auch ersetzen sollen. Es gibt ernsthafte Probleme, auch auf der ersten Etappe der Privatisierung. Einen gewaltigen Schlag hat das Bildungswesen durch die Haushaltskürzungen und durch den Mangel an Brennstoff und Strom erlitten. Die Richter können weder durch ihre Qualifikation noch durch ihre Integrität glänzen. Die Polizei stellt praktisch ein Überbleibsel der sowjetischen Vergangenheit dar, und die Berichte über Menschenrechtsverletzungen dürften der Wahrheit entsprechen. Trotzdem ist evident, dass Georgien 1997 zwei Hauptvoraussetzungen für den Fortschritt besitzt, die vor zwei Jahren noch nicht vorlagen: Politische Stabilität und wachsende Selbstsicherheit."[8]

Als ich 2003 zurücktrat, war das zerstörte Tiflis schon wieder aufgebaut, das Streben Georgiens, an der europäischen Integration teilzunehmen, war zu einer unwiderruflichen Politik geworden, und mit Hilfe der USA war ein festes Fundament für den Aufbau der georgischen Armee nach NATO-Standards gelegt worden. Sie nimmt inzwischen erfolgreich an internationalen Programmen teil.

Der Bau der Pipeline Baku-Tiflis-Cejhan war in vollem Gang. Auch die Idee der „Seidenstraße" wurde allmählich realisiert. Erwähnenswert für einen erfolgreichen Anfang ist z. B. die internationalen Anforderungen entsprechende wiederhergestellte Straße, die die westgeorgische Hafenstadt Poti mit der „Roten Brücke" an der georgisch-aserbaidschanischen Grenze verbindet. Georgien besaß nun eine internationale politische, ökonomische und strategische Funktion.

Trotz wirtschaftlicher Not hatte Georgien im Jahre 2003 ein unabhängiges Parlament und ein unabhängiges, reformiertes Gerichtssystem, eine freie Presse und ein recht breites Netzwerk von Nichtregierungsorganisationen. Das Land war auf dem Wege, zielstrebig einen demokratischen

---

[8] Jack Matlock: Autopsy on an Empire. The American Ambassador's Account of the Collapse of the Soviet Union. New York 1997, S. 431.

Staat und eine zivile Gesellschaft aufzubauen. Man denke an die erfolgreiche Schulreform und an die Reformen im Bereich des Gesundheitswesens, wie an vieles andere, was viele heute vergessen zu haben scheinen. Mir ist kein Bereich bekannt, der nicht von der Erneuerung erfasst worden wäre.

Hundert Tage Einsamkeit

„Eine Villa in den Bergen" – so bezeichnete ein ausländischer Journalist meine neue Bleibe in Tiflis nach meiner Rückkehr. Seit März 1992 sollte alles, was mit der Beschreibung meiner Lebensumstände etwas zu tun hatte, von solchen Übertreibungen gekennzeichnet sein. Da mutete die zitierte journalistische Übertreibung im Vergleich zu anderen fast schon wie die Unschuld selbst an.

Ich hatte eines der Gästehäuser der Regierung bezogen, das im südöstlichen Vorort der georgischen Hauptstadt, in Krzanissi, am Fuße des vulkanischen Berges Teleti liegt.

Der Berg wurde zur ständigen Sorge für unser Schutzpersonal. Das Haus, in dem ich wohnte, stellte ein optimales Ziel für jeden Scharfschützen dar, der sich in den dornigen Büschen an den Berghängen bestens tarnen konnte. Meine Leibwächter wurden nicht müde, mir einzuschärfen, dass der Berg gute Möglichkeiten bot, einen Minenwerfer aufzustellen, der mit einem einzigen Schuss das Haus in eine Ruine verwandeln konnte. Sie baten mich immer eindringlicher, das Arbeitszimmer ins Schlafzimmer zu verlegen oder, noch besser, ganz auszuziehen.

„Krzanissi" könnte man als georgische Thermopylen bezeichnen. Hier hat im September 1795 eine Schlacht zwischen der Freischar des georgischen Königs Irakli II. und dem Heer des persischen Schah Aga Mohammed Khan stattgefunden. Zahlenmäßig waren die Perser den Georgiern weit überlegen. Um seine Armee zu retten, beschloss Irakli, sie zum kaukasischen Vorgebirge zu führen, und befahl den Reitern, vom Fluss Aragwi aus die Nachhut zu verteidigen. Es waren dreihundert Reiter. Sie sind alle in der Krzanissi-Schlacht gefallen: ein Beispiel von Selbstaufopferung, wie es sie in der georgischen Geschichte nicht selten gegeben hat.

In jenen Tagen konnte man mich nicht einsam nennen. Ich wurde fast überrollt von einer Besucherlawine. Es gab keine Ausweichmöglichkeit. Natürlich hätte ich die Wahl gehabt. Aber wenn ich die Besucherliste durchsah, konnte ich niemandem eine Absage erteilen. Wie pathetisch dies auch klingen mag, durch die Besucher sprach Georgien zu mir. Es waren Führer von Parteien und politischen Gruppierungen, die unterschiedlichste Richtungen und Vorstellungen vertraten – unter ihnen auch diejenigen, die unlängst noch Anhänger Gamsachurdias und meine Gegner waren, aber auch Schriftsteller, Künstler, Beamte der neuen und der alten Administration, Wissenschaftler, Arbeiter, georgische, russische und westliche Journalisten, Flüchtlinge aus der georgisch-ossetischen Konfliktzone und Bewohner Westgeorgiens, die von der Eskalation der Gewalt dort beunruhigt waren. Sie teilten mir ihre Probleme, Fragen, Gedanken, Ansprüche, Vorschläge und Ideen mit. Alles in allem war dies eine endlose Reihe von Bekenntnissen und Beichten, die sich um das Thema „Georgien retten“ drehte.

Ich gestehe, dass mir das großes Kopfzerbrechen bereitete. „Werde ich imstande sein, der Last dieser Hoffnungen und Erwartungen gerecht zu werden?“, fragte ich mich beunruhigt, als ich auf dem Zentralen Markt von Tiflis von einer Menschenmenge umringt wurde, die nicht aufhörte, mich als ihre „Hoffnung“ zu bezeichnen. Einige von ihnen, insbesondere die älteren Frauen, baten mich, dafür zu sorgen, dass die elementarsten Notwendigkeiten gewährleistet würden: „Geben Sie den Kindern Milch!“, „Brot den Rentnern!“, „Schützen Sie uns vor den Räubern!“ Es fällt mir schwer, daran zu denken, wie manche sogar auf die Knie fielen oder versuchten, mir die Hand zu küssen.

Es gab Gespräche, die meine Seele mit Wärme und Freude erfüllten. Es gab aber welche, bei denen man mich mit Worten verletzte und verfluchte. Ich traf auch Menschen, die ich seit langer Zeit zu meinen treuen, verlässlichen Freunden gezählt hatte, die sich aber jetzt mir gegenüber reserviert verhielten.

Die ersten Tage nach meiner Rückkehr nach Georgien erstehen vor meinen Augen. Ja, diese Tage meiner Wiedergeburt und Erneuerung! Ich sehe sie vor mir: Meine Landsleute und ihre bedingungslose Forderung „Du musst uns helfen, dazu bist du verpflichtet!“ Die Menschen, die mich um Hilfe und Schutz baten, wussten nicht, wie sehr ich selbst ihre Unterstützung und Hilfe brauchte.

In Tscheremi, einem Dorf im Gebirge, betitelte mich eine Frau als Hellseher. Ich war glücklich, als sie erklärte, was sie meinte. Irgendwann in den 1950er Jahren war das Dorf geräumt worden, weil seine Bewohner ab sofort – so wollte es ein Parteibeschluss – im Tiefland wohnen sollten. Eines unschönen Tages wurden alle Bewohner von Tscheremi am Dorfplatz versammelt, auf LKWs gesetzt und hinuntergefahren.

Ich war immer der Meinung gewesen, dass die Wirtschaft Georgiens, seine Landwirtschaft vor allem, ohne Entwicklung des Hochlands nicht voranzutreiben sei. In den 1970er Jahren hatten wir begonnen, Straßen, Kulturobjekte und Sendetürme im Gebirge zu bauen und denjenigen größere Kredite zu gewähren, die in ihre verlassenen Häuser in den Bergdörfern zurückkehrten. Wir rieten allen, diesen Schritt zu wagen. So soll ich damals zu denjenigen, die oder deren Eltern in Tscheremi aufgewachsen waren, gesagt haben: „In den Orten eurer Vorfahren gibt es hervorragende Erde. Das ist ein Reichtum. Ihr werdet Spaß und Freude daran haben. Kehrt doch in eure Häuser und auf euren Grund zurück!“

Und nun erinnerte mich diese Frau an unser damaliges Gespräch. Wie sie sprach und wie ihre Nachbarn und Verwandten es mit Kopfnicken und Zurufen bestätigten, und wie nun die Häuser in Tscheremi so groß und prächtig dastanden, schien die Entscheidung von damals zweifellos die richtige gewesen zu sein.

Etwas anders klingende Worte – im Befehlston gesprochen – hörte ich im Tiefland, im ostgeorgischen Dorf Napareuli im Gebiet Kachetien: „Dein Hin und Her sollte nun reichen. Es ist Zeit, dass du dich wieder um deine Heimat kümmerst. Fang an, und wir helfen dir dabei!“

Aber es gab auch andere Beispiele: die Aula der Universität Tiflis. Neben gutgesinnten, mitfühlenden, unterstützenden Blicken auch Gesichter mit dem Ausdruck von Misstrauen, Feindschaft und Hohn. Zwischenrufe vom studentischen Balkon: „Wie fühlt man sich so in der Umgebung neuer Freunde – der ‚Diebe im Gesetz'? Sie sagten, dass Sie alles haben, was für den Aufbau eines unabhängigen Georgien notwendig ist. Das stimmt aber nicht. Sie haben nicht die Liebe unseres Volkes!"

Der Angriff war gut organisiert. Die Hiebe trafen mich unter der Gürtellinie. Sie waren perfekt berechnet. Als ich begonnen hatte, die Fragen zu beantworten, nahm ich wie gewöhnlich meine Uhr ab und legte sie auf das Pult. Dabei hatte ich anscheinend etwas leiser gesprochen. Sofort kam die laute Bemerkung aus dem Hörsaal: „Sprechen Sie bitte so, dass alle es hören können!" – „Keine Sorge, ich werde schon noch frecher", antwortete ich. Gelächter kam auf, Applaus. Ich fühlte mich besser.

Ich hatte die Fragen beantwortet und streckte meine Hand nach meiner Uhr aus. Sie war aber nicht mehr da. Jemand hatte sie als Souvenir „entwendet". (Zwei Tage später erhielt ich sie zurück.) Vielleicht wollte mich jemand nur verletzen, genauso wie z. B. mit dieser Bemerkung: „Sie haben bisher kein Wort über die Jungs gesagt, die von Dezember bis Januar gefallen sind."

Das stimmte nicht. Am Tag meiner Rückkehr war ich auf dem Friedhof gewesen und hatte Blumen auf die Gräber der jungen Menschen gelegt, ohne zu fragen, wer an wessen Seite gekämpft hatte. Ich hatte zwar keine Trauerrede gehalten, aber das bedeutete nicht, dass ich geschwiegen hätte – sprach allein der Besuch der Gräber nicht schon für sich?

Übrigens war ich schon früher, noch in sowjetischer Zeit, wie auch später, oft Gast an der Universität und der Akademie der Wissenschaften. Alles, was ich dort hörte – Lob oder Kritik, half mir bei der Findung angemessener Entscheidungen. Ich empfehle meinen Nachfolgern, auf diese Tradition nicht zu verzichten.

Häufig fand der Dialog mit meinen Landsleuten lautlos statt – wir sprachen miteinander, ohne Worte zu wechseln. Wie oft tat mir das Herz weh nach den ungerechten, vorlauten und vorgefertigten Beschuldigungen, die wie Schläge wirken sollten. In solchen Momenten wollte ich schreien, damit ganz Georgien es hören konnte: „Gott sei mit euch, meine Lieben!

Hört damit auf, ihr habt's nicht nötig!" Oft fand das empörte Bewusstsein durch einen rettenden Gedanken seine Ruhe wieder: „Du bist nach Georgien zurückgekehrt, nicht um Ruhm, Applaus und Wohlstand zu ernten, sondern um deine Pflicht zu tun."

Viele Augen beobachteten mich, und ich muss gestehen, dass ich in der Tat ein interessantes Objekt war. Die einen beobachteten mich, um sich zu beruhigen, um Hoffnung zu schöpfen, um sich vom Bestehen eines Ausweges zu überzeugen. Andere, um sich noch einmal in der Richtigkeit ihrer Gedanken bestätigt zu fühlen. Für manche war ich einfach ein Analyseobjekt.

Ein Journalist analysierte meine Rückkehr: „Nach dem Sturz Gamsachurdias hat die militär-zivile Regierung, die an die Macht gekommen war, Eduard Schewardnadse eingeladen, um ihre Fassade zu veredeln und sich mindestens teilweise zu legitimieren. Sie selbst hat kein anderes politisches Argument außer dem Negativismus, und zu ihrer ideologischen Grundlage hat sie den Anti-Swiadismus gemacht. Dies alles reicht nicht aus für eine seriöse Politik. Das Nichtvorhandensein eines seriösen Programms und das langsame Tempo der Reformen hätte Georgien wieder in eine Sackgasse führen können. Das Erscheinen Schewardnadses auf der politischen Bühne Georgiens wurde als eine Wiedergeburt der Politik empfunden."

Solchen Gedankengängen folgten Überlegungen zum Risiko, das ich eingegangen war, sowie Vergleiche mit Napoleon, Lord Palmerston, Winston Churchill, Indira Gandhi und anderen „Rückkehrern", was zum Schluss in das trostlose Fazit mündete, es sei unmöglich, einen Fluss zweimal zu überqueren.

Im Großen und Ganzen waren es wache, gut gemeinte und zugleich rigoros abgefasste Beobachtungen. Ich freute mich natürlich und ärgerte mich nicht über das Bestreben einiger Beobachter, meine Rückkehr im Kontext des nationalen Schicksals zu besprechen. Aber einige von den Autoren gezogene Schlussfolgerungen taten mir weh – egal, ob ich mit ihnen einverstanden war oder nicht. Warum? Weil es sich um mein Volk handelte, dessen untrennbarer Teil ich war, bin und sein werde.

„Swiad Gamsachurdia hat das Land verlassen, Eduard Schewardnadse ist zurückgekehrt. Darüber, ob das ein Fortschritt ist, ließe sich lange streiten. Worüber es aber keinen Streit geben kann, ist, dass mit dem Verschwinden Gamsachurdias keinesfalls der Swiadismus aus Georgien verschwand und dass mit der Rückkehr Schewardnadses keineswegs die kommunistische Vergangenheit zurückkehrte. Diese beiden Personen werden für das georgische Volk zwei Pole bilden."

Ich wollte kein „Pol" sein. Aber es war tatsächlich so, dass die georgische Öffentlichkeit sich als politisch stark polarisiert erwies. Das war das Schlimmste.

Eine politisch polarisierte Gesellschaft, die je nach Orientierung ganz auf einen der Führer fixiert und an einem politischen Misstrauen allem und allen gegenüber erkrankt ist, ist schutzlos, zerbrechlich und leicht zu zerstören. So wurde ich z. B. sofort mit Zweifeln konfrontiert, die mein Vorhaben hinsichtlich der GUS auslösten. Man behauptete, ich hätte vor, Georgien damit in den Schoß Russlands zurückzuführen. Es ging so weit, dass Georgiens Teilnahme an den Olympischen Sommerspielen im Verband des GUS-Teams als Hochverrat eingeschätzt wurde. Eine derartige Übersteigerung des Nationalismus ließ mich erneut über die Wurzeln und Auswüchse des Swiadismus nachdenken. Nach den Parlamentswahlen im Oktober 1990 sagte Merab Mamardaschwili über den „Swiadismus", er sei der „blanke Bolschewismus, dem die marxistische Hülle abgestreift wurde". Der Swiadismus saß nicht nur meinen unversöhnlichen Opponenten tief in den Knochen, sondern auch einigen meiner einflussreichsten „Mitkämpfer". Dies unberücksichtigt zu lassen, war unmöglich, genauso wie es nicht möglich war, den Swiadismus, um es mit Tengis Gudawa, einem ehemaligen Mitstreiter Swiad Gamsachurdias, zu sagen, „per Dekret aufzulösen oder mit Gewalt zu unterdrücken".

Auf wen oder worauf sollte ich mich stützen? „Erstaunlich ist die Geschwindigkeit, mit welcher der ehemalige kommunistische Parteiführer Georgiens und spätere Außenminister der Sowjetunion nicht nur vom georgischen Volk, sondern auch von zahlreichen politischen Parteien und

Gruppierungen in Tiflis angenommen wurde“, schrieb ein ausländischer Beobachter. Leider war das alles nicht so einfach. Ich war ziemlich allein.

Am 10. März 1992 – drei Tage nach meiner Ankunft in Tiflis – legte der Militärrat sein Mandat nieder. Das geschah bei einer Sitzung jenes Koordinations- und Beratungsrates, der von der Gamsachurdia-Opposition gegründet worden war. Man wollte ein vorläufiges parlamentartiges Organ installieren, das bis zur Durchführung der Wahlen die Regierung des Landes übernehmen würde. Selbstverständlich kamen meine Rolle und meine Zuständigkeiten zur Sprache. Sigua schlug zwei Optionen vor. Option eins: Es würde ein Staatsrat unter Leitung eines Präsidiums gebildet, dem die ehemaligen Mitglieder des Militärrates – Kitowani, Iosseliani und Sigua – sowie ich als Vorsitzender des Staatsrates angehören würden. Option zwei unterschied sich von der ersten dadurch, dass ich als der „Koordinator“ des Präsidiums wirken sollte. Eine heiße Diskussion wurde entfacht. Wer soll den „Vorsitzenden des Staatsrates“ bzw. den „Koordinator des Präsidiums“ wählen dürfen? Und den Staatsrat? Sein Präsidium? Ich verstand, dass die einzige Frage, die alle Teilnehmer jener Sitzung – ehemalige Kommunisten ebenso wie radikale Nationalisten – bewegte, diejenige war, ob der Vorsitzende des Staatsrates zu einem uneingeschränkten Machthaber, kurz, zu einem Diktator, werden könnte. Der Ausdruck selbst fiel nicht. Nur Tamriko Tschcheidse, die Vorsitzende der Ilia-Tschawtschawadse-Gesellschaft, sprach aus, was wohl auch andere dachten: „Wir haben nicht gegen Swiad Gamsachurdia gekämpft, sondern gegen seine Ansprüche, der einzige Richter über Georgiens Schicksal zu sein. Unser Volk hat eine schwere Zeit durchlebt, wir aber, die wir ihm bei der Überwindung dieser schweren Krankheit helfen sollten, sagen ihm nun, dass wir den einen Swiadismus durch einen anderen ersetzen.“

Einige Monate später sprach Tamriko Tschcheidse schroff, ungerecht und verletzend das Wort aus, das sie an jenem Tag gemieden hatte: „Wenn Schewardnadse den Wunsch haben wird, kann er problemlos Diktator werden.“

Wollte ich denn Diktator werden? Damals wie später versuchte ich, die Kollegen zu überzeugen: „Nein, meine sehr Verehrten, ich will und kann nicht Diktator werden." Die Tragikomik der Situation wurde durch die Umstände verstärkt, unter denen ich auf meine „Diktatur" verzichtete: Krieg in Abchasien, georgisch-ossetischer Konflikt, Terrorakte auf den Straßen und Eisenbahnlinien, Sprengung der Strommasten, Geiselnahmen. Die erfolglosen Stabilisierungsversuche forderten strenge Maßnahmen, aber der vom „Swiad-Syndrom" erlittene Schock führte zum Verzicht auf alles, was auch nur entfernt an das autoritäre Regime erinnern könnte. Mir war das klar, und ich versuchte, die Zweifel meiner Kollegen zu zerstreuen. So sah z. B. der ursprüngliche Gesetzentwurf keine Amtsverfahren gegen das Staatsoberhaupt vor. Der entsprechende Passus wurde nur eingeführt, weil ich darauf bestanden hatte. Das Gesetz räumte dem Staatsoberhaupt recht weite Vollmachten ein, kraft derer er nicht verpflichtet war, seine Beschlüsse dem Parlament zur Bewilligung vorzulegen. Ich habe keinen einzigen Beschluss ohne Zustimmung des Parlaments gefasst.

Das war aber alles später. An jenem Tag jedoch begannen wir erst unsere Zusammenarbeit, und Tamriko Tschcheidse hatte das Recht, ihre Zweifel zum Ausdruck zu bringen. Für sie, die ehemalige Menschenrechtlerin, die für ihre Überzeugungen und Tätigkeiten einige Jahre in Lagern verbringen musste, war es nicht leicht, der Wahl jenes Menschen auf den höchsten Posten des „neugeborenen" Staates zuzustimmen, den sie immer mit dem ihr verhassten Regime in Zusammenhang brachte. Sie war nicht die Einzige, die so dachte. Trotzdem wurde ich praktisch einstimmig zum Vorsitzenden des Staatsrates von Georgien gewählt.

Kurz vor Beginn der Abstimmung erreichte mich Genschers Frage nach der politischen Orientierung Georgiens. Ich antwortete: „In nächster Zukunft finden Parlamentswahlen auf breiter demokratischer Basis statt. Legitime Regierungsorgane sind bereits geschaffen." Ich unterschrieb: „Vorsitzender des Staatsrates der Republik Georgien".

Stabilität und Anerkennung für Georgien

„Ich würde alles tun, damit mein Land die alte Stärke zurückgewinnt, um nicht auf die Hilfe Fremder angewiesen zu sein und völlig eigenständig zu bleiben, im Krieg wie im Frieden. Weil wir aber in dem einen wie im anderen Fall durch den Gang der Zeit oder die Unzulänglichkeit des Schicksals so geschwächt werden könnten, dass wir gezwungen wären, einem Anderen Untertan zu werden, halte ich es für das Vernünftigste, von jenen abhängig zu sein, die gemäßigt sind und gerecht und die Freundschaft zu den Verbündeten pflegen."

Diese Worte hat im 6. Jahrhundert ein Westgeorgier, ein Lase namens Partads, vor der Versammlung des Adels gesprochen, als es um die politische Orientierung seines Landes ging. Aber diese Worte hätten auch in unseren Tagen gesagt werden können, wie auch Ende des 18. Jahrhunderts, als Georgien sich gezwungen sah, eine politische Beziehung mit dem benachbarten russischen Imperium zu knüpfen, das die Schicksale der Völker entschied.

Gerade waren meine ersten „Hundert Tage" gezählt, kamen schon die Delegationen der Weltbank und des Internationalen Währungsfonds auf meine Bitte hin nach Tiflis. Im Gespräch mit ihren Leitern bestätigte ich erneut meine Absicht, so schnell wie möglich demokratische Wahlen durchzuführen. Wir waren uns einig, dass für die Umsetzung eines dauerhaften wirtschaftlichen Entwicklungsprogramms Georgien politische Stabilität brauchte. Zugleich wäre meines Erachtens die Aufnahme Georgiens in die Weltbank und den Internationalen Währungsfonds ein Faktor politischer Stabilität.

Die enttäuschten Erwartungen, in der Vergangenheit nicht als gleichberechtigt in die internationalen Organisationen aufgenommen worden zu sein, führten dazu, dass die Georgier äußerst empfindlich für dieses Thema wurden. Das Regime Gamsachurdia hatte vergeblich versucht, internationale Brücken zu schlagen. Weil ihm dies nicht gelang, griff es den „verfaulten Westen" an und beschuldigte ihn des Verrats an den demokratischen Idealen. Natürlich waren es, nach seinen Behauptungen, meine ausländischen Freunde und ich, die als Haupthindernis der internationalen Anerkennung Georgiens im Wege standen. Meine „Freunde" wurden genauso gerügt wie ich. So wurde z. B. Präsident Bush sen., der Georgien nicht den Ländern zuordnete, die mit amerikanischer Unterstützung rechnen konnten, ebenso wie ich, als „Agent des Kreml" bezeichnet.

Die führenden Länder der Welt betrachteten die internationale Anerkennung Georgiens und die Aufnahme diplomatischer Beziehungen zu ihm als einen Faktor politischer Stabilität. Ich hatte niemanden um die Anerkennung gebeten: Von einem nicht ganz legitimen – ja völlig illegitimen, wenn man genau sein will – Staatsführer wäre eine solche Bitte eine unerhörte Taktlosigkeit.

Die Welt erwartete von uns im Grunde nur eine klare und eindeutige Bestätigung dessen, dass wir das Schlussdokument von Helsinki, die Pariser Charta des neuen Europa und die Prinzipien der internationalen Menschenrechte anerkannten, sowie die Erklärung, dass wir bereit waren, freie demokratische Wahlen durchzuführen. Das haben wir unverzüglich getan. Und sofort, das war bereits in der ersten Märzhälfte, signalisierten mir zuerst Douglas Hurd im Auftrag von John Major und dann Roland Dumas sowie andere Außenminister europäischer Staaten, dass sie mit der Anbahnung diplomatischer Beziehungen zu Georgien begonnen hatten.

Der deutsche und der russische Außenminister in Tiflis

Am 23. März 1992 gab Portugal, das damals den Vorsitz in der Europäischen Gemeinschaft innehatte, die kollektive Anerkennung Georgiens durch alle Mitgliedsländer der Gemeinschaft bekannt. Es war ein energischer Schritt zur Durchbrechung der internationalen Isolation, in die das ehemalige Regime das Land gesteuert hatte.

Am 12. April 1992 kam Hans-Dietrich Genscher, der deutsche Außenminister und Vize-Kanzler, in Tiflis an.

Ein paar Worte zu Genscher. Er ist ein Politiker von Weltklasse, ein eigenständiger Denker und eine beeindruckende Persönlichkeit mit wachem Verstand, der nach Kräften Konfrontationen mit Kollegen vermeidet. Eine Zusammenarbeit mit ihm – ganz gleich, wie schwer die zu bewältigende Aufgabe auch sein mag – erfüllt seine Partner mit Freude. Es wird keine Übertreibung sein, wenn ich sage, dass Genscher eine einzigartige Rolle für die Wiedervereinigung Deutschlands gespielt hat. Nur große Persönlichkeiten vermögen es, das entscheidende Wort bei der Lösung eines derart komplizierten Problems zu sagen, wie es der friedliche Abzug der fast eine halbe Million Mann zählenden sowjetischen Armee aus Deutschland war. Nach vielen Jahrzehnten und womöglich noch nach Hunderten von Jahren wird das deutsche Volk Hans-Dietrich Genscher als einen großen Politiker erwähnen, der in die deutsche, aber auch in die Weltgeschichte eingegangen ist.

Seit Disraeli wird behauptet, in der Politik existierten keine Freunde und keine persönlichen Beziehungen, es gäbe nur nationalstaatliche Interessen. Wir beide hielten uns an dieses Prinzip und vertraten die Interessen unserer Staaten. Während dieser schweren, ich würde sagen filigranen, Arbeit – insbesondere in der Phase der deutschen Wiedervereinigung – nahmen wir auch informelle Beziehungen auf, die unseren Staaten halfen, leichter eine gemeinsame Sprache zu finden.

Aber es wäre falsch zu sagen, dass Genscher nur aufgrund seiner freundschaftlichen Gefühle nach Georgien gekommen wäre. Genscher wäre nicht Genscher, ein herausragender Diplomat und Politiker, einer der Autoren der deutschen „Ostpolitik“ und ein Architekt des Neuen Europa, wenn er dem Besuch in Georgien, diesem nicht ganz gewöhnlichen Schritt, keine politische Bedeutung beigemessen hätte.

Während jenes mir unvergesslichen Gesprächs sagte Genscher, Georgien nehme einen besonderen Platz im Gesamtmosaik Europas und der ganzen Welt ein. Der Verlust des kleinen georgischen Mosaiksteinchens würde Europa und der Welt eine Unannehmlichkeit bereiten.

Genscher und ich analysierten bei unseren häufigen Gesprächen die Situation, die in der postkommunistischen Zeit entstanden war. Eine besondere Aufmerksamkeit schenkten wir den inneren Konflikten, die nach unserer Meinung eine Gefahr für den internationalen Frieden und die Sicherheit darstellten. Genscher führte Beispiele aus einigen europäischen sowie GUS-Ländern an und kommentierte sie vom Standpunkt der Unverletzlichkeit der Grenzen. Ich kann mich an seine Worte erinnern: „Unter allen Umständen sollten die Grenzen unangetastet bleiben. In Europa haben wir nur dank einer strengen Einhaltung dieses Prinzips den dauerhaften Frieden bewahren können. Es gibt keine Grenze, deretwegen es sich lohnen könnte, Menschen- und Völkerleben in Gefahr zu bringen.“

Die späteren Ereignisse in Europa, in der GUS und in Georgien bestätigten die Richtigkeit dieser Worte. Der „Domino-Effekt“ eines beliebigen Revisions- oder Umgestaltungsversuchs von Grenzen erschüttert die Welt, zerstört die Grundlagen des Zusammenlebens der Völker, vernichtet Menschen und die Menschlichkeit.

Einige Landsleute von mir stellten die Frage: „Was hat der Georgier Schewardnadse für sein Vaterland Georgien getan, als er in Moskau als Außenminister der Sowjetunion amtierte?“ Ich antwortete nicht auf die Frage. Aber dieses Mal nutzte ich Genschers Anwesenheit und sagte: „Wenn ich mich für die Wiedervereinigung eines großen Volkes, den Abriss der Berliner Mauer, die Selbstbestimmung der osteuropäischen Länder und die Entwicklung der Demokratie in der Sowjetunion einsetzte, diente ich damit auch meinem eigenen Volk. Es sind auch meines Volkes Errungenschaften: die Veränderungen in Europa und der Welt, die Deutschland die Wiedervereinigung und Georgien die Selbstständigkeit gebracht haben."

Mein Land ist schwach und schutzlos, es unterliegt vielen Einflüssen von innen und außen. Daher ist jeder Gedanke von mir mit der Schaffung von Umständen und Faktoren verbunden, die diesem Land seine Beständigkeit ermöglichen können. Die geopolitische Lage des kleinen Landes zwingt uns, die Balance zu halten und nach allen stabilen Kräften zu suchen, die das Gleichgewicht erzeugen können. Eine einseitige Orientierung ist ein großer Luxus für ein kleines Land. Daher versuchte ich, eine gutnachbarschaftliche Beziehung zu Russland aufzubauen. Das klappte kaum. Es lag nicht an mir.

Anfang April 1992 war Andrej Kosyrew – der russische Außenminister, den ich sehr schätzte – nach Tiflis gekommen. Trotz des warmen und schönen Frühlings, dessen Glanz die Stadt mit Freude erfüllte, blieb der Hintergrund des Besuches ernst. Der Minister selbst geizte nicht mit Komplimenten: „Wir alle sind Zöglinge der Schewardnadseschen Schule." Aber als es um die Aufnahme diplomatischer Beziehungen ging, schlug er uns vor, lediglich Interessenvertretungen zu eröffnen. In Russland bereitete sich der Oberste Rat auf die Besprechung der sogenannten „Ossetischen Frage" vor. Ich bat den Minister, dabei Emotionsausbrüche zu vermeiden, obwohl mir klar war, dass die Instabilität Russlands den Ton bestimmte. „Trotz allem ist es notwendig, eine vertragliche Rechtsgrundlage für die neuen Beziehungen zwischen unseren Ländern zu schaffen", sagte ich zu Kosyrew. „Wir sollten anfangen, einen großen russisch-georgischen Vertrag vorzubereiten."

Auch später verfolgte ich unbeirrt das Ziel, eine vertraglich geregelte Beziehung zu Russland zu erreichen. Zugleich konnten wir aber nicht nur immer nach Russland schauen. Die Zeiten ändern sich, und neue Situationen entstehen. Wir leben Seite an Seite mit unseren historischen Nachbarn, der Türkei und dem Iran. Wir mussten daher auch dort ein neues – bzw. das lange vernachlässigte – Feld der Zusammenarbeit pflegen. Und selbstverständlich hatten wir auch die Lücke auszufüllen, die durch die uns widerfahrene historische Ungerechtigkeit entstanden war: Wir mussten unsere natürlichen Beziehungen zum Westen, nämlich zu Europa, wiederherstellen und Kontakte mit den USA knüpfen.

Ich hatte es auch Genscher gesagt: „Jedes Mal, wenn Europa Georgien den Rücken zugewandt hatte, brachte dies großes politisches Unheil für unser Land. 1460 baten die Georgier den Papst, eine antiosmanische Koalition aus den westlichen und östlichen Ländern unter der Fahne eines ‚Neuen Kreuzzuges' zu bilden. Es wurde nichts aus der Idee. Daraufhin erbat eine georgische Mission Hilfe vom französischen König Karl VII. – wieder vergeblich. Ende des 15. Jahrhunderts hatten georgische Gesandte ohne Ergebnis den Hof von Ferdinand und Isabella von Kastilien in Spanien aufgesucht. 1713 wurde Sulchan-Saba Orbeliani, der Erzieher von König Wachtang VI., von Papst Clemens XI. im Vatikan empfangen. Und wieder führte das alles zu keinem Ergebnis. Ein Jahr später wurde Sulchan-Saba Orbeliani eine Audienz bei Ludwig XIV. in Versailles gewährt. Alles umsonst: Der Sonnenkönig wollte auch nichts zur Unterstützung Georgiens unternehmen."

Eine kurze – aber fruchtbare – Periode deutsch-georgischer politischer Beziehungen erlebte 1918 ihren Höhepunkt, als Deutschland Georgien anerkannte und ein Vertrag zwischen beiden Ländern vorbereitet wurde.

Russland musste dies akzeptieren, aber nach der Niederlage Deutschlands geriet der Vertragsentwurf in Vergessenheit. Die Sieger, die Entente-Staaten, waren nun an der Reihe, der Welt eine neue Form zu geben. Anfangs unterstützten sie Anton Denikin, dessen Freiwilligenarmee gegen die Bolschewiken kämpfte, aber auch die Unabhängigkeit Georgiens zu unterdrücken suchte. Die Entente weigerte sich lange, Georgien anzuerkennen. Aus Rücksicht auf Russland legten die Sieger von Versailles ihr Veto ein, als Georgien in den Völkerbund aufgenommen werden sollte. Als sich die Konferenz der großen Staaten schließlich entschieden hatte, Georgien de jure anzuerkennen, hatte sich das Rad der bolschewistischen Annexionen schon in Gang gesetzt.

„Heute“, sagte ich zu Genscher, „wo unsere Staatlichkeit wiederhergestellt ist, glauben wir, dass der Westen uns nicht wieder den Rücken zukehren wird. Ihr Besuch ist der beste Beweis dafür.“

Genschers Besuch blieb nicht auf das protokollarische Ritual beschränkt. Mit der Aufnahme der diplomatischen Beziehungen zu Deutschland (zu den Mitgliedern der deutschen Delegation gehörte auch der designierte Botschafter Günther Dahlhoff) gewann Georgien eine solide politische und wirtschaftliche Unterstützung. Genscher sagte uns, die Europäische Gemeinschaft (EG) habe 300.000 Dollar Soforthilfe für Georgien bewilligt. Das war das erste Glied der folgenden langen Kette uneigennütziger Unterstützung.

Wir erklärten, dass die Parlamentswahlen bis zum Jahresende stattfinden würden. Etwas später gaben wir den Wahltermin präzise an: den 11. Oktober 1992. Nicht zu vergessen: Noch tobte der Bürgerkrieg.

Die humanitäre Hilfe – vorwiegend aus Deutschland, den USA und der Türkei – begann Georgien zu erreichen. Mein Appell „Diesseits der Mauer“ vom 2. April 1992, den Zeitungen in mehreren Ländern abgedruckt hatten, fand eine positive Resonanz. Vor Beginn des kalten und hungrigen Winters war diese Hilfe eine Garantie für unser Überleben.

„In diesen Tagen“, so wandte ich mich an die Menschen in der ganzen Welt, „habe ich in meiner Heimat, in einer der ehemaligen Sowjetrepubliken, in Georgien, der Hoffnungslosigkeit in die Augen geschaut. Mich bestürzte die Verzweiflung – die Verzweiflung jener Mütter, die nicht imstande sind, ihren Kindern etwas Milch zu kaufen, die Verzweiflung jener alten Menschen, die sich von allen verlassen und vergessen fühlen. Am stärksten aber bestürzte mich die Trauer in den Blicken jener Kinder, die sich an die ständige Angst und Not gewöhnt haben.

Bei diesen Begegnungen erinnere ich mich daran, was wir alle gemeinsam versucht und getan haben, um die Berliner Mauer einzureißen, Deutschland wiederzuvereinigen, Osteuropa zu befreien und ein ganzheitliches Europa herzustellen – damit Ihr Leben nie wieder von einem Krieg bedroht würde. Ich denke an den Preis, den die Völker der ehemaligen Sowjetunion – und unter ihnen auch mein Volk – dafür bezahlen.

Denken Sie darüber nach, und helfen Sie uns, unsere Not zu überwinden. Helfen Sie – um der glücklichen Zukunft Ihrer eigenen Kinder willen – den Völkern, die das Joch des Totalitarismus abgeworfen haben. Geben Sie ihnen etwas Wärme, unterstützen Sie sie nur ein wenig, mit anderen Worten: Tragen Sie zum Fortschritt und Gedeihen der Menschheit bei!

Heute, wo die Idee der Einheit der Menschheit ihren Sieg feiert und wir eine Welt ohne Grenzen und Mauern bauen, rufe ich Sie auf, auch die letzte Mauer zu zerstören – die Mauer der Gleichgültigkeit. Grenzen Sie sich nicht von uns ab, werfen Sie einen Blick auf die andere Seite der abgeschafften Mauer. Nur dann, wenn Sie alles, was es jenseits jener Mauer gibt, auch wirklich sehen – das politische Vakuum, den wirtschaftlichen Kollaps, die Ungewissheit der menschlichen Existenz – werden wir imstande sein, gemeinsam den ersten Schritt zu einer besseren Zukunft aller Völker zu tun."

Die Welt hat diesen Ruf der Verzweiflung gehört. Wir waren nicht mehr allein.

Am 23. April 1992 wurde die US-Botschaft in Georgien eröffnet. Am 24. April kam der deutsche Botschafter Günther Dahlhoff nach Tiflis. Zwei Tage später, am 26. April, überreichte mir der britische Botschafter Sir Rodric Braithwaite sein Beglaubigungsschreiben. Der Westen demonstrierte großzügige Bereitschaft, Georgien zu unterstützen. Im Übrigen zeigte sich nicht nur der Westen aufgeschlossen. Eine iranische Staatsdelegation, die am 15. Mai Tiflis besuchte, brachte den „persischen Transit" ins Gespräch. „Der Vermittler von Handelsbeziehungen zwischen Europa und Asien", soll in einem alten georgischen Reiseführer über den Iran gestanden haben.

Am 21. Mai 1992 nahm die Türkei diplomatische Beziehungen zu Georgien auf. Ich wurde vom 25. bis 27. Juni 1992 nach Istanbul zu einem Gipfeltreffen der Länder des Schwarzmeer-Kooperationsrates eingeladen, an dem Russland, die Türkei, Bulgarien, Griechenland, Aserbaidschan, Armenien, die Ukraine, Moldawien, Rumänien und Albanien teilnehmen sollten.

Diese Kaskade von offiziellen Besuchen in wenigen Wochen, die eine moralische, politische und wirtschaftliche Unterstützung meines Landes zum Ausdruck brachte, und damit das Erscheinen Georgiens auf der internationalen Bühne, mobilisierte meine Kräfte. Immer fester wurde die Hoffnung: Es gibt einen Weg aus der Krise, die politische Stabilisierung ist nicht unerreichbar, ein wirtschaftlicher Aufschwung ist nicht unmöglich. Natürlich machte ich mir keine Illusionen bei der Einschätzung der realen Lage, was die inneren Angelegenheiten des Landes betraf. Aber die außenpolitischen Erfolge bewirkten eine enorme Motivation für die Lösung der inneren Probleme.

Georgien am Abgrund

Am 9. März 1992 brach ein Aufstand in der westgeorgischen Stadt Sugdidi aus. Das dort stationierte Bataillon der Nationalgarde lief zum „Komitee des nationalen Ungehorsams" über, das von den Anhängern des ehemaligen Präsidenten Swiad Gamsachurdia gebildet wurde. Die Aufständischen hatten die zahlenmäßig kleine Einheit der Armee und die Wachposten der Miliz überfallen. Sie töteten sechs Soldaten, verbrannten ihre Leichen und nahmen diejenigen fest, die am Leben geblieben waren. Der Befehlshaber der Nationalgarde, Kitowani, und der Stellvertreter des Verteidigungsministers eilten nach Sugdidi, wurden aber dort von den Aufständischen verhaftet.

Ich entsandte eine Delegation nach Sugdidi. Der professionelle Instinkt, der sich in den letzten Jahren in mir herausgebildet hatte, suchte nach einem friedlichen Dialog. Die Verhandlungen in Sugdidi endeten mit der Freilassung der Geiseln. Es wurde eine Vereinbarung unterschrieben, die ähnliche Vorfälle in Zukunft ausschließen sollte, die jedoch bereits wenige Tage später total missachtet wurde. Am selben Tag wurde das Konstantine-Gamsachurdia-Museum angezündet. Vieles von dem, was gerettet werden konnte, wurde gestohlen.

Das Raubtier des Hasses und der Rache war aus seinem Käfig ausgebrochen. Die Spur, die es hinterließ, wurde wegweisend für die Brandstifter, Plünderer und Gewalttäter. Für alles, was jetzt nach dem 7. März passierte, war ich verantwortlich. Derjenige, der das Gamsachurdia-Haus anzündete, hatte faktisch mich ausgeliefert.

Ende April verließen Spezialeinheiten des russischen Militärs die georgisch-ossetische Konfliktzone. Dagegen war nichts einzuwenden – zumal wir selber ihren Abzug gefordert hatten –, wenn die russische Militärführung nach den allgemein anerkannten Normen gehandelt hätte. Leider hatte sie uns von ihrem Beschluss nicht einmal in Kenntnis gesetzt. Die Truppen wurden heimlich abgezogen. Ihre Positionen wurden von den ossetischen Guerillas übernommen. Ihnen gehörten nun die bestens ausgestatteten Verteidigungsanlagen, die ihnen die Möglichkeit gaben, ihre Kampfaktionen gegen die ungeschützte georgische Bevölkerung noch breiter anzulegen.

Ungefähr zur selben Zeit verabschiedete der Staatsrat zwei Beschlüsse: Einer betraf die Entsendung von Miliztruppen zum Schutz der georgischen Bevölkerung, der zweite die Parlamentswahlen am 11. Oktober 1992. „Wahlen unter wachsender Destabilisierung?“ fragten rhetorisch meine Opponenten. Ich hatte aber für mich beschlossen: Die Wahlen werden stattfinden – koste es, was es wolle.

Die Destabilisierung wurde tatsächlich von Tag zu Tag schlimmer. Anfang Mai 1992 kam zu den beiden Brennpunkten – Schida-Kartli (Südossetien) und Megrelien – noch der dritte, Abchasien, hinzu. Eine gefährliche Spannung war hier schon früher entstanden, aber nun nahm die Tätigkeit einiger abchasischer Führerpersönlichkeiten eindeutig separatistische Züge an. Dies ließ einen tiefen Riss zwischen Abchasen und Georgiern entstehen. Äußerlich sah es wie ein typisch ethnischer Konflikt aus, aber die Ursachen lagen – wie im georgisch-ossetischen Konflikt – woanders und viel tiefer.

Beide Prozesse wurden von außen gesteuert. Aus Abchasien erreichten uns jeden Tag Meldungen, die eindeutig darauf hinwiesen, dass einzelne abchasische Führer auf die Loslösung von Georgien abzielten. Dazu kam nun noch der Streik der Lokführer. Ihr Protest war berechtigt, denn das Risiko, im Megrelien- oder Abchasienabschnitt der südkaukasischen Eisenbahnlinie überfallen zu werden, war groß.

Ich versprach den Lokführern, dass wir einen Militärschutz für sie gewährleisten und ihnen die Gehälter erhöhen würden. Die Eisenbahner waren einverstanden, ihre Arbeit fortzusetzen, obwohl wir große Verspätungen wegen der gesprengten Brücken und stellenweise beschädigten Gleise in Kauf nehmen mussten.

Die Situation, in die ich geraten war, kam mir immer öfter wie der Zustand eines Feuerwehrhauptmanns vor, dem ein einziges Feuerwehrauto für die ganze Stadt zur Verfügung steht. Die Stadt erlebt einen Schwelbrand, und der Löschzug fährt von einem Brandherd zum andern – werden die Flammen hier gelöscht, bricht das Feuer an anderer Stelle wieder aus.

Im Mai brannte es in Schida-Kartli (Südossetien). Nachdem die ossetischen Guerillas ihren neuen Freiraum bekommen hatten, attackierten sie die georgischen Dörfer in der Konfliktzone. Die Untersuchung von Verwundeten ergab: Die meisten Verletzungen stammten von Schüssen aus der Luft. Die Sache war die, dass im Bezirk Zchinwali ein Hubschrauberregiment der russischen Luftstreitkräfte stationiert war. Die ossetischen Guerillas besaßen vier Hubschrauber, die sich äußerlich nicht von denen des russischen Regiments unterschieden. Die georgischen Dörfer waren von Hubschraubern aus beschossen worden. Tores Kulumbekow, der Leiter der ossetischen Extremisten, brachte im Obersten Rat in Moskau Beschuldigungen gegen Georgien vor und forderte, die Südossetische Autonome Republik in die Russische Föderation aufzunehmen.

Am 13. Mai 1992 wurde um die Mittagszeit der Rustaweli-Prospekt in Tiflis von den Flüchtlingen aus der Konfliktzone blockiert. Hunderte von Menschen drangen in den Staatsrat ein und verlangten, mich zu sehen. Der Anblick dieser Menschen – der Frauen, Alten und Kinder – war niederschmetternd. Viele von ihnen hatten noch die Kleidung an, die sie zufällig trugen, als sie so schnell wie möglich ihre Häuser verlassen mussten.

„Wenn die Regierung uns nicht verteidigen kann, dann soll sie uns wenigstens Gewehre geben, und wir werden uns selber verteidigen."

„Ihre Selbstverteidigung kann nur zu einem Blutbad führen. Wir können nur den friedlichen Weg gehen."

Ich versprach den Menschen, dass ich sofort nach Zchinwali fliegen und, wenn ich dort keine Einstellung des Feuers erreichen könnte, den Befehl erteilen würde, die Garde in die georgischen Dörfer zu entsenden.

In einem Vorort von Zchinwali begegnete uns, mir und Dschaba Iosseliani, der mein Stellvertreter im Staatsrat war, der dortige Anführer Tores Kulumbekow.

„Ich bin kategorisch dagegen, dass Sie die Stadt betreten", sagte uns Kulumbekow. „Wir können keine Sicherheit für Sie garantieren."

„Das ist mein Problem", erwiderte ich ihm.

„Dann bitte ohne Schutzpersonal und ohne Waffen. Der Anblick Ihrer Bewaffneten könnte unerwartete Folgen haben."

Wir betraten Zchinwali mit zwei Sicherheitsbeamten und ohne Waffen. Ich erkannte die Stadt kaum wieder, sie war zerstört und die Menschen waren andere geworden. Wir gingen durch die verwüsteten Straßen und hinter uns fuhren LKWs voller Guerillas. Man führte uns durch die von Raketen und Artilleriebeschuss in Trümmer gelegte Stadt. Alle meine Gedanken waren darauf gerichtet, wie wir das alles stoppen könnten.

Eine Frau sagte zu mir: „Alle müssen erfahren, dass der Krieg seine Opfer nicht wählt und nicht unterscheidet – vor dem Krieg sind alle gleich. Wir leiden genauso wie die georgischen Mütter."

Einige Stunden später musste ich genau die gleichen Worte von den georgischen Frauen im Dorf Tamarascheni hören.

In Zchinwali vereinbarten wir die Einstellung des Feuers am 14. Mai 1992 ab zwölf Uhr Mittag. Die Verhandlungen fanden auf dem Gelände des russischen Hubschrauberregiments statt. In der Region wussten alle, wo wir waren und worüber wir miteinander sprachen. Es wurde vereinbart, das Schießen einzustellen, die Post- und Transportverbindungen der Stadt zu den anderen Bezirken Georgiens wiederherzustellen, eine wahrheitsgemäße Meldung vorzubereiten und durch die Medien zu verbreiten. Dieser letzte Punkt war mir nicht weniger wichtig als die Einstellung des Feuers.

Die russische Presse hatte ausführlich über die Verluste der Osseten berichtet und die Georgier als unbeschadet dargestellt. „Diese Sorte von Journalisten begeht Mord, indem sie die nationale Zugehörigkeit der Getöteten betont. Sie treten die Gerechtigkeit mit Füßen, die Moral, die menschliche Würde. Als wären die Osseten nicht auch unsere Staatsbürger und als wären nicht auch Georgier umgekommen. Der Medienkrieg, der an das Blut, nicht an die Vernunft, appelliert, vertieft den Konflikt und gibt ihm keine Chance, beigelegt zu werden", sagte ich.

Unser Gespräch wurde von Raketenbeschuss unterbrochen. Meine Gesprächspartner schauten sich an.

„Ihre Leute geben sich Mühe", sagte mir der Regimentsführer. „Sie schießen auf uns."

Das stimmte. Es wurde tatsächlich von georgischer Seite geschossen. Irgendeiner meiner Landsleute hatte seine Missbilligung meiner Politik auf diese Weise kundgetan. Bereits nach drei Tagen wurde die Vereinbarung gebrochen.

Wenn die Menschen auf beiden Seiten der Front so lange in der Atmosphäre des Hasses leben, der durch den Tod ihrer Nächsten, den Verlust ihres Vermögens und die Art der Berichterstattung geschürt wurde, erfasst der Extremismus – als Ergebnis menschlicher Befindlichkeit unter extremen Bedingungen – alle. Es reicht ein Knacken „drüben", und schon wird die Antwort zurückgefeuert.

Wir erwarteten die OSZE-Beobachter, als ein Bus mit ossetischen Flüchtlingen von nicht identifizierbaren Attentätern überfallen wurde. Es war schrecklich. Dieser Mord in der Nähe des Dorfes Kechwi hat sich in die lange Liste der Terrorakte – Brandstiftung in einer Schule, Sprengung einiger Brücken, Geiselnahmen, Einschüchterung der friedlichen Bevölkerung – eingeschrieben. Das war Krieg gegen das eigene Volk, und diejenigen, die den Krieg angefangen hatten, handelten im Verbund mit einer uns gegenüber feindlich gesinnten Macht.

Die Mörder hatten den Waffenstillstand von Zchinwali zunichte gemacht. Am nächsten Tag wurde die Gasversorgung aus Russland eingestellt. Uns wurde erklärt, die Gasblockade sei das Werk der benachbarten Nordossetischen Autonomen Republik, die zur Russischen Föderation gehörte und durch deren Territorium die Gaspipeline nach Georgien verlief. Ich wusste allerdings, dass die Führung von Nordossetien einen solchen Beschluss nicht selbstständig hätte fassen können. Die Blockade von Georgien und also auch Armenien hatte das Konfliktfeld erweitert, einige Millionen Menschen wurden in den Konflikt hineingezogen und gerieten in Not. Die Hand, die in Nordossetien den Gashahn zugedreht hatte, half – mit oder ohne Absicht – der anderen Hand, die in Westgeorgien mit Sprengstoff hantierte.

Die Krönung all dessen kam in Form eines Anrufs General Alexander Ruzkojs, des Vizepräsidenten Russlands, meines ehemals guten Freundes und des Mitbegründers der „Bewegung für demokratische Reformen". „Ich werde Tiflis aus der Luft bombardieren lassen", drohte er mir. Die Haltung eines ehemaligen „Afghanistan-Bombardeurs" in ihm hatte über Freundschaft, ehemalige politische Sympathien und politische Weisheit gesiegt.

Und das war auch noch nicht alles. Nach Angaben unseres Aufklärungsdienstes waren für den 26. Mai 1992 bewaffnete Ausschreitungen der Anhänger des Expräsidenten Gamsachurdia geplant.

Der amerikanische Freund

Der erwähnte Durchbruch auf dem diplomatischen Parkett erfuhr in jenen Wochen durch die Ankunft von James Baker, dem Außenminister der Vereinigten Staaten, seinen Höhepunkt. Das war am 25. Mai 1992, dem Tag vor dem Nationalfeiertag, anlässlich der Wiederherstellung des georgischen Staates. Jim kam mit seinem Team aus Lissabon, wo er an einer Konferenz zu Fragen der Unterstützung ehemaliger Sowjetrepubliken teilgenommen hatte. Er war weit gereist, um nach Tiflis zu gelangen. Niemand wusste besser als ich die politische und rein menschliche Bedeutung dieser Geste in gebührender Weise zu schätzen.

Vor den vielen Menschen, die sich auf dem Flughafen versammelt hatten, sagte James Baker: „Wir haben politische Unterstützung für die Führung Ihres Landes mitgebracht. Wir sind tief davon überzeugt, dass Georgien den Weg demokratischer Veränderungen einschlägt."

Gegenüber meinen Kollegen sprach Baker etwas ausführlicher: „Wir sind gekommen, um ein politisches Signal an alle diejenigen zu senden, die unseren Freund Eduard Schewardnadse beim Aufbau des neuen Georgien unterstützen wollen und können. Ihr Staat wurde durch die USA nicht so schnell wie die anderen postsowjetischen Staaten anerkannt. Seinerzeit habe ich Ihrem Premierminister Sigua erklärt, warum das so war. Seit zwei Jahrhunderten verteidigt Amerika fest die Prinzipien der Demokratie und Freiheit, und für Amerika ist es nicht gleichgültig, wie man in anderen Ländern zu diesen Prinzipien steht. Damals waren wir nicht davon überzeugt, dass diese Prinzipien in Georgien befolgt würden. Jetzt aber, wo Eduard hier ist, glauben wir daran. Wir werden Georgien breite Unterstützung geben, wenn hier alle weltweit anerkannten Normen eingehalten und freie Wahlen durchgeführt werden, die als die schwerste Prüfung jeder Demokratie gelten."

Die Worte galten nicht mir persönlich. Wir beide wussten, wem und warum Baker diese Worte sagte, und als wir allein im Raum waren, fragte er mich einfach: „Wie geht's?" Statt darauf zu antworten, sagte ich ihm: „Sie sind im richtigen Augenblick gekommen."

Ja, Baker wusste tatsächlich, wann er kommen sollte. Ich habe seine Intuition und Tapferkeit immer hoch geschätzt, aber jetzt rief das alles in mir eine echte Begeisterung für ihn wach. Für mich war es sehr wichtig, dass er in diesem Moment in Tiflis war: Am 26. Mai 1992 feierte Georgien den 74. Jahrestag der Wiederherstellung seiner Staatlichkeit.

Es war ein wunderschöner Tag – hell, klar und sonnig, wie ein solcher Tag eben sein muss. Ich wollte meinem amerikanischen Freund erklären, was dieser Tag für uns Georgier bedeutet. Ich würde das auch jetzt gern tun und dem Leser einiges über diesen Tag erzählen; denn das erweckt vielleicht ein gewisses Verständnis für unser Verhalten, unsere Neigungen und unsere Wahl. Aber vermutlich ist es besser, einem anderen – einem möglichst unvoreingenommenen und neutralen Menschen, am besten einem Nicht-Georgier das Wort zu erteilen, der Georgien gut kennt. Ein solcher Mensch ist z. B. Robert Parsons, Radio-Journalist und Mitarbeiter der BBC, der irgendwann georgische Sprache und Geschichte studiert hat:

„Das kleine Land Georgien, das von mächtigen Nachbarn umringt ist, hat unzählige Invasionen erlebt. Nach jeder Niederlage schaffte es Georgien – wie ein Phönix – aus seiner eigenen Asche wieder aufzuerstehen … wie in einem georgischen Lied: ‚Was die Feindschaft je zerstört hat, hat die Liebe wieder aufgebaut …' Dieses Lied heißt ‚Mrawalschamier' und ist ein sogenanntes ‚Polychronion'. Es ist eines jener hoch emotionalen Lieder, die das Repertoire der georgischen Polyphonie bilden. Aber für die Georgier ist das ‚Mrawalschamier' mehr als einfach nur ein Lied: Es ist die Lobpreisung ihrer geschichtlichen Existenz."

Wir fuhren an den Ruinen der im Winter zerstörten Häuser vorbei. Unsere Kolonne näherte sich dem Platz der Republik, als ich fernen Lärm zu hören glaubte. Dem Chef des Sicherheitsdienstes wurde mitgeteilt, dass sich auf dem Platz über 50.000 Menschen versammelt hätten. Eine andere Meldung: Einige Häuserblöcke von dem Platz entfernt fand vor dem Gebäude der Philharmonie eine Kundgebung der Anhänger des

Expräsidenten Swiad Gamsachurdia statt. Ihre Zahl war nicht groß, etwa zweitausend Personen, aber sie waren trotzdem ernst zu nehmen. Ich vermutete, dass sie versuchen würden, zum Platz der Republik vorzurücken, und das beunruhigte mich.

Als ich aber den Platz der Republik voll mit Menschen sah, verschwand meine Unruhe. Auf der Bühne bewegte sich ein Tanzensemble: Die Frauen in Weiß und die Männer in Rot führten gerade einen stürmischen Tanz, den „Mtiuluri", auf. Eine Menschenmauer stoppte unseren Wagen. Freundliche Gesichter schauten durch die Wagenfenster. Jemand rief: „Es sind Schewardnadse und Baker!" Ich merkte, dass die Leibwächter des Außenministers unruhig wurden. „Wollen wir aussteigen?", fragte ich den Gast. „Tun wir, was Sie für richtig halten", antwortete er ruhig.

Wir gingen durch den Korridor, der sich in der Menschenmenge gebildet hatte und erreichten die Bühne. Hunderte von Armen streckten sich uns entgegen. Ich hörte, wie man Baker segnete. Ein merkwürdiges Gefühl, wenn man die schönsten Worte in der Muttersprache hört, die einem Ausländer gelten. Mir waren die Gefühle dieser Menschen verständlich. Jeder, der ein Fest mit ihnen teilt, verdient ihre Zuneigung. Und dieser Gast war dazu noch ein besonderer – er war ein hoher Vertreter eines großen Staates, der unser Land in jener schweren Zeit unterstützte, der an diesem besonderen Tag zu uns gekommen war und der sich, uns zuliebe, in Gefahr brachte, indem er alle diesbezüglichen Vorsichtsmaßnahmen ignorierte.

Man half uns, auf die Bühne zu steigen. Die Tänzerinnen und Tänzer stellten uns die Bühne zur Verfügung. James Baker stellte sich an deren Rand und sagte die Worte, auf die sowohl wir als auch unsere Vorfahren so lange gewartet hatten. Der Außenminister der USA, Vertreter jenes Staates, der es vor mehr als siebzig Jahren nicht für wünschenswert gehalten hatte, die Unabhängigkeit Georgiens zu unterstützen, gratulierte uns heute zum Tag der Unabhängigkeit und feierte mit uns zusammen.

Baker flog ab, und alles ging weiter seinen Gang. Es war wie in einem Krimi: Ein Unsichtbarer, der aber real existierte, versuchte, die Ereignisse wie Spielkarten durcheinanderzubringen und sie neu zu mischen.

Aber es gab auch schon neue Teilnehmer an dem Spiel. Ende des 20. Jahrhunderts war die Welt doch anders als in seinem ersten Viertel. Das erfüllte mich mit Hoffnung. Man würde Georgien nicht mehr so überrumpeln wie im Jahre 1921. Für die führenden Politiker der Welt war entscheidend, dass Georgien begonnen hatte, einen demokratischen Staat aufzubauen. Sie achteten auch darauf, dass an der Spitze dieses Landes mit meiner Person ein berechenbarer Politiker stand, den sie gut kannten und mit dem einige von ihnen befreundet waren.

Nach seiner Rückkehr in die USA tat Baker alles, um die erste Soforthilfe – hunderttausend Tonnen Getreide –, die Präsident Bush sen. für Georgien bewilligt hatte, uns unverzüglich zukommen zu lassen. Sie hat uns gerade im richtigen Augenblick erreicht.

Ich möchte erwähnen, dass die USA uns unter allen Präsidenten – George Bush sen., Bill Clinton und George Bush jun. – systematisch politisch, wirtschaftlich und finanziell sowie durch humanitäre, soziale und Verteidigungsprogramme unterstützt haben und weiterhin unterstützen. Bei den komplizierten Beziehungen zu Russland wurden die USA zu unserem Schutzschild.

Die USA sind einer der Unterzeichner und Garanten des Baku-Cejhan-Projektes, das Georgien nicht nur finanzielle Einnahmen, Erdöl und Gas zusichert. Was viel bedeutender ist – sie bieten eine wichtige internationale Funktion im politisch-wirtschaftlichen Raum und damit den entsprechenden Schutz. Hin und wieder sind Stimmen zu hören, die behaupten, die Ölpipeline Baku-Tiflis-Cejhan und die Gaspipeline Baku-Tiflis-Erserum seien für Georgien nicht rentabel. Daraus spricht pure Unkenntnis der Situation. Ich weiß nicht, wie diese wichtigen Fragen ohne die freundschaftliche Beziehung zwischen dem aserbaidschanischen Präsidenten Hejdar Alijew und mir gelöst worden wären.

Ich erinnere mich gut, wie mir nach einigen Treffen Hejdar Alijew in Tiflis mitteilte: „Damit die Ölpipeline Baku-Tiflis-Cejhan rentabel für Georgien wird, verzichtet Aserbaidschan auf die Tarifeinnahmen aus dem durch sein Territorium transportierten Erdöl zugunsten Georgiens.“

Für unseren Staatshaushalt bedeutet dies jährliche Einnahmen in Höhe von 40 bis 50 Millionen Dollar. Außerdem wird Georgien sechs Prozent des transportierten Gases kostenlos, zwölf Prozent zu günstigen Preisen bekommen und beliebige Mengen zu weltweit gültigen Preisen kaufen können. Alles in allem ist damit eine Perspektive für die komplette Gasversorgung des Landes geschaffen. Man muss bedenken, dass dies in der Zeit erreicht wurde, als Russland kategorisch verlangte, Öl und Gas aus dem Kaspischen Meer ausschließlich durch sein eigenes Territorium zu transportieren.

Die USA haben Millionen von Dollars in den Aufbau und die Ausrüstung einer georgischen Berufsarmee investiert. Der Prozess geht auch heute weiter.

Georgien wurde zu einem der wichtigsten strategischen Partner der USA. Das hat Georgien bei mehreren Konflikten durch seinen Beistand für die USA bewiesen.

Durch die Unterstützung von Seiten der USA und anderer Freunde wurde Georgien zum Mitglied vieler internationaler Organisationen. Es bereitet sich nun auf die Mitgliedschaft in der NATO vor.

Die Ausarbeitung und Umsetzung des amerikanischen Programms zur militärischen Unterstützung des Partnerlandes Georgien begann, nachdem ich im Jahr 2001 den amerikanischen Verteidigungsminister Donald Rumsfeld in Tiflis empfangen hatte. Ich hatte eine Landkarte ausgebreitet und mit ihm über die geopolitische Rolle Georgiens gesprochen.

Ein ähnliches – allerdings erfolgloses – Gespräch hatte ich früher einmal mit seinem Amtsvorgänger William Cohen gehabt. Er hatte zwar anderthalb Stunden höflich lächelnd zugehört, aber das war auch alles gewesen.

Rumsfeld hatte das Wesen des Problems sofort erfasst und schickte sehr bald fünfzig Militärspezialisten nach Georgien. Ein Anfang war gemacht. Als Ergebnis haben wir heute einige nach dem neuesten Stand ausgebildete und ausgerüstete Bataillone und Grenzschutztruppen.

Später, als die Entsendung von amerikanischen Militärspezialisten bereits beschlossen war, teilte ich bei einem Gipfeltreffen der GUS-Staaten dem russischen Präsident Putin mit, dass wir mit Hilfe der USA unsere Streitkräfte aufzubauen beabsichtigten. „Wir hätten auch geholfen", sagte er. Man merkte ihm an, dass er nicht begeistert war.

Am selben Tag nach der Pressekonferenz stellte eine georgische Journalistin eine Frage an Putin, der schon im Begriff war, den Konferenzsaal zu verlassen. Er hatte die Türschwelle bereits überschritten, als ihn die aus Verzweiflung ans Schreien grenzende Stimme der Journalistin erreichte: „Was halten Sie von der amerikanischen Beteiligung am Aufbau der georgischen Streitkräfte?"

Putin blieb stehen und drehte sich um. Alle blieben stehen, um seine Antwort zu hören: „Georgien ist ein selbstständiges Land und soll selbst entscheiden, mit wem und wie es seine Armee aufbaut."

So endete diese Episode. Ich war erleichtert. Der Aufbau einer Armee ist teurer als der Unterhalt einer Armee. Wenigstens äußerlich hatte sich Russland damit abgefunden, dass es sich nicht mehr so leicht in unsere inneren Angelegenheiten einmischen konnte.

Russische Interventionen

Am 29. Mai 1992 wurde in der georgisch-ossetischen Konfliktzone der Waffenstillstand erneut gebrochen. Am selben Tag besetzten die Anhänger Gamsachurdias das Gebäude der Präfektur in Sugdidi und nahmen das gesamte Personal fest.

Anfang Juni traten die Mitarbeiter der Kriminalpolizei in der Hauptstadt in den Streik. Sie streikten, weil sie wegen der Willkür der bewaffneten Gruppierungen ihren professionellen Verpflichtungen nicht mehr nachkommen konnten. Die beiden wichtigsten Gruppierungen, die dabei gemeint waren, die „Mchedrioni" und die Garde, gehorchten ihren eigenen Führern nicht mehr. Der eine dieser Führer, Dschaba Iosseliani, war mein Stellvertreter im Staatsrat, der andere, Tengis Kitowani, war Vizepremier und Verteidigungsminister – er führte die Streitkräfte, die Polizei und den Geheimdienst. Beide konzentrierten eine große Macht in ihren Händen.

Auf die Frage Bakers, ob von Seiten der Swiadisten oder meiner „Verbündeten" ein bewaffneter Umsturz zu erwarten sei, antwortete ich: „Das Schlimmste ist, dass mir die Hände gebunden sind und ich gezwungen bin zu taktieren – mit eben diesem Verteidigungsminister zu kooperieren, der über Krieg und Frieden in der Region Zchinwali entscheiden kann."

Am 12. Juni 1992 rief mich der damalige russische Präsident Jelzin an. Wir sprachen über die historische Notwendigkeit eines neuen russisch-georgischen Vertrages, der die Grundlagen für neue Beziehungen zwischen Russland und Georgien schaffen sollte. Bereits am nächsten Tag traf in Tiflis eine Arbeitsgruppe des russischen Außenministeriums ein, die im Auftrag Jelzins den Mechanismus für die Aufnahme diplomatischer Beziehungen zwischen unseren Ländern besprechen sollte. Es waren nur noch unbedeutende formale Einzelheiten zu klären, als einige Ereignisse uns bestürzten.

Am 13. Juni wurde im Zentrum von Tiflis, unweit des Hauses von Dschaba Iosseliani, ein terroristischer Akt verübt. Einige Sekunden, nachdem der letzte Wagen der Kolonne des Stellvertreters des Staatsratsvorsitzenden durchgefahren war, explodierte dort ein „Saporoschez“ (ukrainischer Kleinwagen), der mit dem Sprengstoff TNT gefüllt war. Die Explosion war ferngesteuert. Fünf Menschen, unter ihnen ein Kind, wurden getötet, sechs verwundet und einige Häuser zerstört.

Am selben Tag ereignete sich in Gori, einige Kilometer von Zchinwali entfernt, ein Zusammenstoß zwischen georgischen Gardisten und Angehörigen eines russischen Panzerregiments. Auch dabei kamen Menschen um. Die Panzer rollten durch die Straßen der Stadt. Panik brach aus.

Am 15. Juni 1992 gab Ruslan Chasbulatow, damals Vorsitzender des Obersten Rates der Russischen Föderation, eine Erklärung ab, die faktisch die Verletzung der territorialen Einheit und der Souveränität Georgiens politisch absegnete. Die Geschichte wiederholt sich – auch heute werden in der russischen Duma ähnliche Erklärungen von einzelnen Abgeordneten abgegeben.

Am 18. Juni attackierten drei russische Kampfhubschrauber die Positionen georgischer Gardisten in der Region Zchinwali. Den Befehl dazu soll der Stellvertreter des russischen Verteidigungsministers erteilt haben, der sich auf Einladung Tengis Kitowanis dort befand, wie sich später herausstellte. Darüber war mir nichts bekannt. Diesen Zwischenfall stufte ich als Aggression ein.

Am 20. Juni 1992 gaben die russische Regierung und der Vizepräsident Russlands, Alexander Ruzkoj, fast gleichzeitig Erklärungen ab, in denen sie wieder auf die Demonstration der Stärke zurückgriffen und mit ihrer Einmischung in die inneren Angelegenheiten Georgiens und Moldawiens drohten.

Zur gleichen Zeit bekamen wir eine Nachricht aus New York: Auf Antrag Russlands wurde die Beratung des georgischen Antrags auf Aufnahme in die UNO verschoben. Kurz, der Großangriff gegen mein Land fand an vielen Fronten statt: der wirtschaftlichen (Energie- und Transportblockade), der militärischen (Beteiligung russischer Streitkräfte an inneren Konflikten), der diplomatischen (Verhinderung der Aufnahme Georgiens in die UNO, Versuch eines Junktims zwischen der Entwicklung der russisch-georgischen Beziehungen und der Regelung des georgisch-ossetischen Konflikts) und der Medienfront (Blockieren georgischer Berichte in der russischen Presse und Verbreitung von Falschinformationen über Georgien).

Am 24. Juni, als ich zu einem Treffen mit dem russischen Präsidenten nach Sotschi fliegen sollte, um mit ihm eine Vereinbarung zur Regelung des georgisch-ossetischen Konflikts zu treffen, nahm eine bewaffnete Gruppe von Anhängern Gamsachurdias ein Waffenlager der inneren Truppen in Besitz und drang in das Rundfunkgebäude ein. Sie verbreiteten über Radio und Fernsehen die Nachricht, die „Legitime Regierung" sei wieder an der Macht. Die Nachricht wurde von niemandem ernst genommen. Der Putschversuch wurde schnell beendet, was die Boulevardpresse Russlands und einige „seriöse" Politologen zum Anlass nahmen, diese Ausschreitung der Swiadisten als einen Quasi-Putsch zu bezeichnen, der angeblich von der Regierung selbst organisiert worden war, um folgende drei Aufgaben zu lösen:

a) vor dem Treffen in Sotschi der russischen Führung eine Gefährdung der georgischen Demokratie vorzutäuschen,
b) die Repressalien gegen die Anhänger Swiad Gamsachurdias zu rechtfertigen und
c) die Lage in Tiflis zu stabilisieren und eine Konsolidierung aller Kräfte um den Vorsitzenden des Staatsrates zu erreichen.

Das Ende meiner „Hundert Tage" wurde von einer Serie von „Explosionen" begleitet – in den Beziehungen zu Russland, in den inneren Konflikten, auf den Straßen und Eisenbahnlinien von Westgeorgien, in den Zeitungsberichten und im Fernsehen.

Es fiel mir schwer, nicht daran zu glauben, dass alle diese Ereignisse nicht mit der Eskalation von Kampfaktionen in Zchinwali und den zahlreichen Verstößen gegen den vereinbarten Waffenstillstand zusammenhingen und eine Destabilisierung der Lage in der Hauptstadt zum Ziel hatten. Es konnte einfach nicht sein, dass so vieles nur zufällig an ein und demselben Tag, dem 24. Juni 1992, stattgefunden hatte – die Erklärungen höchster russischer Amtsträger in Moskau, die Ausschreitungen von Swiadisten in Tiflis und die Vertreibung des Innenministers Giwi Lominadse, eines Georgiers, aus Suchumi.

Zu viele einander ähnelnde Vorfälle hatten sich in diesem kleinen Zeitabschnitt angehäuft, was davon zeugte, dass alles gut koordiniert war. Anders gesagt, es gab ohne Zweifel zwischen den Gamsachurdia-Anhängern, den abchasischen und ossetischen Separatisten und den reaktionären Kreisen Russlands eine Zusammenarbeit.

Wie sich herausstellte, war die Aktion vom 24. Juni für Anfang Juli geplant gewesen. Sie wurde auf den Juni vorverlegt, damit sie während meines Treffens mit dem russischen Präsidenten in Sotschi (Dagomys) stattfinden konnte.

Das Ergebnis unseres Treffens war eine Vereinbarung über die Prinzipien der Konfliktregelung und ein Kommuniqué, das erklärte, dass Russland und Georgien „die gegenseitige Souveränität und Unabhängigkeit, territoriale Ganzheit und Unantastbarkeit der Grenzen anerkennen. Sie haben keine gegenseitigen territorialen Ansprüche und übernehmen öffentlich die Verpflichtung, jeden Streit nur mit friedlichen Mitteln, durch politische Verhandlungen beizulegen und keine Gewalt anzuwenden."

Außerdem wurde erklärt, dass die Russische Föderation den Wunsch Georgiens, UNO-Mitglied zu werden, begrüße und als ständiges Mitglied des UNO-Sicherheitsrates mit allen Mitteln den Beitritt Georgiens in die UNO unterstützen würde.

Gemäß dem zweiten Punkt der „Vereinbarung" verpflichtete sich Russland, „innerhalb von zwanzig Tagen das 37. Ingenieur-Regiment und das 292. Kampfhubschrauber-Regiment samt den Dienstleistungseinheiten aus der Region Zchinwali abzuziehen."

Zur Friedenssicherung sollten „gemischte Kräfte" gebildet werden, aber das alles stand nur auf dem Papier. Dort, wo die russischen Militärs stationiert waren, stehen heute die „Guerillas" der separatistischen Region – mit viel besserer Kampfausrüstung als zuvor. Für die Einfuhr der

Waffen gibt es nur einen einzigen Weg, den Rokka-Tunnel. Durch diesen Tunnel kann alles und jeder aus Russland Zchinwali erreichen: Waffen, Schmuggelwaren, Guerillas, nordkaukasische Söldner.

So setzt sich die traditionelle russische Politik gegenüber Georgien fort.

Doppeltes Spiel in Georgien

Und doch, trotz allem, wir arbeiteten. Der Staatsrat entstand – ein Vorläufer des Parlaments. Wir verabschiedeten ein Wahlgesetz. Wir begannen, unsere nationalen Streitkräfte aufzubauen. Die Polizei erstarkte langsam. Aus dem Nichts war der Geheimdienst entstanden. Die Staatsanwaltschaft orientierte sich an rechtsstaatlichen Prinzipien. Wir begannen mit der Bodenreform – fast sechzig Prozent des gesamten „Landfonds" sollte in Privatbesitz übergehen.

Die Veränderungen gingen nicht so schnell voran, wie ich es mir wünschte. Wir hatten viele gute Beschlüsse rechtzeitig gefasst, aber sie wurden nicht alle umgesetzt. So hatten wir z. B. beschlossen, dass alle bewaffneten Gruppierungen, die zu den nationalen Streitkräften gehören wollten, bis zum Ablauf einer gesetzten Frist Kasernen zu beziehen hatten. Diejenigen, die das nicht tun würden, stünden außerhalb des Gesetzes. Nach dem Ablauf der Frist waren aber weder die „Mchedrioni" noch die Garde in den Kasernen, weil jedesmal, wenn sie gerade einrücken wollten, wie auf Bestellung etwas Außerordentliches passierte – mal ein Attentat, mal ein Überfall auf den Sender, bald dies und bald jenes. Es zeichnete sich eine Tendenz, eine gewisse Regelmäßigkeit ab.

Zur Regel wurde auch das Verschwinden meiner bewaffneten und unbewaffneten Mitkämpfer in den Momenten, wenn ich sie am meisten brauchte. Dieses Verhalten fiel fast immer mit den wiederholten Verstößen gegen den erklärten Kurs des Staatsrates zusammen, Streitigkeiten und

Probleme mit friedlichen, politischen Mitteln zu lösen. So wurde mir zum Beispiel eines Tages mitgeteilt, dass sich in Zchinwali georgische Einheiten in Bewegung gesetzt und gewisse Verteidigungsanlagen auf den Anhöhen bezogen hätten. Ich griff zum Telefon, suchte nach dem Premierminister und dem Verteidigungsminister, aber sie waren nicht auffindbar. Später, als die Gefahr bereits abgewendet war, meldete sich Tengis Kitowani. Er sagte, er habe keinen Befehl zum Angriff erteilt. Wer dann? Es stellte sich heraus, dass es ein Offizier vor Ort war, der aber keine Befugnis besaß, derartige Befehle zu erteilen. Also musste es ihm jemand erlaubt haben. Wer?

Die politischen Definitionen sind manchmal so unverständlich, dass es oft unmöglich ist, das Wesen des Geschehenen zu erfassen. Und trotzdem hat wohl der Autor Recht, der behauptet, meine Rückkehr habe eine „demokratische Hülle" geschaffen und „jene militärpolitische Spitze veredelt, die den Präsidenten Swiad Gamsachurdia und seine Administration entmachtet hatte".

Es fragt sich nur, warum ich dies getan haben soll. „Veredelung", „demokratisches Umhüllen" – solche Wohltätigkeit gehörte nicht zu meinem Plan, und ich bin sicher, dass auch meine „Mitkämpfer" diesbezüglich keine Illusionen hegten. James Baker wird bestätigen können, dass ich die Wahrheit sage: Im Mai 1992 war mir schon klar, dass mindestens zwei Mitglieder des Präsidiums des Staatsrates gewisse heimliche Absichten hatten. Das habe ich meinem amerikanischen Freund damals auch gesagt. Auf seine Bemerkung, einer von ihnen habe ihm – Baker – seinen Wunsch mitgeteilt, mich an der Spitze des Staates zu sehen, antwortete ich unzweideutig: „Ein Doppelspiel!"

Übrigens hatte ich damals beim Gespräch mit dem amerikanischen Außenminister ein freudiges Gefühl: „Ich werde wieder in meinem Element sein, ich werde wieder nach den mir bekannten Regeln – ohne gemeine Tricks – spielen. Ein Lebenswerk darf nicht von der Tücke und dem Provinzialismus einzelner Intriganten, deren Absichten so völlig durchsichtig sind, zu Kleinholz gemacht werden."

Ich muss gestehen, dass auch ich damals ein doppeltes Spiel zu führen hatte. Meine erzwungene Partnerschaft mit einigen „Mitkämpfern" war der Tribut, den ich zahlen musste, um meiner unglücklichen Heimat zu helfen. Meine Verantwortung diesem Land gegenüber bestand vor allem darin, es von solchen Führungspersönlichkeiten zu befreien, die Kapital und Reichtum aus dem Unglück des Landes zu schlagen suchten und diese Art von Freiheit für die Freiheit des Landes ausgaben.

In jenen Tagen, während der ersten hundert Tage meiner „machtlosen Regierung", stolperte ich immer wieder über politische Kleinlichkeiten, Untreue und Lügen. Oft verspürte ich den Wunsch, alles hinzuschmeißen und Schluss zu machen, alles beim Namen zu nennen und die Tür hinter mir zuzuschlagen.

Selbstverständlich hätte ich irgendwohin in den ruhigen Westen, zum Beispiel nach Deutschland, gehen können. Dorthin lud man mich auch ein. Ich hätte das ruhige Leben eines Politikers a. D. führen können, dem Vorträge und Memoiren ohne Weiteres das nötige Auskommen verschafft hätten. Aber das wäre für mich kein Leben gewesen, sondern eben nur eine Existenz. Was ich hinterlassen und verlassen hätte, wären Bürgerkrieg, Hunger, Arbeitslosigkeit und eine wirtschaftliche Krise gewesen, lange Schlangen für Brot und Brennstoff, Raub, die „Moral" der bewaffneten Horden der „Kameradschaften" und „Bruderschaften". Kurz, ich hätte dieses einst blühende Land, in dem es in der kommunistischen Zeit keinen Bettler und kein obdachloses Kind gegeben hatte, im Zustand seines Niedergangs im Stich gelassen. Ja, ich verspürte oft den Wunsch zu gehen – wie zum Beispiel damals, als ich mit Dschaba Iosseliani im Streit lag. Aber wem hätte ich dieses Land überlassen sollen? Kitowani und Iosseliani? Wäre dann nicht alles im blutigen Chaos versunken? Nein, ich bin erst dann zurückgetreten, als das Land schon einem Staat ähnlich war und von mir geförderte junge Politiker an seine Spitze kamen.

Russland – Kaukasus – Georgien

Was heute im Kaukasus, in Russland und in Georgien geschieht, ist im Grunde die Fortsetzung und der Widerhall dessen, was in den historischen Annalen oder in unserem Gedächtnis verankert ist.

Mit großem Schmerz stelle ich fest, dass der Jahrhunderte umfassende Prozess der Expansion und des Ländersammelns seitens Russlands auch im 21. Jahrhundert weitergeht. Wenn Europa und Amerika, wenn die ganze Welt der aggressiven Betätigung Russlands auch diesmal stillschweigend zusehen werden, wird sich die georgische Tragödie in eine Welttragödie ausweiten.

Die russische Expansion hatte im Laufe der Jahrhunderte große Völkerwanderungen in Europa, Asien und im Kaukasus verursacht. Die vom russischen Imperium bedrängte Bevölkerung flüchtete sich in die kaukasischen Berge, die einen natürlichen Schutz für Georgien bilden. In der Winterzeit war diese Schutzlinie unüberwindbar, zu anderen Jahreszeiten jedoch kamen immer neue Flüchtlinge – Mann für Mann, Familie für Familie – nach Georgien durch. Auf diese Weise versuchten sie – Alanen (Osseten), Kisten (Tschetschenen) und andere Bergvölker – dem russischen Militär und der wirtschaftlichen Not zu entkommen. Sie ließen sich von der Schwarzmeerküste über das Pankissi-Tal bis nach Schida Kartli (heute Südossetien) nieder. Ein Teil von ihnen vermischte sich mit der georgischen Bevölkerung, der andere Teil siedelte sich „unvermischt“ in verschiedenen Teilen Georgiens an. Diese Letzteren wurden zu Beginn des Bestehens eines unabhängigen georgischen Staates (1918) sowie später nach dem Zusammenbruch der Sowjetunion von Russland für die Rechtfertigung seiner Interessen in Georgien instrumentalisiert: Einige der „unvermischt“ angesiedelten Ethnien beanspruchten über die ihnen bereits eingeräumten Privilegien hinaus Länder für sich – manche, um sich dem russischen Imperium anzuschließen, andere, um einen russischen Satellitenstaat zu bilden.

Nach der imperialistischen Logik Russlands verdienen die Tschetschenen, die zur eingesessenen Bevölkerung des Nordkaukasus gehören, keine Unabhängigkeit. Dagegen verdienen aber jene Osseten einen unabhängigen Staat, die zu verschiedenen Zeiten nach Georgien kamen, obwohl sie bei der vom russischen Imperium selbst durchgeführten Volkszählung Ende des 19. Jahrhunderts mehrheitlich noch als „Flüchtlinge" eingestuft wurden. Nach derselben Logik soll das Schicksal ganz Abchasiens von jener Minderheit entschieden werden, die Russland als seine Staatsbürger deklariert. Dagegen soll die infolge der ethnischen Säuberung vertriebene Mehrheit (etwa 300.000 Georgier) nicht berücksichtigt werden. Diese Menschen dürfen nicht in ihre Häuser zurück, sie dürfen nicht die Gräber ihrer Vorfahren besuchen und jene Kirchen – Denkmäler ihrer jahrhundertealten Kultur – pflegen, deren Wände georgische – und zwar nur georgische – Inschriften schmücken.

Es ist paradox, dass die Welt all dem aus Angst vor Russland ruhig zusieht. Folgte man der erwähnten Logik, dann könnten die Italiener und Armenier in den USA oder die Türken in Deutschland ihre Unabhängigkeit erklären. Russland könnte den Bewohnern von Alaska die russische Staatsangehörigkeit verleihen und danach diese Menschen mit Waffengewalt verteidigen. In Russland wohnen zurzeit Millionen von Chinesen. Sie könnten eine unabhängige Republik in Sibirien gründen, und China könnte sie mit Waffengewalt verteidigen. Absurd, nicht wahr? Eine derartige Absurdität wird mit der Hilfe Russlands in Georgien fast zur Wirklichkeit.

Alles, was von Russland in Georgien durchgesetzt wurde und wird – und zwar sowohl Negatives als auch Positives –, ist Teil der Kaukasus-Politik Russlands, bzw. es wurde und wird von dieser Politik bestimmt, geplant und umgesetzt.

Die Eroberung des Kaukasus durch Russland vollzog sich im Laufe der Jahrhunderte, und die „Kaukasischen Kriege“ mit ihrer für jene Zeit charakteristischen Brutalität und Erbarmungslosigkeit dauerten fast ein halbes Jahrhundert von 1817 bis 1864. Dieselbe Brutalität wurde auch im 20. Jahrhundert angewandt, zuerst bei der Deportation der Tschetschenen in den 1940er Jahren, dann im Tschetschenien-Krieg in den 1990ern.

Die kaukasischen Eroberungskriege kamen Russland teuer zu stehen. Zehntausende von russischen Soldaten kamen um. (Es starben allerdings noch mehr Bewohner des Kaukasus.) Die militärischen Operationen und die Versorgung der im Kaukasus stationierten Militäreinheiten kosteten Russland über zwei Milliarden Rubel pro Jahr. Aber wer achtete schon auf die Verluste, wo doch der Kaukasus und Georgien eine Region von besonderer Wichtigkeit für Russland darstellten?

Wer war nicht alles an diesen schrecklichen Kriegen beteiligt? Die russischen Soldaten nannten den Kaukasus den Ort des Verderbens. Für sie war die Entsendung dorthin so viel wie ein Todesurteil.

Die Eroberung des Kaukasus und Georgiens im 19. Jahrhundert entsprach übrigens nicht nur dem Willen der Zaren, der Heerführer und der Offiziere: Zu jener Zeit teilte der größte Teil der russischen Öffentlichkeit diese Einstellung. Es genügt zu erwähnen, dass auch der große Denker und Schriftsteller Leo Tolstoi in seiner Jugend als Offizier niederen Ranges zwei Aule[1] „überrannt“ hatte. Das ist jener Tolstoi, der später alles tief durchdachte und die unsterbliche Erzählung „Hadschi-Murat“ schrieb. Durch diese Erzählung erfuhr die Welt die ganze Tragik der Eroberung des Kaukasus.

Tolstoi hat auch in meiner Seele tiefe Spuren hinterlassen. Mein Vater, der russische Sprache und Literatur in der Schule unterrichtete, war einer der Ersten in Georgien, der bereits vor der Russischen Revolution

---

[1] Aul – größere Siedlung, Dorf im Nordkaukasus.

Tolstois Werke abonniert hatte. So konnte ich diese Bücher recht früh lesen und wurde zum Verehrer Tolstois.

Viele wunderten sich, dass ein sowjetischer Außenminister sich für den Frieden in der Welt einsetzte und die Brandherde des Hasses an den verschiedensten Orten der Welt zu löschen versuchte. Wenn ich heute darüber nachdenke, komme ich zu dem Schluss, dass es die Literatur war, die Menschenliebe, Mitgefühl und zwischenmenschliche Harmonie gerade damals, in meiner Kindheit und Jugend, in mir keimen ließ. Außer Tolstoi haben auch die georgischen „Samozianeli"[2] dazu beigetragen, aber auch die „Samozianeli" des 20. Jahrhunderts, die „Ziskreli"[3] . Das waren meine Freunde und Mitkämpfer, und wir übten zweifellos einen sehr positiven Einfluss aufeinander aus. Letztendlich ist der Mensch ja nichts anderes als die Summe von Beziehungen zu seinen Vorfahren und Zeitgenossen.

Ich bin vom Thema abgewichen…

Im 19. Jahrhundert wurden die kaukasischen Muslime verfolgt und aus ihren Wohngebieten vertrieben. Außer der nordkaukasischen Bevölkerung waren auch Tausende von abchasischen und georgischen Muslimen vom „Muhadschirentum", der massenhaften Vertreibung von ihren Wohnsitzen, betroffen. In diese Zeit fällt die Erklärung der Abchasen zur „Verbrechernation" durch den Zaren Alexander II. (1855–1881). Die nordkaukasischen Diasporagebiete in der Türkei, Jordanien, Syrien, im Irak und den Ländern Europas sind das weit reichende Echo jener Zeit, genauso wie die in der Türkei lebenden Georgier mehrheitlich Nachkommen jener Muslime sind, die man in der Zeit der Russisch-Türkischen Kriege dazu gezwungen hatte, aus der georgischen Provinz Meschetien in

[2] Samozianeli: wörtl. „zu den sechziger Jahren gehörend"; eine Gruppe georgischer Schriftsteller, die sich in den 60er Jahren des 19. Jahrhunderts um die von Ilia Tschawtschawadse (1837–1907) gegründete Zeitschrift „Iweria" gebildet hatte.

[3] Ziskreli: wörtl. zu Ziskari gehörend; „Ziskari": die von jungen georgischen Literaten 1960 gegründete monatliche Literaturzeitschrift.

die Türkei überzusiedeln. In derselben Zeit siedelte man in Meschetien an ihrer Stelle 30.000 Armenier an, die aus der Türkei geflüchtet waren. (Vor 1828 waren über 90 Prozent der Bevölkerung Georgier, 1830 dagegen bildeten bereits die Armenier die Mehrheit.) So entstand in Georgien ein weiterer Spannungsherd. Das war eine der Etappen der russisch-georgischen Beziehungen, die im 11. Jahrhundert mit einem banalen Streit begonnen haben sollen: 1021 soll es wegen Pferdefutters zu einer Schlägerei zwischen den Kämpfern des Kiewer Fürsten Jaroslaw, der ein Verbündeter der Byzantiner war, und den Georgiern gekommen sein. Später schienen die Beziehungen ernsthafter zu werden: Anfang des 12. Jahrhunderts hatte der russische Monarch Wladimir Monomach freundschaftliche Beziehungen zu dem georgischen König David dem Erbauer (1089–1125). Im selben Jahrhundert heiratete der russische Fürst Isjaslaw die Enkelin von David, die Tochter von Demetre I. (1125–1156). Im Jahr 1185 – im „goldenen Zeitalter" Georgiens – heiratete die georgische Königin Tamar Juri Bogolubski, den Sohn eines russischen Fürsten. Die Ehe war kurz und glücklos.

Die Beziehungen zwischen den beiden orthodoxen Ländern wurden umso intensiver, je enger Georgien von den islamischen Ländern umgeben wurde. Das christliche Byzanz war gefallen, seinen Platz hatte die islamische Türkei eingenommen. Schon früher war das christliche Armenien gefallen, das unter Georgiens Schutz gestanden hatte. Die an Europa gerichteten Bittbriefe und die um europäische Unterstützung werbenden Missionen blieben ohne Erfolg.

Als Beispiel solcher Bittbriefe sei hier das Schreiben des Königs des ostgeorgischen Kartli und Kachetien, Irakli II. (1744–1798), an den französischen König Ludwig XVI. angeführt:

„An den glanzvollen, großen und barmherzigen König Frankreichs.
Es fällt uns schwer, uns mit dieser Bitte an Sie zu wenden. Wie im letzten Schreiben angekündigt, erlauben wir uns, Ihnen mitzuteilen, dass wir um die Mittel bitten, die für die Unterhaltung von zwei Legionen notwendig sind, um Soldaten einzuberufen und eine Armee nach europäischer Art aufstellen

zu können, damit unsere Feinde – sobald sie davon hören – uns nicht mehr anzugreifen wagen.
Erekle, König von Kartli und Kachetien"[4]

Irakli II. (georg. Erekle) war derjenige, der gezwungen wurde, Russland zu Hilfe zu rufen, auch wenn Russland kein verlässlicher Partner zu sein schien. Erst war es Peter I. (1682–1725), der den georgischen König Wachtang VI. betrogen und ihn allein gegen das persische Heer hatte stehen lassen. Dann waren es auch noch andere, die sowohl dem König von Kartli und Kachetien Tejmuras II. (1744–1762) wie auch dem König des westgeorgischen Imeretien Alexandre (1720–1752) sowie dem erwähnten Wachtang VI., der nach Russland emigriert war, und selbst dem König Irakli II. die zugesagte Hilfe und Unterstützung verweigerten. Dabei kam Georgien immer mehr zu Schaden seitens der Türkei und Persiens, die das Land wegen der Intensivierung seiner Beziehungen zu Russland bestraften. Schließlich bat Irakli II. – kurz vor dem Beginn der Strafaktion des persischen Schah Aga Mohammed Khan gegen Georgien – Russland erneut um Hilfe. Trotz des 1783 unterzeichneten Vertrags, der Russland zur Hilfe verpflichtete, erhielt Irakli II. keine Unterstützung. Im Gegenteil, Graf Gudowitsch, der Heerführer der kaukasischen Truppe, hatte sogar folgende Richtlinien aus St. Petersburg erteilt bekommen:

„Im Falle der Absicht Aga Mohammed Khans, in Georgien einzudringen, Irakli eine Hilfe ‚zusichern'. Nur ‚zusichern' und nichts weiter!"

1795 zerstörte Aga Mohammed Khan die Stadt Tiflis. Zu dieser Zeit bestand bereits ein Vertrag zwischen Ostgeorgien und Russland – der sog. „Traktat von Georgiewsk" – durch den die Zarin Katharina die Große (1762–1796) sich und ihre Nachkommen für verpflichtet erklärt hatte,

---

[4] David M. Lang: Die letzten Jahre des georgischen Königtums. Tiflis 2003, S. 194.

die Rechte Georgiens und seiner Regenten zu schützen, die Gesetze und die Rechtsprechung des Landes sowie die Rechte der autokephalen georgischen Kirche zu respektieren. Georgien sollte außerdem sein eigenes Währungssystem und seine eigene Armee behalten. Laut Paragraph 20 des Traktats wurde der Vertrag auf Dauer geschlossen und nur in beiderseitigem Einvernehmen durften Änderungen daran vorgenommen werden. Der Vertrag wurde von Russland verletzt, als es 1801 kraft eines Manifests das georgische Königtum auflöste und sich das Land als Gouvernement einverleibte. Die Umwandlung des geteilten Georgien in zwei russische Gouvernements endete 1810 mit der Angliederung des Abchasischen Fürstentums.

So wurde der Kaukasus unter viel Blutvergießen erobert. Und so wurde durch die große Hinterlist das georgische Königtum geschwächt und geteilt, dann schließlich ganz aufgelöst und die königliche Dynastie vernichtet. Die Autokephalie der georgischen Kirche wurde aufgehoben, die georgische Rechtsprechung bei Gericht sowie der Unterricht in der Schule in georgischer Sprache wurden verboten.

Kurz, ein langer und gewaltsamer Prozess der Russifizierung hatte begonnen, der fortwährend von Aufständen begleitet wurde. Sie wurden blutig unterdrückt. Mit allen Mitteln versuchte man, separatistische Bewegungen zu unterstützen, um das Land weiter zu zersplittern oder Teile des Landes – wie z. B. Abchasien – ganz von ihm abzusondern.

1918 machten die Folgen des Ersten Weltkrieges, der Zusammenbruch des Russischen Imperiums und die Unterstützung Deutschlands es möglich, die staatliche Unabhängigkeit Georgiens wiederherzustellen.

Russland hat diese Unabhängigkeit anerkannt und unterzeichnete 1920 einen Freundschaftsvertrag mit dem demokratischen Georgien. Aber wieder einmal sollte sich herausstellen, dass die Einhaltung der im Vertrag verankerten Verpflichtungen ein leeres Versprechen seitens Russlands gewesen war. Der Vertrag diente nur dem Zweck, über die russische Botschaft und deren Agenten nun ganz legal in Georgien gegen Georgien zu agieren.

Am 26. April 1921 schrieb General Pawel Sytin, der Militärattaché der russischen Botschaft in Georgien, an die Regierung des bolschewistischen Russlands:

„Die Grenze der RSFSR sollte unverzüglich bis zum rechten Ufer des Flusses Bsybj, d. h. bis zur unmittelbaren Nachbarschaft mit Abchasien, erweitert werden. Diese Aktion hätte nicht nur eine gewaltige politische und strategische Bedeutung, denn sie würde uns die wichtigsten Naturschätze zur Verfügung stellen.

Die Absonderung Abchasiens von Georgien ist in jeder Hinsicht erforderlich und eine Verzögerung der Umsetzung könnte unerwünschte Folgen haben.

Der Weg der Spaltung der Georgischen Republik in eine Reihe autonomer Einheiten – die um so mehr dem Einfluss der RSFSR unterstünden, je kleiner sie wären – verdient größere Aufmerksamkeit. Für die Verwirklichung dieser Ideen steht bereits eine Organisation zur Verfügung."

Nach dem unabhängigen Armenien und dem unabhängigen Aserbaidschan annektierte Sowjet-Russland am 25. Februar 1921 nun auch die unabhängige Georgische Demokratische Republik. Sowjet-Russland setzte die imperiale russische Tradition der Zersplitterung Georgiens fort: In Georgien wurden die Abchasische Autonome Republik, die Adscharische Autonome Republik und das Südossetische Autonome Gebiet geschaffen. Russland stationierte seine Militäreinheiten im Land, unterdrückte brutal den antisowjetischen Aufstand von 1924 und fügte durch die Repressionen von 1937, 1944, 1950, 1956 und 1989 dem georgischen Bevölkerungsbestand unersetzliche Schäden zu.

Dazu kam noch, dass im Krieg der Sowjetunion gegen Deutschland 300.000 Georgier (fast 10 Prozent der Bevölkerung) gefallen waren und diejenigen, die als Kriegsgefangene überlebt hatten und heimgekehrt waren, nach Sibirien deportiert wurden, von wo kaum jemand lebend zurückkam.

Es ist bekannt, dass Georgien und der gesamte Kaukasus sowohl dem zaristischen als auch dem sowjetischen Russland „Kopfschmerzen" bereiteten.

Das kleine Gebiet (die Bevölkerung des Kaukasus macht insgesamt nicht mehr als 11 Millionen aus) war – so kann man sagen – die militarisierteste Region der Welt. Nach Angaben des russischen Geheimdienstes wurden für die Truppen im Kaukasus die stärkste militärische Infrastruktur und die größten Reserven geschaffen. Gemeint sind dabei die transkaukasische Abteilung des Militärs und die kaspische Flotte der Grenzschutztruppen sowie die anderen spezialisierten Militäreinheiten. Darüber zu schreiben war früher unmöglich, darum sollten wir heute umso weniger darüber schweigen. Eine derart große Menge an Militärtruppen und -technik zielte selbstverständlich auf die Herstellung der Sicherheit gegenüber unseren Nachbarstaaten. Aber die Stationierung von Militärs erfolgte in Georgien, im Kaukasus und implizierte unter anderem auch die Vorbeugung einer von Russland unerwünschten Entwicklung der Region. Diese Truppen wurden nicht nur einmal zur „Beschwichtigung" Georgiens eingesetzt.

Das Volk hat viel Unglück hinnehmen müssen. Trotzdem konnte der Geist der Freiheit in ihm nicht unterdrückt werden. Deswegen konnte Georgien im Jahre 1991 die politische Unabhängigkeit des eigenen Staates wiederherstellen.

***

Ja, so steht es ganz allgemein um jene vergangenen Beziehungen, die man gern vergessen möchte, weil es in der langen Geschichte der beiden Länder auch viel Gutes gegeben hat. Es gab auch Freundschaft und Liebe, Respekt und Achtung. Die gegenwärtigen und die zukünftigen Beziehungen zwischen beiden Völkern sollte man auf der Grundlage dieser Freundschaft und auf gegenseitiger Achtung aufbauen. Wir sollten auch nicht vergessen, dass Georgien – zwar als Teil des russischen Imperiums und vor allem zu dessen Wohl – immerhin mithilfe Russlands auch einen Teil der verlorenen Territorien wiedererlangte.

Mithilfe Russlands kam Georgien Europa näher. Mithilfe Russlands bildete sich in Georgien ein europäisches Bildungs- und Forschungswesen heraus. Viele Georgier wurden an russischen Hochschulen zu hoch qualifizierten Spezialisten ausgebildet. Deren Wissen und Fähigkeiten haben Georgien gute Dienste erwiesen. Russland glich und gleicht auch heute noch das Defizit an Brenn- und Energiestoffen in Georgien aus. Ohne diese Materialien könnten wir bei uns keine Produktion entwickeln und generell kaum existieren. Schließlich war Russland immer – und hoffentlich bleibt es das weiterhin – der riesige Markt, auf dem georgische Produkte ohne Einschränkung ihren Absatz fanden.

Ich möchte erwähnen, dass sich die Georgier immer aktiv und ehrlich an allen Lebensbereichen des russischen sowie des sowjetischen Imperiums – sei es in Politik, Wissenschaft, Kunst, Medizin, im Bereich des Militärs oder der Hochtechnologien – beteiligten und überall sichtbare Spuren hinterließen. Sie waren auch an allen entscheidenden Kämpfen beteiligt – man denke an die georgischen Helden der russischen Kriege von 1812, 1828/29, 1877/78, 1941 bis 1945 – und sie haben immer ihr Bestes gegeben. Deshalb bleibt der einzige und für beide Staaten gewinnbringende Weg, unter Berücksichtigung gegenseitiger Interessen ehrlich miteinander zusammenzuarbeiten.

Aber eines ist klar: Georgien wird nie mehr eine Kolonie Russlands werden; es kann nur ein treuer Partner und guter Nachbar sein.

Unerklärter Krieg Russlands gegen Georgien

Ich war noch in Moskau, als in den Sowjetrepubliken, die ihre Selbstständigkeit anstrebten, innere Konflikte begannen – es war als hätte man in Moldawien, Abchasien und Südossetien (Georgien) auf einmal den Befehl erhalten, einen Aufstand zu beginnen. Einige Anführer der Aufständischen, Mitglieder der Fraktion „Sojus" (Union) im Obersten Sowjet der Sowjetunion, wurden von Moskau aus gesteuert.

Wenn ich heute die Fakten ordne und analysiere, wird mir der enge Zusammenhang von Ereignissen klar, die räumlich und zeitlich nicht so nahe beieinanderliegen. Was Georgien betrifft, so wird man bei näherem Betrachten erkennen, dass schon seit einiger Zeit zielgerichtet an der Einschüchterung georgischer Bürger und an der Zerschlagung ihres Landes gearbeitet wurde und separatistische Stimmungen unter Armeniern, Aserbaidschanern, Abchasen und Osseten geschürt wurden.

Konflikte in Abchasien und Südossetien

Am 17. Juni 1988 schickten Aleksi Gogua, ein abchasischer Schriftsteller, und andere Vertreter der abchasischen Intelligenzia einen Brief an die 19. Konferenz der KPdSU. Sie forderten den Austritt der Abchasischen Autonomen Republik aus der Georgischen Sowjetrepublik und ihre Umwandlung in eine eigene Sowjetrepublik.

Am 18. März 1989 organisierte die abchasische Organisation „Ajdgilara" mit Unterstützung örtlicher Partei- und Sowjetfunktionäre eine große Kundgebung im abchasischen Dorf Lychni. Viele Tausende wandten sich an Gorbatschow mit der Bitte, Abchasien den Status einer Sowjetrepublik zu verleihen und dort eine „eigene Zentralregierung" in der neu geschaffenen Republik einzuführen. Obwohl einige Tausend Menschen an der Kundgebung teilnahmen, waren die 300.000 Georgier sowie Tausende von Menschen anderer Volksgruppen, die alle in der Abchasischen Autonomen Republik lebten, dort nicht vertreten. Auch die Meinung der restlichen Bevölkerung Georgiens interessierte niemanden. Das war eine genau kalkulierte Provokation, die später zu Blutvergießen führte.

Vom 20. März bis 8. April 1989 hatte es überall in Georgien Kundgebungen gegen die „Lychni-Forderungen" gegeben. Die Amtsträger in Georgien unterstützten keine Straßenproteste, sodass die Kundgebungen nicht genehmigt waren. Bald nahmen die Kundgebungen den Charakter eines Massenhungerstreiks an. Sie verwandelten sich in eine friedliche antisowjetische Protestaktion, die am 9. April in der bekannten Tragödie – einer Strafaktion mit Toten, Verwundeten und Gasvergifteten – endete.

Nach dem blutigen 9. April verstärkten sich die Angriffe – direkte, indirekte und geheime – gegen die georgischen Randgebiete. In der Abchasischen Autonomen Republik und dem Südossetischen Autonomen Gebiet sowie in den von Armeniern und Aserbaidschanern kompakt besiedelten Bezirken kam es zu separatistischen Unruhen. In Fergana, einem Städtchen in Usbekistan, hatte es einen Pogrom gegeben, gegen jene Muslime, die in den 1940er Jahren aus Georgien deportiert worden waren. Sie wurden aus Fergana vertrieben und zurück nach Georgien – nach Abchasien – „geschickt". Ihre ungeordnete Rückkehr ließ neue Kollisionen erwarten.

Am 8. Juli 1989 wandte sich das abchasische Volksforum „Ajdgilara" an den Vorsitzenden des Obersten Sowjet der UdSSR mit der Bitte, unverzüglich eine außerordentliche Regierung zu ernennen und Abchasien unmittelbar dem Zentrum (Moskau) unterzuordnen.

In der Nacht vom 14. auf den 15. Juli 1989 wurde in der abchasischen Hauptstadt Suchumi die Tafel demontiert, die zum Andenken an jene Georgier angebracht worden war, die am 9. April in Tiflis umgekommen waren. Das war eine herausfordernde Beleidigung des Andenkens an diese Toten. Vom 15. bis 18. Juli ereigneten sich Ausschreitungen von „Ajdgilara" gegen die Eröffnung einer Filiale der Universität Tiflis in Suchumi. (Eine russischsprachige abchasische Universität gibt es in Suchumi seit 1975.) Der Vorfall endete tragisch: 17 Tote (elf Georgier, fünf Abchasen, ein Grieche) und 448 Verletzte. Den georgischen Machthabern und den Anführern informeller Organisationen gelang es damals, eine Ausweitung des blutigen Konflikts zu vermeiden. Diese Provokation kann als eine Art Generalprobe für den Krieg von 1992 betrachtet werden.

Am 25. und 26. August 1989 fand in Suchumi das erste Forum der Kaukasusvölker statt. An dem Forum nahmen Vertreter informeller Organisationen von Abasinern, Abchasen, Adygeern, Inguschen, Kabardinern, Tscherkessen und Tschetschenen teil. Dort wurde beschlossen, eine „Versammlung Kaukasischer Bergvölker" einzuberufen, die einen kaukasischen Bergvölkerstaat gründen sollte. Hauptstadt des zu gründenden Staates sollte Suchumi werden. Das war eine direkte Aufforderung zur Annexion eines Teilgebiets eines souveränen Staates.

Nach der in Form einer intensiven Pressekampagne geleisteten ideologischen Vorbereitungsarbeit beschloss der Abgeordnetenrat des Südossetischen Autonomen Gebiets, dieses „Autonome Gebiet" in eine „Autonome Republik" umzuwandeln. Mit dem Beschluss wurde automatisch das „Autonome Gebiet" aufgehoben. Der Oberste Rat der Georgischen SSR reagierte darauf mit der Außerkraftsetzung des Beschlusses.

Nach Aufforderung von Swiad Gamsachurdia eilten Dutzende von informellen Organisationen aus allen Gebieten Georgiens nach Zchinwali, der Hauptstadt des Südossetischen Autonomen Gebietes, um den dort lebenden Georgiern beizustehen. In der Vorstadt von Zchinwali warteten ossetische Guerillas und russische Militärs auf sie …

Ich überspringe einige Geschehnisse, um zu erwähnen, dass sich am 20. September 1990 Südossetien zu einer selbstständigen – von Georgien losgelösten – Südossetischen „Republik" erklärte. Am 10. Dezember 1990 annullierte der Georgische Oberste Rat die südossetische Autonomie.

Und der Oberste Sowjet der UdSSR annullierte beide Beschlüsse. So wollte man wohl dem Krieg der Beschlüsse ein Ende setzen. Aber nein, das Gegenteil sollte der Fall sein: Es kam zum blutigen Konflikt. Zum Schutz der Bevölkerung und zur Wiederherstellung von Recht und Ordnung wurden am 5. und 6. Januar 1991 Einheiten der georgischen Miliz und Teile der Garde in die Zchinwali-Region entsandt. Gegen diese wurden örtliche und nordkaukasische Guerillas mobilgemacht, die von russischen Militärs mit Waffen und Munition unterstützt wurden. Russland beteiligte sich immer intensiver an dem Konflikt. Die georgische wie die ossetische Bevölkerung begann, die Region massenweise zu verlassen. Das alles geschah in der Regierungszeit von Gamsachurdia. Ich war noch in Moskau.

Man musste den Konflikt schnellstmöglich stoppen. Als ich im März 1992 nach Georgien zurückkehrte, begann ich als Erstes, mich um die Einstellung der Kampfhandlungen und um die Rückführung von Flüchtlingen zu kümmern. Das Land lag im Chaos. Es war notwendig, Schritt für Schritt Ruhe in die Region zu bringen. Im Juni 1992 war das Treffen von Boris Jelzin und mir im südrussischen Dagomys an der Schwarzmeerküste geplant. Das wichtigste Ziel des Treffens war, das Feuer in der Region Zchinwali einzustellen. Wir unterzeichneten den entsprechenden Vertrag und bildeten eine trilaterale Kommission zur Kontrolle der Umsetzung der Beschlüsse. Die Osseten waren einverstanden. Das Feuer wurde zwar eingestellt, aber es gelang der Kommission nicht, das systematische Eindringen von Guerillas und die Einfuhr von Waffen in die Region zu blockieren. Bis heute bleibt die Region die Hauptquelle einer Destabilisierung. Bis heute können die vertriebenen und geflüchteten Georgier nicht in ihre Häuser zurückkehren.

Zurück zum Jahr 1990: Am 31. Mai verlangte eine große Kundgebung der Vertreter der kaukasischen Bergvölker die Abtrennung Abchasiens von Georgien.

Am 25. August 1990 verabschiedete der Oberste Rat der Abchasischen Autonomen Republik – übrigens unter Verletzung des Abstimmungsreglements, denn nur 68 der 138 Deputierten waren anwesend – eine „Deklaration der Staatssouveränität der Abchasischen Sowjetischen Sozialistischen Republik" und einen Beschluss „Über die rechtlichen Garantien zum Schutz der Staatlichkeit Abchasiens".

Am 26. August 1990 annullierte das Präsidium des Obersten Rates der Georgischen SSR die Akte des Obersten Rates der Abchasischen Autonomen Republik vom Vortag und bemerkte, dass sie gegen die Verfassung und die territoriale Ganzheit Georgiens gerichtet waren. Wie wir sehen, befand sich die Kriegsmaschinerie in und um Georgien herum in voller Alarmbereitschaft. Das war nur der Anfang.

Am 9. Juli 1991 verabschiedete der Oberste Rat der Abchasischen Autonomen Republik mit Unterstützung – das ist wichtig! – der damaligen georgischen Machthaber ein Apartheid-Wahlgesetz. Nach diesem Gesetz sollten die Abchasen, die 17 Prozent der Bevölkerung der Abchasischen Autonomen Republik ausmachten, die Mehrheit im Obersten Rat besitzen. So kam es dann auch: Nach den Wahlen im Dezember 1991 hatten die Georgier, Russen, Ukrainer, Armenier, Griechen, Juden, Osseten und Esten – alle Nicht-Abchasen zusammen (83 %) – weniger Vertreter im Obersten Rat, als die Abchasen (17 %) allein.

Mithilfe dieses Apartheid-Mechanismus verabschiedete der Oberste Rat der Abchasischen Autonomen Republik, zu dessen Präsidium mehrheitlich Abchasen und ihre Unterstützer gehörten, Gesetze und Beschlüsse, die die Gesetze der Georgischen Republik für Abchasien ungültig machten. Die politisch-rechtlichen und die militärischen Voraussetzungen für den Krieg von 1992–1993 wurden bereits in dieser Zeit sorgfältig vorbereitet.

Auch persönliche Faktoren haben zur allmählichen Abspaltung Abchasiens vom georgischen Staatsgefüge beigetragen: In Georgien war faktisch Swiad Gamsachurdia, ein Dissident ohne jegliche Verwaltungserfahrung, an die Macht gekommen, was 1991 durch seine Wahl zum Präsidenten besiegelt wurde. Und in Abchasien wurde am 4. Dezember 1990 – in Absprache mit Gamsachurdia – Wladislaw Ardsinba, Abgeordneter im Obersten Sowjet der UdSSR und einer der Anführer des reaktionären Blocks „Sojus“, zum Vorsitzenden des Obersten Rates der Abchasischen ASSR gewählt.

Der Erlass des Obersten Rates Abchasiens vom 29. Dezember 1991 „Über die Bildung eines vorläufigen Rates beim Vorsitzenden des Obersten Rates der Abchasischen Autonomen Republik zur Koordination der auf abchasischem Territorium stationierten Militär- und Milizeinheiten und zur Gewährleistung ihrer Neuunterordnung“ gab Ardsinba die Befehlsgewalt über die Streitkräfte, die der ehemaligen Sowjetunion angehörten und in Abchasien stationiert waren. Das war eine große Macht.

Parallel zur Konsolidierung separatistischer Kräfte verstärkten sich in Georgien die innenpolitischen Gegensätze. Die regierende politische Vereinigung „Runder Tisch – freies Georgien“ war auseinandergegangen, die Nationalgarde hatte sich vom Staatspräsidenten distanziert und trat gegen ihn an. Russische Militärs unterstützten die Unzufriedenen, sodass es zu einem blutigen Aufstand gekommen war. Swiad Gamsachurdia musste das Land verlassen. Das ganze Land wurde vom Chaos des Bürgerkrieges erfasst. Georgien stand vor Zerfall und Untergang. Der Traum der Feinde dieses Landes war in Erfüllung gegangen.

Mit Sorge beobachtete ich die Entwicklung von Moskau aus. Ich sah, wie man das Land in den blutigen Sumpf hinabzuziehen versuchte. Im Februar 1992 hatte sich Georgien einen emotionalen und unbedachten Schritt erlaubt und ich konnte erst frei aufatmen, als ich erfuhr, dass der Blitzmarsch einer georgischen Militäreinheit bis zum Fluss Psou im Norden Abchasiens an der russisch-georgischen Grenze ohne Blutvergießen verlaufen war. Damals besuchten mich auch Abchasen in Moskau. Sie konnten ihre Beunruhigung nicht verbergen – man sah, welch fatale Richtung das Ganze genommen hatte.

Wie ich bereits erwähnte, stand Georgien vor der ganzen Welt völlig isoliert da. Nur zur Ukraine gab es noch Kontakte, aber auch das nur zu völlig unbedeutenden Themen.

Damals kehrte ich nach Georgien zurück. Die Zerstörung war enorm. Das Zentrum von Tiflis lag in Trümmern. Die selbst ernannten „Kameradschaften" waren zu Hausherren in der Stadt geworden, sie lungerten überall herum. Der Hafen im westgeorgischen Poti und die Eisenbahn waren blockiert. Die Transporte nach Abchasien sowie über Abchasien – von Süden nach Norden in Richtung Russland und vom Norden nach Süden in Richtung Georgien, Armenien und Aserbaidschan – wurden systematisch und zielgerichtet ausgeraubt. Der Schaden erreichte elf Milliarden Rubel. Dem Land drohte eine Hungersnot. Dazu kamen massenhafte Menschenentführungen, von denen man nie genau wusste, ob die Anhänger des ehemaligen Präsidenten oder die Abchasen dahintersteckten. Abchasien hatte sich in ein kriminelles Eldorado, zum Treffpunkt von Terroristen und Räubern verwandelt. Schnelle und entscheidende Maßnahmen waren zu treffen.

Mit großer Mühe gelang es uns, langsam und Schritt für Schritt das Feuer des Bürgerkrieges zu löschen und Ordnung zu schaffen. Das betraf selbstverständlich auch Abchasien. Die Führung von Abchasien wollte jede Verhandlung vermeiden. Die „Ajdgilara" war nämlich der Meinung: „Die Beziehung zwischen Abchasien und Georgien kann nur die zwischen zwei souveränen Staaten sein." Wenn es uns trotz größter Schwierigkeiten manchmal gelang, doch irgendetwas zu vereinbaren, so wurde die Vereinbarung am Ende immer wieder missachtet – das war so vor dem Krieg, während des Krieges und nach dem Krieg. Und dann kam die erneute Komplizierung der Lage in Tiflis dazu. Es war das nächste Glied der Kette, das zum gesamten verbrecherischen Plan gut gepasst hatte.

Am 24. Juni 1992 hatte eine Gruppe von Anhängern Swiad Gamsachurdias die Kasernen der inneren Truppen gestürmt, einen Panzer und einige hundert Maschinengewehre erobert, hatte ungehindert die halbe Stadt durchquert und das Rundfunkgebäude besetzt. Die Anführer des Aufstandes riefen im Fernsehen die Bevölkerung auf, die „legitime Macht" wiederherzustellen und die „blutige Junta Schewardnadses" zu stürzen.

An jenem Tag, dem 24. Juni, sollte ich nach Sotschi fliegen, um den russischen Präsidenten Boris Jelzin zu treffen. Das Thema des Treffens war die Regelung des georgisch-ossetischen Konfliktes. Nach dem Gespräch wollten wir gemeinsam nach Istanbul weiterfliegen, um am Gipfeltreffen der Anrainerländer des Schwarzen Meeres teilzunehmen.

Am Vortag des Treffens kam die Nachricht, Russland blockiere die Aufnahme Georgiens in die UNO. Es stellte sich nun die Frage: Sollte ich mich unter diesen Umständen mit Präsident Jelzin treffen oder lieber nicht? Ein Anruf aus Sotschi sorgte für Klarheit. „Jemand scheint sich zu sehr darum zu bemühen, das bevorstehende Treffen in Sotschi nicht stattfinden zu lassen“, sagte Andrej Kosyrew zu seinem georgischen Kollegen.

Nochmals den Geschehnissen vorauseilend möchte ich erwähnen, dass im Laufe der Verhandlungen von Sotschi das Bestreben Russlands sichtbar wurde, die Aufnahme Georgiens in die UNO an die Regelung des georgisch-ossetischen Konfliktes zu koppeln. Dies nur am Rande. Kehren wir aber zurück zu dem Geschehen, das meinen Abflug erschwerte.

Die Aufständischen in Tiflis wurden ultimativ aufgefordert, den Widerstand unverzüglich einzustellen und sich zu ergeben. Zum gesetzten Zeitpunkt erfolgte jedoch keine Antwort. Ich hatte einen harten Beschluss zu fassen.

In diesem Moment kam die Nachricht: Die mononationale abchasische Garde in Suchumi bereite einen Sturm auf das abchasische Innenministerium vor, um den Minister Giwi Lominadse von dort zu „vertreiben“ (Ardsinbas Ausdruck). Lominadse wurde auf den eigenwilligen Beschluss der abchasischen Machthaber hin abgesetzt, nur weil er georgischer Nationalität war. Die Ausschreitungen der Swiadisten in Tiflis und die Aktion in Suchumi schienen zusammenzugehören. Die Situation war angespannt und undurchsichtig. Ich ließ mich mit Ardsinba verbinden und sagte ihm Folgendes:

„Sie wissen sehr wohl, was in Tiflis vor sich geht. Hier hängt vieles – wenn nicht alles – am seidenen Faden. Ich bitte Sie von Mensch zu Mensch, Ihr Vorhaben nicht umzusetzen. Machen Sie Ihren Befehl rückgängig. Wir werden alles miteinander besprechen und eine gemeinsame Lösung finden können.“

Ardsinba antwortete mit einigen ziemlich unklaren Phrasen. Sein Kalkül war einfach: Die Swiadisten werden Erfolg haben, daher braucht man auf Tiflis nicht wirklich zu achten, die jetzige Regierung steht sowieso kurz vor ihrem Sturz.

Später erfuhr ich, dass Ardsinbas Befehl bereits vor unserem Gespräch ausgeführt worden war. Das Gebäude des Innenministeriums war gestürmt und der unzuverlässige georgische Minister „vertrieben" worden. Er wurde brutal verprügelt. Am selben Tag verbreitete sich in Suchumi das Gerücht, in Tiflis sei die Regierung gestürzt worden, und „Schewardnadse sei mit unbekanntem Ziel verschwunden".

Intrigen, Unruhen, Bürgerkrieg

Nachdem der Versuch eines Staatsstreichs recht schnell vereitelt worden war, war ich doch nach Sotschi geflogen. Nach dem Gespräch mit Jelzin unterschrieben wir beide in Dagomys ein Abkommen über die Entsendung trilateraler Friedenstruppen in die georgisch-ossetische Konfliktzone. Es schien damals ein „sauberes Spiel" von Seiten Russlands zu sein. Russland verpflichtete sich, die Aufnahme Georgiens in die UNO zu unterstützen. Ein Stein war mir vom Herzen gefallen. Aber trotzdem: Ein Alarmgefühl gab mir keine Ruhe. Ich spürte, dass dem Zwischenfall in Suchumi in Absprache mit den Swiadisten bald ein anderer folgen würde. Mein Spürsinn hatte mich nicht getäuscht. Weniger als einen Monat später fielen wieder einige unangenehme Ereignisse zusammen.

Am 9. Juli 1992 entführten „Swiadisten" den georgischen Vize-Premier Alexander Kawsadse. Um ihn freizubekommen, musste ich in das westgeorgische Megrelien. Am 22. Juli berichtete ich darüber im Fernsehen.

Gleich am nächsten Tag, am 23. Juli 1992, erklärte das Parlament der Abchasischen Autonomen Republik die Verfassung von 1978 für ungültig. In der Praxis bedeutete dies den Austritt Abchasiens aus Georgien.

Dieser verfassungsähnliche Beschluss „Über die Aufhebung der Verfassung der Abchasischen SSR von 1978“ stellte die Verfassung der Abchasischen Sowjetischen Sozialistischen Republik von 1925 wieder her. De jure war die Autonome Republik nun ausgetreten, aber gerade juristisch war nicht alles in Ordnung. Für den Beschluss hatte zwar eine einfache Mehrheit der Abgeordneten (36) gestimmt, aber nicht die qualifizierte Mehrheit (43), die für die Verabschiedung von Beschlüssen solcher Art notwendig war. Ich kehrte sofort nach Tiflis zurück. Am 25. Juli 1992 annullierte der Staatsrat Georgiens den besagten Beschluss.

Nach meiner Rückkehr nach Tiflis wurden in Megrelien die Verhandlungen mit den Anhängern Gamsachurdias durch meine Vertrauenspersonen fortgesetzt. Eben sie – elf Männer – wurden am 11. August als Geiseln genommen: der Innenminister, sein Stellvertreter, mein Berater und andere wichtige Persönlichkeiten. Sie wurden nach Abchasien, in das Dorf Kotschara, entführt.

Am 13. und 14. August 1992 wurde unweit der westgeorgischen Station Ingiri die Eisenbahnbrücke gesprengt. So war nur noch eine einzige Autostraße geblieben, die West- mit Ostgeorgien verband. Sprengte man eine der Brücken auf dieser Straße, wären die beiden Landesteile endgültig voneinander getrennt. Ostgeorgien, das dadurch jede Verbindung zu den Häfen des Schwarzen Meeres verlieren würde, hätte dann das meiste Leid zu tragen gehabt. Eine Hungersnot wäre ausgebrochen. Kurz, man versuchte alles, um das Land durcheinanderzubringen und Abchasien – friedlich oder mit Gewalt – aus dem georgischen Staatsverband herauszulösen.

Hatte sich doch bereits 1990 der designierte Vorsitzende des „Kaukasischen Parlaments“, Jusuf Soslanbekow, Folgendes zum Ziel gesetzt: „Wir werden vor nichts zurückschrecken, um Abchasien in den Schoß der Kaukasischen Föderation zurückzuführen und der Kaukasischen Föderation ihre Hauptstadt Suchumi zurückzugeben.“[1]

---

[1] J. Soslanbekow: Ein etwas lang andauernder Spaziergang am Rande des Abgrunds. In: Kawkas, Oktober 1990.

Das Ziel bliebe unerreichbar, wenn die Georgier ihre Einigkeit bewahren würden und wenn insbesondere in der Nachbarprovinz von Abchasien – Megrelien – Ruhe und Ordnung herrschen würden. Darum hatte es im Sommer 1992 ununterbrochen Explosionen in Megrelien gegeben. In den abchasischen Orten Otschamtschire und Gali wurden Basen eingerichtet, von wo aus Sabotageakte in Megrelien vorbereitet und ausgeführt wurden. Jedes Mal, wenn die georgischen Regierungstruppen in Megrelien Saboteure entdeckten und sie verfolgten, versuchten diese, sich nach Abchasien zu retten. Es gab nämlich einen Befehl, der den Regierungstruppen jede Art der Konfrontation mit den abchasischen Kampfverbänden verbot. Einige Male rief ich Ardsinba an, um ihm anzubieten, die Basen mit vereinten Kräften zu liquidieren. Er antwortete mir, die abchasische Führung schaffe das auch allein. Durch bewaffnete Überfälle wurden in Megrelien und Abchasien – an den Eisenbahnstationen Gagra, Bsipi, Gantiadi, Gudauta, Dranda, Gali, Atschigwara, Salchino, Suchumi, Eschera, Otschamtschire, Ingiri, Sugdidi u. a. – Warentransporte ausgeraubt. Allein im ersten Halbjahr 1992 wurden 1.142 Überfälle und Sprengungen registriert. Auch Personenzüge wurden ausgeraubt, und einige Male wurden sogar die Transporte des Internationalen Roten Kreuzes überfallen. Der Bevölkerung unserer Industriezentren fehlte es an Grundnahrungsmitteln. Mehl, Zucker, Speiseöl sowie Kindernahrung und Medikamente, die als humanitäre Hilfe tonnenweise aus dem Ausland in Georgien eintrafen, gerieten in die Hände der Räuber. Sie waren gut bewaffnet und besaßen ein verzweigtes Kommunikationsnetz.

Lange bevor die Kampfaktionen begonnen hatten, wurden aus dem Nordkaukasus die „Freiwilligen" – gut trainierte und bewaffnete Kämpfertrupps – nach Abchasien entsandt. Sie trafen unter verschiedenen Vorwänden dort ein: Teilnahme an den Folklorefesten oder „Freundschaftstreffen", touristische Exkursionen und Privatbesuche. Sie wurden von abchasischen Familien aufgenommen und wohnten in deren Wohnungen, um im Falle eines Konflikts gleich ab dem ersten Tag an den Kampfhandlungen teilnehmen zu können.

Sabotage und Attentate wurden sehr sorgfältig geplant. So ist z. B. die sogenannte „Heimzahlung"-Dokumentation einer „Gruppe der Rache" bekanntgeworden, die die Namen jener Abchasen und Georgier enthält, die wegen „Verrats am abchasischen Volk" vernichtet werden sollten. Die Mehrheit von ihnen ist tatsächlich umgebracht worden. Gemäß der Flugblätter, die in Gudauta gedruckt wurden, war das Hauptziel der Inspiratoren und Anführer des Krieges die Vernichtung von Georgiern: „Die Vernichtung des Feindes wird unumgänglich sein."

In den letzten Jahren wurde in und außerhalb von Abchasien sehr intensiv Geld gesammelt, um eine gewaltige Propaganda-Kampagne zu starten und Waffen zu beschaffen. In Abchasien und im Nordkaukasus wurden in Spezialbasen Guerillas vorbereitet. Einige von ihnen, wie z. B. Schamil Bassajew – „Held" des abchasischen Krieges –, führten später Attentate gegen ihre Ziehväter, die Russen, aus.

Im Juni 1992 unterzeichnete der Oberste Rat Abchasiens mit einer ausländischen Firma einen Vertrag zur Herstellung von Pässen für Bürger der „Abchasischen Republik". „Die Auflage des Produktes liegt zwischen fünfhunderttausend und einer Million und wird später genau festgelegt", steht im Vertrag. Warum so viel? Die Zahl der gesamten Bevölkerung von Abchasien ist doch viel niedriger? Der Titel eines Entwurfes für einen Beschluss des Obersten Rates der Abchasischen Republik könnte eine Erklärung hierzu liefern: „Vom Recht der Bürger, die Angaben zu ihrem Namen sowie zu ihrer nationalen Zugehörigkeit auf Wunsch zu ändern". Eine Veränderung des demographischen Bildes war ein Teil des gesamten Plans: Nach der Vertreibung und Vernichtung von Georgiern sollten deren Wohnsitze an Ausländer gegeben werden. Der Plan der Kolonisierung von Abchasien und der Vertreibung von Georgiern war für eine längere Zeitspanne berechnet. Die gewünschte Auflagenzahl von Pässen würde sich erst ergeben, nachdem man durch Militärgewalt den „Lebensraum" für alle diejenigen gesäubert haben würde, die sich als Abchasen hätten eintragen lassen wollen. Die Umsetzung dieses Vorhabens benötigte eine lange Vorbereitungsarbeit, die dem Beginn der ethnischen

Säuberung vorangehen sollte. 1990 bis 1992 wurden Ankömmlinge aus verschiedenen Ländern planmäßig auf dem Territorium der Autonomen Republik angesiedelt. Den „Freiwilligen" aus dem Nordkaukasus und Südrussland bot man Grundstücke an. Auf wen berief man sich dabei? Anders gefragt: Auf wessen Anweisung hatte man dies alles getan?

1992 war die abchasische Kriegspartei zum Kampf bereit – sie hatte Waffen, Geld und Kämpfer sowie die Unterstützung Russlands und des Nordkaukasus. Daraus machte man in Privatgesprächen keinen Hehl. So hatte man z. B. Swetlana Tscherwonnaja, einer russischen Wissenschaftlerin, offenbart: „Wir sind bereit. Eine halbe Stunde genügt uns, um das gesamte Volk unter Waffen zu stellen. Unsere Waffenlager sind voll mit Ihren – russischen – Waffen, und wir können deren Menge jederzeit verdoppeln oder verdreifachen. Wir haben Kontakt zu den Kosaken, und Sie werden sich bald davon überzeugen können: Sobald hier der Krieg begonnen hat, kommt der ganze Kaukasus in Bewegung, dem dann das ganze Russland folgen wird. Wir haben unsere Emissäre im Ausland – in der Türkei, in den arabischen Ländern. Die ganze Welt wird uns unterstützen. Und wer nicht mit uns sein wird, den werden wir nach Kriegsrecht behandeln."[2]

Alles war fertig, und alle waren bereit, einen Krieg zu beginnen und die Einheit Georgiens zu zerstören. Nach dem russischen Plan passte die Zeit genau: Der Bürgerkrieg hatte seinen Höhepunkt erreicht, von einem bestehenden Staat konnte noch gar keine Rede sein, und eine eigene Armee oder eine Unterstützung von außen gab es für Georgien nicht.

Der Augenblick schien gekommen, an dem der Plan umgesetzt werden konnte, den General Anton Denikin bereits 1919 formuliert hatte: Das Suchumi-Gebiet muss von Georgien getrennt und an das „unteilbare Russland" angegliedert werden.

---

[2] Swetlana M. Tscherwonnaja: Die georgische postkommunistische Vendée. Moskau 1993, S. 9.

Krieg um Abchasien

Am 3. April 1992, einige Monate vor dem blutigen Zusammenstoß, reichte mir mein Assistent ein Telegramm, das sich im Stapel der Tagespost unter vielen anderen Sendungen befand. Man hätte das Telegramm als bedeutungslose Kuriosität zur Seite legen können. Aber irgendeine Intuition gab mir ein, das Telegramm nicht nur zur Kenntnis zu nehmen, sondern es sehr aufmerksam zu lesen.

„An Tiflis. Regierungsgebäude. An den Vorsitzenden des Staatsrates der Georgischen Republik Schewardnadse. Fordern entschiedene Maßnahmen, damit eventuelle Provokationen gegen die Abchasische Republik eingestellt werden. Erwarten von Jelzin, Oberstem Rat der GUS und Befehlshaber der Armee, dass unverzüglich Maßnahmen getroffen werden, um Stabilität zu gewährleisten. Koordinator der ‚Rossija-Fraktion', Baburin." Der Absendername war uns nur zu gut bekannt, um sein „Werk" für zufällig zu halten: Sergej Baburin, einer der Anführer der Rot-Braunen im Obersten Sowjet der Russischen Föderation, war ein unversöhnlicher Gegner Jelzins.

Der Autor des Telegramms hatte ganz offensichtlich Schwierigkeiten mit der Logik. Er forderte, eventuelle – also noch nicht eingetretene – Provokationen einzustellen, statt ihre Vermeidung zu fordern, gesetzt den Fall natürlich, er verfügte über Beweise, dass eine Provokation vorbereitet wurde. In seinem Telegramm nannte er eine Republik, die unter diesem Namen nur in seinem Verfassungsentwurf existierte. Und schließlich waren ihm ganz offensichtliche Fehler bei der Wahl des Adressaten und des Tonfalls unterlaufen. Er mischte sich in unsere inneren Angelegenheiten ein und drohte, dass sich die Einmischung durch das Einschalten höchster Amtsinhaber des russischen Staates und Militärs sogar noch verstärken würde.

Zum Zeitpunkt des Telegramms verfügten wir über keinerlei Hinweise auf eine Komplizierung der Lage, die sowieso alles andere als einfach war. Wir hatten alles Mögliche getan, um eine Eskalation abzuwenden. Ich hatte regelmäßigen Kontakt zu Wladislaw Ardsinba und den anderen abchasischen Führern. Jedes Mal, wenn ich Ardsinba ein Treffen anbot, fand er einen Vorwand, die Verhandlung aufzuschieben. Einige Leute aus seiner Umgebung kamen hin und wieder nach Tiflis. Mit ihnen konnten wir schnell eine gemeinsame Sprache finden, und immer kamen beide Seiten zu dem Schluss, dass wir auf keinen Fall eine Konfrontation zulassen dürften. Eine Delegation aus wichtigen Vertretern des georgischen Staatsrates besuchte Suchumi und führte Gespräche mit den Leitern der georgischen und abchasischen politischen Gruppierungen. Man versicherte uns, dass man Frieden und Harmonie anstrebte, obwohl die Wirklichkeit das Gegenteil bestätigen sollte. Trotzdem hatten wir gehofft, einen Kompromiss finden zu können. Und nun – Baburins Telegramm …

Übrigens ist Sergej Baburin heute Vize-Sprecher der russischen Duma. Er gehört zu jenen Personen, die eine Präsidentenvollmacht haben und sich offen und aktiv in die inneren Angelegenheiten von Abchasien bzw. Georgien einmischen.

Ich wusste, welche Kräfte sich hinter dem Telegramm verbargen: Ich hatte das Telegramm als eine Art Ultimatum sehr ernst zu nehmen. Das war ein Angriffssignal, das geschickt wurde, bevor die abchasische Speerspitze der russischen Reaktionäre mit dem offenen Sturm begonnen hatte.

***

Die Vorbereitung zum Krieg in Abchasien umfasste einige Stadien mit jeweils eigenem Ziel und Inhalt.

Das erste Stadium, und das längste zugleich, hatte Jahrzehnte gedauert. Sein Ziel war es, das kollektive Bewusstsein der Abchasen psychologisch zu bearbeiten, um ein klares Bild des „Feindes“ sowie feste Stereotypen des „Fremden“ zu schaffen. Der Boden, auf den der Samen der Kartwelophobie[3] fallen sollte, war gut „bearbeitet“. Ich versuche zu erklären, was

[3] Hass auf Georgier (in georgischer Sprache bedeutet Kartweli „Georgier“).

ich meine. In den 1920er und 1930er Jahren wurde die Sowjetunion grausamen Repressalien unterworfen, die zum Teil das Werk Lawrenti Berias – eines in Abchasien aufgewachsenen Georgiers – waren. Die Repressalien trafen alle Völker, darunter natürlich auch das abchasische Volk. Man verzerrte nun das Bild und stellte für die Abchasen das Werk des Georgiers Beria als den Ausdruck eines spezifisch georgischen Nationalismus dar. Es ist klar, dass man selektiv verfuhr, und zwar nicht nur in Bezug auf die Opfer („Es sind die Abchasen, denen der böse Georgier, d. h. die bösen Georgier, Leid angetan haben."), sondern auch in Bezug auf den Täter: Die Führer des abchasischen Separatismus baten Russland um Schutz vor Georgien, ohne dabei ein Wort darüber zu verlieren, dass es seinerzeit der russische Zar gewesen war, der die Abchasen zu einer „Verbrechernation" erklärt und Tausende von ihnen aus ihrer Heimat in die Türkei vertrieben hatte, weil sie auf Imam Schamils Seite am Kaukasischen Krieg gegen Russland teilgenommen hatten. Es bleibt hinzuzufügen, dass während der Repressalien der Sowjetzeit dem georgischen Volk nicht weniger – eher mehr – Leid zugefügt worden ist, als jedem anderen in der Sowjetunion.

Das nächste Stadium galt der Ausarbeitung einer pseudorechtlichen Argumentation für den Austritt Abchasiens aus Georgien. Hier wurde eine „rechtliche Grundlage" für die Konfrontation beider Völker vorbereitet.

Schließlich das dritte Stadium: Die materiell-technische, organisatorische, militärpolitische und propagandistische Vorbereitung auf eine bewaffnete innere Auseinandersetzung, die eine aktive Teilnahme jener äußeren Kräfte einschließen sollte, die an der Auflösung der historischen territorialen Einheit Georgiens interessiert waren. Die Idee der „Konföderation der Völker des Kaukasus" wurde (das muss man zugeben) äußerst professionell und auf höchstem Niveau umgesetzt. Nun fehlte nur noch ein Vorwand, um eine Konfrontation zu provozieren.

Georgien, von einer schrecklichen wirtschaftlichen, politischen und moralisch-geistigen Krise geplagt – so fand ich das Land bei meiner Rückkehr vor – musste an mehreren Fronten gleichzeitig kämpfen, den inneren Terrorismus und den Einfluss von außen überwinden, den Konflikt in Zchinwali regeln, die internationale Isolierung durchbrechen. Meine gesamte Zeit nach der Rückkehr nach Georgien war eigentlich nur diesen Problemen gewidmet.

Wir waren gezwungen und verpflichtet, sowohl die Eisenbahn nach Abchasien als auch den Hafen in Poti mit allen Mitteln zu schützen. Andernfalls hätte man mit einer Hungersnot rechnen müssen. Vor diese Aufgabe sah sich der Militärrat gestellt. Wie bereits erwähnt, gab es vier Mitglieder des Militärrats: Tengis Sigua (Premierminister), Tengis Kitowani (Verteidigungsminister), Dschaba Iosseliani (Anführer der Militärorganisation „Mchedrioni") und mich, der ich zwar Vorsitzender des Militärrates, nicht aber Befehlshaber der Armee war. Meine Kontrollmöglichkeiten über die Streitkräfte waren daher stark eingeschränkt. Das führte später zu vielen Missverständnissen, mehr noch: Es führte uns ins Unglück.

Am 10. August 1992 wurde ein „Beschluss des Präsidiums des Staatsrates der Georgischen Republik über die Einführung von außerordentlichen Maßnahmen im Bereich des Eisenbahntransports" verabschiedet. Es ging um den bewaffneten Schutz von Bahnanlagen und Eisenbahntransporten.

Ich möchte nachdrücklich betonen, dass ich den Streitkräften verboten hatte, Städte und besiedelte Orte auf abchasischem Territorium zu betreten. Es wurden drei Konzentrationsorte für Militärbegleiter bei a) Samtredia, einem wichtigen Eisenbahnknotenpunkt in Westgeorgien, b) Suchumi (außerhalb der Stadt) und c) Lesselidse an der russischen Grenze bestimmt. Alle Mitglieder des Militärrates waren damit einverstanden.

Ich rief Ardsinba an und teilte ihm mit, dass Russland, Armenien und Aserbaidschan rechtskräftige Ansprüche gegen Georgien wegen Raubs an den Eisenbahntransporten erhoben hätten. Ich sagte ihm, dass auch für Georgien beträchtliche Schäden entstanden und wir gezwungen seien, die Eisenbahnlinie zu schützen. „Wollen wir sie doch gemeinsam schützen", hatte ich ihm vorgeschlagen. „Wenn wir unsere Armee entsenden und Sie

Ihre Garde beauftragen, könnten wir die Transporte von Samtredia bis Lesselidse gemeinsam begleiten."

Ardsinba war einverstanden, und er fügte hinzu, jemand möge nach Suchumi kommen, um alle Details abzusprechen. Ich teilte ihm mit, dass Sigua und Kitowani zu ihm fahren würden. Genau das war mein großer Fehler: Ich hätte sofort selbst hinfahren müssen. Aber in Tiflis war damals die Situation derart angespannt, dass ich die Hauptstadt nicht verlassen wollte.

Ein Tag war vergangen, als mich die Nachricht erreichte, im Bezirk Gali in Abchasien habe es Schießereien gegeben. Es war tatsächlich zu einem Zusammenstoß zwischen der georgischen Polizei und den Abchasen gekommen. Ja, aber wer hatte denn georgische Polizeitruppen dahingeschickt? Kitowani etwa? Oder jemand anderer? Es gelang mir nicht, dies herauszufinden. Die Zeit war so: keine Disziplin und totale Willkür. Jeder tat, was er wollte, und geordnete Verhältnisse waren noch lange nicht in Sicht.

Am nächsten Tag sollten Kitowani und Sigua in Suchumi sein, aber sie waren nicht gefahren. Ich will Kitowani nicht beschuldigen: Er war im südgeorgischen Achalziche, um von der 16. russischen Division Waffen – darunter auch Panzer – zu übernehmen. Er versicherte mir, sofort nach Suchumi zu fahren, sobald die Übernahme beendet wäre.

Sigua kam erst am dritten Tag in Suchumi an. Ardsinba nutzte die Verspätung, um das Treffen mit Sigua zu vermeiden, indem er sich bei den russischen Grenzschutztruppen versteckt hielt. Trotz großer Mühe gelang es Sigua nicht, sich mit Ardsinba zu treffen. Er hatte zwar mit anderen führenden Persönlichkeiten wie Sergej Bagapsch, Tamas Nadareischwili und Alexander Ankwab gesprochen, aber ohne Ardsinba durften sie nichts entscheiden.

Da marschierte auf Befehl Kitowanis unsere Armee in Abchasien ein. Sie hatte ihr Lager bei Suchumi aufgeschlagen. Das war eine Verletzung meiner Vereinbarung mit Ardsinba.

Zu dieser Zeit war Jelzin in Sotschi im Urlaub. Er rief mich an und sagte: „Ihre Armee darf Suchumi nicht betreten. Man will Sie in die Falle locken. Machen Sie da keinesfalls mit. Dort ist auch eine russische Militäreinheit stationiert, und wenn es zu einem Zusammenstoß kommt, entsteht eine Lawine, die von niemandem und durch nichts mehr zu stoppen ist."

Ich teilte seine Meinung. Ich erklärte ihm, dass ich gegen den Einmarsch der Armee in Suchumi gewesen sei und den Befehl gegeben hatte, nur eine Einheit bei Suchumi unterzubringen, eine andere bei Lesselidse und eine dritte in Samtredia, um die Eisenbahntransporte zu schützen.

Nach den Worten Tengis Kitowanis verlief die Bewegung georgischer Armeeteile am 14. August 1992 in Abchasien ungeordnet, die Weisungen des Staatsrates wurden nicht befolgt.

„Vor uns fuhr die Polizei in ‚Ladas' und anderen ‚PKWs' ", erinnerte sich Kitowani. „In Samtredia traf ich mit dem Chef der Polizei, Sejkidse, zusammen und sagte ihm Bescheid, dass das nicht nötig wäre. Trotzdem fuhren sie voran. Aus Zchinwali hatte ich ein Bataillon unter Leitung von Soso Achalaja abberufen und es an die Spitze der Kolonne gestellt. Schewardnadse rief ununterbrochen an und warnte jeden, dass die ganze Welt gegen uns wäre, wenn wir uns mit unseren Waffen weiterbewegen würden."

Kein einziger Schuss war gefallen, und doch sprach der Oberste Rat der Abchasischen Autonomen Republik unter Führung Ardsinbas von einer „Aggression" und einem „Versuch der Eroberung abchasischen Landes". Er rief Abchasien zum Vaterländischen Krieg auf und gab am 14. August die Mobilmachung bekannt. Am 15. August legte die „Prawda" eine erstaunliche Schnelligkeit an den Tag, indem sie die Telegramme von Wladislaw Ardsinba und Wascha Sarandia veröffentlichte. Nach den Worten Swetlana Tscherwonnajas „wäre deren Veröffentlichung nicht möglich gewesen, hätten sie nicht vorgelegen."[4]

[4] S. M. Tscherwonnaja: Abchasien – 1992. Moskau 1993, S. 133.

Gleich am 15. August 1992 wurde eine Kommission mit Beteiligung der Konfliktseiten gebildet. Aber die Abchasen zögerten den Beginn der Arbeit hinaus. Sie waren auf einen Krieg vorbereitet, was nun offensichtlich wurde. Unsere – und persönlich meine – große Schwäche bestand darin, dass es uns nicht gelungen war, den Krieg abzuwenden.

Temur Lomaja, eines der Mitglieder der Kommission, schrieb später: „Am 14. Juni waren wir auf der Regierungsdatscha in Suchumi. Schewardnadse hatte angerufen. Kitowani sagte, er wolle nicht mit ihm sprechen. Goga Chaindrawa, der Staatsminister, ging an den Apparat. Nach dem Telefonat sagte er uns, Schewardnadse habe befohlen, die Bewegung der Armee zu stoppen. Kitowani erwiderte: ‚Ich werde trotzdem weitergehen.' Die anderen – unter ihnen auch ich – meinten, Schewardnadse habe Recht."

Ungefähr dasselbe bemerkt Otar Benidse, Justizminister der Abchasischen Autonomen Republik: „Ab 10 Uhr morgens rief Schewardnadse jede Viertelstunde an und verlangte, die Regierungstruppen zu stoppen, damit keine Militäreinheit Suchumi betrete ... Dies würde sonst ein tödlicher und nicht wiedergutzumachender Schritt sein, meinte er."

Heute ist mir klar: Kitowani hatte damals ein oder zwei Tage abgewartet in der Hoffnung, dass ich ihm den Einzug der Armee in Suchumi erlauben würde. Als er sich aber davon überzeugt hatte, dass er keine Einwilligung von mir bekommen würde, erteilte er selber den Befehl und zog mit seiner Armee direkt in Suchumi ein.

Als die Abchasen erfuhren, dass die georgische Armee nach Suchumi unterwegs war, verließen sie die Stadt und flohen nach Gudauta nördlich von Suchumi. In Suchumi waren nur einige abchasische Familien geblieben – diejenigen, die die territoriale Unversehrtheit Georgiens unterstützten. Die Armee, die außer Kontrolle war, zog in die Stadt und begann zu rauben und zu plündern. Viele Familien – sowohl abchasische als auch georgische – wurden ausgeraubt.

Kurz darauf schlugen georgische Bataillone ihr Lager am Fluss Gumista auf. Es waren Bataillone der „Swiadisten". Die jungen Menschen haben später sehr mutig gekämpft, bis Swiad Gamsachurdia aus Tschetschenien zurückkehrte und ihnen die Beteiligung am Krieg verbot.

Die Armee zog also in Suchumi ein, besetzte das Regierungsgebäude und holte die abchasische Fahne herunter. „Suchumi ist erobert", berichtete mir Kitowani. „Ja, aber was soll das? Was nun?", fragte ich.

„Keine Sorge. Die Jungs sind hervorragende Kämpfer. Alles wird gut." Wie konnte es gut werden? „Nichts wird gut", dachte ich bei mir. „Das ist ein Krieg und kein Eisenbahnschutz mehr."

In Abchasien hatte man sich seit längerem – seit der sowjetischen Zeit bereits – darauf vorbereitet. Ich denke an eine Episode, die ich von Wassil Mschawanadse, meinem Vorgänger im Amt des Ersten Parteisekretärs von Georgien, kenne: 1956 war Nikita Chruschtschow nach der Tragödie in Tiflis verärgert und hatte gedroht, er würde Abchasen auf die Georgier hetzen, wenn diese sich weiterhin „widerspenstig" benehmen würden. Von Moskau aus wurde durch den Geheimdienst ein Langzeitprogramm entwickelt, das pseudowissenschaftliche, ideologische und psychologische Voraussetzungen für die Entstehung eines georgischen Feindbildes unter den Abchasen schaffen sollte: Die Georgier wurden als Eroberer und Gewalttäter dargestellt. Nicht nur Geld und Waffen sollten gesammelt werden, man wollte vor allem den Hass auf die Georgier schüren. Zu diesem Zweck wurde ein spezieller Mythos geschaffen und verbreitet: Die Georgier hätten erst spät in Abchasien gesiedelt. Es gab auch andere Kuriositäten. 1924 war z. B. die Broschüre eines russischen Autors erschienen, in der behauptet wurde, die Georgier hätten den Abchasen deren Alphabet gestohlen. Schon 1926 wiederholte nun der damalige Bildungsminister Abchasiens diesen Mythos in einer seiner Veröffentlichungen. Niemand fragte sich, wie man denn einem Volk sein Alphabet stehlen könne und wie es denn möglich wäre, dass in diesem „abchasischen" Alphabet keine einzige Zeile in abchasischer Sprache, dafür aber unzählige Inschriften und Manuskripte in georgischer Sprache entstanden waren. Dies ist nur ein kleines Detail der Absurditäten, mit deren Hilfe Russland jahrzehntelang eine antigeorgische Stimmung in Abchasien geschürt hat.

Ich kam nach Suchumi, konnte aber Ardsinba nicht sprechen – er wich mir aus, um sich nicht mit mir treffen zu müssen. Währenddessen hatten die Abchasen mobilgemacht. Die ersten Kämpfe hatten bereits begonnen, während ich noch in Abchasien war.

Vom militärischen Standpunkt aus war die Lage für uns anfangs nicht schlecht: Am Fluss Gumista standen fünf Bataillone, und eines der stärksten hatte den sogenannten „Funiculeur" – das faktische Stadttor – unter Kontrolle.

Jede Nacht hielt ich Sitzungen ab. Auch Kitowani war oft dabei. Der Mann war eigenartig. Einmal hat er das Kampffeld verlassen und sich in den Nachbarbezirk Otschamtschire begeben, um, wie er sagte, seine Freischärler herbeizutrommeln und mit neuen Kräften zurückzukommen. Nicht er allein war eigenwillig und bar jeder Staatsdisziplin. Seine Umgebung verhielt sich ebenso. Übrigens hat Kitowani im Januar 1995, als der Krieg schon beendet war, zusammen mit seinen engsten Mitkämpfern – darunter war ein Vizepremier – beschlossen, mithilfe eines kleinen Militärverbandes, der einige wenige Autobusse füllte, Abchasien zurückzuerobern. Ich war gezwungen, dieses Abenteuer mithilfe meines damaligen Sicherheitsministers Igor Giorgadse zu unterbinden und die Anführer verhaften zu lassen. Das war aber schon nach dem Krieg. Während des Krieges hatte ich dagegen weder die Zuständigkeit noch die Macht, meine Befehle ohne Widerspruch ausführen zu lassen.

Unter den Militärführern möchte ich Gia Karkaraschwili besonders hervorheben, einen vorbildlichen Kämpfer und echten Patrioten. Auch Irakli Batiaschwili, der Sicherheitsminister, stand uns bei und schonte seine Kräfte nicht. Geno Adamia, ein mutiger Offizier, kämpfte selbstlos als Befehlshaber der Suchumi-Garnison. Seine Vergangenheit ähnelte der von Dschaba Iosseliani, und er war mutig und kühn wie dieser. Mir war er bis zum Schluss treu geblieben. Nach dem Fall Suchumis, nachdem er als Letzter die Stadt verlassen hatte und sich einsam auf den Weg machte, wurde er unterwegs umgebracht.

Am 2. September 1992 rief mich Jelzin aus Moskau an: „Wir wollen uns in Moskau versammeln und diesem Krieg ein Ende machen. Bitte kommen Sie nach Moskau. Ich werde kaukasische Führer einladen, und wir werden alle gemeinsam besprechen können, wie wir die Lage wieder in den Griff bekommen."

Ich flog nach Moskau. Ardsinba war auch gekommen. Die Besprechung dauerte lange. Ardsinba war mit vielem nicht einverstanden. Bei einer Sache blieb er stur, und Jelzin hat ihn ins Nachbarzimmer gebeten. Ich weiß nicht, was er ihm unter vier Augen gesagt hat, aber Ardsinba gab nun nach. Endlich hatten wir eine Vereinbarung über die Beendigung des Krieges und den Beginn des Versöhnungsprozesses getroffen. Unsere Armee stand zu diesem Zeitpunkt schon in Gagra, nordwestlich von Suchumi und in Lesselidse an der georgisch-russischen Grenze. Ich war entschieden dagegen, dass die Armee Gudauta betrat: Gudauta war das Zentrum des abchasischen Widerstandes, und ein Einmarsch würde große Opfer fordern, was ein trauriges Kapitel in der Geschichte der georgisch-abchasischen Beziehungen werden könnte.

In Moskau hatten wir den Krieg für beendet erklärt, was mit den Unterschriften Jelzins, Ardsinbas und meiner sowie anderer Teilnehmer des Gesprächs und mit einem feierlichen, öffentlichen Händedruck besiegelt wurde. Das war am 3. September 1992. Georgien feierte. Aber leider begann genau an diesem 3. September der militärische Niedergang der Georgier.

Sobald wir die Beendigung des Krieges bekanntgegeben hatten, räumten mehrere georgische Einheiten Gagra, sowohl die Innenstadt als auch die Außenbezirke. Solange sich Dschaba Iosseliani in Gagra befand, war die Sache nicht schlecht gelaufen. Nun erklärte er, dass er jetzt, wo der Krieg beendet sei, hier nichts mehr zu suchen habe. Mehr als die Hälfte der Armee hatte die Stadt verlassen. Nur die bewaffneten örtlichen Freiwilligen waren geblieben. Durch einen klaren Verstoß gegen den Vertrag wurden die von den Georgiern verlassenen Positionen von Abchasen eingenommen.

Der Vertrag vom 3. September sah übrigens nicht den Abzug unserer Truppen aus Abchasien vor. Die Armee hätte die Region nicht räumen müssen. Aber die Jungs hatten nach eigenem Belieben und ohne jede Erlaubnis ihre Positionen verlassen. Auch darin zeigte sich, wie folgenschwer die Tatsache war, dass Georgien keine reguläre Armee besaß. Zu dieser Zeit litt Georgien unter einer Informations-, Wirtschafts- und Militärblockade. Um die Blockade zu durchbrechen, war ich am 25. September 1992 nach New York geflogen, um an der 47. Sitzung der UNO-Vollversammlung teilzunehmen. Die ganze Welt musste unmittelbar von mir erfahren, was in Georgien vor sich ging. In Georgien war die Lage zwar äußerst schwierig, aber ich durfte nicht bleiben und meinem Land die einzige Chance nehmen, der Welt die Wahrheit zu übermitteln. Ich musste vor der UNO sprechen – über die Verschwörung, die mein Land zersplittern und erneut versklaven wollte, über die Hoffnungen und Ideen, die mein Land hegte, darüber, was wahr und was falsch war. Ich musste der Welt klarmachen, dass Terrorismus, Separatismus, Geiselnahme und Sabotage – Mittel, die man gegen Georgien anwandte – nicht nur Georgien, dessen Unversehrtheit und Staatlichkeit bedrohten, sondern eine Gefahr für die Welt darstellten. Wenn nicht rechtzeitig angemessene Rechtsnormen ausgearbeitet und entsprechende praktische Schritte getan würden, könnte die schwere Infektion, die in einem kleinen Kaukasusstaat ausgebrochen war, wie eine Epidemie die ganze Welt befallen. „Unsere gemeinsame Verantwortung für Frieden und Sicherheit verlangt von uns, zum einen in der Politik, Wirtschaft, Militär, Finanzen und Umwelt gemeinsame Maßnahmen zu vereinbaren und zu koordinieren und zum anderen die Prozesse auf vier Ebenen zu steuern, nämlich regional, überregional, national und international."

Meine Rede hatte alle Aufmerksamkeit auf sich gezogen. Vertreter vieler Delegationen kamen zu mir und dankten mir für den Beitrag. Jurij Petrowskij, Stellvertreter des UNO-Generalsekretärs, besuchte mich, um mir im Namen des Generalsekretärs mitzuteilen, dass „die Thesen [meines Vortrags] ausschlaggebend für die weitere Arbeit der Sitzung geworden sind."

Trotzdem wurde ich das unangenehme Gefühl und die Unruhe nicht los, dass die großen Staaten nicht imstande waren, die Keime einer bösen Gefahr internationalen Ausmaßes in den Ereignissen in Georgien wahrzunehmen – jene Keime, die als der 11. September 2001 sowie die höllische Aktion von Beslan im September 2004 heranreifen sollten. Die Krankheit des Terrorismus und Separatismus sollte die großen Staaten erst Jahre später erreichen. Bis dahin zeigte sich das Virus nur in kleinen Staaten wie z. B. Georgien.

Zur Verbreitung der Epidemie hatte Russland massiv beigetragen. Imperiale Absichten, die auf die Auflösung Georgiens und die Aneignung seines Territoriums zielten, traten erneut auf der 5. Sitzung des Obersten Rates der Russischen Föderation vom 20. bis 25. September 1992 hervor, die auf Initiative des Abgeordneten Sergej Baburin einberufen wurde. Die Abgeordneten berieten „Über die Lage im Nordkaukasus im Zusammenhang mit den Geschehnissen in Abchasien" und verabschiedeten einen Beschluss in Form einer Erklärung, die von nichts anderem zeugte als von einer frechen Einmischung in die inneren Angelegenheiten des souveränen Staates Georgien. (Etwas später sollte das alles wie ein Bumerang nach Russland zurückkehren.)

Ich verließ die UNO-Vollversammlung vorzeitig und begab mich nach Moskau, um mich mit dem Präsidenten der Russischen Föderation, Boris Jelzin, zu treffen. Das vertrauliche einstündige Gespräch, in dem Jelzin noch einmal bestätigte, dass Russland die territoriale Unversehrtheit Georgiens unterstütze, gab mir Zuversicht. Aber sehr bald sollte sich zeigen, dass sich gute Worte und schlechte Taten manchmal vertragen können. Wieder war die Doppelmoral in den Vordergrund gerückt, die Russland in seiner Georgien-Politik schon immer angewandt hatte.

Aber warum soll ich die Russen beschuldigen, wo doch Georgier – Anhänger des ehemaligen Präsidenten – alles Erdenkliche getan hatten, um das Land zu zersplittern und den Russen die Umsetzung ihrer Pläne zu erleichtern?

Am 1. Oktober 1992 besetzten Anhänger Gamsachurdias – zusammen mit Russen und Nordkaukasiern – das westgeorgische Städtchen Chobi in Megrelien.

Am 2. und 3. Oktober verletzte die abchasische Seite den Vertrag vom 3. September: Die gemischten Truppen von Abchasen, Russen und Nordkaukasiern griffen mit neuen russischen Waffen, Panzern und Kampfflugzeugen Gagra an. Das Meer war durch die russische Marine blockiert. Am Sturm auf Gagra nahmen die russischen Kampfschiffe „SKR Besukorisnenyj", „KIL-25", „WTN-38", „WM-66", „GA Golowin" sowie das 345. Marinebataillon, das 529. Luftregiment (Kampfflugzeuge „Su-25", „Su-27", „Mi-8") und das 643. Zenitraketenregiment unter dem Kommando des stellvertretenden Verteidigungsministers, Generaloberst Genadij Kolesnikow, teil.

Der Gegner war uns weit überlegen. Trotz mutiger Kämpfe konnten die Georgier nicht standhalten. Gagra fiel. Es kam zum Massaker an Georgiern, wobei kein Unterschied zwischen Groß und Klein gemacht wurde und bei dem man im Fußballstadion von Gagra die abgeschnittenen Köpfe von Georgiern rollen ließ. Für diese brutale Aktion, an der auch Tschetschenen teilgenommen hatten, hat sich übrigens der ehemalige Präsident von Tschetschenien, Aslan Maschadow, entschuldigt. Vor der Weltöffentlichkeit gestand er, es tue ihm zutiefst leid, dass seine Landsleute an diesem Verbrechen beteiligt gewesen seien.

1995 erschien in Sankt Petersburg ein Buch von Julij Kalinin mit dem Titel „Gekreuzigtes Georgien". Dort schreibt der Autor: „Abchasien hatte den Krieg mit zwei gepanzerten Transportern und einer Panzermaschine begonnen. Es hatte einen Piloten. Qualifizierte Artilleristen gab es überhaupt nicht. Einen Monat später, am 1. Oktober 1992, stürmten sie Gagra mit einer Vielzahl von Panzern, Haubitzen und gepanzerten Transportern. Der persönliche Bevollmächtigte des russischen Präsidenten in der Zone des georgisch-abchasischen Konflikts, Boris Pastuchow, hatte am selben Tag in einem Privatgespräch erwähnt, dass die Abchasen bereits über schweres russisches Kriegsgerät wie ‚Igla' und ‚Grad' verfügten. Auf die Frage ‚Woher?' antwortete Pastuchow, das sei ‚kein Problem, man braucht nur Geld'. Woher kam das Geld? Wir kennen doch den Haushalt von Abchasien. Vor dem Krieg war dort keine einzige Kopeke zu finden."[5]

Im selben Buch wird auch Folgendes berichtet: Mit seiner Erklärung vom 25. September 1992 gewährte der Oberste Rat Russlands Abchasien seine volle Unterstützung. Während sich in Moskau Präsident Boris Jelzin und Schewardnadse trafen, trafen sich im selben Moskau der Vorsitzende des Sicherheitsrates von Russland, Jurij Skokow und Wladislaw Ardsinba.

Das Ergebnis dieses Treffens war, dass die Abchasen erneut Munition, schwere Militärtechnik und Geld erhielten. „Russland gewährte Abchasien einen Kredit von 14 Milliarden Rubel. In Moskau wurde zu diesem Zweck sogar eine Spezialbank eröffnet."[6]

Während des Krieges hat es viele Abchasen gegeben, die Georgier beherbergt haben, genau so, wie es viele Georgier gegeben hat, die Abchasen schützten. Vor dem brutalen Hintergrund des Konfliktes waren das echte Heldentaten. Eines Tages werden hoffentlich die Namen dieser Helden veröffentlicht werden. Aber leider gab es auch sehr viele Abchasen, die Georgier gejagt haben – wegen ihrer Wohnungen, Vermögen oder ganz einfach, weil sie Georgier waren. Das eigentliche Ziel dieser Barbarei – die Ausrottung der Georgier in Abchasien – scheint durch Einschüchterung, Terror, Beleidigung, Folterung, Vertreibung und Tötung friedlicher Zivilisten tatsächlich erreicht worden zu sein. Schlimmer ist, dass Gewalt gesät wurde, was für die Kinder und Kindeskinder von Abchasen und Georgiern noch schrecklichere Folgen haben kann.

---

[5] Julij Kalinin: Gekreuzigtes Georgien. St. Petersburg 1995, S. 175.

[6] Ebd. Zit. nach T. Nadareischwili: Genozid in Abchasien. Tiflis 1998, S. 98.

Wir haben eine gemeinsame Heimat. Der Instinkt zur Rückkehr in diese Heimat wird nicht abklingen. Unsere Pflicht ist es, durch friedliche Mittel jede neue blutige Auseinandersetzung von unseren Nachkommen abzuwenden. Wenn Abchasen ihr Recht auf das Leben in Abchasien verteidigen, dann haben auch Georgier ein Recht darauf.

Auf keinen Fall will ich so verstanden werden, als würde ich behaupten, dass alle Georgier, die in Abchasien gekämpft hatten, Engel gewesen seien. Viele von ihnen waren am Ausrauben der örtlichen Bevölkerung, und zwar der Abchasen, Georgier und Armenier, beteiligt. Viele haben auch andere Verbrechen begangen, und wir waren nicht imstande, sie daran zu hindern. Leider gehörten Verbrechen – und zwar von beiden Seiten – zum Wesen dieses absurden Krieges. Mein Bemühen, effektiv dagegen vorzugehen, war nicht immer erfolgreich.

Die Bombardierung Suchumis

Dem Sturm auf Suchumi war ein systematisches Bombardement am 5. und 9. Dezember 1992 vorausgegangen. Am 9. Dezember warfen die Russen – es waren Russen, denn die Abchasen hatten selbst weder Bomber noch Militärpiloten – Bomben über dem Markt ab. Dabei kamen dreizehn Menschen – darunter drei russischer Nationalität – ums Leben.

Am 10. Dezember bombardierten die Russen das Dorf Achaldaba im Bezirk Otschamtschire, wo es nie auch nur einen einzigen Kampf gegeben hatte. Elf Dorfbewohner sind dabei umgekommen.

Am 13. März 1993 wurde Suchumi zweimal von einer „Su-25" bombardiert.

Am 14. März wurde Suchumi wieder bombardiert. Zwanzig mehrstöckige Wohnhäuser wurden zerstört, und zwei Menschen kamen ums Leben. Zwölf Menschen, darunter zwei Kinder, wurden verletzt.

Am 16. März wurde unter Führung der russischen „Speznas" (Spezialeinheit) Suchumi von allen Seiten angegriffen. Der Beschuss durch Artillerie und Luftbomber dauerte die ganze Nacht an. Dutzende von Menschen wurden getötet und verletzt, unzählige Häuser zerstört.

Am 17. März wandte sich das georgische Parlament mit einem Appell an die UNO, an das Europa-Parlament, an die Parlamente der Welt sowie an den Obersten Rat der Russischen Föderation. In dieser Erklärung wurde betont, dass die Hauptakteure des Angriffs vom 16. März russische Streitkräfte gewesen waren und dass man durch diese Aggression versuchte, Abchasien von Georgien zu trennen. Das georgische Parlament verlangte den Abzug russischer Armeeeinheiten aus der Konfliktzone.

Am 17. März 1993 hatten zwei Kampfflugzeuge vom Typ „Su-25" einen Leuchtraketenteppich über die Stadt Suchumi ausgebreitet. Danach wurden die beleuchteten Zielobjekte mit Fünfhundert-Kilo-Bomben belegt. Eine Bombe explodierte einige hundert Meter von jenem Gebäude entfernt, das mir in dieser Nacht als Herberge diente.

Das dreistöckige Haus mit einem gotischen Turm und einer klassizistischen Fassade, das Nikolaj Smyzkij, ein russischer Unternehmer und hervorragender Mensch mit viel Phantasie, hatte bauen lassen, wurde vom Volksmund „Stalin-Datscha" getauft.

Smyzkij hatte das Haus auf einem Hügel errichten lassen, inmitten des von ihm angelegten Parks, umgeben von Mandarinenbäumen und Fächerpalmen. Aus den Fenstern und von den Balkonen bietet sich dem Betrachter ein atemberaubender Blick auf das Schwarze Meer, an dessen Ufern – zwischen den Mamtschni- und Kodori-Kaps – jene Stadt liegt, die die alten Griechen „Dioskuria" und die alten Georgier „Zchumi" oder „Suchumi" nannten.

1948 hatte man begonnen, in großer Eile das Haus umzubauen. In den großen Hallen und Schlafzimmern wurden die Innenwände mit kostbarem Holz getäfelt, und das ganze Haus wurde mit Alarm- und Fernmeldeanlagen ausgestattet. Als alles fertig war, meldete man das nach Moskau und begann, auf den „Patron" zu warten.

Nur zweimal, 1949 und 1952, hat sich Stalin hier kurz aufgehalten. Aber die kurzen Besuche genügten, um das Gebäude für immer mit seinem Namen zu verbinden.

Die Bombe war unweit des Hauses explodiert. Die Situation war dramatisch, trotzdem musste ich lachen. War es nicht Ironie des Schicksals, dass russische Kampfflugzeuge ein Ziel zu zerstören versuchten, das sie mit Stalin, dem Schöpfer des russischen kommunistischen Imperiums, gleichsetzten? Sie bewarfen mit Bomben die Hauptstadt einer Autonomen Republik – eine von denen, die selbst „Zeitbomben" waren oder zumindest als solche von eben diesem heiß geliebten Stalin geschaffen und aufgeladen worden waren. Genauso hatte er das ganze Imperium wie eine Bombe aufgeladen. Das Bombardement von Suchumi war nur ein Bruchteil der allumfassenden postimperialen Großexplosion. Unsere Lage wurde dadurch jedoch nicht leichter.

Die russischen Militärs bestritten ihre Beteiligung an dem Bombardement von Suchumi. Die Abchasien-Gruppenführung russischer Streitkräfte, die in der Militärflugbasis bei Bombora saß, beantwortete mit einem „Nein" meine Einladung, nach Suchumi zu kommen und die Situation mit uns zu besprechen. Ich wollte den Bombora-Generälen eine einfache Frage stellen: „Wem gehören die Kampfflugzeuge, wenn nicht Ihnen?" Einige Zeit vorher hatte einer von ihnen erklärt: „Sie gehören nicht uns, schießen Sie sie doch ab!" Das Abschießen hätte freilich nicht viel Zeit benötigt, aber es hätte nicht einfach einen georgisch-russischen Zwischenfall, sondern einen richtigen georgisch-russischen Krieg bedeutet!

Die Führung der russischen Luftstreitkräfte in Bombora ordnete eine Sicherheitszone an – einen Fünfzig-Kilometer-Radius um die Basis herum und eine neun Kilometer hohe Zone darüber. Jeder Angriff gegen russische Flugzeuge in dieser Zone hätte zum Auslöser eines Krieges mit jenem Staat werden können, der kaum etwas von seiner militärischen Stärke sowie seiner Großmachtstellung eingebüßt hatte und mit dem sich kein Land der Welt einen Krieg wünscht – nicht nur, weil er Atomwaffen besitzt, sondern weil er, wie im Zweiten Weltkrieg, nicht einmal seine eigenen Opfer zählen würde.

„Gut, nehmen wir an, es sind keine russischen Kampfflugzeuge und sie gehören den Abchasen", hätte ich den Generälen aus Bombora gesagt. „Aber es ist schwer anzunehmen, dass sie auch Piloten hätten, die imstande wären, eine derartig komplizierte Flugmaschine wie die ‚Su-25' zu steuern. Nach unseren Erkenntnissen sitzen russische Söldner, ehemalige und gegenwärtige Angehörige der russischen Armee, im Cockpit. Nehmen wir an, wir glauben sogar daran, dass die Abchasen eine Autobahn bei Bombora blockiert und sie zur Rollbahn umfunktioniert haben. Aber wie erklärt sich die Tatsache, dass abchasische Flugzeuge in Ihrer Sicherheitszone erscheinen? Wieso hindern Sie die georgische Luftwaffe daran, sich frei im georgischen Luftraum zu bewegen und lassen gleichzeitig den Separatisten freie Hand, die friedliche Bevölkerung in Suchumi zu bombardieren?"

Außerdem wollte ich ihnen die Stadtteile zeigen, die durch ihre nächtlichen Angriffe zerstört worden waren, sie in die Familien von Toten und Verletzten führen, sie die Berichte der Stadtbewohner hören lassen, die wie Albträume wirkten.

Am 17. März 1993 erhielt ich die Antwort, dass General Sigutkin und General Sorokin in Gudauta seien. Der Führer der operativen Gruppe der russischen Streitkräfte in Abchasien, Generalleutnant Tschindarow, stehe unter Befehl Moskaus und könne nicht ohne Moskaus Genehmigung nach Suchumi kommen.

General Tschindarow hätte es keine große Mühe gekostet, sich mit Moskau in Verbindung zu setzen und um die Erlaubnis eines Treffens mit mir nachzusuchen. Für Moskau hätte es auch keine besondere Schwierigkeit dargestellt, dem General ein Treffen mit mir, dem Oberhaupt eines souveränen Staates, zu genehmigen, damit wir Fragen besprechen könnten, von deren Lösung so viele Menschenleben abhingen.

Leider hatte es aus Moskau keine Aufforderung gegeben, die Sachlage zu beschreiben. Dementsprechend hatte auch niemand nach irgendeiner

Genehmigung gefragt, und dementsprechend wurde auch gar nichts genehmigt. Das ist das imperiale Recht: Man tut, was man will, wenn man damit durchkommt.

An jenem Tag hatte ich zweimal versucht, Jelzin anzurufen. Vergeblich. Man antwortete mir, er sei beschäftigt. So hatte man früher die Bezirksparteisekretäre abgewimmelt, wenn sie den Generalsekretär sprechen wollten. Es war durchaus möglich, dass Jelzin wirklich beschäftigt war. Es waren schwere Zeiten für ihn. Die Mehrheit des Obersten Rates unter Leitung von Sprecher Ruslan Chasbulatow bereitete ihm Probleme. Sehr viele Entscheidungen waren in den Tagen zu treffen, und Jelzin mochte wirklich keine Zeit für mich gehabt haben. Aber niemand kann mich davon überzeugen, dass er in jenen Tagen keine Zeit für die russisch-georgischen Beziehungen gefunden hätte. Jelzin schwieg. Die Generäle antworteten nicht. Ohne sie begab ich mich in die zerstörten Stadtviertel.

„Als ich Flugzeuge hörte, brachte ich die Kinder in den Keller. Am Morgen sind wir herausgekrochen. Aber das Haus gab es nicht mehr, es wurde von der Explosionswelle zerstört", berichtete die junge Georgierin. Sie schaute mich mit ihren tränenvollen Augen an und fragte verloren: „Was sollen wir jetzt tun?" Die Frage stellte ich mir auch.

„Ich bin zweiundsechzig", sagte eine andere Frau. „Mein ganzes Leben habe ich gearbeitet, um ein Haus zu bauen, und nun – hier, schauen Sie: Es gibt kein Haus mehr. Tun Sie etwas, damit das ein Ende hat!"

An jenem Tag wurden dreiundvierzig Bewohner der Stadt Suchumi beerdigt. Sie waren alle durch die nächtlichen Luftangriffe umgekommen. Insgesamt gab es durch Luftbombardements hundertelf Opfer: Georgier, Russen, Armenier, Abchasen, Griechen.

Es fällt schwer, Menschen das Beileid auszusprechen, die ihre Nächsten nicht auf dem Schlachtfeld, sondern in den Ruinen des eigenen Hauses verloren haben. Es gibt nichts Schlimmeres, als jemandem in die Augen zu schauen, in dessen Blick die Frage abzulesen ist: „Wieso hast du uns nicht vor diesem Unglück beschützt?" Wie will man Unglückliche trösten?

Man kann ihnen doch nicht zu erklären versuchen, dass sie ein – ja, das wievielte? – Opfer des großen politischen Spiels des russischen Imperiums geworden sind.

***

Als am 20. Februar 1993 in Suchumi Bomben gefallen waren, beantwortete die russische Seite unseren Protest mit der Mitteilung, dies sei die Revanche für den Artilleriebeschuss des 24. Militärlaboratoriums im Dorf Eschera gewesen. Das Laboratorium – ein militärisches Geheimobjekt, das der Registrierung von Kernwaffenexplosionen diente – wurde während der globalen Konfrontation zwischen West und Ost aufgebaut. Nun spielte es die Rolle eines – zweifachen – Trojanischen Pferdes: Es rechtfertigte die Präsenz des russischen 901. Marine-Spezialkampfbataillons und diente zugleich als Schutzschild für die Positionen der Separatisten. Die Separatisten konzentrierten ihre schwere Militärtechnik in der Nähe des Laboratoriums und beschossen von da aus sowohl die Kampfpositionen der Georgier als auch die Wohnhäuser der Stadt. Jeder Schuss in ihre Richtung beinhaltete die Gefahr eines zufälligen „Kontakts" mit dem 901. Bataillon, dem das unverzügliche Erscheinen russischer Kampfflugzeuge über dem schutzlosen Suchumi folgen würde.

Das Problem war ja auf den ersten Blick nicht schwer zu lösen: Man hätte das russische Bataillon aus dem Dorf Kwemo Eschera abziehen können. Um dies zu ermöglichen, hatten wir mehrere Male die Einstellung des Feuers vereinbart. Unsere Seite hatte sich jedes Mal strikt an die Vereinbarung gehalten, aber das Bataillon hatte die Stellung nie verlassen: Es verteidigte nicht so sehr die unterirdischen Geräte des Labors, sondern rechtfertigte die Luft- und Artilleriepiraterie der russischen Seite. Russland, dem Nachfolgestaat der Sowjetunion, fällt es schwer, sich von seinen strategischen Objekten und von seinen strategischen Interessen zu verabschieden.

Vierundzwanzig Stunden später, am 22. Februar 1993 – am Vorabend des „Tages der sowjetischen Armee und Flotte", der in Russland heutzutage als „Tag der Vaterlandsverteidigung" gefeiert wird – erklärte Pawel Gratschow, der Verteidigungsminister der Russischen Föderation, dass er vorhabe, die russischen Militäreinheiten zu inspizieren, die im abchasischen Gudauta und im adscharischen Batumi stationiert seien. Ich war erstaunt: Der Anteil von besagten Einheiten im russischen Militärhaushalt ist viel zu bescheiden, dachte ich, um von einem so hohen Amtsträger inspiziert zu werden, wie dies der Verteidigungsminister eines Noch-Militärstaates ist. Als ich die Unterlagen bekommen hatte, hielt ich sie für unvollständig, weil an keiner Stelle erwähnt wurde, dass sich Gratschow mit der politischen Führung der Republik Georgien treffen würde. Aber nein, alles stimmte und war genau berechnet. Während Gratschow sich auf die Reise nach Gudauta und Batumi vorbereitete, beschränkte er das Ziel seines Besuches nicht auf die Inspektion einiger Bataillone und einer Division. Er plante vielmehr Treffen mit dem Gudauta-Regime und der Führung der Adscharischen Autonomen Republik. Alles war klar: Es handelte sich nicht um einen Inspektionsbesuch sondern um eine militärpolitische Demarche. Mehr noch! Um der „Partei des Krieges" zu schmeicheln, sagte Pawel Gratschow zu den Journalisten: „Was unsere Einheiten in Georgien, Batumi, Gudauta und an anderen Orten betrifft, so ist dies alles für Russland strategisch wichtig. Andernfalls würden wir das Schwarze Meer verlieren."

***

In der Morgendämmerung des 28. März 1993 hatte die georgische Luftabwehr unweit von Suchumi ein russisches Kampfflugzeug „Su-27" abgeschossen. Der Pilot, Wazlaw Schijko, war dabei umgekommen. Die russische Seite erklärte, dass er einen planmäßigen Flug ausgeführt hätte, der mit keinem Kampfauftrag verbunden war.

Ich besuchte die Stelle, wo das Flugzeug abgeschossen worden war – auf dem schneebedeckten Berg am Maruchi-Pass. Ich kann bestätigen, dass sieben der zehn Luft-Luft-Raketen aus diesem Flugzeug abgeschossen worden waren. Auch mehrere Bomben waren aus dem Flugzeug abgeworfen worden.

Ich gab die Weisung, Schijkos Leiche nach Bombora zu überführen und seiner Familie mein Beileid auszusprechen. Am nächsten Tag hieß es in einem Moskauer Fernsehsender, dass der Pilot im Augenblick des Katapultierens noch am Leben gewesen und erst nach der Landung getötet worden sei. Wieder eine Lüge – um den strategischen Interessen der imperialen Macht zu dienen und dem zweifelhaften Ruhm eines Gendarmen des „Nahen Auslands" gerecht zu werden. Die Aggression war gewachsen und die Ausmaße der Lügen ebenfalls. Auch die Zahl der Menschen, die daran beteiligt waren, hatte zugenommen. Lügen stellten sich nun zwischen uns.

Angesichts des Gesagten bin ich heute noch fester davon überzeugt, dass Russland alles versuchen wird, um Abchasien zu behalten, so ambitioniert sind seine strategischen Interessen am Schwarzen Meer.

Wo ist der Ausweg? Der Ausweg besteht darin, dass sich Georgier und Abchasen in erster Linie um das physische und geistige Überleben ihrer Ethnien kümmern müssen. Das entspricht nicht den imperialen Interessen Russlands. Es wird alles unternehmen, um den Konflikt wachzuhalten. Das bedeutet, dass Russland nicht zum Vermittler und Friedensstifter taugt.

Wichtig ist besonders der Aufbau wechselseitiger Beziehungen zwischen Abchasen und Georgiern. Da sind vor allem die beiden dringendsten Probleme zu lösen: das wirtschaftliche und das humanitäre.

Die wirtschaftlichen Beziehungen zwischen Abchasen und Georgiern müssen wiederhergestellt und normalisiert werden. Parallel dazu müssen Flüchtlinge, und zwar nicht nur aus dem Bezirk Gali, sondern aus ganz Abchasien, schrittweise rückgeführt werden. Es müssen gemeinsame und internationale Garantien für Flüchtlinge geschaffen werden.

Sobald dieser Prozess in Gang kommt, wird auch die Zeit für die Lösung der politischen Probleme kommen, und es wird sich zeigen, auf welchem Weg man weitermachen sollte. Die Beziehungen zwischen den Menschen werden sich auch anders gestalten. Das Vertrauen wird wiederhergestellt werden, und beide Seiten werden rücksichtsvoller mit dem zerbrechlichen Frieden umgehen, weil ein neuer Krieg für beide Seiten tödlich sein könnte. In einem neuen Krieg würden nur diejenigen siegen, die von einem Abchasien ohne Georgier und ohne Abchasen träumen. Den Gefallen wollen wir jener Seite nicht tun!

Auch die Weltgemeinschaft sollte ihre Einstellung gegenüber solchen Konflikten ändern. Es ist doch eine Tatsache, dass jeder eingefrorene Konflikt von heute zu einem großen internationalen Krieg von morgen werden kann. Der Abchasienkonflikt, in einen großen Krieg transformiert, könnte an die Haustüren jener Menschen klopfen, die möglicherweise nicht einmal wissen, wo Abchasien liegt.

***

Die Fenster des Arbeitszimmers in der „Stalin-Datscha“ sind mit dickem schwarzem Fotopapier bedeckt: eine Verdunkelung wie im Zweiten Weltkrieg. Der Stadt fehlt es an Strom und Wasser, die Bevölkerung hungert, sie wird von einer Epidemie bedroht.

In diesen Tagen, im März 1993, empfing ich Lord Nicholas Bethell, den Leiter der eurokaukasischen regionalen Arbeitsgruppe des Europäischen Parlaments. Wir sprachen über Abchasien: „Im Westen weiß man fast nichts von diesem Krieg. Bei uns ist man nicht imstande, die Gefahr voll einzuschätzen, die dieser Krieg in sich birgt, und zwar nicht nur für Georgien. Um den Konflikt herum ist ein Informationsvakuum entstanden, und es ist gar nicht schwer, dies mit Lügen auszufüllen.“

Ich weiß nicht, wie das im Westen ist, aber in Russland ist es genauso. Alles kann auf den Kopf gestellt werden, das Bild wird verzerrt. Die wahren Gründe und Wurzeln eines Konflikts, seine Urheber und Inspiratoren bleiben im Schatten. Wenn man die Presse liest, eine Radiosendung hört oder Fernsehen sieht, merkt man, wie sich scheinbar weit auseinanderliegende politische Strömungen zu einem mächtigen Strom vereinen, wie ähnlich beispielsweise Ultralinke und Rechtsliberale über eine ehemalige Sowjetrepublik urteilen. Alles, was nicht in die Stereotypie imperialen Denkens passt, wird zur Abnormalität erklärt.

Ein Politologe unter meinen Landsleuten behauptet, die Demokraten in Russland hätten es nicht geschafft, ein nationales Bewusstseinsmodell auszuarbeiten und würden daher die Tradition imperialen Denkens kritiklos fortsetzen. Dies ist letztendlich ein Problem von Russen und Russland. Was wir brauchen ist eigentlich nichts anderes, als dass sie uns in Ruhe lassen.

„Was wollen diese Russen von uns?", fragt mich eine weinende Russin in Suchumi vor einer Ruine, die gestern noch ihr Haus war. „Sind Sie nicht selbst Russin?", rutscht es mir heraus. „Ich sage ‚diese'! Hören Sie keinen Unterschied?" Klar, der Unterschied besteht sehr wohl. Immer und überall gibt es die „Bösen", die den „Guten" gegenüberstehen. Diese Frau lebt seit ihrer Kindheit in einem multinationalen Staat, der die verschiedenen Ethnien Toleranz und gegenseitiges Respektieren lehrt.

***

Am 24. Juni 1993 wandte sich das georgische Parlament mit einem Appell an den Generalsekretär der UNO, Boutros Boutros-Ghali, den Präsidenten Russlands, Boris Jelzin, und den Obersten Rat der Russischen Föderation. Darin wurde mitgeteilt, dass die russische Seite die russisch-georgischen Vereinbarungen verletzt hatte.

Am 6. Juli verabschiedete der UN-Sicherheitsrat eine Resolution über die Entsendung von fünfzig Militärbeobachtern in die Konfliktzone. Wladislaw Ardsinba hat den Beschluss negativ aufgenommen, was er in seinem Antwortschreiben auch zum Ausdruck brachte.

Selbstverständlich passten der abchasischen Seite keine neutralen, objektiven internationalen Beobachter, weil sie die Verletzungen aller bisher unterschriebenen Vereinbarungen seitens der Abchasen registrieren würden.

Und trotzdem kam es am 27. Juli 1993 in Sotschi zur Unterzeichnung einer Vereinbarung über „Einstellung des Feuers und Ausarbeitung eines Kontrollmechanismus". Russland als Garant hatte auch unterschrieben. Vom 1. bis 20. August reduzierte die georgische Seite die Zahl der Beobachterpunkte an der Frontlinie am Fluss Gumista vertragsgemäß auf zwei. Die Auflösung der Bataillone und die Verlegung schwerer Kriegstechnik auf eine vorgeschriebene Entfernung hatte begonnen.

Am 24. August traf sich Ardsinba mit Jelzin in Moskau.

Am 28. August nahm Loti Kobalia, Gamsachurdias Truppenbefehlshaber, die westgeorgischen Orte Senaki und Chobi ein und eröffnete hiermit faktisch eine zweite Front.

Am 7. September versuchte Kobalia, den Bezirk Gali unter seine Kontrolle zu bekommen.

Am 15. September näherte sich Kobalia dem westgeorgischen Gebiet Gurien.

Am 18. September wandte ich mich mit einem Appell „An alle Freunde meines Landes". Ich sagte: „Ich möchte, dass die Welt erfährt, dass der Abchasien-Konflikt eine blutige Revanche des untergehenden Imperiums ist. Er ist ein Pulverfass, das nicht nur Schewardnadses Georgien, sondern auch Jelzins Russland sprengen will. Angesichts der Hölle von heute lassen sich alle Ereignisse in eine logische Reihe einordnen. Am 3. September 1992 haben wir das Schlussdokument unterschrieben. Noch war die Tinte auf dem Papier nicht trocken, als es auch schon mit den Stiefeln jener Söldner getreten wurde, die das entwaffnete Gagra im Sturm eingenommen haben. Am 14. Mai 1993 haben wir eine Feuereinstellung vereinbart. Trotzdem wurde Suchumi erneut Zielscheibe für schweres Feuer vom Land, vom Meer und aus der Luft, und eine bis an die Zähne bewaffnete Marinespezialeinheit wurde nach

Otschamtschire verlegt. Suchumi wurde blockiert. Schließlich hatten wir – zum wievielten Mal? – der russischen Friedensmission und der Vermittlerrolle Russlands vertraut und am 27. Juli 1993 erneut einen Vertrag unterschrieben. Unser Vertrauen wurde wieder mit einem Verrat ‚belohnt'."

Man hatte diesem Vertrag wirklich Glauben geschenkt. Massenhaft waren Flüchtlinge nach Abchasien – insbesondere nach Suchumi – zurückgekehrt. Das sollte für uns zu einer großen nationalen Tragödie werden. Es war auch unser Fehler gewesen: Wir hätten den Flüchtlingen nicht so schnell die Rückkehr in die noch nicht befriedete Stadt erlauben sollen. Sie zu stoppen war aber nicht möglich.

Die Vertragsverletzung war so offensichtlich, dass sich Russland gezwungen sah, sich von all dem durch einen Erlass von Premierminister Wiktor Tschernomyrdin vom 19. September „Zu den Maßnahmen im Zusammenhang mit dem Verstoß gegen die Sotschi-Vereinbarung seitens Abchasiens" zu distanzieren: „Wenn die abchasische Seite auch in der Zukunft die Sotschi-Vereinbarung nicht einhält, sind gegen sie die vom internationalen Recht vorgesehenen Maßnahmen anzuwenden, insbesondere wird dann die Energieversorgung Abchasiens von russischer Seite eingestellt werden."[7]

Das waren alles nur Worte, mehr nicht – Worte gegen Panzer, Bomber, Flugzeuge, Schiffe und Berufsmörder, die Abchasien eroberten und Georgier töteten.

Russland – diesmal war es das Russland Präsident Jelzins – setzte die Politik der Tücke und des Wortbruchs fort, die das Russland der Zaren und Generalsekretäre schon immer gegen Georgien angewandt hatte.

---

[7] Abchasisches Labyrinth. Tiflis 2000, S. 134.

Die Vertreibung der Georgier aus Suchumi

Das Verhängnis für Georgien hatte am 3. September 1992 begonnen. Wir hatten ihnen vertraut – sie betrogen uns. Genauer wäre zu sagen: Sie betrogen mich. Durch die ehrliche Einhaltung von Spielregeln in den internationalen Beziehungen war ich gewohnt, dass Verträge eingehalten werden müssen, zumal wenn sie vom Oberhaupt eines Staates unterschrieben worden waren, der zugleich als Urheber und Garant von Verträgen galt.

Auch heute noch fällt es mir schwer zu glauben, dass Jelzin gelogen haben soll und er die friedliche Beendigung des Krieges nicht wollte. Da aber er es war, der die Verhandlungen initiiert hatte, weil seine Armee sowie Bürger seines Landes am Krieg beteiligt waren und weil er der Befehlshaber der Armee und das Oberhaupt des Staates war, trägt er auch die Verantwortung für jenen bösen Betrug. Das ist äußerst bedauerlich, aber es ist eine Tatsache.

An der russischen Politik hat sich seit Jahrhunderten nichts geändert. Der Stil der russischen Politik, die auf Wortbruch, Vertragsmissachtung und Hinterhältigkeit beruht, bleibt derselbe.

Russland hat die Krim, Odessa und Sewastopol verloren und hat sich damit abgefunden. Russland hat Häfen an der Ostsee verloren und hat sich damit abgefunden. Mit dem Verlust des Landes, das zu Georgien gehört, und des Schwarzen Meeres kann sich Russland aber nicht abfinden, weil diese notwendig sind zur Beherrschung des Nordkaukasus. Außerdem halten die Nachkommen ihren Vorfahren die Treue: Ein Land, das ein russischer Soldat jemals mit seiner Stiefelsohle berührt hat, darf nicht weggegeben werden!

Damals war Tamas Nadareischwili – ein Nachkomme des abchasischen Fürsten Scherwaschidse – Vorsitzender des Militärrates von Abchasien. Er, sein Stellvertreter, stand in Opposition zu Ardsinba. Er war ein kämpferischer Mann, litt aber an Herzproblemen. Ich schickte ihn zur Behandlung nach Tiflis. Auf meinen Vorschlag hin hatte Giorgi Chaindrawa seine Vertretung übernommen. Er kam mit seinem Vater und seinem Bruder, einem Politiker, aus Tiflis. Giorgi Chaindrawa hatte sich am 9. April 1989 ausgezeichnet, als er das bekannte Massaker von Tiflis mit seiner Kamera aufgenommen hatte. Das war für mich im gewissen Sinne entscheidend bei seiner Wahl.

Am Anfang leitete er mit großer Hingabe die Verteidigung Suchumis, bis sich die Situation dann auf einmal zunehmend verschlechterte: Gamsachurdia kehrte nach Georgien zurück, und wir hatten nun an zwei Fronten zu kämpfen – gegen die abchasisch-russisch-tschetschenischen Truppen und gegen die Swiadisten.

Ich bin mir nicht sicher, ob es sich lohnt, darüber zu schreiben, aber Geschichte ist nun einmal Geschichte.

Aslan Abaschidse, der Vorsitzende des Obersten Rates der Adscharischen Autonomen Republik, der Swiad Gamsachurdia nahestand, sagte mir: „Ich hatte ihn gebeten, es nicht zu tun, er ist aber trotzdem gekommen." Seine Rückkehr hatte zur Folge, dass alle Swiadisten die Front verließen. In der Nacht hielt ich eine Sitzung ab. Alle Bataillonskommandeure waren dabei. Unter ihnen war auch der Führer des „Funiculeur-Bataillons" Wekua, ein hervorragender Kämpfer, der nicht mehr am Leben ist. Er versicherte mir, er würde den Feind nicht in die Stadt lassen. Aber gleich am nächsten Morgen wurde er, wie alle anderen Swiadisten, von Gamsachurdia nach Otschamtschire abberufen.

Ich pflegte jeden Morgen die Kampfposten zu besuchen und mich in der Stadt umzuschauen. An jenem Morgen sah ich, dass die Stadt fast leer war. Die Frauen waren beim Packen. Ich fragte sie, was sie vorhatten. „Wir müssen die Stadt verlassen", antworteten sie mir, „Was können wir denn sonst tun? Es ist kein Militär mehr in der Stadt."

Bevor sich die Lage verschärfte, hatte ich Pawel Gratschow, der sich in Gudauta aufhielt, mehrmals um ein Treffen gebeten, aber es war nicht dazu gekommen. Später, als die Situation für uns kritisch wurde, rief er mich selber an und teilte mir mit, er sei im südrussischen Ort Adler und schlug mir ein Treffen vor. Wir kamen zu dritt in Adler an: Der Verteidigungsminister Gia Karkaraschwili, der Leiter des Sicherheitsdienstes,

Irakli Batiaschwili, und ich. Wir hatten folgendes Anliegen: „Wenn die russischen Militärverbände, die sich in großer Zahl in Abchasien befinden, uns nicht helfen wollen, dann sollen sie doch wenigstens neutral bleiben." Darauf erwiderte Gratschow sehr nachdrücklich: „Wir werden Sie vom abchasischen Problem befreien, wir brauchen nur zwei neue Divisionen zusätzlich einzusetzen."

Als Karkaraschwili und Batiaschwili das hörten, traten beide aus Protest von ihren Posten zurück. Sie hatten den Plan von Gratschow richtig durchschaut: Er würde zwei Divisionen einsetzen und freie Hand bekommen, um auch Megrelien zu kontrollieren. Wir würden sowohl Poti als auch Sugdidi und Senaki verlieren. Das würde eine totale Blockade für uns bedeuten.

Zu dieser Zeit war bereits Jiuli Schartawa Vorsitzender der legitimen Regierung Abchasiens. Ich hatte ihn ernannt. Er war nicht nur eine verlässliche, erfahrene und begabte Führungspersönlichkeit, er hatte auch viele Freunde und Bekannte unter den Abchasen. Als ehemaliger Erster Sekretär des ZK der georgischen Komsomolorganisation hatte er viele „Ziehsöhne" auch in diesem Gebiet. Was sich später ereignen sollte – seine brutale Ermordung –, war mir völlig unvorstellbar. Auch heute fällt es mir schwer zu verstehen, wie die kaukasische Tradition der Bruderschaft und Freundschaft ihm gegenüber verletzt werden konnte.

Als ich sah, dass alle Bataillone weg waren und die Stadt schutzlos blieb, begab ich mich in das Regierungsgebäude. Jiuli war nicht im Hause. Man rief ihn an und teilte ihm meine Ankunft mit. In fünf Minuten war er da. Er wusste schon über alles Bescheid. Ich erinnere mich gut daran – es gibt auch eine Videoaufnahme von dieser Episode –, wie er Akaki Eliawa, den Anführer der bewaffneten Truppe von Senaki, einen Swiadisten, anrief. „Ich weiß, du hast gute Kämpfer bei dir. Wir haben auch welche. Außerdem weiß ich, dass aus Otschamtschire gern einige gekommen wären. Vielleicht entschließt du dich und stößt zu uns. Wir würden dir das hoch anrechnen. Jetzt, wo ich mit dir rede, ist auch unser Staatsoberhaupt in diesem Raum anwesend."

Eliawa war nicht einverstanden. Er konnte nicht zusagen. „Ohne den Befehl des Präsidenten kann ich nichts tun", antwortete er und meinte dabei Swiad Gamsachurdia.

Nicht nur Eliawa erschien nicht mit seinen Leuten, sondern sogar diejenigen, die schon da waren, mussten weg.

Am Abend zuvor, als Bataillonskommandeur Wekua mir versichert hatte, ich brauchte mir keine Sorgen um das „Funiculeur" zu machen, waren wir also schon in der Falle gewesen.

Irakli Batiaschwili brachte um die zwanzig Mann zusammen und unternahm einen Versuch, das „Funiculeur" zu besetzen. Es gelang nicht. Die von den Swiadisten verlassenen Positionen hatten die Gegner bereits bezogen. Sie konnten von oben alles genau beobachten und jedes Ziel relativ leicht treffen. Batiaschwili hatte einige Kämpfer verloren. Das „Funiculeur" – die wichtigste Anhöhe und das Tor zur Stadt – war verloren.

Jiuli Schartawa und seine nächste Umgebung waren im Regierungsgebäude geblieben. Ich erteilte ihm den Befehl, sofort das Gebäude zu räumen und die „Zone" zu verlassen. „Ich kann nicht raus. Sie sind schon in der Stadt", antwortete er.

Noch ein Bataillon befand sich angeblich in der Stadt, in der Schule Nummer 52. Wäre es dagewesen, hätte es Jiuli gerettet, aber auch dieses Bataillon war schon abgezogen.

Wir waren fünfzehn im Stab, unter uns Gia Karkaraschwili. Es standen nur drei Panzer vor dem Haus. Gia sagte: „Ich nehme die Panzer, durchbreche die Sperre und hole Jiuli."

Er ging, konnte aber die Sperre nicht durchbrechen. Es waren bereits sehr viele Kämpfer der Gegenseite in der Stadt, und außerdem schoss man auch schon aus der Luft auf die drei Panzer, die über eine halbzerstörte Brücke hätten fahren müssen.

Jiuli Schartawa hat das Regierungsgebäude nicht verlassen. Er und seine Mitkämpfer sind heldenhaft gefallen. Nur ganz wenigen gelang es, lebend davonzukommen.

Das Telefonat mit Eliawa war zwar erfolglos, aber in Otschamtschire gab es noch drei- bis viertausend Kämpfer, vorwiegend Swiadisten.

Wir riefen sie an, wir flehten sie an: „Kommt rüber, lasst uns doch Suchumi gemeinsam retten!" Es half nichts. Parteiinteressen oder persönliche Interessen waren stärker als das Staatsinteresse. Hätten sie uns geholfen und hätten unsere Bataillone Suchumi nicht verlassen, wäre die Stadt nicht gefallen.

Tage vor dem 27. September 1993 hatte General Kolesnikow, der Stabsleiter der russischen Armee, vor der Staatsduma in Moskau erklärt: „Suchumi wird in einigen Tagen fallen." Er nannte sogar ein Datum. Zwar nicht an dem von ihm angegebenen Tag, aber immerhin nur drei Tage später ist Suchumi wirklich gefallen. Die Operation war von seinem Stab geplant worden. Gia Karkaraschwili versuchte alles. Er überquerte den gefährlichen Bergfluss Kodori, warb in der Gegend dreihundert Mann an – Freunde, Bekannte, Sympathisanten – und kehrte zusammen mit ihnen zurück. Aber dreihundert Kämpfer konnten nicht viel gegen Tausende von Gegnern ausrichten.

Es war keine Niederlage, es war eine Katastrophe. Wir waren alle ausgeliefert, alle Georgier, die man unabhängig von Alter und Geschlecht erbarmungslos tötete.

Ich wurde im letzten Augenblick weggebracht.

Vom 25. bis 28. September 1993 verließen die Armee und die Bevölkerung die Stadt in zwei Richtungen. Ein Teil der Bevölkerung wurde mit Schiffen nach Sotschi gebracht. Das letzte Rettungsschiff gehörte zu einem Spezialeinsatz der russischen Marine – es brachte 200 Flüchtlinge in Sicherheit. Es gab auch eine Luftbrücke: Das letzte Flugzeug flog 120 Kinder, Frauen und alte Menschen von Dranda bei Suchumi nach Tiflis aus. Die Hauptmenge der Flüchtlinge rettete sich jedoch durch das Kodori-Tal. Diese Strecke durch das Hochgebirge (Mercheuli – Zebelda – Lata – Aschara – Genzwischi – Tschchalta – Sakeni) wurde für viele zum Golgatha: Am Tschuberi-Pass sind bis zu 400 Menschen umgekommen. Es war eiskalt. Die Menschen hatten keine warme Kleidung, sie hatten nichts zu trinken. Das war eine humanitäre Katastrophe und die georgische Regierung wandte sich mit der Bitte um Hilfe an die Weltgemeinschaft. Die Ukraine und Armenien schickten uns Hubschrauber, mit denen wir den Flüchtlingen Brot, Konserven und warme Kleidung brachten.

Diese Aktion des Übergangs über den Tschuberi-Pass wurde vom Vizepremier Otar Pazazia geleitet. Er gab sein Bestes. Beim Rückzug machten wir im Dorf Agudsera unweit von Suchumi zusammen mit einer Militäreinheit unter Dschaba Iosseliani Station. Wir blieben nur zwei Stunden. Wir hatten ein Radiosignal empfangen mit der Mitteilung, dass der Gegner sich dem Flughafen näherte. Dort stand meine Maschine, eine „JAK-40".

Am 27. September forderte mich das georgische Parlament auf, nach Tiflis zurückzukehren, um weiteres Blutvergießen und den Bürgerkrieg abzuwenden. Auch Dschaba Iosseliani sagte mir: „Wir werden uns hier um unsere Sache kümmern, aber Georgien besteht nicht nur aus Abchasien. Das Land muss geführt werden, Sie müssen nach Tiflis fliegen."

Ich widersetzte mich nicht. Mit dem Auto fuhren wir zum Flughafen. Das Flugzeug stand da, aber die Crew fehlte, weil jemand das Gerücht verbreitet hatte, ich sei über Swanetien nach Tiflis gelangt.

Der Leiter des Flughafens, Saur Chaindrawa, gab sich größte Mühe. „Irgendwo muss es doch noch eine Crew geben", sagte er. Und tatsächlich machte er eine ausfindig. Sie soll geschlafen haben. Man weckte sie. Ihr Flugzeug stand auch da, eine „Tu-134". Die Männer wirkten ziemlich besorgt, weil nach ihrer Meinung das Kerosin nicht bis Tiflis reichen würde. „Versuchen wir doch, nach Choni zu fliegen", sagte ich in der Hoffnung, dass wir wenigstens dieses Städtchen mit einem kleinen Flugplatz in Westgeorgien erreichen könnten. Nein, auch bis Choni würde der Brennstoff nicht reichen, sie könnten maximal riskieren, nach Batumi zu fliegen.

Wir stiegen ein, etwa fünfzehn Passagiere: Awto Iosseliani, der Chef des Aufklärungsdienstes, Irakli Batiaschwili, Kote Gabaschwili, der Oberbürgermeister von Tiflis, Sandro Kawsadse, der Vizepremier, Awto

Dschorbenadse, der Gesundheitsminister, Reso Egadse, ein Journalist, Sicherheitsbeamte und Flüchtlinge. Vom Meer aus wurde das Feuer auf unser Flugzeug eröffnet, aber der Pilot hielt sich tapfer. Wir kamen heil davon.

Bis Batumi hatten wir es geschafft. Als wir dort, in der Hauptstadt der Adscharischen Autonomen Republik, gelandet waren, sahen wir, dass sich auf dem Flugplatz Menschen versammelt hatten, etwa vierzig Personen, die unsere Maschine von weitem etwas misstrauisch beäugten, als wollten sie herausbekommen, wer denn da gelandet sei. Zwei oder drei von uns stiegen aus und teilten ihnen mit, es seien Verwundete an Bord und das Flugzeug müsse noch heute nach Tiflis weiterfliegen. Sie hatten ihnen nicht verraten, dass ich im Flugzeug saß. Die Unbekannten hörten trotzdem nicht auf, misstrauisch ihre Kreise um das Flugzeug zu ziehen. Schließlich schob ich den Vorhang zur Seite, damit sie mich durch die Fensterscheibe sehen konnten. Sie erkannten mich und verschwanden alle auf einmal. Anscheinend haben sie Aslan Abaschidse, dem Oberhaupt der Adscharischen Autonomen Republik, Bericht erstattet. Aslan erschien nicht, aber wir bekamen sofort das nötige Kerosin und flogen nach Tiflis weiter.

Ganz unglücklich und geschlagen war ich zu Hause angekommen. Indessen hatte man sich schon im Parlament versammelt und wartete auf mich. Ich war ja Staatsoberhaupt und Parlamentsvorsitzender zugleich.

Meine Frau Nanuli erwartete mich zu Hause. „Ihr könnt mich umbringen, denn lebend gehe ich dort nicht hin“, sagte ich zu ihr.

Das Parlament schickte einige Abgeordnete: Ich solle bitte kommen, weil das gesamte Parlament mich erwarte. Ich sah keinen Ausweg. Kein Unterschied, ob über mich in Abwesenheit oder in Anwesenheit gerichtet wird, sagte ich mir.

Ich betrat den Parlamentssaal. Ich sah, dass sich alle erhoben hatten und mir applaudierten. Anscheinend, weil ich ihrer Aufforderung gefolgt war, weil ich am Leben war und weil dies womöglich irgendein Hoffnungsschimmer war.

Sie haben sich meiner erbarmt. Sie wussten, dass ich lieber tot als lebend hierher zurückgekehrt wäre.

Russlands Politik

Der Krieg mit Russland in Abchasien war schmutzig, erbarmungslos und unmenschlich. Menschen wurden gefoltert und getötet, ihre Häuser verbrannt, es wurde ihnen ihr Eigentum weggenommen, und sie wurden aus Abchasien vertrieben – nur, weil sie Georgier waren. Auch mich hat man gejagt, aber das ist nicht nennenswert, wenn man bedenkt, dass Zehntausende von Menschen – Kinder, Frauen, Alte – während des Krieges umgebracht und verkrüppelt wurden oder beim Hungermarsch über den schneebedeckten Bergpass erfroren, gestorben und spurlos verschwunden sind.

Dies war eine offensichtliche und unverhohlene ethnische Säuberung, deren Beweismaterial bereits dem Tribunal von Den Haag vorliegt.

In Abchasien wurde die ethnische Säuberung von Georgiern stufenweise durchgeführt:

1. Vom 17. März 1991 bis 14. August 1992 – Aussiedlung jener Georgier aus dem Bezirk Gudauta (den Dörfern Achalsopeli, Otchara, Abgarchuki), die das Referendum zur abchasischen Unabhängigkeit boykottiert hatten; Vertreibung georgischer Fachleute aus dem Institut für Physik und Technik in Suchumi, an dem die Georgier die Mehrheit der Mitarbeiter stellten; Vertreibung georgischer Bewohner aus dem Gelände des Landwirtschaftlichen Instituts für subtropische Kulturen in Suchumi und Einquartierung von Angehörigen der monoethnischen abchasischen Garde in den leer geräumten Häusern.
2. Vom 14. August bis 2. Oktober 1992 war die Vertreibung von Georgiern aus dem Bezirk Gudauta abgeschlossen.
3. Vom 2. Oktober 1992 bis 16. September 1993 wurde die ethnische Säuberung von Georgiern im Bezirk Gagra durchgeführt.
4. Vom 16. bis 30. September 1993 wurden Georgier aus der Stadt Suchumi sowie aus den Bezirken Suchumi, Gulripschi, Otschamtschire und aus der Stadtzone Tkwartscheli vertrieben.

5. Von September 1993 bis heute dauert die Säuberung von Georgiern im Bezirk Gali an, wo nach der Beendigung des Krieges über tausend Menschen umgebracht und noch mehr verschleppt wurden.

Hier die Zahlen der Menschen, die in den Bezirken von Abchasien umgekommen oder erschossen worden sind: Gagra und die Gagra-Zone: 442, Gudauta: 134, Suchumi: 897, Tkwartscheli: 25, Gali: 1.025. Insgesamt handelt es sich nach unvollständigen Angaben um 4.465 friedliche Zivilisten. Daneben gelten bis heute 147 Menschen als vermisst. Natürlich hat auch die Gegenseite schwere Verluste erlitten.

Eine erschütternde Aussage eines abchasischen Extremisten wurde zur Wirklichkeit: „Die Georgier können in Abchasien nicht mehr leben, in Abchasien können sie nur noch sterben.“[8]

Zu der Zeit, wo mein Buch erscheinen wird, werden immer mehr Fakten des Genozids bekannt sein – es vergeht kein Tag, an dem nicht ein Georgier getötet, ausgeraubt oder beleidigt wird. „Georgier“ ist heute in Abchasien gleichbedeutend mit einem zweitrangigen Bürger, der keine Menschenrechte besitzt.

Wie viel Schaden wurde Abchasien und dem gesamten Georgien zugefügt? Hat es sich wirklich gelohnt, gemeinsam derartig zur Umsetzung traditioneller und in der Vergangenheit bereits verkündeter imperialistischer Vorhaben Russlands beizutragen? War Abchasien diese Art von Freiheit so viel wert – eine „Freiheit“, in der Baburin über das Schicksal von Abchasen entscheidet?

Und schließlich: Wie viel Blut würde noch vergossen werden müssen, wenn in Zukunft eine friedliche Lösung des Problems abgelehnt würde?

***

[8] Komsomolskaja Prawda, 19. Dezember 1992.

Nach dem Fall von Suchumi wurde die Situation in Westgeorgien noch schwieriger. Die bewaffneten Gruppierungen der Anhänger des ehemaligen Präsidenten Gamsachurdia hatten zusammen mit den Söldnern die Hafenstadt Poti besetzt und somit die Versorgung des Landes mit Lebensmitteln – vor allem mit Getreide – von sich abhängig gemacht. Die Getreidevorräte im Land hätten vielleicht noch für zwei oder drei Tage ausgereicht. Die Aufständischen versuchten, uns durch die Blockade auszuhungern. Fast alle größeren westgeorgischen Siedlungsgebiete sowie Teile der südkaukasischen Eisenbahnlinie, die Georgien und Armenien mit Russland verbindet, gerieten unter die Kontrolle des Gegners. Ebenso unmöglich wurde die Einfuhr von Getreide und Lebensmitteln durch den Hafen von Batumi, weil dort ähnliche Probleme wie in Poti entstanden.

Als die georgischen Swiadisten Poti besetzten, waren sie nicht allein: Bei ihnen waren Russen, Tschetschenen, Kosaken – alle die, die in Abchasien gegen uns gekämpft hatten, eine recht große Truppe.

Die Lage wurde ausweglos. Russland hatte sein Ziel erreicht – das Land stand vor einer Katastrophe. Es gab keine Alternative, ich musste einen Kompromiss eingehen: Georgien musste der „Gemeinschaft Unabhängiger Staaten“ beitreten, die sich bekanntlich unter russischer Kontrolle befindet. (Auch meine Freunde, Präsidenten unabhängiger Staaten, rieten mir, das zu tun, weil sie unter solchen Umständen mehr Möglichkeiten zur Unterstützung meines Landes sahen.)

Deshalb flog ich nach Moskau zum Gipfeltreffen der GUS-Länder. Jelzin hatte eine Gewohnheit: Nach den Sitzungen bat er die Führer der kaukasischen Republiken zu einer Beratung zu bleiben. So haben wir uns also separiert – Boris Jelzin, Hejdar Alijew, Lewon Ter-Petrosjan und ich.

Ich sagte zu Jelzin, dass wir Hilfe brauchten, weil Georgien sich faktisch unter einer Blockade befände. „Helfen Sie uns, Poti zu befreien und die Sicherheit der Eisenbahnlinie wiederherzustellen! Die Begleiter sollen Militärs sein, damit die Eisenbahn nicht missbraucht wird. Das liegt auch in Ihrem Interesse, wie im Interesse von Aserbaidschan und Armenien.“

Etwas entfernt von uns saß Verteidigungsminister Gratschow. „Kann ich mal eine Karte haben?“, fragte Jelzin Gratschow. Gratschow näherte sich unserem Tisch, breitete die Karte aus und zeigte auf Georgien. In der Mitte – am Zipa-Tunnel, der Ost- mit Westgeorgien verbindet – war das Land durch eine rote Linie von oben nach unten zweigeteilt. „Eine andere Möglichkeit gibt es nicht“, sagte Jelzin. „Soll der Swiad doch in Westgeorgien sitzen, und Sie bleiben in der Hauptstadt.“ – „Das ist doch nicht Ihr Ernst!“, sagte ich erstaunt und empört. „Ich meine es durchaus ernst. Einen anderen Ausweg sehe ich nicht.“ – „Das ist keine Hilfe!“ – „Ein guter Rat ist auch eine Hilfe“, erwiderte er barsch. Es war mir nicht möglich, mich zu beherrschen. Ich schlug die Tür hinter mir zu und begab mich zum Flughafen.

Ich flog sofort ab. Die Lage in Georgien wurde mit jeder Stunde schwieriger. Ich landete in Kopitnari, einem Flugplatz unweit des westgeorgischen Kutaissi.

Von dort wurde ich mit einem Wagen in westlicher Richtung nach Abascha gefahren, wo ein Spezialeisenbahnwaggon, ausgestattet mit Telefon und allen möglichen Kommunikationsgeräten, vorbereitet war.

Ich war verzweifelt. Ich dachte nach, was ich tun sollte und wo noch eine Lösung des Problems liegen könnte. Plötzlich kam ich auf die Ukraine. Eine Unterstützung von Seiten der Ukraine war realistisch, außerdem wäre sie auch für die durch und durch politisierte georgische Öffentlichkeit durchaus akzeptabel. Zur Ukraine pflegte Georgien bereits seit dem 10. Jahrhundert eine besondere Beziehung. Und war es nicht die Ukraine gewesen, die als erste die Unabhängigkeit Georgiens anerkannt hatte? Meine persönlichen Beziehungen zum ukrainischen Präsidenten Krawtschuk waren recht freundschaftlich. Ich rief ihn gleich aus dem Waggon an:

„Ich stecke in einer schwierigen Lage. Poti ist blockiert. In Georgien wird bald eine Hungersnot ausbrechen. Sie müssen mir mit Ihrer Flotte helfen. Sähe ich einen anderen Weg, würde ich Sie nicht bedrängen. Aber ich kenne keine andere Möglichkeit. Was die humanitäre Hilfe angeht: Auch wenn Sie uns jetzt etwas schicken würden, wir würden es nicht bekommen können.“

„Haben Sie mit Jelzin telefoniert? Oder könnten Sie bei ihm anrufen?“, fragte mich Krawtschuk, denn die Schwarzmeerflotte stand damals unter doppeltem Befehl, dem russischen und dem ukrainischen.

Ich sagte, dass dies unmöglich sei, und erklärte warum: „Jelzin hat mir geraten, Georgien in zwei Gebiete zu teilen. Können Sie sich vorstellen, jemand hätte Ihnen in aller Freundschaft die Zweiteilung der Ukraine empfohlen?“

„Ich verstehe Sie sehr gut, Sie brauchen bei niemandem anzurufen“, antwortete er. „Ich werde den Befehl erteilen und, wenn notwendig, werde ich es persönlich mit Jelzin besprechen. Am besten aber bleibt die Flotte einige Tage bei Ihnen. Bis Jelzin es erfährt, wird sich die Sache schon erledigt haben.“

Nach kurzer Zeit rief er mich an: „Der Befehl ist bereits erteilt. Die Militärschiffe werden bald nach Poti abfahren.“

Awto Margiani, unser Vizepremier, begab sich sofort zu Admiral Baltin und tat alles, damit die Schiffe sich ohne Verzögerung auf den Weg machten. Das werde ich Margiani nie vergessen.

Und tatsächlich lagen nach eineinhalb Tagen zwanzig Schiffe mit Mannschaft und Artillerie vor dem Hafen Poti. Sie stellten ihre Posten an den wichtigsten Stellen auf. Es hat keinen einzigen Schuss gegeben. Wir besetzten Senaki, Sugdidi blieb den Swiadisten. Aber weil Poti und Senaki nun schon befreit waren, wurde der Weg nach Sugdidi freier.

Dschaba Iosseliani und ich waren im westgeorgischen Samtredia. Nach Mitternacht, es dürfte halb eins gewesen sein, sagte Dschaba zu Gia Karkaraschwili: „Außer dir wird niemand Sugdidi betreten können.“ „Ich kann nicht“, antwortete Gia. „In Sugdidi habe ich drei Menschen umgebracht, die Mörder meiner drei besten Freunde. Wenn man mich in Sugdidi sähe, könnte ein Unglück passieren.“

Da sagte Dawid Tewsadse, unser künftiger Verteidigungsminister, ein guter Kämpfer übrigens: „Ich denke, es ist besser, wenn ich nach Sugdidi gehe, und nicht Gia.“

Ich umarmte ihn und dankte ihm.

Dawid Tewsadse hatte etwa dreihundert Kämpfer. Die ganze Nacht sind sie durch waldiges Gebiet, durch unbekanntes Areal marschiert und betraten in der Morgendämmerung, unerwartet für alle, Sugdidi. Der Gegner versteckte sich und verschwand bald ganz. Alles war friedlich ausgegangen.

***

Im September 1992 hatte ich die Weltgemeinschaft dazu aufgerufen, nicht nur Georgien, sondern auch das demokratische Russland und seine demokratischen Reformen zu unterstützen. Unsere Sicherheit war nämlich – und dies gilt auch für die Gegenwart wie für die Zukunft – nur angesichts eines demokratischen Russland denkbar. Am selben Tag verabschiedete das russische Parlament eine Erklärung „Über Abchasien", die sowohl gegen Georgien als auch gegen die Regierung Jelzins gerichtet war.

Die Abgeordneten hatten die Intervention unter der Fahne einer Friedensstiftung abgesegnet. Die von ihnen verabschiedeten Beschlüsse waren ein Mandat zugunsten des Separatismus und ein Ansporn für Extremisten und Terroristen. Sie hatten die wahren Gründe des Konflikts verhüllt und dessen eigentliche Hintermänner im Dunkeln gelassen.

Mit seinem Beschluss bestätigte das russische Parlament die Unterstützung der imperialen Politik nach dem Motto „Divide et impera!" Diese Politik stimuliert aggressiven Nationalismus und manipuliert ihn im eigenen Interesse.

Um es präziser auszudrücken: Jene militärpolitischen Kräfte der imperialen Revanche hatten einen Krieg in Abchasien gegen Georgien geführt. Später drohten sie Russland selbst mit der „Machtergreifung" und Restaurierung des totalitären Systems.

Ich hoffe, dass nach dieser Präzisierung alle angeführten Belege der russischen Teilnahme an diesem Krieg richtig verstanden und interpretiert werden.

So hat einer der Feldkommandeure, der auf der Seite der Separatisten gekämpft hat, ganz unverblümt einem Korrespondenten der Zeitung „Iswestija" offenbart: „Ich wurde von der Nationalistischen Partei Russlands nach Abchasien geschickt. Die Partei engagiert sich aktiv nicht nur auf verschiedenen Territorien, sondern auch in der russischen Armee, im Innenministerium, im Geheimdienst. Wir streben die Macht in Russland an. Wir verstehen sehr wohl, dass Russland an der Schwelle großer Umwälzungen steht und dass der Bürgerkrieg noch in diesem Jahr beginnen kann. Darum gründen wir neue Kampfeinheiten, erwerben Kriegserfahrung, und wenn die Zeit kommt, wird unsere Partei die einzige sein, die Kenntnisse von einer Bürgerkriegsführung haben wird. Wir beschützen die Slawen überall, wo ihnen Gefahr droht. Unsere Leute waren in Dubosar, sie erfüllen ihre Pflicht auch in Serbien. Und ich bin auf Beschluss der Partei hier."

Ich erlaube mir eine Ergänzung: Anfang der 90er Jahre des vergangenen Jahrhunderts kämpften zweitausend Staatsangehörige Russlands in Bosnien und Herzegowina, um, nach ihren eigenen Worten, slawische Brüder vor den Muslimen zu schützen. Dreißigtausend Freiwillige sind aus der Russischen Föderation in die Brennpunkte der ehemaligen Sowjetunion gezogen, und jeder Einzelne von ihnen behauptete – oftmals ganz aufrichtig –, er würde für eine Idee kämpfen.

Die Kriege in Abchasien und Südossetien sind nur Episoden in den russisch-georgischen Beziehungen. Sie gehören zu den Versuchen Russlands, Georgien als einheitliches Land aufzulösen und es in den Zustand zurückzuversetzen, in dem es sich befand, als es sich – in sieben Fürstentümer aufgeteilt – Russland angeschlossen hat.

Ein klarer Beweis dafür waren Flugblätter, die man während des Abchasischen Krieges in Megrelien verbreitete. Sie enthielten „Beweismaterial" für die Unterdrückung der Megrelen durch die Georgier und propagierten den Austritt Megreliens aus dem georgischen Staatsverband. Ähnliches wurde auch in Adscharien unternommen. Hier versuchte man, nicht nur das georgische Staatswesen, sondern das georgische nationale Einheitsbewusstsein von innen her zu zerstören.

Nach diesem hinterhältigen Krieg war Georgien gezwungen, der GUS beizutreten. Ich sah zwar, dass die Vereinigung keine Zukunft und Bedeutung hatte, aber meine georgischen Opponenten stellten sich die GUS beinahe wie eine neue Sowjetunion vor. Daher rief der GUS-Beitritt die heftigsten Reaktionen hervor.

Als ich den Beschluss fasste, bewegte mich ein einziger Grund: Zur GUS gehörten fast alle ehemaligen Sowjetrepubliken, und ihre Präsidenten waren meine Freunde. Wie bereits erwähnt, hatten sie mir geraten, der Gemeinschaft beizutreten: „Wenn Sie dabei sind, wird es uns leichterfallen, Einfluss auf Russland auszuüben."

Ich erinnere mich an eine der letzten Sitzungen der GUS-Staatsoberhäupter, an der Jelzin teilgenommen hatte. Durch meinen Auftritt begann eine Diskussion zur abchasischen Frage. Alle Präsidenten verlangten von Jelzin kategorisch, das Problem zu lösen. Ihre Auftritte waren nachdrücklich und scharf. Jelzin erhob sich und sagte: „Ich verspreche Ihnen, dass wir die Abchasien-Frage in allernächster Zukunft lösen werden." Ich glaubte ihm, obwohl er mich schon einmal, am 3. September 1992, betrogen hatte. Und wieder sollte ich enttäuscht werden.

Die Abchasien-Frage wurde in unseren Sitzungen mehrmals besprochen, jedoch ohne ein Ergebnis. Ich sagte zu meinen Kollegen, dass ich fürchtete, morgen werde ein anderes Land mit gleichen Problemen dran sein. Kurz, wir haben nicht viel erreicht. Trotzdem glaube ich nicht, dass der GUS-Beitritt ein Fehler war. Wer weiß, wie vielen Aggressionen Russlands wir damit vorgebeugt haben. Russland hatte sich ja viel mehr vorgenommen.

Hätte Russland an der Türschwelle zur GUS seine imperialen Vorhaben aufgegeben, hätte die Gemeinschaft tatsächlich zur handlungsfähigen Struktur werden können, mit deren Hilfe man die durch die Zerstörung des ehemaligen sowjetischen Wirtschaftsraumes verursachten negativen Erscheinungen hätte abmildern können. Für die Psyche einer Großmacht ist eine Partnerschaft von Gleichberechtigten undenkbar. Das ist gegen ihre Würde. Dabei ist für das 21. Jahrhundert die „Partnerschaft" die einzig vorstellbare Beziehungsform zwischen Staaten.

Die Ursachen des Abchasien-Krieges und unserer Niederlage lagen im Doppelspiel der Russen, in den menschlichen Ressourcen der nordkaukasischen Guerillas, der ununterbrochenen Zulieferung russischer Waffen und Finanzen, der Beteiligung russischer Militärs an den Kampfaktionen, ihrer offenen und heimlichen Unterstützung der Separatisten, in der Planung und Umsetzung von Kampfaktionen gegen georgische staatliche Militäreinheiten durch den russischen Generalstab, der ständigen Missachtung unterschriebener Verträge und der äußerst bedauerlichen Zersplitterung und dem Verrat der Georgier untereinander. Die wichtigste Ursache aber lag in der sich unter den Abchasen herausgebildeten Nationalidee, zuerst einen selbstständigen abchasischen Staat und später eine „Kaukasische Konföderation" zu gründen, bei deren Verwirklichung das georgische Volk und der georgische Staat im Wege stehen. Das Problem ist derart krass, dass es in der nächsten Zukunft zu großem Blutvergießen und einer starken Veränderung der demographischen Situation im Kaukasus führen könnte.

Es gibt nur einen einzigen friedlichen Ausweg: Die wirtschaftlichen Beziehungen sollten wiederhergestellt und die Flüchtlinge ohne Einschränkung und unter einer gemeinsamen Schutzgarantie nach Abchasien rückgeführt werden. Abchasien selbst, das alle Garantien erhält, die für die Entwicklung der abchasischen Ethnie notwendig sind, soll in den rechtlichen Rahmen des georgischen Staates zurückkehren und sich aktiv am Aufbau des einheitlichen Staates beteiligen. Kurz, es muss jenes Modell wiederhergestellt werden, wonach dieses Gebiet jahrhundertelang eines der wichtigsten im einheitlichen und unteilbaren georgischen Staat gewesen ist.

Für irgendeine andere Lösung sehe ich keine Perspektiven. Das ist für mich die Logik der Gerechtigkeit, mein unverwirklichter Wunsch und das von mir für die Nachkommen hinterlassene Vermächtnis.

Schließlich hat jede Nation, ob groß oder klein, das gleiche Recht auf die Existenz und auf den Schutz seiner selbst, seines Territoriums, seiner Kultur, Tradition, Vergangenheit und Zukunft.

Die Georgier haben dieses Recht auch.

Attentate und Terrorismus

Ich weiß nicht, ob das ins „Guinness-Buch der Rekorde“ eingehen wird, aber auf mich wurden drei Attentate verübt:

Das erste am 3. Oktober 1992 in Abchasien während des unerklärten Krieges.

Das zweite am 29. August 1995 vor dem Beginn des Zeremoniells zur Unterzeichnung der neuen Staatsverfassung.

Das dritte am 9. Februar 1998 vor der Besiegelung des Beschlusses über die Ölpipeline Baku-Tiflis-Cejhan, die durch Georgien verlaufen sollte.

Alle Versuche, mich physisch zu liquidieren, fallen mit schicksalhaften Momenten des georgischen Staates zusammen. Das waren sozusagen globale Attentate, die von inneren oder äußeren Kräften nicht gegen eine Person, sondern gegen den Staat geplant worden waren. So sah das damals aus, und bis heute hat sich daran nichts geändert.

Das erste Attentat

Am 3. Oktober 1992 flog ich von Suchumi nach Norden, wohin sich unsere Regierungstruppen zurückgezogen hatten. Sie hatten Gagra verlassen müssen, weil der Gegner den Waffenstillstandsvertrag vom 3. September verletzt hatte und die abchasischen sowie die nordkaukasischen Freischärler eine unerwartete Offensive starteten. Zusammen mit den Regierungstruppen hatten auch Tausende von friedlichen Bewohnern – Georgier, Abchasen, Russen, Armenier – die Stadt und nahegelegene Dörfer verlassen. Alle zogen in Richtung Gantiadi und Lesselidse, wo die nordwestliche Grenze Georgiens zu Russland verläuft.

Der Hubschrauber „Mi-8“ war schon zum Start bereit, als der Leiter des örtlichen Aufklärungsbüros berichtete, die Leitung der unweit des Militärflughafens Bombora (Gudauta) verteilten russischen Luftlandetruppe rate wegen mangelnder Sicherheit vom Flug ab.

Das klang absurd und warf Fragen auf. Wenn sich das Oberhaupt eines unabhängigen Staates im Luftraum seines Landes bewegt, sorgt die entsprechende Behörde des eigenen Landes für seine Sicherheit. Womit hatte ich also eine solche „Aufmerksamkeit“ der russischen Militärs verdient?

Einen Tag zuvor, am 2. Oktober, hatte ich ein unangenehmes Gespräch mit dem stellvertretenden Verteidigungsminister Russlands, Georgij Kondratjew, gehabt. Ich hatte ihm vorgeworfen, der russische Teil der Kommission zur Inspektion und Kontrolle habe die Tragödie von Gagra auf dem Gewissen. Die Kommission wurde am 3. September 1992 gebildet, um die Umsetzung von Verordnungen jenes Schlussdokuments zu gewährleisten, das beim Treffen von Jelzin, Ardsinba und mir in Moskau vereinbart worden war. Obwohl General Kondratjew und seine Mitarbeiter bereits während der Verhandlungen die Nachricht erhalten hatten, eine Offensive auf Gagra würde vorbereitet, hatten sie nichts zu deren Unterbindung und zur Durchsetzung politischer Schritte der Konfliktregelung unternommen.

Es war derselbe Kondratjew, der einige Monate zuvor befohlen hatte, mit Hubschraubern der russischen Luftabwehr Positionen georgischer Gardisten im südossetischen Zchinwali anzugreifen.

Es versteht sich von selbst, dass ich gute Gründe hatte, ihm und einigen seiner Kollegen zu misstrauen. Mit mir zusammen waren noch etwa zwanzig Mann an Bord: Mitglieder der Regierungsdelegation, meine Assistenten, Journalisten und Sicherheitsbeamte.

Bereits während des Fluges nach Lesselidse hatten die Piloten vier russische Kriegsschiffe mit hochpräzisen Raketen im Schwarzen Meer bemerkt.

In Gantiadi und Lesselidse verbrachten wir einige Stunden. Das Gespräch mit den Verteidigern von Gagra und den Flüchtlingen war niederschmetternd. Schweren Herzens kehrte ich in den Hubschrauber zurück.

Wir konnten nicht sofort starten. Mehr als eine halbe Stunde versuchten wir, eine Verbindung zu den in Suchumi auf uns wartenden Begleithubschraubern herzustellen. Die im Meer bei Gagra befindlichen russischen Kriegsschiffe störten die Funkverbindungen und nahmen uns so jede Kontaktmöglichkeit. Ungefähr zur selben Zeit erreichte uns die Warnung: Die Russen würden jedes georgische Flugzeug, und zwar egal, ob Militär- oder Zivilmaschine, attackieren, wenn es den Abstand zu den russischen Schiffen, nämlich fünf Kilometer am Tag und fünfzehn Kilometer in der Nacht, nicht einhalten würde. War das eine Drohung? Eine Einschüchterung? Nicht nur das. Man zwang uns, eine weite Schleife übers Meer zu fliegen.

Wir wussten, dass die Abchasen schon Zenitraketen besaßen. Genau in die Richtung dieser Raketen trieben uns unsere russischen Nachbarn. Endlich waren die Begleithubschrauber da, und wir konnten abfliegen.

Auf einmal nahm ich einen ruckartigen Schlag wahr. Dann begann der Fall. Der Hubschrauber verlor an Höhe. Einige meiner Gefährten lagen auf dem Boden. Der Kameramann des „Ibervisia“-Senders, Amiran Murwanidse stand aufrecht, lehnte seine Kamera ans Fenster und filmte.

Die dunkle Silhouette eines fremden Hubschraubers näherte sich uns von Gagra her. Das war ein „Mi-24“, damals die wichtigste Kampfmaschine der russischen Luftabwehr. Er flog ohne Kennzeichen und hatte nur Leuchten am Bug und Heck. Als bis zu unserem Hubschrauber nur noch knappe fünfzig Meter geblieben waren, schaltete der Pilot die Leuchten aus und flog unter uns hindurch. Was war das? Flugexperten erklärten es mir später: Unter unserem Hubschrauber sollte ein Vakuum entstehen, das unseren Fall ins Meer verursacht hätte.

Aber bevor der Hubschrauber des Gegners das Manöver ausführen konnte, empfing unsere Crew den Befehl vom Piloten unseres Begleithubschraubers, sofort so hoch wie möglich aufzusteigen. Es kam auf Sekunden an, und diese Sekunden haben uns gerettet. Der Name des Piloten war Jimi Maissuradse, ein echter Held, der in diesem Krieg gefallen ist.

Es war ein hinterhältiger und kaltblütiger Mordanschlag, der Versuch eines Mordes, der keine Spuren hinterlassen würde: Man würde höchstens den Hubschrauber und unsere Leichen auf dem Meeresboden entdecken. Unseren Fliegern, ihrem Können und ihrem Mut verdankten wir damals unser Leben, unsere Rettung vor dem Absturz ins Meer.

Später erfuhr ich von Experten noch einiges über den Piloten des geheimnisvollen Hubschraubers. Es stehe fest, dass er ein Flieger höchster Qualifikation war, sagten sie mir. Andernfalls wäre es ihm unmöglich gewesen, ein so schwieriges Manöver durchzuführen. Die Abchasen hatten gewiss keinen solchen Piloten und besaßen auch keinen solchen Hubschrauber.

Was war an jenem Tag am abchasischen Himmel geschehen? Als ich dieses Ereignis zu analysieren versuchte, erinnerte ich mich an die Warnung eines Moskauer Politologen: „Der Zorn höchstrangiger Offiziere ist persönlich auf Schewardnadse gerichtet." Dass es sich hier um die Rache russischer nationalgesinnter Patrioten handelte, bedurfte keines langen Kopfzerbrechens. Sie selbst offenbarten sich, als sie sagten: „Schewardnadse hat die Sowjetunion zerstört, so soll nun auch sein Georgien zusammenbrechen."

Das zweite Attentat

Als ich am 7. März 1992 nach Tiflis zurückkehrte, wusste ich genau, welches mein politisches Hauptziel sein musste: Die Annahme der Verfassung und die Durchführung von Wahlen.

Nun hatten die Parlamentswahlen bereits stattgefunden. Außer dem Parlament hatte das Volk den Parlamentsvorsitzenden gewählt. Das war ich, und kurz darauf wählte mich das Parlament zum Staatsoberhaupt. Die Legitimation war damit gegeben. Aber ohne eine zeitgemäße Verfassung war jeder Gedanke an den Aufbau eines Staates leeres Gerede.

Am 16. Februar 1993 bildete das georgische Parlament auf meinen Vorschlag hin eine 118 Personen starke Verfassungskommission. Sie erhielt den Auftrag, eine redigierte Version der Verfassung von 1921 vorzubereiten. Ich war Vorsitzender der Kommission.

Die Kommission war bunt wie das Parlament, und es war sehr schwierig in ihr zu arbeiten. Hier, wie im Parlament, hatten sich Menschen unterschiedlicher Auffassungen und Ziele versammelt. Unter ihnen waren viele bekannte Wissenschaftler und Gelehrte wie z. B. Professor Giwi Inzkirweli (Akademiemitglied), Professor Wachtang Goguadse (Parlamentssprecher), Frau Rusudan Beridse (Vizesprecherin des Parlaments) und Awtandil Demetraschwili, die Schriftsteller Tschabua Amiredschibi und Dschansug Tscharkwiani, der Theater- und Filmregisseur Giga Lordkipanidse u. a. Sie versuchten alles, damit wir unser Ziel bald erreichen konnten. Aber genau wie im Parlament gab es auch hier einige nicht sehr kompetente Leute unter uns. Das erschwerte unsere Aufgabe, und alles dauerte zu lange. Nach dreijähriger ermüdender Arbeit war der Verfassungsentwurf der Kommission im Mai 1995 fertig. Am 2. Juli wurde er dem Parlament vorgelegt. Am 24. August 1995 verabschiedete das Parlament die Verfassung Georgiens.

Was fehlte, war nur noch eine Formalität: Das feierliche Zeremoniell für die Unterzeichnung der Verfassung sollte am 29. August um 16 Uhr im Palast der Jugend auf dem Rustaweli-Prospekt, in der ehemaligen

Residenz des Statthalters des Zaren, dem späteren Regierungssitz der Demokratischen Republik Georgien, stattfinden. Mein Büro, wie auch das Parlament selbst, war vorläufig im Gebäude des ehemaligen Instituts für Marxismus-Leninismus untergebracht, das sich etwa fünfhundert Meter vom Jugendpalast entfernt auf dem Rustaweli-Prospekt befindet. Und diese fünfhundert Meter sind mir beinahe zum Verhängnis geworden.

Trotz großer Freude, denn ich war im Begriff, mein Lebenswerk abzuschließen, wurde ich von einer bösen Vorahnung befallen und konnte mich den ganzen Tag über nicht von ihr befreien.

Zehn bis fünfzehn Minuten vor dem Beginn des Festaktes brach ich auf und ging das Treppenhaus hinunter, das ich auch sonst immer benutzte. Im Innenhof sah ich einen unbekannten Geländewagen, einen Lada-„Niwa", aber ich schenkte diesem Umstand keine Aufmerksamkeit. Die Sicherheitsbeamten hatten wohl gedacht, dass der Wagen den „Mchedrioni" oder einem unserer Mitarbeiter gehörte. Ich setzte mich in meinen Wagen. Der Vizesprecher des Parlaments, Wachtang Rtscheulischwili, und der Chef des Büros des Staatsoberhauptes, Petre Mamradse, waren mit im Wagen. Unser Auto hatte sich in Bewegung gesetzt und fuhr gerade an dem besagten „Niwa" vorbei, als eine ohrenbetäubende Explosion erfolgte. Der Kofferraum unseres Wagens brannte. Durch die Explosion stürzte ein Teil des Gebäudes ein, die Steine fielen auf uns herunter, mein Gesicht wurde verletzt. Wir versuchten auszusteigen, aber die Tür klemmte. Hier bewährten sich der Fahrer Gela Tandaschwili und der Vizesprecher Wachtang Rtscheulischwili: Geistesgegenwärtig rissen sie die Tür auf, und wir konnten mit Mühe das Fahrzeug verlassen. Feuer umhüllte den ganzen Wagen.

Erst später erfuhr ich, was uns gerettet hatte: In einem nicht sichtbaren Fahrzeug, von dem aus die Bewegung unseres Wagens beobachtet und die Explosion des leeren „Niwa" gesteuert worden war, saßen zwei Männer, der eine am Steuer, der andere am Detonationspult. Der „Niwa" hätte in dem Moment explodieren sollen, in dem uns die Druckwelle von der Seite hätte treffen können. Dann hätte uns nichts helfen können, wir wären alle umgekommen. Anscheinend hatte der junge Mann, der den Knopf auf dem Pult drücken musste, einen Augenblick gezögert oder Angst bekommen. Statt seiner drückte der Fahrer den Knopf. Er verspätete sich jedoch um Sekundenbruchteile und genau diese Verzögerung rettete uns: Wir konnten in dieser Zeit die kritische Zone passieren. Die Explosion traf nur den Kofferraum des Wagens. Vom Innenhof bis zur Straße blieben wenige Meter. Blutend legten wir die kurze Entfernung im Laufschritt zurück. Ein Wunder, dass niemand auf uns schoss. Man fuhr uns ins Krankenhaus.

Weil man eine Wiederholung des Attentats befürchtete, lieferte man uns nicht in das Regierungskrankenhaus ein, sondern in ein einfacheres. Die Ärzte des „Republikanischen Krankenhauses" waren bestürzt über unseren „Besuch", den wir ihnen unangemeldet und blutverschmiert abstatteten. Schnell säuberte man mir die Wunden. Bald war auch meine Frau da. Viele meiner Mitstreiter und Mitarbeiter eilten herbei. Damit keine Panik in der Bevölkerung entstand, wurde das Fernsehen zugelassen. So erwischten sie mich im Unterhemd, mit verschrammtem Gesicht. Und das war der Moment, als ich, verbittert und voller Ironie, mich über die Attentäter äußerte: „Nicht einmal das können die Armseligen mit Erfolg zu Ende führen." Erst später erfuhr ich, dass ich unwissentlich die Worte Charles de Gaulles wiederholt hatte. „Diese Kerle können nicht einmal schießen!", soll er nach einem misslungenen Attentat auf sich gesagt haben.

Aber: Was war geschehen? Die Ermittlungen ergaben, dass hohe Amtsträger an der Verschwörung beteiligt waren.[1] Nach Angaben der Ermittler soll Dschaba Iosseliani dem Attentat schweigend seinen Segen

[1] Der unmittelbare Vollstrecker war zu meinem Erstaunen ein Mitglied der „Mchedrioni", der in Abchasien selbstlos und mutig gekämpft hatte. Wegen der Teilnahme am Attentat kam er nach dem Prozess ins Gefängnis. Nach einer gewissen Zeit habe ich ihn begnadigt. 2003, nach meinem Rücktritt, kam er mich sogar besuchen – auch das ist ein typisch georgischer Charakterzug.

gegeben haben: Jener Mann, der alles getan hatte, damit ich nach Georgien zurückkehrte, der mit voller Hingabe in Abchasien gekämpft hatte, der sich aber nach den Parlamentswahlen mit der Einschränkung seiner Macht im Staatsapparat nicht abfinden konnte. Er hatte sich daran gewöhnt, dass alles, was er sagte, widerspruchslos getan wurde. Von der Macht vergiftet, bildete er sich ein, er selbst sei der Staat. Ich war ihm nur noch ein Hindernis auf seinem Weg: Ich war überflüssig geworden. Es ist nicht leicht, der Droge Macht zu widerstehen. Viele sind von ihr betäubt worden, und alles hat meist ein trauriges Ende genommen.

Als ich nach Georgien zurückgekehrt war, wusste ich: Wenn ich einen Rechtsstaat aufbauen will, muss ich Tengis Kitowani und Dschaba Iosseliani entweder aus der Regierung entfernen oder aber dem anarchischen Denk- und Handlungsstil der beiden gesetzlich vorgeschriebene Einschränkungen auferlegen.

Dschaba und ich hatten eine besondere Beziehung zueinander gehabt, aber ein Zusammensein mit ihm war trotzdem nicht möglich. So stimmte er mit einem Kopfnicken dem Plan meiner Liquidierung zu. Zwei Jahre zuvor hatte ich übrigens wegen einer scharfen Auseinandersetzung mit Dschaba sogar meinen Rücktritt beschlossen, aber auf Bitten der Menschenmassen auf den Straßen war ich geblieben. Gott sei Dank, dass ich geblieben war. Denn sonst – unter Tengis Kitowani und Dschaba Iosseliani – wäre das völlig isolierte und von allen gemiedene Land in ein Chaos der Gewalt versunken.

Unter Vorsitz des Sicherheitsministers Igor Giorgadse wurde eine Kommission zur Untersuchung der Attentate gebildet. Es schien, als wäre man irgendeiner Gruppe auf der Spur. Aber bald zwangen mich die Umstände, Giorgadse, den Afghanistan-Veteranen und Vertrauensmann Russlands, von seinem Posten abzusetzen. Er scheint selber in das Attentat involviert gewesen zu sein. Danach verschloss er sich der Ermittlung. Er wurde heimlich aus der russischen Militärbasis Wasiani bei Tiflis ausgeflogen.

Das dritte Attentat

Der Schilderung dieser Episode will ich eine Einführung vorausschicken.

Das Hauptziel meiner Rückkehr nach Georgien bestand nicht nur in der Lösung alltäglicher Probleme wie Kriminalität, Mangel an Energiestoffen, Getreide, fehlende staatliche Strukturen, marktwirtschaftlich orientierte Reformen etc., sondern in der Herstellung einer Funktion für Georgien, die das Land brauchbar für die ganze Welt hätte machen können.

Es ging mir dabei um die Wiederherstellung der „Seidenstraße", worüber ich bereits als sowjetischer Außenminister in Wladiwostok gesprochen hatte. Damals stellten wir uns jedoch die Straße nur im Rahmen des sowjetischen Raumes vor. Georgien gehörte diesem Raum an, und eine Öl- bzw. Gaspipeline durch Georgien bedeutete so viel wie eine Pipeline durch die Sowjetunion. Als im Kaspischen Meer große Vorräte an Öl und Gas entdeckt wurden, wurde die „Seidenstraße" zum Leitmotiv meiner Tätigkeit.

Meinem Land bot sich eine historische Chance, die man sich nicht aus den Händen nehmen lassen durfte. Würde es Georgien gelingen, in diesem internationalen Segment einen Platz zu besetzen, so würde das heißen, dass es für viele Länder, sowohl im Westen als auch im Osten, von Nutzen wäre.

Das Projekt hat meinem Land eine außerordentlich wichtige Funktion verliehen. Staaten, die an Öl und Gas interessiert sind, betrachten neben Aserbaidschan auch Georgien als ihren Partner. Mit der Zeit wird diese Funktion Aserbaidschans und Georgiens noch deutlicher werden. Im Endergebnis wird das zum Wachsen nicht nur der politischen Bedeutung, sondern auch des Haushaltes des Landes führen.

Der damalige Präsident Aserbaidschans, Hejdar Alijew, hat die entscheidende Rolle bei diesem Projekt gespielt. Er ist als großer Staatsmann in die Geschichte Aserbaidschans eingegangen, der sein Land auf eigene Füße stellte. Seinerzeit hatte die Wahl Hejdar Alijews zum Ersten Sekretär der Kommunistischen Partei Aserbaidschans und insbesondere seine darauf folgende Tätigkeit in der Sowjetunion viel Ärger hervorgerufen. Er war vor allem durch seinen gnadenlosen Kampf gegen „negative Erscheinungen“ bekannt geworden: Bestechung, Erpressung, Unterschlagung und andere Verbrechen. Im erschlaffenden Klima der späten Sowjetunion, in der fast jede führende Persönlichkeit mit sich selbst zufrieden war und niemand etwas problematisieren wollte, wirkte das wie eine Explosion.

Alijews Tätigkeit, seine öffentlichen Auftritte und lauten Gerichtsprozesse über die von ihm aufgedeckten Straftaten sorgten bei vielen für Unruhe, aber die Mehrheit der Bevölkerung begrüßte seine Aktivitäten. Zu der Zeit war ich Innenminister Georgiens und bekämpfte in ähnlicher Weise Missstände, wobei Alijews Zuständigkeiten und Möglichkeiten sicherlich viel weiter reichten als die meinen.

Alijew schenkte den Arbeiten zur Erkundung der Öl- und Gasvorräte des Landes besondere Aufmerksamkeit. Später, als wir uns kennenlernten, erwähnte er oft in Gesprächen, im Kaspischen Meer gäbe es reichlich Öl- und Gasvorkommen. Aber damals konnte er die sowjetische Führung nicht davon überzeugen. Die Sowjetunion, insbesondere Russland, besaß genug Öl und Gas. Das waren die Haupteinnahmequellen für Devisen. Man war der Meinung, dass die Mengen völlig ausreichend waren, mehr brauche man nicht. Kurz, die Frage war für die Sowjetunion damals nicht aktuell.

Die Zeit, in der wir unsere Länder synchron führten, Alijew Aserbaidschan und ich Georgien, hat zehn Jahre gedauert. Das waren einzigartige Jahre einer echten brüderlichen Freundschaft. Später, in unserer Moskauer Zeit, freundeten sich auch unsere Familien an. Meine Frau Nanuli mochte Alijews Frau Fatima sehr gern, eine Ärztin und Professorin, eine wunderbare Persönlichkeit.

Es ist nicht uninteressant zu wissen, dass man Alijew unter anderem auch mit außenpolitischen Fragen in verschiedenen, zumeist islamischen, Regionen beauftragt hatte. Diesen Aufgaben ging er immer verantwortungsvoll und meist erfolgreich nach. Er hatte das nötige Wissen und viel Ausdauer. In der gesamten Sowjetunion war sein Ansehen schnell gewachsen.

Nach einiger Zeit kehrte Hejdar Alijew nach Aserbaidschan zurück. Zuerst lebte und arbeitete er in seinem Heimatgebiet Nachitschevan. Dann zog er nach Baku und wurde Staatsoberhaupt Aserbaidschans. Sobald ihm die Umstände günstig erschienen, setzte er die kaspische Öl- und Gasproblematik auf die Tagesordnung und lud ausländische Firmen und Experten ein, die große Öl- und Gaslagerstätten im Kaspischen Meer bestätigten. Von dieser Zeit an wurden Öl und Gas zum Hauptthema unserer Gespräche. Alijew tat alles, um die Energieträger-Route durch Georgien führen zu lassen.

Die erste Probe-Ölpipeline Baku-Supsa wurde in knapp sieben Monaten gebaut. Ihrer feierlichen Eröffnung 1999 wohnten Hejdar Alijew, der ukrainische Präsident Leonid Kutschma und ich bei.

Der Bau der Pipeline Baku-Tiflis-Cejhan, der zum Objekt eines breiten internationalen Interesses und einer aktiven Unterstützung seitens der USA und der Türkei wurde, verlieh Georgien eine außerordentlich wichtige internationale Funktion.

Heute werden Hejdar Alijews Projekte und freundschaftliche Beziehungen zu Georgien von seinem Sohn, Ilham Alijew, fortgesetzt. Einen riesigen Beitrag zur Unterstützung des Projekts sowie zur Verbesserung der türkisch-georgischen Beziehungen haben der ehemalige Ministerpräsident und spätere Präsident der Türkei, Süleyman Demirel, sowie seine Nachfolgerin im Amt des Ministerpräsidenten, Frau Tansu Çiller, geleistet.

Süleyman Demirel besuchte Georgien im Juli 1992 zum ersten Mal in der Funktion des Ministerpräsidenten. Er brachte eine repräsentative Delegation mit: Minister, Abgeordnete, Unternehmer, bekannte Persönlichkeiten. Einige von ihnen hatten georgische Vorfahren und konnten Georgisch. Bei einem großen Zusammentreffen ergriff der Abgeordnete Refaydyn Shahin (ehem. Lordkipanidse) das Wort und verblüffte die Anwesenden mit seinen ausgezeichneten Georgischkenntnissen.

Der Hauptvertrag wurde bei diesem Besuch unterschrieben. Danach war ich elf Mal in der Türkei (1994, 1995, 1997 und 2000). Tansu Çiller, die gemeinsam mit Präsident Süleyman Demirel der feierlichen Eröffnung der Zollstation Achalziche-Ardagan beiwohnte, kam später zu einem offiziellen Besuch nach Tiflis. Treffen von türkischen und georgischen Vertretern aus der Regierung und dem öffentlichen Leben finden seitdem regelmäßig statt. In der Funktion des Präsidenten hat Süleyman Demirel Georgien mehrmals besucht. All das zusammen verlieh unseren Beziehungen eine noch nie dagewesene Intensität.

Die für mein Land so wichtige und friedliche Idee sowie das lebensfähige Projekt, das aus dieser Idee entstanden war, brachten mir viele Feinde ein. Für Russland war das Projekt absolut unannehmbar. Deshalb unternahm Russland alles, sowohl offen als auch heimlich, um seine Verwirklichung zu verhindern. Die endgültige Form des Projekts wurde 1998 der Öffentlichkeit zugänglich gemacht. Es wurde bekanntgegeben, dass sich der aserbaidschanische Präsident Hejdar Alijew, der US-amerikanische Präsident Bill Clinton und der türkische Präsident Süleyman Demirel für das Projekt eingesetzt hatten. Auch mein Name befand sich unter den Initiatoren des Projekts. Zu seinen aktiven Unterstützern gehörte der kasachische Präsident Nursultan Nasarbajew. Das Ganze schien nicht schlecht zu laufen. Und plötzlich, völlig unerwartet, wieder ein Attentat, um mich und mein Werk zu vernichten.

***

An den Tag – Montag, den 9. Februar 1998 – kann ich mich gut erinnern. Wie immer verließ ich die Staatskanzlei zu später Stunde, um 23.20 Uhr, wie die Untersuchung später feststellte, und machte mich auf den Weg nach Hause, zur Regierungsresidenz Krzanissi. Meine Eskorte bestand aus mehreren Wagen, vorne die Polizei und Sicherheitsautos, hinten ein

Sicherheitswagen. Gemäß den Instruktionen fuhren wir mit hoher und ungleichmäßiger Geschwindigkeit.

Als wir uns dem Obelisken näherten, der an die dreihundert heldenhaften Kämpfer aus dem Aragwi-Tal erinnert, hörte ich einen Knall. Zwei Raketen hatten meinen gepanzerten Mercedes getroffen, den Motor etwas unterhalb der Windschutzscheibe. Die Panzerung hatte den Stoß abgefangen. Das hatte uns gerettet. Wir hörten Maschinengewehrschüsse und im gleichen Augenblick traf eine dritte Rakete den Wagen, diesmal am Kofferraum. Der Motor ging aus, die Bremsflüssigkeit lief auf die Fahrbahn, und das Eigengewicht sowie die Schubkraft ließen den Wagen noch ungefähr hundert Meter weiterrollen. Der Fahrer steuerte blind, der obere Teil der Scheibe hatte Risse, man konnte nichts mehr sehen. Der Fahrer versuchte den Motor zu starten. Aber wie hätte er das schaffen sollen, wo der doch, wie es sich später herausstellte, zertrümmert war?

Wir saßen zu dritt im Wagen: der Fahrer, Giwi Elisbaraschwili, der Leiter des staatlichen Sicherheitsamtes, Wachtang Kutateladse, und ich.

Die Sicherheitsbeamten nahmen den Kampf auf und eröffneten das Feuer. Das lenkte die Attentäter ab, und unser dahingleitender Wagen entzog sich ihrer Aufmerksamkeit. Hätte auch nur ein einziger Attentäter dort gestanden, wo unser Wagen stehen blieb, wären wir auf der Stelle erschossen worden. Der Wagen fing zu brennen an, aber auch das Aussteigen war gefährlich. Wir wussten nicht, ob uns nicht doch noch jemand auflauerte. Man beschoss uns zwar, aber schon von weiter weg. Hinter uns war ein schwerer Kampf im Gange. Die Verstärkung, die aus der Zentrale herbeigerufen worden war, kam rechtzeitig, denn unseren Sicherheitsbeamten war die Munition schon fast ausgegangen. Die Attentäter hatten nun nur noch um ihr eigenes Überleben zu kämpfen.

Als unser Wagen stehen geblieben war, rief Wachtang Kutateladse, der Sicherheitschef, einen Polizisten herbei, der mit seinem kleinen Auto gerade in der Gegend stand. Der Mann war total verblüfft, handelte aber geschickt und stellte seinen Wagen in einen solchen Winkel zum Mercedes, dass ich, ohne in die Schusslinie zu geraten, in sein Fahrzeug umsteigen konnte.

Alle waren nun eingestiegen und schnell machten wir uns auf den Weg nach Krzanissi. Garik Simonjan hieß der Polizist, ein in Tiflis aufgewachsener Armenier.

Auch heute schmerzt es mich noch, dass zwei Sicherheitsbeamte dem Attentat zum Opfer fielen: Kacha Schewardenidse und Dawid Kokauri, ganz junge Leute und ausgezeichnete Menschen. Schwer verwundet wurden zwei andere Beamte, Lado Kachetelidse und Artschil Sabedaschwili. Wären sie nicht gewesen, hätte man uns alle im Wagen erschossen …

Von den Attentätern ist einer umgekommen, ein russischer Staatsangehöriger, der, wie sich später herausstellte, in einer russischen Militärbasis in Tschetschenien ausgebildet worden war. Die anderen verschwanden. Es ist anzunehmen, dass sie mithilfe der russischen Militärs fliehen konnten.

Natürlich war die Rolle des Fahrers, Giwi Elisbaraschwili, seine Ruhe und Überlegenheit, für unsere Rettung nicht hoch genug einzuschätzen. Aber auch meinem Wagen, dem schwarzen gepanzerten Mercedes, sind wir zu Dank verpflichtet, denn wie ein lebendes Wesen hatte er die drei Raketen geschluckt, dem Ansturm der Maschinengewehre und dem im Wageninneren ausgebrochenen Feuer standgehalten, sodass uns nichts passierte. Nur der Fahrer war leicht verletzt.

Der Mercedes und einige Wagen des Sicherheitsamtes waren ein Geschenk der Amerikaner gewesen. Der US-Präsident hatte die Übernahme aller Kosten für meinen Schutz veranlasst. Nach dem Attentat untersuchten die Experten von Daimler-Benz den Wagen. Auch ich sah ihn mir an und war bestürzt: Wie war es möglich gewesen, dass wir Insassen lebend davongekommen waren? Zu jenem zerschmetterten Wagen habe ich bis heute ein herzliches Verhältnis. Er steht jetzt in der Garage als Zeuge eines gut geplanten, aber erfolglosen Attentats, das, wie später bekannt wurde, volle sechs Monate lang in russischen Militärbasen in Tschetschenien vorbereitet worden war.

Das Attentat soll übrigens auf den vorangegangenen Tag angesetzt gewesen sein. Aber zu dem Termin hatte ich unerwartet früh das Büro verlassen, sodass die Attentäter, trotz des empfangenen Zeichens, es nicht geschafft hatten, ihre Stellungen rechtzeitig einzunehmen.

Es war nicht viel Zeit nach dem Attentat vergangen, als der Ministerpräsident der Russischen Föderation, Ewgeni Primakow, in Tiflis geboren und aufgewachsen, bei der Besichtigung von Militärtechnik boshaft fragte: „Wenn diese Minenwerfer Panzer vernichten können, warum können sie dann nicht einen gepanzerten Mercedes in die Luft jagen?"

Was soll ich dazu sagen? Der angeschossene Wagen ist da, und ich bin am Leben. Gott hat mich gerettet.

Einige Tage später, am 13. Februar 1998, sagte ich zu einem Journalisten der Zeitung „Sakartwelos Respublika" (Georgiens Republik): „Ein Attentat von solcher Reichweite, Ausführungstechnik, Qualität und Professionalität ist nur als Aktion internationaler terroristischer Kräfte denkbar. Diese Kräfte sind sehr stark, wir dagegen sind zu Wenige und noch nicht imstande, sie zu besiegen. Alles ist in solchen Sphären geplant worden, dass es noch Zeit brauchen wird, an sie heranzukommen."

Obwohl wir einige Beteiligte am Attentat festnehmen und vor Gericht bringen konnten, sind ihre Hintermänner unbekannt geblieben. Genauso unbekannt blieben bis heute die Auftraggeber für den Mord an Karen Demirtschjan, einen hervorragenden Staatsmann, Vorsitzenden des armenischen Parlaments, sowie an Wasgen Sarkisjan, Ministerpräsident Armeniens. Sie und einige Abgeordnete, die für ihr eigenständiges Denken und Handeln bekannt waren, wurden am 27. Oktober 1999 von einigen ins Parlament eingedrungenen Mördern mit Maschinengewehren niedergemacht.

Noch zur Zeit der Sowjetunion hatte ich ein herzliches Verhältnis zu Karen Demirtschjan, der damals Armenien führte. Er war hoch gebildet und kultiviert. Nach dem Zusammenbruch der Sowjetunion kehrte er kurz in seinen Beruf zurück, er war Ingenieur, aber bald darauf hatte man ihn ins Parlament gewählt. Sein Tod war ein schwerer Verlust für unser Brudervolk. Am Tag der Beerdigung Karen Demirtschjans waren Wahlen in Georgien. Ich warf alles hin und flog nach Jerewan, um von meinem Freund Abschied zu nehmen.

Ich weiß, dass der heutige Präsident Armeniens, Robert Kotscharjan, alles tut, um diesen schrecklichen Mord aufzudecken. Ich möchte ihm Erfolg dabei wünschen.

Am Tag nach dem auf mich verübten Attentat war ich mitten in einer Sitzung, als mein Assistent mich zum Telefon bat, Jelzin sei am Apparat. Ich ging hinunter in mein Arbeitszimmer. Jelzin beglückwünschte mich, dass ich das Attentat heil überstanden hatte. Ich bedankte mich. Sein Anruf verwunderte mich nicht – menschlich verband uns vieles miteinander, und als Politiker war er mir sogar einiges schuldig. Es war ein herzliches Gespräch, und als ich mich gerade verabschieden wollte, sagte er: „Warten Sie, nicht so schnell, ich habe noch etwas mit Ihnen zu besprechen!"

Das Gespräch betraf die kaspischen Energiereserven. Er sagte zu mir: „Ich weiß, dass Sie an dem Transport von kaspischem Öl und Gas nach Westen interessiert sind. Sie müssen wissen, dass dies nicht über Georgien laufen wird." – „Und warum nicht?", fragte ich ihn. „Weil die Energieträger via Russland – nicht Georgien – transportiert werden", antwortete er. Ich war meiner Sache sicher: Demnächst sollte die Ölpipeline Baku-Supsa in Betrieb genommen werden, und der Bau von Baku-Tiflis-Cejhan war bereits abgesegnet. Die Gaspipeline Baku-Tiflis-Erzerum war in Planung. Daher ließ ich mich auf keine Diskussion mit Jelzin ein, sondern begnügte mich mit der kurzen Bemerkung, dass Georgien weder Öl noch Gas besitze, und wenn jemand auf unserem Territorium eine Pipeline bauen möchte, könnten wir schlecht Nein sagen. Dabei dachte ich mir: „Ihr seid ein gigantisches Land mit unüberschaubarem Transportpotenzial. Ihr verkauft Unmengen von Öl und Gas, von einem Energieproblem – von anderen Problemen, wie zum Beispiel Getreide o. ä. ganz zu schweigen – habt ihr keine Ahnung. Was kümmert euch denn dieses winzige Georgien so sehr?" Ich sagte aber nichts: Die Sache war sowieso entschieden, außerdem strich der nahende Krieg Russlands gegen Tschetschenien jede Besprechung des russischen Angebots von der Tagesordnung.

Das Wichtigste war jedoch, dass ich – ungeachtet aller Drohungen von russischer Seite – die georgischen Interessen nicht verraten konnte.

Wie hätte ich das Alijew gegebene Wort brechen sowie den USA und der Türkei, die uns derartig unterstützten, den Rücken kehren können?

Leider sprach Jelzin damals im Stil des Ersten Sekretärs des ZK der Partei zu mir, ganz so, als würde er dem Parteisekretär einer kleinen Republik Richtlinien übermitteln. Eigentlich hatten wir doch eine andere Beziehung zueinander gehabt. Während der größten Gefahr hatte ich mein Leben riskiert und mich an seine Seite gestellt.

Aber er war nicht der Einzige, der sich so verhielt. Die russischen Demokraten, die mit Leib und Seele Demokraten zu sein scheinen, verwandeln sich in großrussische Chauvinisten, sobald es um die Interessen des russischen Imperiums geht. Manchmal erinnert die russische Demokratie an eine speziell zur Täuschung des Auslands aufgesetzte Maske.

Ich will mich nicht auf die Erörterung darüber einlassen, inwieweit Russland an den an mir verübten Attentaten interessiert war. Ich verstand diese Angriffe in einem weitaus breiteren und beunruhigenderen Kontext – es geht hier um den Angriff des Terrorismus auf die zeitgenössische Zivilisation.

Terrorismus – Geißel unserer Zeit

Heute ist die Welt an Terrorismus erkrankt.[1] Das ist faktisch die Erklärung eines neuen Weltkriegs, in dem weder die Frontlinie noch der Feind sichtbar sind und jeder Opfer werden kann. Der Terrorist verstößt gegen jedwede religiösen Dogmen und ethischen Normen, er schont niemanden – weder den anderen noch sich selbst.

Der direkte Kampf gegen die Terroristen ist lebensnotwendig. Genauso notwendig jedoch ist die Bekämpfung der sozialen und politischen Ursachen, die den Terrorismus hervorbringen und den Menschen die Fähigkeit nehmen, einen Weg jenseits von Mord und Selbstmord zu sehen.

Es gab eine Zeit, da bewohnten Tschetschenen und andere nordkaukasische Völker, die das zaristische Russland „die Wilden" nannte, die fruchtbarsten Länder in den Tälern bis hin zur Schwarzmeerküste. Russland vertrieb sie aus den Tälern hinauf in die Berge. Jahrzehntelange Kaukasische Kriege, die abwechselnd von den bekanntesten russischen Heerführern geführt wurden: Alexander Suworow, General Alexej Ermolow u. a.

Während einige Generäle den Kaukasus eroberten, bedrängten andere das aufrührerische Polen. Die Zeit war so, es war eine Epoche der Eroberungen und der Landnahme. Hier geschah nichts, was andernorts nicht auch geschehen wäre. Aber was hier passierte, geschah mit erschreckender Brutalität und Unduldsamkeit.

Im russisch-türkischen Krieg nahm das kaukasische Muhadschirentum seinen Anfang: die Vertreibung und Flucht des muslimischen Teils der

[1] Vortrag vom 20.10.2004 – HVB Europa Forum (Bayerische Hypo- und Vereinsbank AG, München).

nordkaukasischen, abchasischen und georgischen Bevölkerung aus dem Reich. Als Folge dieser Kriege und Vertreibungen ist ein nordkaukasisches Volk, die Ubychen, ausgelöscht worden, genauso wie weitere Völker in der östlichen Weite Russlands, in Sibirien.

Das Geschäft der Zaren setzte später Stalin fort. Auf seinen Befehl hin wurden die Tschetschenen und andere nordkaukasische Völker in einer Nacht nach Kasachstan und in die mittelasiatischen Steppen deportiert, weil ihre Loyalität angezweifelt wurde. Tschetschenen, die nach Stalins Tod zurückkehrten, fanden in ihren Häusern, auf ihren Grundstücken fremde Bewohner vor. Von all dem weiß man wenig in Europa. Der Kaukasus ist selten Ziel von Touristen. Die Geschichte des Kaukasus ist kein Teil der Geschichte des Westens, die einem Durchschnittseuropäer vermittelt wird. Für den Westen ist der Kaukasus fern und fremd.

Doch unter den Tschetschenen pulsiert versteckt oder offen der Schmerz über das geschichtliche Unrecht. Fast in jeder Familie gibt es unter den Vorfahren einen Ermordeten, einen Krüppel oder Verhafteten. Für die Zukunft der Tschetschenen und Russen war es notwendig, dass sich beide Seiten vom Albtraum der Vergangenheit befreiten. War das überhaupt möglich? Ich bin überzeugt, dass es möglich gewesen wäre, wenn man die Politik konsequent und unwiderruflich fortgesetzt hätte, die man im Westen unter dem Namen Glasnost kennt.

Dieser Politik lag eine Lebenshaltung zugrunde, die der Ignorierung des Anderen ein Ende machen wollte: Egal, wer der Andere ist, für meine eigene Zukunft ist es günstiger, wenn ich versuche, den Anderen kennenzulernen und erkennen zu lernen. Diese Einstellung ist schwer erreichbar, aber als Garantie für einen Frieden dauerhafter als eine Strategie, die auf Gewalt und Einschüchterung beruht. Glasnost ist nichts anderes als die Aufarbeitung der Geschichte, der Dialog mit dem Anderen, das Hinterfragen und Beleuchten des Verdrängten und das mutige Einstehen für einen dauerhaften Frieden.

Diplomatie und Verhandlungen allein hätten verhindern können, dass aus dem ungeheilten Schmerz der ethnischen Säuberung, die den

Tschetschenen in der Vergangenheit von den Russen angetan wurde, Rachegefühle und Rachetaten erwuchsen. Stattdessen erforderte das imperialistische Kalkül Russlands das Schüren der Aggression und der separatistischen Bewegung, es förderte die Bewaffnung. Nur die Richtung der Aggression sollte umgeleitet werden. Nicht Russland, sondern ein anderes Land sollte zur Zielscheibe werden: Georgien, ein kleines Land mit alter Kultur im Süden des Kaukasus, das sich gerade nach siebzig Jahren russischer Annexion die politische Unabhängigkeit wiedererkämpfte und sich vom aufgezwungenen russischen Diktat befreite.

Mithilfe der russischen Geheimdienste wurde eine Konföderation der nordkaukasischen Völker, d. h. der zur Russischen Föderation gehörenden Völker, geschaffen. Zur Hauptstadt der Konföderation wurde nun – welche Erklärung gibt es dafür? – die Stadt eines anderen Staates erklärt, nämlich Suchumi, die Hauptstadt des zu Georgien gehörenden Landes Abchasien. Die Konföderation hatte nur noch ein unbedeutendes Detail zu erledigen: das erwähnte Land und die erwähnte Stadt zu erobern. Gleichzeitig schürten die russischen Geheimdienste mit allen Mitteln den Separatismus unter den ethnischen Abchasen, indem sie als Belohnung für den Austritt aus Georgien den Abchasen die Hegemonie in der „Konföderation der nordkaukasischen Völker" versprachen. So begann der unerklärte Krieg Russlands gegen Georgien, der unter dem Namen „Abchasischer Krieg" in die Geschichte einging. In diesem Krieg ließ Russland mit seinen Waffen neben den russischen Soldaten und den abchasischen Aufständischen hauptsächlich tschetschenische Gruppierungen kämpfen.

In Russland beabsichtigte man damit, zwei Fliegen mit einer Klappe zu schlagen:

1. die bewaffneten Gruppierungen der Nordkaukasier, den aktivsten, aber auch beschäftigungslosen Teil der Bevölkerung zu beseitigen;
2. die Voraussetzungen für die Eroberung Abchasiens und damit den Zugang zum Schwarzen Meer zu schaffen.

Beide Ziele wurden erreicht. Das, was in Abchasien geschah, war ein auf höchster Ebene geplanter und finanzierter Staatsterror gegen Georgien. Es gelang Russland, Abchasien faktisch vom restlichen Georgien abzutrennen. Durch die Aktion, russische Pässe in Abchasien zu verteilen, durch die Eröffnung der Eisenbahnlinie und durch die Ankaufskampagne für Immobilien hat Russland seine Absichten eindeutig offenbart.

300.000 Menschen wurden aus einem georgischen Landesteil vertrieben, nur weil sie Georgier waren. Zehntausende starben auf ihrer Flucht über die Berge vor Kälte und Hunger. Das ist das Ergebnis des Krieges, der unter Einsatz der Armee sowie der Luftwaffe und der Marine Russlands geführt wurde.

Über all das sprach ich schon 1992 in der UNO-Vollversammlung. Das war der erste Auftritt des politischen Oberhauptes des neuen, allerdings halb zerstörten Georgien in dieser Organisation. Danach wurden auf meinen Antrag hin zwei Mal Sitzungen des Sicherheitsrats einberufen, in denen ich die Frage nach den Flüchtlingen aufwarf. Ich kann nicht sagen, dass der Sicherheitsrat nicht reagierte. Er hat achtundzwanzig Resolutionen verabschiedet, allerdings wurde keine von ihnen umgesetzt.

Die Weltgeschichte lehrt uns, dass jedes große Ereignis von einer entgegengesetzten – und, im Grunde für die Menschheit unannehmbare – Tendenz begleitet wird.

So haben wir nach Beendigung des Kalten Krieges neben der Entstehung unabhängiger Staaten eine zuvor nie dagewesene Ausbreitung separatistischer Bewegungen und des Terrorismus erlebt. Ich habe immer behauptet, dass der Separatismus Terrorismus hervorbringt. Leider hat die moderne Welt es nicht geschafft, sich vom direkten Zusammenhang zwischen diesen beiden Erscheinungen überzeugen zu lassen. Solange der aggressive Separatismus als eine Bewegung existiert, sind wir gegen Terrorismus nicht gefeit. Dabei sind vor allem die Staaten und Völker am meisten gefährdet, die den Separatismus unterstützen.

Im September 2004 hat der neue Präsident Georgiens in der UNO gesprochen. Alle Probleme, die ich oben erwähnte, hat er in aller Schärfe präzise dargestellt. Warten wir ab, welches Ergebnis das bringt!

Möglicherweise wurde 1992 die Benutzung der Tschetschenen durch Russland gegen Georgien von manchem als Musterbeispiel politischer Flexibilität gesehen. Mir war die Unzulänglichkeit des Manövers von vornherein klar. Eine unmoralische Politik ist zum Scheitern verurteilt. Eine historische Ungerechtigkeit, die in der Vergangenheit von Russland durchgeführte ethnische Säuberung Tschetscheniens von Tschetschenen, konnte nicht durch eine neue Ungerechtigkeit, nämlich durch die mit tschetschenischer Beteiligung durchgeführte ethnische Säuberung Abchasiens von Georgiern, vergolten werden.

Deshalb warnte ich 1993 Russland, und die ganze Welt konnte es hören: „Dies alles wird wie ein Bumerang auf euch zurückkommen." Und so geschah es: Der tschetschenisch-russische Krieg begann.

Ungeachtet dessen, dass die Terroristen tschetschenischer Nationalität die Erfahrung des Mordens durch das Massaker an Georgiern in Abchasien gesammelt hatten, haben weder ich noch das georgische Volk ein Gleichheitszeichen zwischen Tschetschenien und Terrorismus gesetzt. Das gab uns Kraft, bis zu 10.000 tschetschenische Flüchtlinge zu beherbergen, die die russischen Streitkräfte im Winter in Richtung Georgien vertrieben. Es herrschte Not bei uns, aber keiner kam je auf den Gedanken, vor den geflüchteten Verwundeten, Frauen, Kindern und alten Menschen die Tür zu verschließen oder die karge Nahrung nicht mit ihnen zu teilen. Ich muss allerdings auch hinzufügen: Als Russland uns beschuldigte, wir würden Terroristen beherbergen, haben alle tschetschenischen Männer, die laufen konnten, von sich aus Georgien verlassen, um uns keine Probleme zu bereiten.

Ich fürchte, dass auch über Georgien das Wissen in Europa nicht ausreichend ist. Das ist sehr bedauerlich, weil Georgien sich immer als Teil Europas empfunden hat.

Zur Bekämpfung des internationalen Terrorismus muss jedes Land seinen Beitrag leisten, aber Europa und den USA fällt eine besondere Rolle zu. Mein Vorschlag lautet, ein Zentrum zur Bekämpfung des internationalen Terrorismus in Europa zu gründen, mit Filialen in all den

Ländern, darunter auch Georgien, die zwar keine Mitglieder der EU sind, aber den Wunsch äußern, Mitglied eines einheitlichen Systems zur Bekämpfung des Terrorismus zu werden. Unter Beteiligung der USA sollte die Organisation zu einer starken Struktur werden, deren Beschlüsse für alle Mitgliedsländer verbindlich sind. Die Organisation sollte ein breit angelegtes Programm zur Erforschung der vielfältigen Erscheinungsformen des Terrorismus, seiner Herde und der Gründe für sein Entstehen erarbeiten. Das Bestehen einer solchen Organisation hätte zumindest zwei Dimensionen. Sie könnte:

1. die Aktionen der EU-Länder gegen den Terrorismus koordinieren und
2. die Verbreitung des Wissens über die wesentlichen Aspekte der Kultur, die Traditionen und Geschichte der Länder, die keine oder noch keine EU-Mitglieder sind, beschleunigen.

Das interessierte und vertiefte Nachforschen wird uns ganz sicher entdecken lassen, dass das, was für uns fremd ist, auch für diejenigen als fremd und unannehmbar gilt, hinter deren Nationalität und Religion sich die Terroristen verstecken. Der Islam unterscheidet sich vom Christentum, aber der Dialog lässt uns erkennen, dass der erschütternde und vernichtende Fanatismus des 11. September 2001 nicht nur für Christen, sondern auch für Muslime etwas Abstoßendes ist. Aggressiver Fanatismus und Fundamentalismus sind dem Islam genauso fremd wie dem Christentum.

Die Gräueltat von Beslan im September 2004 ist nicht nur für uns ein unbegreiflicher Albtraum, sondern vor allem auch für jenes Volk, dessen Vertreter hinter diesem Terrorakt vermutet werden – ist doch das Kind der höchste und unantastbare Wert im Ehrenkodex der kaukasischen Berge.

Jedes einzelne Land des vereinigten Europa ist eigenartig und anders. Trotz der Andersheit sind die Länder einander nicht fremd. Die europäischen Länder haben nicht die Andersheit, aber sie haben die Fremdheit überwunden. Das ist die große, vorbildliche Errungenschaft des neuen Europa. Mit genau diesem großartigen friedensstiftenden Impuls sollte das neue Europa die Hauptherausforderung des neuen Jahrhunderts, die Bekämpfung des internationalen Terrorismus, annehmen.

Es ist verständlich, dass das neue Europa jetzt mit sich selbst beschäftigt ist. So werden z. B. in Deutschland breit angelegte Reformen durchgeführt. Ich wiederhole, jeder versteht, dass Europa „in sich gekehrt" ist. Aber sehr bald wird es sich „öffnen".

Mein Freund Hans-Dietrich Genscher, dieser herausragende Politiker und Staatsmann, wird bestätigen, dass wir, als wir mit den anderen Kollegen die Grenzen öffneten und die Konzeption der neuen Weltordnung ins Leben riefen, mit der Wiedervereinigung Deutschlands und der Etablierung der westlichen Werte in den osteuropäischen Ländern nicht ein in sich selbst ruhendes Europa anstrebten. Als wir uns die Bewältigung des Kalten Krieges zum Ziel setzten, ging es uns um seine Beendigung, nicht um das Verschieben der Frontlinie.

Ich möchte noch einmal unterstreichen, dass die Welt von Europa die Übernahme der führenden Rolle bei der Bekämpfung des Terrorismus erwartet. Und der Weg zu einer angstfreien friedlichen Welt führt über den Dialog und nochmals über den Dialog.

Das ist die Überzeugung eines Menschen, der nach drei Attentaten wie durch ein Wunder am Leben blieb, der zuletzt jahrelang ununterbrochen Zielscheibe von Verleumdungen war – das habe ich moralischen Terror genannt – und der stolz darauf ist, dass es ihm in kritischen Situationen immer gelang, die schicksalsentscheidenden Ereignisse der Völker so zu steuern, dass kein Blut vergossen wurde. Das ist die Überzeugung eines Menschen, der sich nach all dem nicht wie ein Verlierer, sondern wie ein Sieger fühlt – und dies nicht nur moralisch, sondern auch politisch, weil er weiß, dass die Ziele, die er mit Kollegen und Gleichgesinnten verfolgte, bald wieder zum Ideal erklärt und auch in diesem Jahrhundert das internationale politische Zusammenleben prägen werden.

Brief an die Nachwelt

Ich schreibe diesen Brief für meine Zeitgenossen und an meine Leser in einer fernen Zukunft – zu Beginn des 21. Jahrhunderts, in meiner Residenz im georgischen Krzanissi. Es ist früher Morgen, erfüllt von der Wärme eines für Tiflis typischen Herbstes. Eine wunderbare Stille ringsum. Man kann das Flüstern der Blätter hören. Man möchte den Atem anhalten und dem Schweigen der Natur lauschen – diesem großen und stillen Nachdenken der Welt, das aus der Tiefe der Zeiten aufsteigt und über sie hinwegstreift. Wir, die wir nicht lange auf dieser Welt verweilen dürfen, könnten nichts Besseres tun, als im flüchtigen Augenblick zu erstarren und seine Größe wahrzunehmen.

Ich möchte, dass meine Leser wissen, was und wie es damals war. Ohne das historische Gedächtnis gibt es ja weder eine Gegenwart noch eine Zukunft.

Es gab eine Zeit, in der ich glaubte, dass die Beendigung des Kalten Krieges, die Bewältigung der Konfrontation der Militärblöcke, die Erwärmung der Beziehungen der Sowjetunion zum Westen und den anderen Regionen der Welt, die Vereinigung Deutschlands, die Demokratisierung der Sowjetunion, der Abzug der Streitkräfte aus Afghanistan Frieden, wenn auch nicht einen ewigen, so doch einen dauerhaften Frieden bringen würden. Danach sah es ja auch aus, aber es sollte sich nur um eine kurze, vorübergehende Atempause handeln. Eine Art von Konflikten wurde von andersartigen Konflikten abgelöst. Das „Reich des Bösen“ war zwar zusammengebrochen, aber die von ihm hinterlassenen Minen begannen der Reihe nach zu explodieren – zur vorausberechneten Zeit und am vorausberechneten Ort, vorwiegend in den Staaten, die auf dem Territorium der ehemaligen Sowjetunion entstanden sind. Es gibt fünfzehn solcher Staaten, die alle ihr eigenes Demokratieverständnis haben und ihren eigenen mühsamen Weg beim Aufbau eines selbstständigen Staates suchen.

Mein Land Georgien gehört zu diesen fünfzehn Staaten. Seine Gegenwart und Zukunft bereiten mir jenen Schmerz und Kummer, die mir mein Alter fast unerträglich machen: Ich kann nichts mehr ändern, ich kann die Gefahren nicht abwenden – die neue Zeit braucht neue Menschen.

Dieses Buch will die zukünftigen Führungspersönlichkeiten unseres Landes zum Nachdenken anregen. Sie werden morgen als Schöpfer eines neuen Landes, als gewählte Vertreter ihres Volkes, als beste Repräsentanten ihrer Zeit und ihres Landes und als Träger einer international gültigen Weltanschauung die Verantwortung übernehmen. Sie sollen die Vergangenheit ganz durchdenken, um die Gegenwart steuern und die Zukunft abschätzen zu können. Sie sollen wissen, dass ein Teil der Probleme und Gefahren lediglich lokaler Natur und nur für unser Land und Volk gültig ist. Aber es gibt Probleme und Gefahren, die global sind und die ganze Welt – nicht nur uns – betreffen. Mehr noch: Es gibt bereits konkrete Katastrophen, die in den Entwicklungsländern und den entwickelten Ländern Hunderttausende von Menschenleben forderten und fordern.

Was wird in fünfzig oder hundert Jahren kommen? Wie wird die Welt sein? Wie wird sie demographisch und politisch aussehen? Wie wird der Mensch sein? Was werden die Nachgeborenen über uns und über die Vergangenheit sagen?

Vieles, was wir heute euphorisch wahrnehmen, wird ihnen vielleicht gleichgültig sein. Einige wichtige Ereignisse von heute werden in zwei bis drei Zeilen eines Geschichtsbuches zusammengefasst sein oder zur trockenen Statistik werden. (Im Jahr 2005 haben z. B. Tsunamis, Tornados und Hochwasser in Asien und Nordamerika Hunderttausende von Menschen getötet und den Ländern dieser Region sowie der Weltwirtschaft Schäden in Milliardenhöhe zugefügt.) Die durch die Welterwärmung verursachten persönlichen Tragödien werden bereits erlitten und vergessen sein. Die vergangenen Katastrophen werden niemanden wirklich erschüttern. Allerdings: Wenn es so weitergeht, wie das 21. Jahrhundert begonnen hat, dann wird es zu dem oben genannten Zeitpunkt gar keine Leser mehr für jene zwei bis drei Zeilen – und überhaupt für irgendein Buch – geben. Die Naturkatastrophen von 2005 sind die ernsthaftesten Warnungen, die die Menschheit bisher von der Natur bekommen hat, genauso wie der Terroranschlag vom 11. September 2001 die schlimmste Drohung war, die Menschen bisher von Menschen empfangen haben.

Die heutige Welt jedoch will die Warnungen der Natur nicht in vollem Maße wahrnehmen. Mit blindem Starrsinn und mit noch größerer Intensität als zuvor setzt die Menschheit das fort, was den Effekt der globalen Klimaveränderung noch zerstörerischer und unumkehrbar machen kann, ohne daran zu denken, dass dies tödliche Folgen für Menschen aller Altersgruppen, aller Religionen und beider Geschlechter – für die Guten wie für die Bösen, für die Terroristen wie für die Antiterroristen, für die Gesunden wie für die Kranken – mit sich bringen wird.

Hier gibt es nur einen einzigen Ausweg. Für jeden Menschen, für jeden Staat, für die Weltgemeinschaft und für alle internationalen Organisationen muss die weltweite Erwärmung zum allerwichtigsten Problem werden. Alle Ressourcen müssen zum Aufhalten dieser Erscheinung eingesetzt und die Vermeidung des Klimawandels muss überall zum ersten Ziel werden.

Ein wissenschaftlich, wirtschaftlich und finanziell begründetes Weltprogramm muss erstellt werden. Die Lebensweise muss sich ändern. Die Entfremdung von der Natur muss durch das Erlebnis des Einsseins mit der Natur ersetzt werden. Wir haben vergessen, was unsere Vorfahren gewusst haben, und wir müssen das Verlorene wiederfinden.

Dies ist das Problem der Probleme, das Sie – die Generationen des 21. Jahrhunderts, Sie als Menschen mit einer anderen Mentalität, mit anderen Möglichkeiten und einer ganz anderen Verantwortung – zu bewältigen haben werden.

Die Zukunft der Welt wird auch von einer anderen globalen Frage schicksalhaft beeinflusst werden – von dem demographischen Problem, das bereits heute seine Korrekturen in die Weltordnung einbringt. Ungesteuerte demographische Prozesse werden die menschliche Zivilisation von innen heraus sprengen. Die Welt wird in Zukunft von den Geburtenraten bestimmt sein. Unbedeutend wird sein, wer welchen Beitrag zur Menschheitsgeschichte geleistet hat, wer welches intellektuelle und technologische Potenzial besitzt, wer stärker und reicher ist, und so weiter. Europa wie auch Russland, den USA, Japan und einigen anderen Staaten droht eine demographische Katastrophe. Die Kulturen dieser Länder sowie die Repräsentanten dieser Kulturen sind in Gefahr, einfach zu verschwinden, wenn nicht irgend etwas prinzipiell Neues die Entwicklung in radikalster Weise verändert.

Georgien und der georgischen Kultur droht dasselbe. Nach den letzten Angaben beträgt die Bevölkerung Georgiens vier Millionen Einwohner. In der Zeit der Sowjetunion lag die Zahl bei mehr als fünf Millionen. Nach der Prognose der Weltorganisation für Gesundheit (WHO) wird im Jahr 2025 die Bevölkerung Georgiens 3,75 Millionen betragen, und im Jahr 2050 nur noch 2,76 Millionen. Und was wird im Jahre 3000 sein? Wird es uns dann überhaupt noch geben?

Die Bevölkerung Russlands wird sich von den 147 Millionen Einwohnern heute auf 114 Millionen im Jahre 2050 reduzieren. Die Bevölkerung seines Nachbarstaats China wird dagegen um 250 Millionen wachsen. Auch für andere asiatische Staaten wird ein erhebliches Wachstum prognostiziert.

Jede Nation braucht die Sicherheit, dass ihre Existenz, ihre Kultur und ihr Territorium weder von einer inneren noch von einer äußeren Aggression bedroht werden. Bei der Verteidigung ihrer eigenen Rechte muss jede Nation auf die Unterstützung seitens der internationalen Gemeinschaft hoffen dürfen.

Die Ethnie und ihre Kultur, die sich nicht mit der autochthonen Ethnie und deren Kultur vertragen kann, bricht früher oder später einen Kampf gegen sie vom Zaun – es geht dabei um einen besseren Platz in der Geschichte und um das bessere Territorium in der Gegenwart. Damit beginnt die Geschichte der autochthonen Ethnie in Vergessenheit zu geraten ...

Der Zusammenstoß der Immigranten und ihrer Nachkommen mit der einheimischen Kultur ist nur ein Ausdruck jenes „Krieges der Zivilisationen", der bereits ausgebrochen ist und der in diesem Jahrhundert noch intensiver geführt werden wird.

Wenn sich nicht prinzipiell etwas ändert, wenn die Annäherung einheimischer und eingewanderter Kulturen und Ethnien und die Findung allgemeinstaatlicher Werte sowie die Herausbildung eines allgemeinstaatlichen Bewusstseins nicht zielgerichtet verlaufen, dann werden die hoch entwickelten europäischen Nationen zur Minderheit werden und eine furchtbare Niederlage erleiden. Der „feurige" November von 2005 in Paris war in diesem Sinne eine Herausforderung, die Europa dazu bewegen sollte, nach einem adäquaten Verhaltensmuster zu suchen.

Daran sollten Sie denken, darauf sollten Sie achten! Denken Sie auch daran, wie Sie die nationalen Traditionen von Familie, Liebe, Freundschaft und den allgemeinmenschlichen Beziehungen beibehalten können. Vernachlässigen Sie nicht Ihre nationalen Eigenheiten, denn die sind der eigentliche Grund dafür, weshalb die Welt Gefallen an Ihnen findet. Seien Sie tolerant und pflegen Sie zugleich Ihr nationales Selbst, um in Harmonie zwischen den nationalen Werten – die unser Land bis ins 21. Jahrhundert gebracht haben – und den Errungenschaften der Weltzivilisation leben zu können!

Sie haben das Glück, dass durch Gottes Willen eben Sie in diese wunderbare Welt gekommen sind. Darum müssen Sie versuchen, alle in Ihnen verborgenen Gaben voll zu entfalten. Seien Sie Repräsentanten Ihres Landes, lernen Sie, Ihr eigenes Volk und andere Völker zu lieben, lehren Sie Ihre Nachkommen diese Liebe.

Menschenliebe beginnt immer mit der Liebe zu einem einzigen konkreten Menschen, die Sorge um die Welt beginnt mit der Sorge um das eigene Land, und die Rettung der Menschheit beginnt mit der Rettung der eigenen Nation. Das sind alte Weisheiten, und ihre Missachtung bringt der Menschheit nichts als Unglück.

Nur auf diese Weise können Sie Ihre Nation und Kultur vor jener – noch einer – Gefahr schützen, die den Namen Globalisierung trägt.

Der Prozess der Globalisierung übt einen gewaltigen Einfluss auf die heutige Welt aus – im Grunde ist dieser Einfluss positiv, er hat aber auch negative Züge. Die Globalisierung kann viel Gutes, aber auch viel Böses bewirken: Es kommt darauf an, wie man sich ihr anpasst, wo und wie man den eigenen Platz in jener komplizierten wirtschaftlichen, finanziellen und politischen Dynamik findet. Staaten können durch sie bereichert werden oder verarmen, ihre Wirtschaft wird durch sie gestärkt oder geschwächt. Nationale Kulturen entwickeln sich durch sie oder werden durch sie vernichtet, da die Globalisierung die Politik, die Moral und die soziale Mentalität aufs Tiefste beeinflusst.

Es gibt viele Sorgen. Und es gibt viel zu tun. Jedes Land muss seinen eigenen Weg finden, und die internationalen Organisationen, die mehr oder weniger in die Entwicklung unseres Staates eingreifen, sollten unsere nationalen Traditionen, Eigenschaften und Möglichkeiten immer in Betracht ziehen.

Ein nationales Überleben für Georgien und die Georgier kann in der Epoche der Globalisierung nur im Erhalt und in der Stärkung jenes wissenschaftlichen, kulturellen und technologischen Potenzials bestehen, das Georgien bisher immer ausgezeichnet hat.

Die international renommierten wissenschaftlichen Hochschulen und Kulturzentren müssen erhalten bleiben, die Tradition darf nicht abreißen, und die Jugend sollte von klein auf zum Wissenserwerb motiviert werden.

Dies alles sollte für unser Land zu einem ganzheitlichen, kulturellen, wissenschaftlichen, bildungspolitischen, wirtschaftlichen und finanziellen Staatsprogramm werden. Dabei sollte der Mechanismus des Generationenwechsels berücksichtigt werden, um einen Generationenkonflikt zu vermeiden. Auch in dieser Hinsicht hat das Land eine Tradition, die unbedingt fortgesetzt werden sollte.

Einer der negativen Züge der Globalisierung ist unter anderem der, dass technologisch und wirtschaftlich hoch entwickelte Staaten durch ihre Technologien – manchmal auch unbeabsichtigt – die Kultur technologisch unterentwickelter Länder gefährden. Dieser Prozess muss beobachtet werden, und die Pflege und Erhaltung jener Werte, die die Einzigartigkeit dieser oder jener Nation ausmachen, müssen zur Priorität erklärt werden. Keine Technologie darf jemals eine Kultur gefährden.

Technologische, wirtschaftliche oder militärische Überlegenheit dürfen überhaupt nicht mit kultureller Überlegenheit gleichgesetzt werden.

Eine auf dieser Erkenntnis beruhende Annäherung an eine andere – sich unterscheidende – Zivilisation sowie das Bedürfnis, sie zu verstehen, zu respektieren und zu fördern, wird jeglichen Grund für irgendeine Gegenaggression verschwinden lassen und dem Terrorismus, der das Schreckgespenst eines „Dritten Weltkrieges" hervorruft, keinen Raum geben.

Der Krieg hat schon begonnen. Wenn er nicht bald aufhört, wird es keine Sieger geben, denn Areal und Dimensionen des Krieges weiten sich aus, die Zahl der Kriegsopfer steigt, der materielle und moralische Schaden wird immer größer. Die Menschheit nähert sich jener Grenze, hinter der durch die Gefahr der Anwendung von Atom- und biologischen Waffen eine Weltkatastrophe lauert.

Keiner darf einem Anderen seinen Lebensstil aufzwingen, und niemand hat das Recht, die Werte des Anderen zu bestimmen. Wir sind alle frei in unserer Wahl, jedoch nur so lange und so weit, dass diese Freiheit nicht andere Menschen, Völker oder Länder gefährdet. Es ist höchste Zeit, dass sich einflussreiche Vertreter verschiedener Zivilisationen, Kulturen und Religionen an den Verhandlungstisch setzen und gemeinsam nach jenem Weg suchen, der unsere Zukunft – das heißt, die Zukunft der unmittelbaren Adressaten dieses Buches – retten soll.

Bei diesem Treffen wird auch das Thema des aggressiven Separatismus, eines der aktivsten Ernährer des Terrorismus und der ethnischen Konflikte, auf der Tagesordnung stehen.

Leider sind heute weder die internationalen Vereinigungen – u. a. die UNO – noch die großen Staaten (von den kleinen ganz zu schweigen) imstande, dem Terrorismus und dem Separatismus zu widerstehen und deren Entstehungsgründe unter Kontrolle zu halten.

Ich bin möglicherweise altmodisch – das ist kein Wunder, denn in meinem Alter wird man leicht konservativ –, aber ich bin davon überzeugt, dass die ununterbrochene Suche nach dem Weg zu Gott, die religiöse Toleranz und der Wunsch, Menschen anderen Glaubens zu verstehen, zum höchsten Prinzip des menschlichen Zusammenlebens auf dieser Welt erhoben werden sollte. Keine Religion gebietet das Töten eines Menschen und den Massenmord an Andersgläubigen. Wir leben nicht im Mittelalter. Dem 21. Jahrhundert muss es gelingen, den Unterschied der Glaubensbekenntnisse in Frieden bestehen zu lassen und Mechanismen zu schaffen, die uns nicht ins Mittelalter zurückversetzen.

Unter den Fahnen der Religionen wurden die höchsten menschlichen Werte verehrt, aber unter denselben Fahnen ist man auch in Kriege gezogen und hat ganze Völker vernichtet. Wir leben in einer anderen Epoche, und die religiösen Unterschiede sollten zum Mittel für die Erhaltung einer pluralistischen Welt werden. Religiöse Finsternis hat nichts mit Gott gemein.

Und schließlich möchte ich, dass meine Nachkommen dies wissen: Die georgische Nation wurde mit Schota Rustawelis Poem „Der Recke im Tigerfell" erzogen. Ihre Wurzeln liegen in den georgischen Traditionen und in der Familie – einer Familie von drei Generationen, in der das Enkelkind, das Kind, die Eltern und die Großeltern ihren Platz und Respekt, die ihnen gebührende Pflege und Liebe, ihre eigenen Rechte und ihre eigene Freiheit haben.

Es ist die Familie, die es möglich machte, dass Georgien bis zum heutigen Tag existiert.

Es ist die Familie, die von Gott zur Fortsetzung der Nachkommenschaft und zum Erhalt der Eigenständigkeit von Nationen geschaffen wurde. Es ist die Familie und ihre Ehre, der Achtung gebührt.

Damit möchte ich schließen: Vor Ihnen liegen mein Leben und meine Zeit, Gutes wie Böses. In diesem Buch wird beschrieben, was mir gelungen ist und was nicht.

Gemäß der mir angeborenen Fähigkeiten habe ich geleistet, was mir meine Zeit und die Umstände erlaubten. Ich wünsche, dass es Ihnen gelingt, viel mehr zu leisten für die Welt und für die Menschheit.

Dieser Wunsch war es, der mich dieses Buch schreiben ließ.

Personenregister

Bildnachweis

Sergo Edisherashvili: 6, 7, 8, 9, 10, 13, 32, 33, 34, 35, 36, 37, 38, 39, 40, 41, 42, 43, 44, 45, 46, 47, 48, 49, 50, 51, 52, 53, 54, 55, 57, 58, 59, 60, 62, 63, 64, 65, 66
Eduard Pesov: 14, 15, 16, 17, 18, 19, 24, 25, 26, 28, 29, 30, 31
Presse- und Informationsamt der Bundesregierung: 20, 21, 22
Privatarchiv von Eduard Schewardnadse: 1, 2, 3, 4, 5, 11, 12, 23, 27
Wladimir Walischwili: 56, 61

BITmap GmbH, Mannheim: Karte von Georgien (67)